Usedom

Claudia Banck

W0046633

Reise-Taschenbuch

Inhalt

Unterwegs auf Usedom

Inhalt

Auf Entdeckungstour

Karten und Pläne

▶ Dieses Symbol im Buch verweist auf die
Extra-Reisekarte Usedom

Das Klima im Blick

Reisen bereichert und verbindet Menschen und Kulturen. Wer reist, erzeugt auch CO_2. Der Flugverkehr trägt mit einem Anteil von bis zu 10 % zur globalen Erwärmung bei. Wer das Klima schützen will, sollte sich für eine schonendere Reiseform (z. B. die Bahn) entscheiden – oder die Projekte von *atmosfair* unterstützen. *Atmosfair* ist eine gemeinnützige Klimaschutzorganisation. Die Idee: Flugpassagiere spenden einen kilometerabhängigen Beitrag für die von ihnen verursachten Emissionen und finanzieren damit Projekte in Entwicklungsländern, die dort den Ausstoß von Klimagasen verringern helfen. Dazu berechnet man mit dem Emissionsrechner auf *www.atmosfair.de,* wie viel CO_2 der Flug produziert und was es kostet, eine vergleichbare Menge Klimagase einzusparen (z. B. Berlin – London – Berlin 13 €). *Atmosfair* garantiert die sorgfältige Verwendung Ihres Beitrags. Klar – auch der DuMont Reiseverlag fliegt mit *atmosfair!*

Schnellüberblick

Von Zinnowitz bis Peenemünde
Feinster Sandstrand zieht sich bis an die Nordspitze Usedoms: vom noblen Zinnowitz bis zu den Familienbädern Trassenheide und Karlshagen. Als die Wiege der Raumfahrt wurde Peenemünde weltbekannt, heute lockt es mit mehreren bemerkenswerten Museen. S. 186

Peenestrom und Haffküste
Die beiden ehemaligen Hansestädte Wolgast und Anklam bilden die Eingangstore nach Usedom. Ein hübsches Ackerbürgerstädtchen ist Lassan. Den Lassaner Winkel prägen Wiesen und Äcker, kleinere Seen und Dörfer, in denen Kunsthandwerker arbeiten. Einen Ausflug lohnt der Fischerhafen Freest. S. 220

Vom Achterwasser zum Stettiner Haff
Geschwungene Buchten mit schilfreichen Ufern und Fischerdörfern bilden den idyllischen Rahmen für das Achterland. Unmittelbar hinter den Kaiserbädern bezaubert die Usedomer Schweiz, eine sanft gewellte Hügellandschaft mit größeren und kleineren Seen. Eine stille Idylle ist auch der Lieper Winkel. S. 122

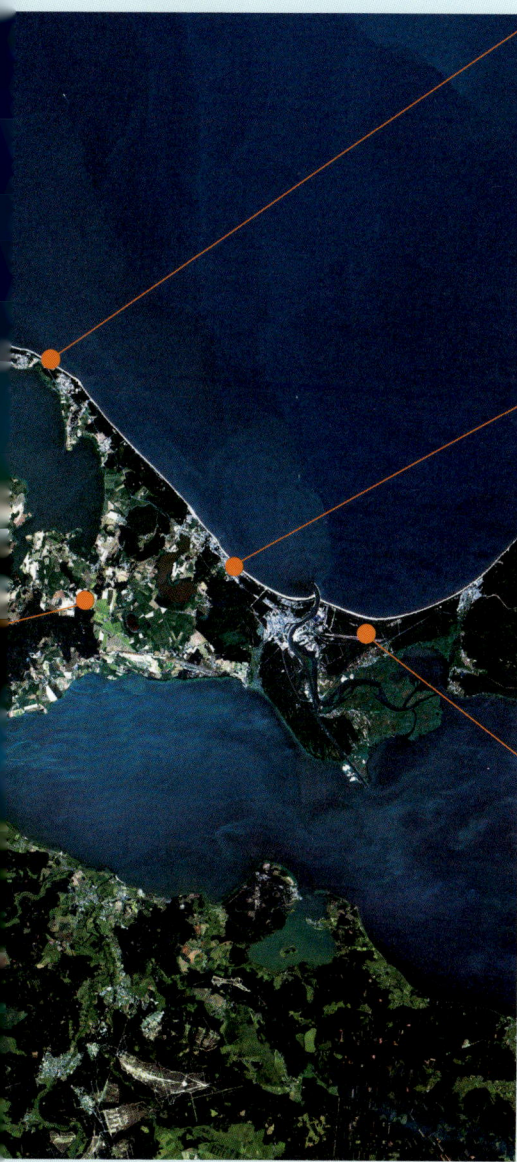

Die Bernsteinbäder
Der schmale Landstreifen, der den Nord- und den Südteil Usedoms verbindet, ist auf zwei Seiten von Wasser flankiert. Dem Meer zugewandt sind die Seebäder Ückeritz, Loddin-Kölpinsee, Koserow und Zempin. Die alten Ortskerne mit rohrgedeckten Katen und kleinen Häfen liegen am Achterwasser.
S. 164

Die Kaiserbäder
Bildschöne Bäderarchitektur, eindrucksvolle Seebrücken und ein breiter Sandstrand – die drei Kaiserbäder Ahlbeck, Bansin und Heringsdorf sind das Aushängeschild Usedoms. Eine kilometerlange Strandpromenade verbindet sie miteinander und führt weiter ins polnische Swinemünde.
S. 82

Uznam, Wolin und Szczecin
Świnoujście (Swinemünde) ist das traditionsreichste und größte Seebad auf Usedom, das auf Polnisch Uznam heißt. Beliebtester Badeort auf der Nachbarinsel Wolin ist Międzyzdroje (Misdroy). Es grenzt an den Wolliner Nationalpark, zu dessen Attraktionen ein Wisentgehege und der Türkissee zählen. Knapp 100 km landeinwärts liegt Szczecin (Stettin).
S. 256

Mit Claudia Banck unterwegs
Die Historikerin und Skandinavistin Claudia Banck wuchs in Schleswig-Holstein auf. Nach vielen Reise- und Studienjahren kehrte sie nach Norddeutschland zurück und lebt heute mit ihrer Familie in Mecklenburg-Vorpommern. Als freischaffende Autorin ist sie dem Norden immer treu geblieben. Bücher über die deutschen Küsten an Nord- und Ostsee bilden den Schwerpunkt ihrer Veröffentlichungen. Ob auf den Inseln oder auf dem Festland – es macht einfach Spaß, ein paar Gänge runter zu schalten und vor der eigenen Haustür auf Entdeckungstour zu gehen.

Ein Traum von einer Insel

Über 40 km feinste Sandstrände und Steilküsten, geheimnisvolle Moore und Seen inmitten ausgedehnter Buchenwälder, Wiesen und Weiden am stillen Achterwasser. Hier landen Kraniche auf der Durchreise, leben Fischotter und Biber. Der Seeadler kreist über der Insel, und auch der Ruf des Uhus ist wieder zu hören. Usedom ist ein Naturparadies! Nicht zu vergessen die Sonne, die hier mit fast 2000 Stunden pro Jahr – manchmal auch mehr – häufiger scheint als irgendwo sonst in Deutschland. Kein Wunder also, dass Usedom auf der Beliebtheitsskala der Deutschen – nicht nur der Berliner – als Ferienziel ganz oben steht.

Gemächlichkeit ist ein Genuss

An sonnigen Wochenenden und zu Ferienbeginn schieben sich die Autokolonnen Richtung Usedom. Dann ist es fast unmöglich, ohne Stau auf die Insel zu gelangen, strandnahe Parkplätze sind schnell vergeben, kostenpflichtig sind selbst die strandfernen. Es gibt also jede Menge Gründe, das Auto stehen zu lassen und sich nur zu Fuß, mit dem Fahrrad, der Bäderbahn oder per Boot zu bewegen. Fußgänger und Radfahrer teilen sich die großzügig ausgebauten Promenaden. Den Wind im Gesicht flaniert man auf einer der neuen Seebrücken weit hinaus aufs Meer. Wozu? Einfach so! Sich bewegen, den Möwen zusehen, dem Meer lauschen und in die Ferne schauen.

Stille und Trubel

Vom Flaniersteg schweift der Blick zurück auf die Insel. Die nach der Wende getätigten Investitionen lassen die Seebäder in neuem Glanz erstrahlen. Erker, Loggien, Säulen oder Giebeldreiecke schmücken die prachtvollen Villen im Stil der Bäderarchitektur. Viele beherbergen heute komfortable Ferienwohnungen. Bunte Strandkörbe schmücken die makellosen Sandstrände – windgeschützte kleine Oasen mitten im Trubel. Hunger? Kein Problem. Kreative Gourmetküche à la

carte findet man ebenso zwischen Promenade und Strand wie einfache Imbisse mit einem verführerischen Angebot an frisch geräuchertem Fisch. Individualisten und Nacktbader bevorzugen die abgelegenen Strandabschnitte und urwüchsige Steilküsten. Hier gibt es keine Strandkörbe, keinen Imbiss, aber ein paar Strandzelte und Radwanderwege durch den nahen Küstenwald. Strand ist nicht gleich Strand, so wie auch kein Seebad dem anderen gleicht. Mal sind sie mondän wie die Kaiserbäder, mal familiär wie Urlaubsorte im Norden der Insel oder eher verträumt wie die Bernsteinbäder in der Inselmitte – Badeurlaub, wie es einem gefällt.

Die Vorzüge des Hinterlandes
Nur wenige Meter vom bevölkerten Strand, den belebten Promenaden und Villen im Zuckerbäckerstil entfernt verzaubert eine andere Welt, in der es Häuser aus Holz, Lehm und Rohr (Reet) gibt, manche saniert, einige nur notdürftig instandgehalten. Mancherorts wirkt es, als sei die Zeit stehengeblieben. Und doch wurde nach der Wende auch im Hinterland investiert: in zwei luxuriöse Golfanlagen, ein paar komfortable Bootsferienhäuser und einige reetgedeckte ›Syltschönheiten‹ – sehr schick und stilvoll und ein bisschen fremd. Die meisten Dörfer aber sind erfreulicherweise noch nicht durchgestylt: Enten schnattern auf sandigen Wegen, mächtige Linden beschatten eine trutzige, kleine Dorfkirche, Schilf wiegt sich im Wind, ein Fischer macht sein Boot fertig, um zum Fang hinauszufahren.

Lieblingsorte, Lieblingszeiten
Nach ihrem Lieblingsplatz auf der Insel gefragt, werden die meisten Usedomer erst einmal einsilbig. Im Hochsommer herrscht vielerorts auf der Insel reger Betrieb. Dann würde mancher Insulaner gern die stillen Winkel auf dem Festland genießen, wo Klatschmohn und Kornblumen die Felder säumen, wo verborgene kleine Seen zum Baden einladen und Kunsthandwerker noch Zeit für einen Plausch haben. Den wunderbar langen Rest des Jahres aber ist es schön auf Usedom – überall, ganz egal wo!

»Maler müsste man sein« –
auf dem Mühlenberg in Benz, S. 132

Bei den Fischern am Strand –
in den Kaiserbädern, S. 96

Lieblingsorte!

Der Duft der Kräuter –
Duft- und Tastgarten in Papendorf, S. 242

Sonnenuntergang am See –
Kikis Bootsverleih in Loddin, S. 172

**Idylle am Achterwasser –
Rankwitzer Hafen, S. 146**

**Kunstwerke im Grünen –
Fengshui-Garten in Neeberg, S. 218**

Die Reiseführer von DuMont werden von Autoren geschrieben, die ihr Buch ständig aktualisieren und daher immer wieder an dieselben Orte, Inseln und Strände zurückkehren. Irgendwann entdeckt dabei jede Autorin und jeder Autor seine ganz persönlichen Lieblingsorte. Nach einem Spaziergang am rauen Meer einen heißen Grog in einem gemütlichen Café genießen, an einem Aussichtspunkt inmitten ursprünglicher Natur Bibern und Seeadlern ganz nahe kommen, in einem Garten oder Park vom Wind geschützte Blumenparadiese entdecken. Es sind Wohlfühlorte, an die man immer wieder zurückkehren möchte.

**Totentanz – Bildzyklus in der Wolgaster
Petrikirche, S. 228**

**Swinemündes schönstes Fotomotiv –
die Mühlenbake auf der Westmole, S. 262**

Reiseinfos, Adressen, Websites

Möwen-Ballett an der Seebrücke in Zinnowitz

Informationsquellen

Infos im Internet

www.usedom.de
Offizielle Webseite des Tourismusverbandes, mit Links zu allen Orten Usedoms, Gastgebern, Urlaubsangeboten, Aktivitäten und Veranstaltungen.

www.insel-usedom-wollin.de
Eine der besten Adressen über Usedom und die polnische Nachbarinsel Wollin mit vielen Bildern, Geschichten und Informationen zu Unterkünften, Sportangeboten, Sehenswürdigkeiten, Einkaufsmöglichkeiten usw.

www.usedom-aktuell.de
Monatlich erscheinendes informatives Inselmagazin, aktuelle Nachrichten, Berichte, Veranstaltungen und Termine.

www.usedom-guide.de
Eine vielseitige Usedomseite, aktuelle Entwicklungen, Baugeschehen, Meinungen, Tourenvorschläge.

www.vorpommern.de
Vielseitige Webseite des Regionalen Fremdenverkehrsverbandes Vorpommern, Infos zu Stränden, Sehenswertem und Ausflugszielen, Links zu Unterkünften, Infos über Wellness- und Sportangebote.

www.mecklenburg-vorpommern.eu
Landesportal des Innenministeriums mit Informationen über Geschichte, Wirtschaft, Museen, Veranstaltungen und vielen Links u. a. zu Themenstraßen wie der Schwedenstraße (www.schwedenstrasse.com), der Alleenstraße (www.alleenstrasse.com), der Europäischen Route der Backsteingo-

tik (www.eurob.org), der Vorpommerschen Dorfstraße (www.vorpommersche-dorfstrasse.com) sowie zu Schlössern und Herrenhäusern (www.schloes3ser-gaerten-mv.de).

www.ostsee-urlaub-polen.de
www.balticportal.pl
Die Ostsee-Webseite bietet allgemeine Infos über polnische Reiseziele am Meer, das Baltic-Portal ist zuständig für Usedom inkl. Świnoujście.

www.kulturportal-mv.de
Sorgfältig erstellte Informationen über Themen wie Architektur, Literatur, Musik, Theater, Gedenkstätten, Kulturdenkmale, Kirchen, Klosteranlagen, Museen, dazu alle aktuellen Veranstaltungen und Buchtipps.

www.baederverband.m-vp.de
Übersichtliche Präsentation der Kur- und Rehamöglichkeiten sowie der Wellness- und Thalassoangebote in Seebädern, Seeheilbädern und Erholungsorten.

www.ostsee-zeitung.de
Die größte Tageszeitung in Mecklenburg-Vorpommern.

www.bsh.de
Auf der Seite des Bundesamtes für Seeschifffahrt und Hydrographie können in der Rubrik »Sport und Freizeit« strandaktuelle Informationen zu Wasser- und Lufttemperatur, Wind und Wellen abgerufen werden.

www.mvwetter.de
Wettermeldungen, Hinweise für Wassersportler und Links zu regionalen Wetterseiten, beispielsweise www.usedomwetter.com.

Informationsstellen

**Regionaler Fremdenverkehrs-
verband Vorpommern**
Fischerstr. 11
17489 Greifswald
Tel. 03834 89 11 89

Usedom Tourismus GmbH
Waldstr. 1
17429 Bansin
Tel. 038378 47 71 10

**Touristen-Informationen/
Kurverwaltungen**
Alle Insel- und Küstengemeinden besitzen eine Touristen-Information oder
Kurverwaltung, die gegen eine frei-
willige Portogebühr Gastgeberverzeichnisse verschickt. Diese stehen
auch als Download im Internet zur Verfügung. Die Informationsstellen sind
ganzjährig von montags bis freitags, in
der Saison auch samstags und sonntags
geöffnet, die Adressen sind bei den
Ortsbeschreibungen vermerkt.

Lesetipps

Albert Burkhardt: Vineta. Sagen und
Märchen vom Ostseestrand, Rostock
2001. Geschichten für die ganze Fami-
lie – Vineta, Klosterruine von Eldena,
Störtebeker, Vom Fischer un siener Fru,
Jäger und Kobolde – passend zu den
Landschaften.
Jürgen Grambow, Wolfgang Müns:
Bernsteinhexe und Kaiserbäder. Lesen
von Usedom, Rostock 2010. Eine viel-
seitige Sammlung an Usedom- und Vi-
netatexten, u. a. von Selma Lagerlöf,
Eva-Maria Hagen und Sabine Curio.
Wilhelm Meinhold: Die Hexe von Co-
serow, Rostock 2000. Alternativ: Die
Bernsteinhexe Maria Schweidler, Der
interessanteste aller bekannten He-
xenprozesse, Leipzig 2005.

Mein Tipp

Usedom-Krimis
Seit einigen Jahren macht Lasse Larsson »Jagd auf den Inselmörder«. So
hieß der erste Usedom-Krimi von
Georg Tenner (Oldenburg 2007). Seine
Geschichten lesen sich recht gut, auch
wenn er manchmal über politische Hintergründe doziert und die Beschreibungen der Lokalitäten und Restaurants etwas aufgesetzt wirken. Aber
Lasse Larsson, der Kriminalhauptkom-
missar der Kripo Heringsdorf ist ein
sympathischer Mann. Man möchte wissen, wie es mit ihm weitergeht. Info im
Netz: www.georg-tenner.de.

Hans Werner Richter: Geschichten aus
Bansin, Berlin 2008. Der 1908 in Neu
Sallenthin (heute Ortsteil von Bansin)
geborene Schriftsteller erzählt vom Leben der einfachen Leute in der ersten
Hälfte des 20. Jh., als Bansin begann,
ein Seebad zu werden. Der Band ist seinem Vater gewidmet, der nacheinan-
der Fischer, Bademeister und Tankstel-
lenbesitzer war.
Achim Roscher: Lüttenort. Geschichten
aus dem Leben Otto Niemeyer-Hol-
steins, Berlin 2009. Jahrzehntelang hat
Roscher seinen Freund ONH begleitet
und interviewt – interessante biografi-
sche Erzählungen und Einsichten, mit
Kommentaren seiner Frau.
Renate Seydel (Hrsg.) Usedom. Ein Le-
sebuch. München 2000. Eine umfangreiche Sammlung an literarischen Tex-
ten zu Usedom, mit Beiträgen von Wilhelm Meinhold, Philipp Otto Runge,
Theodor Fontane, Kurt Tucholsky, Otto
Niemeyer-Holstein und auch Hans
Werner Richter.

Wetter und Reisezeit

Klima

An der Ostseeküste herrscht ein kontinentales Klima mit maritimem Einschlag. Der kontinentale Einfluss – mit heißen Sommern und kalten Wintern – nimmt gen Osten zu. Usedom ist die sonnenreichste deutsche Insel. Nirgendwo in Deutschland scheint die Sonne mehr als hier – durchschnittlich über 1900 Stunden pro Jahr. Der Frühling kommt vergleichsweise spät. Wenn zu Ostern die Temperaturen auf dem Festland schon mal 20 °C erreichen, liegen sie auf der Insel noch deutlich darunter, die Ostsee hält die Kälte. Dagegen ist der Herbst entsprechend länger und milder. Eine frische Brise ist charakteristisch für das Küstenwetter. Sie reißt die Wolkendecke auf und sorgt für häufige Wetterwechsel. Ein Tag kann trübe beginnen und strahlend enden. Es gibt selten mehrere Regentage hintereinander.

Klimadaten Ahlbeck

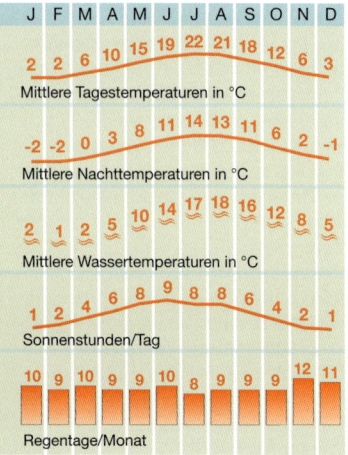

Reisezeiten

Frühjahr

Für viele, die sich nicht an die Ferienzeiten halten müssen, sind die Frühlingsmonate die schönsten. Vogelfreunden empfehlen sich die Monate **März/April**. Die ausgedehnten Buchen- und Laubmischwälder zeigen ihr erstes zartes Grün, an den Waldwegen zum Streckelsberg, zum Langen Berg oder zum Golm blühen Buschwindröschen, Leberblümchen, Gelbe Anemonen, Schlüsselblumen und Lungenkraut.

Sommer

Die beliebteste Reisezeit liegt in den Bademonaten **Juli** und **August**. Das Strandleben pulsiert, Surfer und Segler tummeln sich auf dem Wasser, bei sonnigem Wetter sind die letzten Strandkörbe und Unterkünfte schnell ausgebucht. Im August hat die Ostsee ihre maximale Durchschnittstemperatur, die bei 18° C liegt, erreicht. In heißen Sommern wie 2010 stieg sie vor Usedom auf 24 Grad.

Herbst

Ein sehr angenehmer Reisemonat ist der **September**, wenn das Meer noch warm genug zum Baden, der Hauptschwung der Gäste aber schon abgereist ist. Im **Oktober** wechseln windstille sonnige Tage mit Sturmtagen. Pilzsammler durchstreifen die Wälder nach Maronen und Steinpilzen. Die Vögel sammeln sich für ihren Flug gen Süden.

Winter

Ein Kurzurlaub im Winter erfreut sich nicht zuletzt wegen verlockender Wellness- und Pauschalangebote zu-

Strandkörbe – ein praktisches Sommermöbel bei Sonne und Wind

nehmender Beliebtheit. Allerdings sind in dieser Jahreszeit (ausgenommen Weihnachten und Silvester) viele Übernachtungsbetriebe geschlossen, einige Restaurants sowie die meisten Sehenswürdigkeiten und Aktivitätsangebote nur eingeschränkt geöffnet. In den Gaststuben dampfen die Groggläser, die Einheimischen haben Zeit zum Klönen.

Kleidung und Ausrüstung

Sowohl an der Küste als auch auf den Inseln bläst fast permanent ein raues Lüftchen. Ohne Ohren- und Sonnenschutz geht es nicht. Vor allem Kinder müssen immer eingecremt werden, mit einem hohen Lichtschutzfaktor. Auch im Sommer gehören Regenzeug und feste Schuhe ins Gepäck, in der Vor- und Nachsaison lange Unterwäsche, Schal und Mütze. Es muss stets mit wechselhaftem Wetter gerechnet werden. Strandkörbe bieten Schutz vor Sonne und Wind, preiswerter ist es, ein Strandzelt und/oder einen Sonnenschirm von zu Hause mitzubringen. Kinder brauchen Schaufeln, Eimer, Kescher und andere Strandspielzeuge. Piratenflaggen gibt's vor Ort.

An ein Fernglas zum Beobachten von Vögeln denken. Ein Strandwanderer sollte immer einen Rucksack für Muscheln und schöne Steine sowie ein kleines Metallkästchen für Bernstein (s. S. 39) dabei haben. In manchen Sommern können Mücken zur Plage werden – Mückenmittel nicht vergessen. Jodsalbe, Pflaster und Verbandszeug gehören ebenfalls ins Gepäck, falls man sich an scharfen Muscheln am Strand die Füße verletzt.

Rundreisen planen

Ausflüge für ein paar Stunden oder einen Tag

Urlaubstage auf Usedom müssen nicht unweigerlich am Strand verbracht werden, so schön er auch ist. Da die Insel überschaubar ist, kann man sie von einem festen Standort aus im Rahmen von Halbtages- oder Tagestouren bestens entdecken. Einen halben Tag dauert die Erkundung der Außenküste zwischen Ahlbeck und Zinnowitz, die man mit dem Bäderschiff, der Usedomer Bäderbahn oder mit dem Fahrrad unternehmen kann. Eine schöne Tagestour führt ins Hinterland zu den mittelalterlichen Kirchen im Lieper Winkel, eine andere um den Gothensee mit wunderbaren Ausblicken von den Hügeln der Usedomer Schweiz. Und selbst Ausflüge entlang der Haffküste nach Greifswald, am Peenestrom und hinüber ins Nachbarland Polen sind problemlos an einem Tag zu machen.

Große Radwanderung über die Insel

Start: Greifswald
Ende: Anklam
Strecke: ca. 150 km
Dauer: 5–6 Tage mit Erkundungen
Geführte Touren mit Gepäcktransport: www.ostsee-radtouren.de

Die mehrtägige Radtour beginnt in der alten Hansestadt **Greifswald.** Man sollte sich Zeit nehmen, die Stadt zu erkunden, und kann – zum Warmwerden – eine kleine Radtour ins Fischerdorf **Wieck** und zur Klosterruine Eldena unternehmen.

Das Ziel des folgenden Tages ist der Norden der Insel Usedom: Die Strecke von Greifswald nach Zinnowitz beträgt je nach Route 40–50 km. Ein empfehlenswerter Zwischenstopp ist der bildhübsche Fischereihafen **Freest** am Peenestrom. Von hier können Fußgänger und Radfahrer tagsüber stündlich mit dem Schiff direkt nach Peenemünde auf Usedom übersetzen. Aber Peenemünde und seine Museen stehen erst am dritten Tag auf dem Programm. Die Radwanderung führt von Freest weiter ins charmante Residenzstädtchen **Wolgast** und erst danach über die Wolgaster Brücke auf die Insel Usedom. Nun

Mein Tipp

Abtauchen in die Welt der nördlichen Meere

Ein Besuchermagnet an der deutschen Ostseeküste ist das Ozeaneum auf der Hafeninsel in Stralsund. Über eine lange frei schwebende Rolltreppe gelangt der Besucher in den Ausstellungsbereich, der das Leben in den Meeren des Nordens dokumentiert. Auch Kinder werden sich garantiert nicht langweilen! Allein das faszinierende Museum lohnt einen Ausflug in die schöne Hansestadt, die seit 2002 zum UNESCO-Welterbe gehört. In gut einer Stunde ist man mit dem Auto von Usedom aus dort, auch die UBB fährt von Usedom nach Stralsund (Ozeaneum. Hafenstr. 11, Tel. 03831 265 06 10, www.ozeaneum.de, Okt.–Mai tgl. 9.30–19, Juni–Sept. bis 21 Uhr, 14 €, Familie ab 31 €)

sind es noch 10 km bis nach **Zinnowitz,** das schönste und mondänste Seebad im Norden der Insel. Es ist kein Problem hier oder in den benachbarten Seebädern **Karlshagen** und **Trassenheide** eine Unterkunft zu finden, in Karlshagen gibt es sogar ein Radlerhotel.

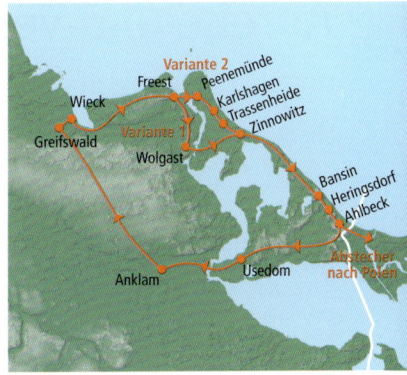

Der dritte Tag ist der Erkundung des Nordens gewidmet. Man kann einen Strandtag einlegen. In Trassenheide gibt es viele Attraktionen für Familien mit Kindern. Ein paar Stunden sollte man in jedem Fall für die interessanten Museen in **Peenemünde** bzw. die Denkmallandschaft zwischen Peenemünde und Karlshagen einplanen. Übernachtung wie am Vortag.

Am nächsten Tag geht es weiter – durch angenehm schattigen Küstenwald immer entlang der Ostseeküste zu den drei Kaiserbädern **Bansin, Heringsdorf** und **Ahlbeck,** (von Zinnowitz nach Ahlbeck sind es ca. 30 km), berühmt für die bildschöne Bäderarchitektur und den makellos weißen Sandstrand. Wer mag, kann zwei Nächte bleiben und den folgenden Tag mit der Erkundung des südlichen Hinterlandes verbringen oder einen Abstecher nach **Polen** unternehmen.

Am letzten Tag verläuft die Radtour von den quirligen Kaiserbädern zu den stillen Dörfern und entlang der Küste des **Stettiner Haffs.** Über die **Stadt Usedom** ist am Nachmittag **Anklam** erreicht. Nach einem Besuch im Otto-Lilienthal-Museum kann man den Zug zurück nach Greifswald nehmen.

Wer mit dem Fahrrad unterwegs ist, kann an den schönsten Stellen Rast machen

Anreise und Verkehrsmittel

Anreise

Mit dem Auto

Die wichtigste Verkehrsader Mecklenburg-Vorpommerns ist die parallel zur Küste verlaufende Ostseeautobahn A20 von Lübeck nach Stettin (Polen). Wer von Norden bzw. Westen (aus Richtung Hamburg) anreist, verlässt die A20 an der Anschlussstelle Gützkow/Wolgast (Abfahrt 27), von hier sind es auf der B 111 noch etwa 30 km bis Wolgast bzw. zur Wolgaster Brücke, die nach Usedom führt. Wenn der südliche Teil Usedoms das Reiseziel ist, kann man eine Abfahrt später nehmen (Abfahrt 28/Jarmen), dann der B 110 nach Anklam folgen und über die Zecheriner Klappbrücke nach Usedom gelangen.

Wer über Berlin bzw. aus dem Süden oder Osten Deutschlands auf der A 10/11 gen Norden reist, wechselt am Autobahnkreuz Uckermark auf die A20 Richtung Stralsund. Bei der Ausfahrt Pasewalk-Süd (Abfahrt 26/Ueckermünde) verlässt man die Ostseeautobahn und folgt den gut ausgebauten Bundesstraßen B 109 bis hinter Anklam, von wo die B 110 über die Zecheriner Brücke nach Usedom führt. Die Strecke von der Autobahn bis nach Usedom beträgt rund 100 km. Für den nördlichen Teil der Insel nimmt man die Abfahrt Gützkow (27) über die B111 nach Wolgast.

Mit der Bahn

Fast alle Fernverbindungen laufen über Berlin oder Hamburg. Die nächsten IC-Bahnhöfe sind Stralsund, Greifswald und Züssow, die etwa stündlich mit dem Intercity (IC) oder dem Regionalexpress (RE) angefahren werden. Von Stralsund und Greifswald verkehren Züge der Usedomer Bäderbahn (UBB) zu allen wichtigen Orten auf der Insel. In Züssow hat man, egal aus welcher Richtung man kommt, stündlich Anschluss an die Züge der UBB (s. u.).

Der InterCity Urlaubsexpress Mecklenburg-Vorpommern verkehrt aus Nordrhein-Westfalen, Niedersachsen und Berlin umsteigefrei von März bis Oktober jeden Samstag direkt auf die Insel Usedom, Fahrräder können mitgenommen werden.

Informationen zu Preisen, Sondertarifen und Sparangeboten wie dem Ostsee-Ticket und dem Mecklenburg-Vorpommern-Ticket findet man im Internet unter www.bahn.de/reiseauskunft.

Brücken und Brückenöffnungszeiten

Zwei Brücken verbinden Usedom mit dem Festland. Sie werden etwa fünfmal täglich für die Schiffe geöffnet, das heißt etwa eine Viertelstunde für den Autoverkehr gesperrt, dann kommt es vor allem in den Ferienmonaten zum Stau. Es empfiehlt sich, die Schließungszeiten zu vermeiden. Man kann sie im Internet abfragen, u. a. unter www.ostseeinsel-info.de oder www.usedom-wollin.eu.
Wolgaster Brücke (B111): 5.45, 8.45, 12.45, 16.45, 20.45 (im Winter), 5.45, 7.45, 12.45, 16.45, 20.45, 23.45 (im Sommer).
Zecheriner Brücke (B 110): 5.45 Uhr (im Sommer), 09.40, 11.45, 16.45, 20.45 Uhr (im Sommer), 23.30 Uhr bei Bedarf.
Achtung! Die Brückenöffnungszeiten können sich ändern, aktuelle Informationen erhält man unter Tel. 0381 20 67 18 44.

Mit dem Bus

Einige Busunternehmen fahren im Sommerhalbjahr regelmäßig nach Usedom, Informationen und Tickets in allen Reisebüros.

Hamburg – Insel Usedom: Mitte Mai–Ende Sept. 1 x pro Woche, kostenlose Info-/Buchungshotline Tel. 0800 232 36 46, www.globetrotter-reisen.de

Berlin – Insel Usedom: April–Okt., bis zu 4 x pro Woche, Fahrradmitnahme ist möglich, Info Tel. 030 860 962 11, www.berlinlinienbus.de.

Zwickau/Marienberg – Chemnitz – Dresden – Insel Usedom: Mitte Mai–Mitte Sept., jeden Sa, Reservierung und Info Tel. 0371 461 38 57, www.rve.de oder Tel. 0351 492 13 57.

Mit dem Flugzeug

Die nächsten internationalen Flughäfen sind Berlin (www.berlin-airport.de) und Hamburg (www.flughafen-hamburg.de). Der regionale Usedomer Flughafen Heringsdorf bietet im Sommerhalbjahr zahlreiche Verbindungen an: von Dortmund, Düsseldorf, Frankfurt, Köln, München, Stuttgart, Wien, Bern, Zürich.

Flughafen Heringsdorf: Zirchow, Tel 038376 25 00, www.flughafen-heringsdorf.de, Buchungshotline Tel. 01805 583783 (0,14 €/Min.), www.flug.usedom.de.

Mit dem Fahrrad

Die Ostseeküste ist Fahrradland. Der **Ostseeküsten-Radweg** verläuft 400 km entlang der Küste zwischen Lübeck/Travemünde und Ahlbeck auf Usedom (www.ostsee-radweg.com). Der **Radweg Berlin-Usedom** ist bestens ausgeschildert und führt je nach Etappenlänge in vier, sechs oder sieben Tagen von der Hauptstadt an die Ostsee (www.radweg-berlin-usedom.net).

Info: Empfehlenswert für Fernradler sind die bike line Bücher mit praktischer Spiralbindung: Ostseeküsten-Radweg: Teil 2: Von Lübeck nach Ahlbeck/Usedom. Radtourenbuch und Karte 1:75.000. Radfernweg Berlin-Usedom: Von der Metropole an die Ostsee. Radtourenbuch und Karte 1:75 000.

Verkehrsmittel vor Ort

Usedomer Bäderbahn (UBB)

Stationen: Wolgast, Wolgast Hafen, Wolgaster Fähre, Bannemin-Mölschow, Trassenheide, Zinnowitz (hier umsteigen in die Nordlinie: Trassenmoor, Karlshagen und Peenemünde), Koserow, Kölpinsee, Ückeritz, Bansin, Heringsdorf, Ahlbeck und Świnoujście (Polen).

Fahrplan: Die Usedomer Bäderbahn fährt ganzjährig alle 60 Minuten, im Sommer im 30-Minuten-Takt. Info Tel. 038378 271 32, www.ubb-online.de.

Usedom-Plus-Ticket: Kostengünstige Tageskarte für die Region Świnoujście Centrum, Ahlbeck/Zinnowitz/Peenemünde über Züssow, Stralsund bis Barth mit der Usedomer Bäderbahn (UBB) 17 € für 1 Pers., 23 € für Familien (2 Erw., 3 Kinder 6–14 J.).

Bus

Die Linienbusse der **Ostseebus GmbH** verkehren von den Kaiserbädern ins Achterland, an das Stettiner Haff, nach Greifswald, Wolgast, Usedom Stadt oder nach Anklam.

Die Hauptstrecken sind gut ausgebaut, so verbindet die **Linie 201** die Kaiserbäder via Usedom Stadt mit Anklam (Mo–Fr etwa alle 2 Std., Sa/So 5 x tgl.). Die **Europalinie 290** verkehrt zwischen den Kaiserbädern und Swinemünde in der Saison alle 30 Minuten, sonst alle 60 Minuten. Die **Linie 10** führt weiter nach Misdroy. Dazu nimmt man die Europalinie bis zur

Stadtfähre Swinemünde. Die Fähre pendelt alle 20 Minuten über die Swine zum Busterminal nach Misdroy. Die Busverbindungen im Usedomer Hinterland sind überschaubar, auf einigen Strecken fahren die Busse an Schultagen. In der Saison führt die **Usedom-Entdecker-Linie** dienstags und donnerstags ins südliche Hinterland.

Die **Fahrradmitnahme** in den Ostseebussen ist (außer in der Europalinie) gegen Aufpreis möglich. Die Fahrscheine werden beim Busfahrer gelöst. Gruppen ab fünf Personen mit Fahrrädern sollten mindestens 24 Stunden vor Fahrantritt telefonisch angemeldet werden, dann kommen Fahrradanhänger zum Einsatz.

Fahrpläne und Preise: Ostseebus GmbH, Tel. 038378 33 630, www.ostseebus.de. Eine Tageskarte für die Busbenutzung auf Usedom inkl. Wolgast kostet 6 € (24 Zloty), für die Fahrt nach Misdroy kommen noch einmal 2 € hinzu.

Schiffe

Von den fünf Usedomer Seebrücken – Ahlbeck, Heringsdorf, Bansin, Koserow und Zinnowitz – verkehren die Adlerschiffe u. a. nach Rügen und Polen, Info: Tel. 01805 12 33 44 (0,14 €/Min. aus dem Festnetz), www.adler-schiffe. de. In der Saison bestehen Fährverbindungen zum Festland, u. a. von Peenemünde nach Freest, von Karnin, von Kamminke nach Mönkebude und Ueckermünde. Die Namen und Angebote der einzelnen Reedereien werden im Reiseteil genannt.

Autovermietung

Autohaus Stüben: Hauptstr. 1, 17459 Kölpinsee, Tel. 038375 208 15, www.toyota-stueben.de, Toyotas für einen Tag, eine Woche oder ein Wochenende.

Fun Car Rent: Wiesenweg 9, 17440 Sauzin, Tel. 03836 60 37 67, 0170 34 35 444, www.trabimieten.de: Trabant-Cabrio und Caravanvermietung.

Der Schoner Weiße Düne nimmt Gäste an Bord für einen Törn rund um Usedom

Übernachten

Die Auswahl ist riesig – ob ein Zimmer in einer einfachen Pension mit ›DDR-Charme‹, eine Suite mit Meerblick in einer alten Bädervilla oder ein Luxushotel mit Wellness und Gourmetrestaurant – die Auswahl bestimmt der Geldbeutel. Für alle Arten von Unterkünften gilt: Wer in der Hauptsaison Urlaub macht, muss rechtzeitig buchen. Bei der Suche nach dem passenden Quartier helfen die Gastgeberverzeichnisse, die über die Kurverwaltungen oder Touristen-Informationen zu beziehen bzw. im Internet herunterzuladen sind. Sie enthalten nicht nur Preise, sondern auch Details über Lage und Ausstattung der Unterkünfte. Die im Reiseführer genannten Preise gelten für zwei Personen im Doppelzimmer (DZ) bzw. in der Ferienwohnung (FeWo) in der Hauptsaison.

Hotels, Pensionen und Privatzimmer

Das Angebot an komfortablen Hotels mit großzügigen Wellnessabteilungen und exklusiver Gastronomie ist in den letzten Jahren stetig gestiegen. Auf der Seite www.letsbookhotel.com kann man verschiedene Suchkriterien wie Internetzugang, Parkplatz, Hallenbad usw. eingeben. Aussagekräftige Hotelkritiken findet man u. a. auf www.holidaycheck.de.

Pensionen und Privatzimmer sind deutlich weniger luxuriös, dafür aber öfters sehr liebevoll und geschmackvoll ausgestattet. Da die Einrichtung jedoch nicht immer den gewünschten Vorstellungen entspricht, lohnt es sich, die Gastgeberverzeichnisse bzw. Internetauftritte genau zu studieren. Am preisgünstigsten sind die Zimmer, in denen man sich ein Bad mit dem Hauseigentümer oder anderen Gästen teilen muss. Ein Vorteil der kleinen, privat geführten Häuser ist der oftmals überraschend herzliche Kontakt zu den einheimischen Gastgebern.

Ferienwohnungen

Viele der alten, noblen Bädervillen stehen den Badegästen als komfortabel sanierte Apartmenthäuser zur Verfügung. Vor allem für Familien mit Kindern ist es ratsam, ein Quartier zu wählen, das die Möglichkeit bietet, die Mahlzeiten selber zu bereiten. Der Mindestaufenthalt beträgt in der Regel vier Tage, in der Saison eine Woche. Bei der Suche nach einem Quartier kann man sich mit einer Anfrage an www.usedom.de, die Zimmervermittlungen der einzelnen Orte wie auch an private Agenturen wenden. Unverbindlich erhält man passende Angebote, die in dem gewünschten Zeitraum noch zur Verfügung stehen.

Vermittlungsagenturen

Traumdomizil Usedom: Seepark 13, Bansin, Tel. 038378 477 20, www.traumdomizil-usedom.de. Ferienhäuser und Apartments auf ganz Usedom, auf Wunsch mit Meerblick.

ALCA Ferienwohnungen GmbH: Delbrückstr. 6, Heringsdorf, Tel. 038378 640, www.kaiservillen.de. Wohnungen in Heringsdorfer Bestlage auf der Seebrücke und an der Strandpromenade, zu den Filetstücken gehört die berühmte Villa Staudt.

Christian Schuldt Immobilien: Wilhelmstr. 14, Ahlbeck, Tel. 038378 806 13, www.christian-schuldt-csi.de. Ferienwohnungen in den Kaiserbädern

Ahlbeck, Bansin und Heringsdorf, viele davon in alten Bädervillen.

Vermietungsservice Sass: Waldstr. 1, Karlshagen, Tel. 038378 337 45, www. usedom-kaiserbaeder.de. Vermittlung von Vier-/Fünf-Sterne-Wohnungen in Ahlbeck, Heringsdorf und Karlshagen.

Urlaubsdomizile Insel Usedom: Cölpinstr. 12 c, Kölpinsee, www.urlaubs domizile-insel-usedom.de. Ferienunterkünfte in den Usedomer Seebädern.

Bäder-Tourist: Hauptstr. 33, Karlshagen Tel. 038371 208 15, www.baedertourist.de. Online-Datenbank mit Ferienwohnungen, -zimmern und -häusern, überwiegend in Karlshagen, Koserow und Zinnowitz.

Usedom Tourist: Sölvesborger Str. 2, Wolgast, Tel. 03836 26 13 14, www. usedomtourist.de. Ferienwohnungen und -häuser in Karlshagen, Koserow, Trassenheide, Zempin und Zinnowitz.

Zimmervermittlung Strand 18: Karlshagen, Tel. 038371 25 62 40, www. strand18.de. Anlagen mit Ferienwohnungen in Karlshagen, Trassenheide und Zinnowitz.

Usedom-Paradies: Hufelandstr. 4, Wolgast, Tel. 03836 269 17 50, www.use dom-paradies.de. Ferienwohnungen in Karlshagen, Zinnowitz und Zempin.

Zimmervermittlung Ostsee-Reiselust: Dünenstr. 10a, Zinnowitz Tel. 038377 393 93, www.ostseereiselust.de, Unterkünfte in Zinnowitz.

Jugendherbergen

Die Jugendherbergen stehen allen offen. Die Mitgliedschaft im Jugendherbergswerk kann auch vor Ort erworben werden. Statt großer Schlafsäle überwiegen heute Zwei-, Vier- und Sechs-Bett- bzw. Familienzimmer. Auf Usedom gibt es nur eine, dafür aber besonders schön gelegene Jugendherberge in Heringsdorf. Jugendher-

gen auf dem Festland befinden sich in Stralsund und Greifswald, Murchin bei Anklam und Ueckermünde (Deutsches Jugendherbergswerk, Landesverband Mecklenburg-Vorpommern, Charles-Darwin-Ring 4, 18059 Rostock, Tel. 0381 77 66 70, www.djh-mv.de).

Camping und Wohnmobile

Die Auswahl ist groß, allein auf Usedom gibt es mehr als 15 Campingplätze. Viele liegen in dem lang gestreckten Waldstreifen an der Außenküste in unmittelbarer Strandnähe, der größte und beliebteste in Ückeritz. Die meisten sind nur im Sommerhalbjahr geöffnet, viele bieten optimale Versorgung in Form von modernen Sanitäranlagen, Restaurants, kleinen Supermärkten bis zum Veranstaltungsprogramm für Kinder und viele Sportmöglichkeiten, andere sind eher einfach ausgestattet und schmücken sich mit dem Prädikat ›Naturcampingplatz‹. Es gibt einen Camping-Führer der Usedom Tourismus GmbH, in dem die Camping- und Mobilstellplätze Usedoms beschrieben sind (Tel. 038378 47 71 10, www.usedom.de).

Grundsätzlich ist wildes Campen verboten, erlaubt ist es jedoch, für eine Nacht auf einem Parkplatz zu stehen, um die Fahrtüchtigkeit wieder herzustellen. Usedom und die Festlandküste sind immer noch wohnmobilfreundlich, Verbotsschilder bilden die Ausnahme. Es gibt immer mehr Wohnmobilstellplätze mit Stromanschluss sowie Ver- und Entsorgungseinrichtungen. Viele Gemeinden und private Parkplatzpächter erlauben das Übernachten gegen eine Gebühr wie beispielsweise in Kamminke am Hafen.

Ein Prunkstück der Bäderarchitektur – das Hotel Ahlbecker Hof

Essen und Trinken

Hausmannskost im Wandel

Seeluft macht hungrig. Nach einem Spaziergang am Meer fällt auch einem kalorienbewussten Binnenländer das Zulangen nicht schwer. Aus den selbstgebauten Räucheröfen der Fischer am Meer zieht der Rauch und duftet wunderbar nach Wacholderstrauch- und Buchenholzspänen. Traditionsreiche Gaststätten und Dorfkrüge servieren solide Hausmannskost – Kartoffeln (oder Tüften wie sie hierzulande genannt werden), Kohl, Rüben, Schweinefleisch, Geflügel und Fisch bilden seit jeher die bodenständige Grundlage. »Nicht das Leckere und Zarte, sondern das Schwere und Massenhafte bestimmt den Speisezettel«, so schrieb ein Kulturhistoriker um 1860. Man wollte gesättigt vom Tisch aufstehen. Große Portionen werden auch heute noch geschätzt, und doch haben sich die Zeiten geändert. Wenn kreative

Schlemmen und Flanieren

Feinschmecker finden sich am Samstag nach Christi Himmelfahrt zur kulinarischen Strandwanderung auf Usedom ein. Über 5 km erstreckt sich beim **Grand Schlemm** das exklusive Neun-Gänge-Menü, das an neun Gourmet-Picknickplätzen zwischen Ahlbeck und Bansin von kreativen Inselköchen zu Meeresblick und sanfter Brise serviert wird. Die Vorspeise wird am frühen Nachmittag an der Ahlbecker Seebrücke gereicht, das Dessert abends im Romantik Strandhotel Atlantik in Bansin. Einige Hotels bieten Grand Schlemm Specials an – drei Tage Kurzurlaub mit kulinarischer Strandwanderung (www.usedom.de).

Spitzenköche auf frische, heimische Produkte setzen, überzeugen sie auch Feinschmecker. Immer öfter wird nicht nur Wert auf regionale Zutaten, sondern auch auf Bioqualitäten gelegt. 100 % bio ist beispielsweise das Wild aus den heimischen Wäldern und Feldern. Während der Usedomer Wildwochen in der zweiten Oktoberhälfte bieten inselweit mehr als 30 gastronomische Einrichtungen Wildgerichte wie Hirschkeulenbraten, Wildschweinfilet und Hirschrücken an Sanddornjus an (www.usedomer-wildwochen.de).

Fisch ›gliks ut dat Wader‹

Überaus reich ist das Angebot an Fisch und Meeresfrüchten. Gefischt wird das ganze Jahr über: in der Ostsee gibt es Hering, Flunder und Dorsch; aus dem Peenestrom, dem Achterwasser und den Haff- und Boddengewässern kommen Barsch, Zander, Karpfen und Hecht. So mancher Wirt fährt noch selber aus, das ist allerdings nicht die Regel, vielerorts wird tiefgefrorene Ware aus fernen Weltmeeren zubereitet. Das muss nichts Schlechtes bedeuten, denn auch Tiefkühlware gibt es aus verantwortungsvoll gemanagter Fischerei (www.msc.org).

Der wichtigste Ostseefisch ist der Hering. Er wird im Frühjahr gefangen und in vielen Variationen serviert: Frisch gebraten, geräuchert, gegrillt oder im Bierteig eingelegt kommt er als Brathering oder als Rollmops auf den Tisch. Ein typisches Gericht ist Salzhering mit Pellkartoffeln und ›Schustertipp‹, einer Sauce aus Speck, Zwiebeln, Mehl und Zucker. Im Frühjahr laden Heringswochen auf Usedom zum Schlemmen und Probieren der verschiedenen Spezialitäten ein. Auch der Aal präsentiert sich vielseitig: frisch aus dem Rauch, gebraten, gedünstet oder kalt in Aspik. Eine Spezialität ist der pfeilförmige Hornfisch, auch Maifisch oder Maiaal genannt, der im Mai oder Juni zum Laichen an die Usedomer Küste kommt, man isst ihn mitsamt den grünen Gräten.

Eine von Einheimischen und Gästen geschätzte Delikatesse ist der Ostseeschnäpel. Der auch als Steinlachs bekannte Fisch war schon fast verschwunden, kann nun aber wieder – nicht zuletzt dank eines Ansiedlungsprogramms und deutlich verbesserter Umweltbedingungen – in vielen Restaurants wieder angeboten werden – geräuchert, gebraten, gedünstet an Sanddornschaum oder als Carpaccio auf Kokosmilch.

Süßsaures

Die Zusammenstellungen der Zutaten sind bisweilen eigenwillig; süß und sauer werden gerne kombiniert: Mecklenburger Rippenbraten gefüllt mit Trockenobst und Rosinen, Eintopf mit Birnen, Bohnen, Kartoffeln und Speck. Als Arme-Leute-Essen galten früher »Himmel und Erde« (Kartoffeln mit Äpfeln) sowie »Tüften un Plum« – eine dicke Kartoffelsuppe mit Pflaumen und Speck. Eine Spezialität ist das Mecklenburger Sauerfleisch – das sauer eingekochte Schweinefleisch wird kalt (oft portionsweise im Glas) zu Bratkartoffeln serviert.

Zum Nachspülen

»En goden Happen brukt en goden Sluck to Verdauung«, damit sind vor allem Köm (ein klarer Kümmelschnaps) und Bier gemeint. Die einheimischen

Sanddorn – das saure Powerfrüchtchen

An den Wegesrändern und in den Dünen an der Ostseeküste sind die dornigen Sträucher des Sanddorns verbreitet. Mit ihren ab Ende August lockend orangefarbigen Beeren sind sie nicht nur eine wahre Augenweide, sondern die Früchte sind auch extrem gesund: 100 g Sanddorn haben zehn Mal so viel Vitamin C wie die gleiche Menge einer Zitrone. Aber wer da denkt, ich pflück mal eben ein Eimerchen voll, wird sich wundern. Es ist zeitraubend und mühselig, die einzelnen Beeren zwischen den Dornen herauszupulen. Kenner ziehen alte Klamotten und dicke Handschuhe an und ›melken‹ Ast für Ast. Wem die Lust vergeht, weiß die zahlreichen Sanddornspezialitäten zu schätzen, die überall auf Märkten und in Läden angeboten werden.

Biersorten waren schon zu hanseatischen Zeiten berühmt. Vielfach prämiert sind die Biere der Stralsunder Brauerei. Eine Erfolgsgeschichte ist die Störtebekerreihe – dazu gehören aromatisch würziges Schwarzbier, herbes Pilsener, fruchtig spritziges Bernstein-Weizen. Im Usedomer Brauhaus in Heringsdorf wird ein schmackhaftes, süffiges Bier gebraut.

Grog, ursprünglich ein altes Seefahrergetränk, wärmt nach einem winterlichen Spaziergang. Die Zutaten sind denkbar einfach: Rum, Zucker, und Wasser, das Mischungsverhältnis bleibt jedem selbst überlassen. Gern zitiert wird der alte Spruch: »Rum mut, Zucker kann, Water bruuk nich«. Das Wort ›groggy‹, das heute noch benutzt wird, um einen Erschöpfungszustand zu beschreiben, bezeichnete früher das Gefühl, wenn man zuviel Grog getrunken hatte.

Aktivurlaub, Sport und Wellness

Angeln

Die Gegend um Usedom bietet mit Achterwasser, Peenestrom und Greifswalder Bodden sowie Kleinem Haff ganz unterschiedliche Angelreviere. Zu den Angelgewässern auf Usedom zählen der Große und der Kleine Krebssee und der Schmollensee sowie die Angelteiche in Ückeritz und Pudagla.

Zum Angeln innerhalb der 12-Meilen-Zone ist der Kauf eines **Touristenfischereischeins** in Kombination mit einem Erlaubnisschein für das jeweilige Angelgewässer Voraussetzung. Touristen wie auch Einheimische können den Touristenfischereischein vor Ort erwerben (20 €) und damit an 28 aufeinanderfolgenden Tagen angeln, eine kostenpflichtige Verlängerung ist möglich. Erlaubnisscheine für die staatlichen Gewässer sind in den Kurverwaltungen, Touristen-Informationen oder Angelläden erhältlich, für die kleineren Seen bekommt man die Erlaubnisscheine bei den privaten Eigentümern bzw. Pächtern.

Über **Angelreviere** auf Usedom, Fangzeiten, Angelvereine und viele Links informiert die Webseite www.meer-usedom.de, Stichwort »Aktivlaub/Angeln«. Eine nützliche Adresse mit Informationen über Reviere und Anbieter zum Thema Angeln ist www.mv-maritim.de.

Sehr vielseitig ist das Angebot des **ALB-Maritim-Shop.** Dort gibt es Angelzubehör und Angelscheine für verschiedene Gewässer sowie Verleih von Angelgerät und Booten. Außerdem werden Angelfahrten ab Karlshagen organisiert (Ahlbecker Str. 30, Zinnowitz, Tel. 038377 402 98, www.alb-maritim.de).

Die Blaue Flagge

Mit der Blauen Flagge werden Kommunen ausgezeichnet, die sich erfolgreich für einen nachhaltigen Umgang mit der Umwelt engagieren. Ein gutes Umweltmanagement und eine ausgezeichnete Badegewässerqualität zählen zu den Voraussetzungen für die Auszeichnung. Mitte Mai bis Mitte September werden 14-tägig durch das Landeshygieneinstitut Wasserproben an verschiedenen Stränden entnommen und entsprechend den EU-Richtlinien untersucht. Ausgezeichnet sind die Strände der Seebäder Karlshagen, Trassenheide, Zinnowitz, Loddin, Bansin, Heringsdorf und Ahlbeck. Mit Karlshagen wurde erstmals auch ein Hafen in die Liste aufgenommen.

Baden

Usedom ist berühmt für seine **Strände.** Von Ahlbeck bis Karlshagen verläuft auf ca. 40 km Länge ein weißer bis zu 60 m breiter Sandstrand mit allen wünschenswerten Einrichtungen, FKK-Abschnitten und separaten Hundestränden. Strandkörbe gibt es in jedem Seebad, der Verleih erfolgt am Strand bzw. am Strandzugang. Abseits der belebten Hauptstrände finden sich auch in der Hochsaison ruhige Strände, hier muss man allerdings auf einen Strandkorb verzichten. Einige schöne Badestellen gibt es am Haff, beispielsweise in Kamminke, am Achterwasser und am Peenestrom wie in Quilitz am Westufer des Lieper Winkels.

Die von der DLRG **bewachten Hauptbadestrände** sind beflaggt. Bei starkem Wind und entsprechend hohem Wellengang sollte man auf das Schwimmen im Meer verzichten. Eine rot-gelbe Flagge am Mast der Wachstation bedeutet, dass die Station besetzt ist. Eine zusätzliche gelbe Flagge signalisiert ein Badeverbot für ungeübte Schwimmer und Kinder, eine einzelne rote Flagge bedeutet generelles Badeverbot.

Ganzjähriges Bade- und auch Saunavergnügen bieten die **Bernstein- therme** in Zinnowitz sowie die **Ostsee Therme** Usedom zwischen Ahlbeck und Heringsdorf.

Geocaching

Geocaching ist der neueste Trend. Die moderne Schnitzeljagd bringt auch Stubenhocker vor die Tür. Per GPS-Empfänger machen sich die Schatzsucher auf die Jagd. Sie folgen verschiedenen Koordinaten, bahnen sich ihren Weg durchs Gehölz, am Ende wartet eine gut gefüllte Schatztruhe. In den Kaiserbädern wid seit einigen Jahren Geocaching angeboten, Info in den Touristen-Informationen.

Golf

Auf Usedom gibt es zwei schön gelegene Golfplätze. Der **Golfclub Balmer See** bietet zwei 18-Loch-Plätze und einen 9-Loch-Platz. Auf 57 ha erstreckt sich die 19-Loch-Anlage der **Baltic Hills** bei **Korswandt**. Zwischen Greifswald und Stralsund liegt der **Golfpark Strelasund** (www.golfpark-strelasund.de).

Radfahren

Die abwechslungsreiche Landschaft mit Seen, Hügel, Bodden- und Haff-

Unterwegs auf dem Jakobsweg
Viele Wege führen bekanntlich nach Rom, ebenso ins spanische Santiago de Compostela, neben Rom und Jerusalem eine der großen Pilgerstätten des Christentums. Der Zubringer aus dem Norden ist die **Via Baltica**, der Baltisch-Westfälische Jakobsweg, der auf Usedom an der polnisch-deutschen Grenze bei Kamminke beginnt, den Süden der Insel quert und auf dem Festland durch den Lassaner Winkel führt. Die Markierung des Pilgerweges ist die Jakobsmuschel. Info über Streckenverlauf und Herbergen hält die Website www.jakobsweg-norddeutschland.de bereit.

küsten und ein Radwegenetz von 150 km Länge machen Usedom zu einer idealen Radlerinsel. Aber Achtung: Wer meint, die Insel sei platt, der irrt! Vor allem im südlichen Achterland geht es bergauf und bergab. Beachten sollte man, dass einige Radwege im Hinterland über unbefestigte Feld- und Waldwege oder rissige Betonpisten führen, dass manche kopfsteinepflasterte Landstraße keine abgegrenzte Fahrradspur besitzt. Für diese landschaftlich attraktiven, aber anstrengenden Strecken empfiehlt sich eine robuste Radausstattung, schmale Rennradreifen sind hier fehl am Platz.

Zu den empfehlenswerten und beliebten Fahrradwegen zählt der 40 km lange Küstenradwanderweg zwischen Peenemünde im Inselnorden und den drei Kaiserbädern im Südosten der Insel. Die Strecke ist ein Abschnitt des 558 km langen **Ostseeküsten-Radweg**. Attraktiv ist auch die **Feininger Radtour**, die auf den Spuren des deutsch-amerikanischen Malers Lyonel Feininger zu über 40 Stationen zwischen Benz, Heringsdorf und Swinemünde

Usedoms Strände bieten gute Bedingungen für Surfer

im Süden Usedoms führt. Der **Stettiner Haff-Radfernweg** (114 km) umrundet von Kamminke aus das Kleine Stettiner Haff. Stationen der Tour auf der Insel sind Garz, Dargen, Stolpe und Usedom Stadt; auf dem Festland Anklam, Mönkebude, Ueckermünde, Bellin und Altwarp.

Vorschläge und **Beschreibungen für Radwanderrouten** auf Usedom findet man auf der Webseite des Naturparks Usedom www.naturpark-usedom.de. Radtouren-Vorschläge, viele Tipps und

(teilweise veraltete) Adressen der Fahrradvermieter gibt es auch im Internet unter www.meer-usedom.de unter dem Stichwort »Aktivurlaub/Radfahren«. Radwanderkarten sind in allen Touristen-Informationen und Buchhandlungen erhältlich.

In allen Seebädern findet man eine bzw. mehrere **Fahrradverleihstationen**. Im Hinterland sind es vorzugsweise die Übernachtungsbetriebe, die Fahrräder zu Verfügung stellen. Erfolgreich ist das Projekt **UsedomRad**.

Reiten

Zahlreiche Reiterhöfe bieten Unterricht und Ausritte, einige sogar Unterkunft für Reiter und Pferd an. Die Adressen findet man in Gastgeberverzeichnissen und auf den Internetseiten der jeweiligen Region. Viele Adressen sind jeweils am Ende der Ortsbeschreibungen angegeben. Alle relevanten Informationen zu Reiterhöfen, Reiterferien, Service rund ums Pferd usw. gibt es im Internet unter www.reiten-in-mv.de.

Wandern, Walken und Laufen

Wanderer haben es gut auf Usedom: Barfuß geht es entlang des 42 km langen feinen, weißen Sandstrandes oder in festen Schuhen durch Wald und Wiesen. Hauptwanderweg ist der **Naturlehrpfad Ostseeküste** (126 km), gekennzeichnet durch ein grünes Eichenblatt auf weißem Untergrund. Der Pfad folgt von Peenemünde weitgehend dem Küstenverlauf bis nach Usedom Stadt, wo er am Hafen endet. Schön gestaltete Schautafeln informieren über die Besonderheiten der Region – über Sehenswürdigkeiten und geschichtliche Hintergründe sowie über Flora und Fauna.

Vorschläge und Beschreibungen für Wanderrouten findet man auf der Webseite des Naturparks Usedom www.naturpark-usedom.de.

Das Unternehmen verfügt über mehr als 600 Räder und 40 Verleihstationen auf der Insel bzw. an der nahen Festlandküste (Wolgast, Lassan, Züssow, Anklam). Auch E-Bikes sind auf Reservierung erhältlich. Es gibt verschiedene Stationstypen mit unterschiedlichen Öffnungszeiten, die automatisierten Stationen sind rund um die Uhr in Betrieb. Ein Pannenservice ist im Mietpreis inbegriffen. Infos tgl. 24 Std. unter Tel. 038375 24 71 01 oder www.usedomrad.de.

Wassersport

Das auf allen Seiten von Wasser umgebene Usedom bietet ideale Bedingungen für fast alle Wassersportarten. Aktuelle **Informationen** über Wassersportanbieter präsentiert die Website www.mv-maritim.de. Dort findet man auch eine Auflistung und Beschreibung der besten Surfspots. **Surf- und Segelkurse** werden vielerorts angeboten, u. a. in Karlshagen, Zinnowitz, Ückeritz und Wolgast. Das Achterwasser ist ein gutes Segel- und Surfrevier für Anfänger, die Ostsee dagegen fordert auch Könner heraus. Über Segeltörns mit Skipper informieren die Websites www.ernestine-segeln.de, www.weisse-duene.com und www.toernmeon.de

Auf dem Festland bietet die **Vorpommersche Flusslandschaft** mit den Flüssen Recknitz, Trebel, Ryck, Tollense, Uecker, Randow und Peene traumhafte Reviere für **Kanuten.** Man kann sich ein Kanu leihen oder an einer geführten Kanutour teilnehmen, u. a. in Spandowerhagen bei Freest oder, in Anklam. Auch Solarboote, Motoryachten, Segelboote, Flöße und Hausboote stehen an den Flüssen zur Verfügung. Wasserwanderplätze laden zum Rasten ein und versorgen Wassersportler mit dem Nötigsten. Info: www.abenteuer-flusslandschaft.de.

Wellness und Thalasso

Wenn man am Meer steht und tief durchatmet, stellt sich das Wohlbefinden, also Wellness, eigentlich schon von ganz allein ein. **Thalasso** (abgeleitet vom griechischen Wort *thalassa* für Meer) ist ein neuer Trend und dennoch schon lange bekannt: Er bezeichnet die Behandlung von Krankheiten mit Meerwasser, Meeresluft, Sonne, Algen, Schlick und Sand, die zahlreiche gesundheitsfördernde Wirkstoffe enthalten. Thalasso ist Wellness und zugleich eine therapeutisch-medizinische Behandlungsmethode.

Adressen von Thalasso-Bädern sowie zahlreichen Wellness-Angeboten

Ein Jungbrunnen für Gesundheit und Schönheit
Aus einer Tiefe von 408 m wird die **Heringsdorfer Jodsole** gefördert. Mit ihren (seit 1928 erprobten) stoffwechselregulierenden Eigenschaften wird sie im medizinischen Bereich und bei vielen Wellnessangeboten verwendet – u. a. bei Erkrankungen der Atemwege und der Haut, bei Herz-Kreislauf-Erkrankungen, aber auch bei allgemeinen Schwächezuständen. Wissenswertes über Inhalt und Wirkung der Jodsole findet man auf der Website der OstseeTherme www.ostseetherme-usedom.de. Ein kleiner Teil der Sole kommt in Trinkbrunnen zum Einsatz oder wird zu Solebonbons und Solesenf verarbeitet, erhältlich in den Touristen-Informationen.

findet man unter www.thalassoguide.de. Über das Kur-Angebot der Ostseebäder informiert der Bäderverband Mecklenburg-Vorpommern: Rostocker Str. 3, 18181 Graal-Müritz, Tel. 038206 788 50, www.baederverband.m-vp.de. In einer informativen, kostenlosen Broschüre – erhältlich bei der Usedom Tourismus GmbH – sind alle Wellness-Hotels und deren Angebote beschrieben. Nützliche Informationen und Links zu den Wellness-Hotels findet man im Wellnessportal www.wellness-usedom.de.

Usedomer Wellness-Tage
Ein besonderer Tipp sind die Usedomer Wellness-Tage in den ruhigen Wochen von Anfang/Mitte November bis Anfang/Mitte Dezember. Einen Monat dreht sich alles um das Thema Wellness und Wohlfühlen. Viele Angebote der **Aktivmeile am Meer,** beispielsweise Qigong, Windkosmetik oder Nordic Walking, sind kostenlos.

Feste und Unterhaltung

Kulinarische Events

Gefeiert wird das ganze Jahr über. Im Sommerhalbjahr stehen Seebrücken-, Strand- und Hafenfeste auf dem Programm. Die Nebensaison punktet vor allem mit kulinarischen Highlights.

Den Auftakt im Frühling bilden die **Heringswochen.** Der typische Ostseefisch steht dann in vielen Variationen auf allen Speisekarten. Barkeeper aus ganz Europa stellen bei der **Baltic Cocktail Competition** im Juli in Heringsdorf ihr Können unter Beweis. Während der **Tüftentage** im September zeigen Usedomer Köche, was man mit der Kartoffel anstellen kann – neue Kreationen und traditionelle Gerichte. Das kulinarische Jahr beenden die **Usedomer Wildwochen** im Oktober.

Überall Kunst, Musik und Theater

Usedomer Literaturtage

Wer Kultur im Urlaub mag, sollte seinen Urlaub in den März/April verlegen. An ganz unterschiedlichen Standorten zwischen Zinnowitz und Świnoujście finden Lesungen, Führungen und festliche Veranstaltungen mit Musik zu einem jährlich wechselnden Thema statt (Programminfo: www.usedomerliteraturtage.de).

Kaiserbäder-Pleinair

Unter dem Mottto »7 Malen am Meer« treffen sich alljährlich im Mai sieben Maler an sieben Tagen in den drei Kaiserbädern zum traditionellen Kunst-

Die Rückkehr der Nordmänner – Wikingerlager in Peenemünde

schaffen unter freiem Himmel. Jeder kann ihnen bei der Arbeit hinter der Staffelei zuschauen.

Kunst offen

An Pfingsten öffnen Ateliers und Werkstätten in ganz Mecklenburg-Vorpommern für kunstinteressierte Besucher (www.kunst-offen.com).

Internationales Kleinkunstfestival

Pfingsten verwandeln sich die Promenaden der Seebäder zum Treffpunkt von Künstlern aus aller Welt. Zauber-, Jonglage- und spektakuläre Feuershows, Pantomime, Comedy und Straßentheater ziehen Urlauber und Einheimische in ihren Bann. Info, Programm und Bewerbung unter www.kleinkunst-festival.com.

Chapeau Rouge

Von Ende Mai bis Anfang September lädt das Theater im Zirkuszelt in Heringsdorf zu Schauspiel, Konzerten, Lesungen und Gesprächen ein. Möwengeschrei und Wellenrauschen bilden die Hintergrundmusik. Am Vormittag begeistern Märchen, Puppenspiele und fantastische Geschichten die jüngeren Urlaubsgäste. (www.chapeaurouge.de).

Jazzfestival Usedom

Die zweite Juniwoche steht im Zeichen des Jazz. Hauptveranstaltungsort ist der Bahnhof Heringsdorf, Livekonzerte gibt es aber u. a. auch im Świnoujście Jazzclub Centrala, im Zug der UBB und im Hafen Stagnieß (www.usedom-jazz.de).

Benzer Kirchensommer

Immer noch ein Geheimtipp ist das Kulturprogramm mit Konzerten, Theater oder Lesungen in der Benzer Kirche sowie das zehntägige in den Kirchensommer integrierte **Benzer Kammer-**musikfest (Ende Juni–Ende Aug. Di, Do 20 Uhr, www.kirche-benz.de).

Wolgaster Sommermusiken

Konzerte auf höchstem Niveau erklingen von Juni bis September in der Petrikirche in Wolgast. Für alle ist etwas dabei: Orgelkonzert, Gitarrenmusik, Chöre, Gospel. Für Kinder unter 14 Jahre ist der Eintritt frei.

Usedom Rock

»Kulturaustausch und Begegnung im Ostseeraum« lautet das Motto des Open-Air- Festivals Usedom Rock an einem Samstag im Juli oder August. Junge Bands aus Deutschland und Polen spielen auf dem ehemaligen Grenzparkplatz in Ahlbeck.

Klassik am Meer

Ein hochkarätiges Ensemble aus Berliner Schauspielern bietet im Sommerhalbjahr Theater vom Feinsten. Der Spielplan wechselt jedes Jahr, auf dem Programm stehen Klassiker von Beckett, Brecht, Dürrenmatt, Goethe, Hofmannsthal, Lessing und Schiller. Stimmungsvolle Spielstätte, auch für Konzerte, ist die 750 Jahre alte Koserower Dorfkirche (www.klassik-am-meer.de).

Usedomer Musikfestival

Im Mittelpunkt des Klassikfestivals, das während drei Wochen im September und Oktober stattfindet, steht die Musik des Ostseeraums. Jedes Jahr ist es einem Land dieser Region gewidmet, dessen Künstler und Musik präsentiert werden. Die Veranstaltungen finden an verschiedenen Orten statt: in Konzertsälen und Schlössern, in den Kirchen von Benz, Koserow, Ahlbeck, Krummin und Wolgast, im Kraftwerk in Peenemünde oder im Kulturhaus (Dom Kultury) in Świnoujście in Polen (www.usedomer-musikfestival.de).

Festkalender

Januar/Februar
Winterstrandkorbfest: Jan., Zinnowitz.
Usedomer Winterspektakel: Febr., Eisbaden in Ahlbeck.

März/April
Usedomer Literaturtage: März/April.
Bernsteinwoche: April, in Zempin, Koserow, Loddin und Ückeritz (s. S. 55).
Spielfest am Meer: Ostern, am Heringsdorfer Fischerstrand.

Mai/Juni
Frühlings-Töpfermarkt Morgenitz: Fr und Sa nach Himmelfahrt.
Lämmermarkt: Mai, Stadt Usedom.
Bernsteinbäder Kneipennacht: ein Sa im Mai, Livemusik in den Kneipen.
Kaiserbäder-Pleinair: Sieben Tage im Mai, Malfestival am Meer.
Grand Schlemm: Ende Mai, Schlemmen und Flanieren am Meer (s. S. 26).
Kunst Offen: Pfingsten, Ateliers und Werkstätten öffnen für Besucher.
Internationales Kleinkunstfestival: Pfingsten.
Internationales Trabi-Treffen: Fünf Tage im Juni, auf dem Anklamer Flugplatz sowie Insel-Rallye auf Usedom.
Jazz auf dem Bahnhof: Zweites Wochenende Juni, Heringsdorf.
Kräutermarkt: Sa vor der Sonnwende, in Warthe.
Wolgaster Hafentage: Wochenende Ende Juni/Anfang Juli, Volksfest.

Juli/August
Baltic Cocktail Competiton: Juli, Cocktailmixen in Heringsdorf.
Bansiner Seebrückenfest: Zweites Wochenende Juli.
Usedom Senior Open: Juli, Tennisturnier in Karlshagen und Zinnowitz.

Usedom Beachcup: Juli, Beachvolleyballturnier in Karlshagen.
Ahlbecker Sommerfest/Lange Nacht der Musik: Letztes Wochenende Juli, Markt und Musik an der Promenade.
Sommer-Töpfermarkt Morgenitz: Letztes Wochenende Juli.
Ueckermünder Haff-Tage: Viertes Wochenende Juli, großes Volksfest.
Heringsdorfer Kaisertage: Juli/Aug.
Fischerfest Freest: Erstes Wochenende Aug., Hafenfest mit Markt und Musik.
Usedomer Kunstauktion: Aug., im Kunstpavillon Heringsdorf.
Tierparkfest Wolgast: Aug., Musik, Spiele und Taufe des Zoonachwuchses.

September/Oktober
Promenadenfest: Erstes Wochenende Sept., Heringsdorf.
Zinnowitzer Jazz- und Bluestage: Anf. Sept.
Ückeritzer Kartoffelfest: Zweiter Sa Sept.
Usedom Baltic Fashion: Mitte Sept., Heringsdorf.
Woche der Bäderarchitektur: Sept., Vorträge, Führungen, Konzerte (s. S. 72)
Usedom-Marathon: Sept., von Swinemünde nach Wolgast.
Die Peene brennt: Sept., Theaterspektakel in Anklam.
Seebrückenfest Zinnowitz: Viertes Wochenende Sept.
Usedomer Drachenfestival: Okt., am Strand in Karlshagen.

November/Dezember
Usedomer Wellness-Tage: Ende Okt.– Mitte Dez. (s. S. 32).
Eisbahn Heringsdorf: Mitte Nov.–Anfang März, Schlittschuhlaufen am Meer.

Reiseinfos von A bis Z

Ärztliche Versorgung

Als Kurorte haben die Seebäder eine lange Tradition. Die medizinische Versorgung ist überall gesichert. Im Usedomer Lokalteil der Ostsee-Zeitung sind die Apotheken- und Arztnotdienste verzeichnet. Besitzer der Europäischen Krankenversicherungskarte erhalten von ihrer Krankenkasse die Kosten für ärztliche Leistungen in Polen erstattet.

Krankenhäuser

Ameos Klinikum Anklam: Hospitalstr. 19, Tel. 03971 8340, www.ameos.eu.
Kreiskrankenhaus Wolgast: Chausseestr. 46, Tel. 03836 2570, www.kreis krankenhaus-wolgast.de.
Ameos Klinikum Ueckermünde: Ravensteinstr. 23, Tel. 039771 410, www.ameos.eu

Feiertage

1. Januar: Neujahr
Ostern: April, Karfreitag bis Ostermontag
Pfingsten: Montag
1. Mai: Tag der Arbeit
Christi Himmelfahrt: Do Mitte/Ende Mai
13. Oktober: Tag der Deutschen Einheit
31. Oktober: Reformationstag
25./26 Dezember: Weihnachten

... in Polen

3. Mai: Nationalfeiertag
Fronleichnam: Do Ende Mai/Anfang Juni
5. August: Mariä Himmelfahrt in Polen
1. November: Allerheiligen
11. November: Unabhängigkeitstag

Internet

Viele Hotels, Ferienwohnungen und Campingplätze haben mittlerweile einen Internetzugang – auch per WLAN. Auf der Website www.letsbookhotel.com kann man als Suchkriterium WLAN eingeben und erhält eine Auswahl mit weit über 100 Hotels auf Usedom inkl. Świnoujście, etwa 50 davon mit kostenfreiem WLAN. Ahlbeck hat als erstes Seebad in Mecklenburg-Vorpommern einen WLAN-Hotspot am Strand, dort können Gäste direkt aus dem Strandkorb Emails schreiben. In vielen Seebädern findet man zum Email-Checken einen öffentlichen, kostenpflichtigen Internetzugang, wie im Hans-Werner-Richter-Haus in Bansin, in Kurverwaltungen oder Touristen-Informationen. PC-Service und Internetcafé bieten: Usedom Computer, Seestr. 17, Heringsdorf, Tel. 038378 338 44, www.usedom-computer.de; PC-Pension, Frankstr. 15, Zinnowitz, Tel. 038 377 398 90, www.pc-pension.de.

Kinder

Wer mit Kindern schöne Ferientage erleben möchte, ist auf Usedom genau richtig. Die Strände fallen flach ins Meer ab und sind im Bereich der Hauptabschnitte bewacht, hier kann nach Lust und Laune gebuddelt und gebadet werden. Entlang der Promenade findet man oft Spielplätze, viele Seebäder bieten eine Hüpfburg, Trampoline oder Bungeejumping am Strand. In allen Ferienorten gibt es umfangreiche Kinderprogramme, in vielen Hotels und Ferienanlagen Kinderbetreuung. Die OstseeTherme in Heringsdorf und die Bernsteintherme

Zinnowitz versprechen ganzjähriges Badevergnügen.

Für Abwechslung sorgen zahlreiche Museen: In Peenemünde locken die Phänomenta, das U-Boot-Museum und das Spielzeugmuseum, in Trassenheide die Schmetterlingsfarm, Usedom Wildlife, das Usedom Kinderland und das Haus steht Kopf, in Neu-Pudagla bei Ückeritz der Kletterwald. Verschiedene kreative Werkstattkurse bietet der Mölschower Kulturhof.

Medien

Zeitungen: Die größte Tageszeitung des Landes ist die in Rostock herausgegebene Ostseezeitung mit zahlreichen lokalen Ablegern: www.ostseezeitung.de. Die auf Usedom erscheinende Insel-Zeitung trägt die Bezeichnung Usedomkurier, zusammen mit dem Uckermarkkurier bildet sie den Nordkurier: www.nordkurier.de.
Rundfunk und TV: Rundfunksender wie NDR 1, Radio MV, Antenne MV und Hit-Radio Ostseewelle bieten die aktuellsten Informationen über Verkehr, Wetter und Veranstaltungen. Es gibt mehrere lokale Fernsehsender, eine Liste findet man auf der Homepage der Medienanstalt Mecklenburg-Vorpommern: www.lrz-mv.de/radiotv/veranstalter.html.

Notrufnummern

Rettungsdienst/Feuerwehr: Tel. 112
Polizei: Tel. 110
Ärztlicher Bereitschaftsdienst: Tel. 116 117
Krankenhäuser: s. S. 36
ADAC Pannenhilfe: Tel. 01802 22 22 22
Kreditkarten Sperrnotruf: Tel. 116 116
Botschaft Österreich: Tel. 030 20 28 70
Botschaft Schweiz: Tel. 030 390 40 00

Öffnungszeiten

Geschäfte: Im Urlaubsland Mecklenburg-Vorpommern gilt eine (eingeschränkte) Bäderregelung: Die Geschäfte in touristischen Schwerpunktgebieten dürfen zwischen März und Okt. auch So von 13–18 Uhr öffnen. In Swinemünde und Misdroy haben die Geschäfte in der Regel Mo–Fr 10–18, Sa bis 13 Uhr geöffnet. Auf dem Land schließen die Läden um 18 Uhr, oft gibt es eine Mittagspause von ein bis zwei Stunden.
Restaurants: Dort wo Touristentrubel herrscht, sind die Restaurants tagsüber durchgängig geöffnet, in Feinschmeckerrestaurants oder auch Landgasthöfen wird warme Küche häufig aber nur zwischen 11.30 und 14.30 Uhr und abends ab ca. 17 Uhr angeboten. Im Winterhalbjahr schließen viele Gaststätten mehrere Wochen, andere haben in der Woche ein oder zwei Ruhetage.

Reisekasse und Preise

Übernachtung: Die Preise für Unterkünfte in den renommierten Seebädern sind keine Schnäppchen, Strandnähe und Seeblick kosten extra. Die Preise ziehen im Sommerhalbjahr enorm an, in der Nebensaison können sie auf die Hälfte fallen, es gibt tolle Angebote, oft kombiniert mit attraktiven Wellness-Programmen. Wer nicht auf die Schulferien angewiesen ist, sollte hier schnuppern und zugreifen. Jugendherbergen schlagen mit einem Übernachtungspreis etwa 20 – 36 € pro Bett zu Buche, für Familien mit Kindern sind Ferienwohnungen, in denen man selber kochen kann, am günstigsten. Achtung:Für die Endreinigung fallen je nach Größe des Objekts einmalig 35–100 € an. Im bundesweiten

Reiseinfos

Preisvergleich nehmen die Ostseecampingplätze einen der obersten Ränge ein. Die einzelnen Preisposten summieren sich schnell zu einem stattlichen Betrag. Für ein Wohnmobil für vier Personen kann man 40–60 € pro Tag veranschlagen.

Parken: Strandnahe Parkplätze sind in den Seebädern absolute Mangelware, man spart viel Geld, wenn man hier mit dem Fahrrad unterwegs ist. Auf öffentlichen Parkplätzen liegt die Tagesgebühr zwischen 5–7 €. Achtung: Viele Hotels an der Strandpromenade der Seebäder kassieren extra für einen Parkplatz, das Steigenberger Grandhotel & SPA in Heringsdorf 16 € pro Tag für ein Auto oder Motorrad. Zu den Ferienwohnungen in kleineren Anlagen gehört dagegen meist ein kostenfreier Parkplatz pro Wohneinheit.

Essen und Trinken: Essen gehen ist natürlich immer ein Kostenfaktor. Für den Hunger zwischendurch gibt es viele Imbisse und Räucherfischbuden. Einfachere Restaurants bieten sättigende Gerichte ab 8 €. Wer etwas höhere Ansprüche stellt, legt deutlich mehr hin. Die Feinschmeckerküche mit Hauptgerichten ab 14 oder 16 € sprengt den Rahmen der meisten Familienbudgets. Selbstversorgung ist gut möglich, die gängigen Supermarktketten sind in allen größeren Seebädern auf der Insel vertreten und haben auch sonntags geöffnet. Die Zeiten sind vorbei, in denen man sich vor dem Urlaub mit allem Nötigen eindecken musste.

Kurabgabe: Die Urlaubskosten in die Höhe treibt die Kurtaxe oder auch Kurabgabe, für die man pro Erwachsenem zwischen 1,50 und 3 € in der Hochsaison ansetzen muss. Die Höhe der Abgabe variiert nach den Orten und Saisonzeiten. Kinder, Schüler/Auszubildende sind frei oder zahlen die Hälfte. Tagesgäste sollten eine Tageskurkarte lösen, entweder bei der Kurverwaltung oder am Automaten. Im Gegenzug bekommt man mit der Kur- bzw. Gästekarte ermäßigten Eintritt in Hallenbädern und Museen sowie bei Veranstaltungen der Kurverwaltung.

Aktivitäten: Strandkörbe kosten für Tagesgäste pro Tag etwa 8 €, günstiger sind sie wochenweise. Ein einfaches Tourenrad mit 3-Gang-Schaltung gibt es ab 7 €, ein Rad mit sieben Gängen und Vollfederung für 10 €. Wochenweise gemietet sind die Räder billiger.

Reisen mit Handicap

Der Mobilitätsservice der Deutschen Bahn gibt Reiseauskünfte für Menschen mit Handicap sowie Tipps und Links für barrierefreies Reisen, Tel. 0180 551 25 12 (0,14 €/Min.), die Broschüre »Mobil mit Handicap« lässt sich auch im Internet herunterladen unter www.bahn.de/handicap.

In den Gastgeberverzeichnissen ist vermerkt, welche Unterkünfte/Campingplätze behindertengerecht sind. Viele Ostseebäder verfügen mittlerweile über behindertengerechte Strandzugänge und Toiletten. Informationen und Tipps zum Thema »Barrierefrei auf Usedom« findet man im Internet auf www.barrierefrei.use dom.de sowie in der gleichnamigen Broschüre, die in den Touristen-Informationen oder online als Download auf www.usedom.de erhältlich ist.

Souvenirs

Reisemitbringsel vom Meer werden in allen Touristenorten für alle Geschmäcker und Geldbeutel angeboten. In den Souvenirläden findet man Maritimes, Kitsch ebenso wie Kostbarkeiten, Muschelkästchen, Piratenflaggen und

Buddelschiffe. So geht's übrigens: Durch den Flaschenhals der *Buddel* – niederdeutsch für Flasche – wird der maßstabsgerechte Nachbau eines Schiffes geschoben. Durch Ziehen an Fäden richten sich die Masten in der *Buddel* auf.

Das schönste Urlaubssouvenir ist kostenloses **Strandgut**: am Meer gefundene Muscheln und Fossilien, rund geschliffene Steine, ausgebleichtes, bizarr geformtes Treibholz, bunte Tau- und Netzreste. Mit Glück findet man auch Bernstein, der vor allem nach Sturmfluten am Flutsaum liegt. Doch Achtung: Beim Bernsteinsammeln ist Vorsicht geboten! Vor allem im Norden Usedoms kommt es vor, dass Weißer Phosphor an den Strand gespült wird, er stammt zum Teil aus einer Bombardierung der deutschen Heeresversuchsanstalt in Peenemünde während des Zweiten Weltkriegs. Auch Profis können den Unterschied zwischen weißem Phosphor und Bernstein nicht erkennen. Feuchter Weißer Phosphor ist ›harmlos‹, erst, wenn er in der Hosentasche getrocknet ist, entzündet er sich und kann bei den Sammlern zu schweren Verbrennungen führen. Seit Ende der 1970er-Jahre wurden etwa 150 Opfer bekannt, die Dunkelziffer ist weit höher. Wer dennoch Bernstein sammelt, sollte die gefundenen Stücke nie in die Hosentasche stecken, sondern in einem Metallbehältnis aufbewahren.

Bernsteinschmuck wird in ganz unterschiedlicher Qualität angeboten. Vorsicht geboten ist bei fliegenden Händlern, die am Strand oder im Bauchladen preiswerte Bernsteinketten anbieten, es könnten leicht billige Imitate sein. Auf Bernstein spezialisiert sind der Bernsteinbasar (Kölpinsee) und das Geschäft Ars Baltica auf der Heringsdorfer Seebrücke (Shopping Mitte).

Mein Tipp

Ein Beitrag zur Klimarettung

Waldaktie heißt das Zauberwort. Das gemeinsam vom Tourismusverband, dem Landwirtschaftsministerium und der Landesforstanstalt entwickelte Projekt ist einfach erklärt: Jede Reise – und sei es auch ›nur‹ nach Usedom – schadet dem Klima durch den Ausstoß von CO_2. Durch den Kauf einer Waldaktie für 10 € trägt eine vierköpfige Familie dazu bei, den eigenen Urlaub CO_2-neutral zu gestalten. Für das Geld wird ein Baum gepflanzt und forstwirtschaftlich gepflegt. Die Waldaktien für den ersten Usedomer Klimawald in Koserow sind bereits verkauft, der zweite Usedomer Klimawald Damerow wurde im Oktober 2009 eingeweiht, es kann aber auch ein anderer Wald sein. Infos findet man auf der Webseite www.waldaktie.de.

Vielerorts gibt es schöne **Keramiken**, Faltblätter mit den Adressen der Keramikwerkstätten liegen in den Kurverwaltungen aus, einen Besuch lohnen der Keramikhof in Morgenitz, der Kulturhof in Mölschow und die Pommersche Keramik-Manufaktur in Mellenthin. In Freest entstehen die traditionellen **Fischerteppiche** (s. S. 58). Ein exklusives Mitbringsel könnte ein **Strandkorb** für den heimischen Balkon oder Garten sein; sie werden in Heringsdorf hergestellt (s. S. 61).

Landestypisch und zudem gesund sind **Sanddornprodukte**. Der Sanddorn, wegen seines hohen Vitamin-C-Gehalts auch Zitrone des Nordens genannt, wird zu Saft, Marmelade und Likör verarbeitet.

Panorama – Daten, Essays, Hintergründe

Die Kaiserbäder locken mit einem weißen, breiten Sandstrand

Steckbrief Usedom

Lage: Die Insel Usedom liegt im Mündungsdelta der Oder im Nordosten Deutschlands, ihr östlicher Teil gehört zu Polen. Usedom (poln. Uznam) wird begrenzt von der Pommerschen Bucht (Ostsee) im Norden, dem Stettiner Haff im Süden, dem Peenestrom und Achterwasser im Westen. Die Swine (Świna) trennt Usedom im Osten von der Nachbarinsel Wolin (Wollin).

Fläche: Mit 445 km² ist Usedom nach Rügen die zweitgrößte Insel Deutschlands, der deutsche Anteil beträgt 373 km², der polnische 72 km².

Einwohner: Usedom/Uznam hat insgesamt ca. 76 500 Einw., im polnischen Świnoujście (Swinemünde) leben 41 000 Menschen. Der deutsche Teil Usedoms ist dünner besiedelt. Viele Dörfer im Hinterland sind nur von wenigen hundert Menschen bewohnt.

Städte: Größter Ort auf Usedom ist Ahlbeck (etwa 4000 Einw.), das seit 2006 zusammen mit Heringsdorf und Bansin die Gemeinde Ostseebad Heringsdorf bildet (9400 Einw.). Die Kleinstadt Usedom zählt 1900 Einw. Die größten Städte auf dem Festland sind Greifswald (55 000 Einw.), Ueckermünde (10 000), Anklam (13 400 Einw.) und Wolgast (13 200).

Flagge: Die Farben der Landesflagge von Mecklenburg-Vorpommern stehen symbolisch für Meer und Himmel (blau), Felder (gelb) und Backstein (rot). Auf der Landesdienstflagge findet man zudem die Wappenfiguren der beiden Landesteile, den Mecklenburger Stierkopf und den vorpommerschen Greif.

Flagge Mecklenburg-Vorpommerns

Geografie und Natur

Die Außenküste der Insel – vom Peenemünder Haken im Nordwesten bis zur Swinemündung im Südosten – bietet über 40 km feinsandige Strände mit nachfolgenden flachen Dünenwällen oder hohen Steilufern in mehrfachem Wechsel. Landeinwärts erstreckt sich schützender Küstenwald und ein teilweise hügeliges, seenreiches Hinterland. Usedom vorgelagert sind die Vogelinseln Greifswalder Oie und Ruden. Die Inseln gehören zum 1999 gegründeten Naturpark Insel Usedom. Er umfasst 72 000 ha: davon entfallen 43 % auf die Wasserflächen von Ostsee, Peenestrom, Achterwasser und Stettiner Haff. 15 % nehmen Moore ein, 15 % sind mit Wald bedeckt. Die Binnenseen des Naturparks erstrecken sich auf 1800 ha, die 14 Naturschutzgebiete, die ganz unterschiedliche Lebensräume präsentieren, nehmen rund 4000 ha ein.

Geschichte und Kultur

Aus germanischen und slawischen Ursprüngen bildete sich im frühen Mittelalter die Bevölkerung des ›Landes am Meer‹ (*po morze*, später Pommern) heraus. Bischof Otto von Bamberg brachte im 12. Jh. das Christentum nach Pommern. 1630 griff der schwedische König Gustav II. Adolf mit seiner Landung im Norden Usedoms in den

Dreißigjährigen Krieg ein. 1648 fiel das völlig verwüstete Land an Schweden, 1720 wurde Usedom preußisch, das Festland blieb noch bis 1815 schwedisch. Seit Mitte des 19. Jh. strömten vor allem Berliner an die Strände der Ostsee und machten Usedom zur ›Badewanne Berlins‹. Von Swinemünde als dem ersten preußischen Seebad ging das Usedomer Bäderwesen aus – mit der noch heute prägenden Bäderarchitektur.

Als Folge des Zweiten Weltkrieges kam der Ostteil der Insel mit Swinemünde zu Polen. Doch seit dem Beitritt Polens zur EU im Jahr 2004 wird die Grenze durchlässig. Interkulturelle Akzente setzt bereits seit 1994 das Usedomer Musikfestival. Die Insel ist seit jeher Anziehungspunkt für Künstler. In den 1930er-Jahren etablierte sich in Ückeritz eine Künstlerkolonie, das Gedenkatelier Otto Niemeyer-Holstein in Lüttenort ist heute eine der größten Sehenswürdigkeiten der Insel.

Staat und Politik

Im Zuge der Wiedervereinigung erfolgt 1990 die Neugründung des Landes Mecklenburg-Vorpommern. Landeshauptstadt ist das ferne Schwerin. Seit der Kreisgebietsreform Mecklenburg-Vorpommern 2011 besteht das Gebiet Vorpommern aus den Landkreisen Vorpommern-Rügen und Vorpommern-Greifswald. Usedom gehört zu Letzterem, Kreisstadt ist Greifswald. Seit der Kreistagswahl im September 2011 setzt sich der Kreistag wie folgt zusammen: CDU (28,3 %) 19 Sitze, SPD (19,7%) 14 Sitze, Die Linke (18,7%) 13 Sitze, KfV (9,5 %) 7 Sitze, NPD (8,9%) 6 Sitze, Grüne (6,1%) 4 Sitze, FDP (3,1%) 1 Sitz, Piraten (1,5 %) 1 Sitz.

Wirtschaft und Tourismus

Die heutige Region Vorpommern war immer ein relativ armes Land. Zudem hat die Umstrukturierung der Wirtschaft nach der Wende in den Bereichen Landwirtschaft und Fischerei zu einem dramatischen Verlust an Arbeitsplätzen geführt. Die Arbeitslosigkeit liegt zeitweise bei über 15 %. Seit Ende des 19. Jh. ist der Tourismus auf Usedom der Hauptwirtschaftsfaktor. Die Insel weist heute die größte Dichte an zertifizierten Wellnesshotels deutschlandweit auf und zieht damit ganzjährig immer mehr Gäste an. Von dem Zuwachs im Tourismusbereich profitiert auch die Fischerei. Den Hauptberuf Fischer gibt es kaum noch, doch die Fischerboote und der frisch geräucherte Fang am Strand erhöhen den touristischen Reiz der Insel. Im Sommer ist die Insel ausgebucht, in der Saison herrscht Fachkräftemangel. In der Gastronomie werden viele Arbeitskräfte aus Polen beschäftigt.

Sprache und Religion

In weiten Teilen des Landes wird heute nur noch von der älteren Generation Niederdeutsch gesprochen. Im deutschen Teil Usedoms lernen immer mehr junge Menschen Polnisch. Der überwiegende Teil der Bevölkerung des Landes ist konfessionslos. Rund 3,3 % gehören der katholischen, 17,3 % der evangelisch-lutherischen Kirche in Norddeutschland, kurz Nordkirche an. Katholische Gemeinden gibt es im deutschen Teil Usedoms in Heringsdorf und Zinnowitz (www.stella-maris-usedom.de). Zuständig ist das Erzbistum Berlin, für die evangelischen Gemeinden der Kirchenkreis Greifswald (www.kirchenkreis-greifswald.de).

Frühzeit

16.–10. Jt. v. Chr. Ganz Norddeutschland ist von einem 1000 m dicken Eispanzer bedeckt. Mit dem Zurückweichen der letzten Gletscher dringen nomadisierende Sammler und Jäger in den südlichen Ostseeraum vor.

um 3000 v. Chr. Zu Beginn der Jungsteinzeit werden die Menschen allmählich sesshaft, sie betreiben Ackerbau und Viehzucht. Beeindruckende Zeugnisse der frühen Besiedlung im Ostseeraum sind Großsteingräber, beispielsweise in Lütow auf der Halbinsel Gnitz.

Christianisierung, Hansezeit und Reformation

ab 600 n. Chr. In das seit der Völkerwanderungszeit nahezu menschenleere Land wandern slawische Völkerschaften ein, auf Usedom und Wollin siedeln die Liutizen.

um 900 Archäologische Ausgrabungen belegen intensive Kontakte zwischen Slawen und Wikingern im südlichen Ostseeraum, so etwa in der in alten Schriften Jumne, Jomsburg bzw. Julin genannten Handelsmetropole im heute polnischen Städtchen Wolin. Beeindruckende Belege nordischer Kultur sind auch die Bootsgräber in Menzlin bei Anklam.

990 Boleslaw I. Chrobry, der Herzog und spätere König von Polen, geht gegen die pommerschen Liutizen vor, Pommernherzog Wartislaw I. muss sich ihm unterwerfen, erlangt aber nach dem Tod Boleslaws 1025 seine Eigenständigkeit zurück.

1128 Bischof Ott von Bamberg christianisiert in der Burg Usedom die slawische Bevölkerung. Der slawische Adel unterwirft sich.

1153 Prämonstratensermönche aus Magdeburg gründen das Kloster Grobe südlich der Stadt Usedom. 1309 verlegen sie das Kloster nach Pudagla. In Folge der Reformation wird es 1535 säkularisiert.

1216 Die Lieper Kirche wird in einer Urkunde namentlich erwähnt und gilt somit als älteste Kirche von Usedom.

1257 Wolgast bekommt das Lübische Stadtrecht verliehen.

1295 Wegen Erbstreitigkeiten wird Pommern in zwei Herzogtümer geteilt, in Pommern-Wolgast und Pommern-Stettin. Bis Mitte des 15. Jh. wird das Herzogtum Pommern-Wolgast noch mehrmals geteilt.

1478 Herzog Bogislaw X. aus dem Geschlecht der Greifen eint Pommern. Nach seinem Tod 1523 wird das Land erneut geteilt.

1535	Auf dem Treptower Landtag wird der protestantische Glauben als Landesreligion in Pommern eingeführt. Die Klöster werden säkularisiert, die Kirche verliert ihre Macht, die des Adels wächst.

Unter Schweden und Preußen

1618–1648	Dreißigjähriger Krieg. Der Schwedenkönig Gustav II. Adolf landet in Peenemünde. Drei Jahre später wird sein Leichnam von Wolgast aus in die Heimat überführt. Bei den Kämpfen zwischen kaiserlicher und schwedischer Macht wird Vorpommern regelrecht zerrieben. »Pommernland ist abgebrannt« – die Zeile aus dem bekannten Kinderlied beschreibt den Zustand des geplünderten und verwüsteten Landes am Ende des Krieges, den Schweden gewinnt. Im Westfälischen Frieden erhält Schweden Vorpommern mit Rügen, Usedom, Wollin und Stettin. Bis 1720 bleibt die Insel Usedom unter schwedischer Herrschaft, das Festland sogar bis 1815.
1700–1720	Als Folge des Nordischen Krieges, der in der Hauptsache zwischen Schweden und Russland geführt wird, fallen Usedom, Wollin sowie das Gebiet südlich der Peene 1720 an Brandenburg-Preußen, das Gebiet nördlich der Peene mit Stralsund, Greifswald und Wolgast sowie die Insel Rügen sind weiterhin schwedisch.
1815	Nach den Napoleonischen Befreiungskriegen legen die Siegermächte auf dem Wiener Kongress Europas Grenzen neu fest. Schwedisch-Pommern und Rügen fallen an Preußen. Die Mecklenburger Herrscherhäuser werden Großherzogtümer.
1820	Aufhebung der Leibeigenschaft in Vorpommern, doch die alte ständische Verfassung, die die Bauern zu rechtlosen Tagelöhnern macht, bleibt erhalten. Fast die Hälfte des Landes befindet sich weiterhin in Großgrundbesitz, viele Bauern wandern nach Amerika oder Russland aus. Forstmeister Georg Bernhard von Bülow baut in Heringsdorf die ersten Logierhäuser.
1822	In Swinemünde wird die Gesellschaft zur Errichtung eines Seebads gegründet.
1830–1880	In Wolgast erlebt der Schiffbau seinen Höhepunkt.

Deutsches Reich und DDR

1871	Mecklenburg-Schwerin und Mecklenburg-Strelitz treten dem neu gegründeten Deutschen Reich bei. Der Berliner Finanzier Hugo Delbrück gründet 1872 die Aktiengesellschaft Seebad Heringsdorf.

1874–1880	Der Bau der Kaiserfahrt zwischen dem Oderhaff und der Swine verkürzt den Schifffahrtsweg nach Stettin und ermöglicht das Einlaufen großer Schiffe in die Oder.
1876	Usedom erhält Anbindung an die Eisenbahnlinie Berlin-Swinemünde. Die Seebäder erleben in den Jahrzehnten um die Jahrhundertwende eine große Blüte.
1936	Mit dem Bau der Heeresversuchsanstalt zur Raketenforschung in Peenemünde wird der Norden Usedoms inklusive der Seebäder Zinnowitz, Karlshagen und Trassenheide zum militärischen Sperrgebiet erklärt. 1942 startet die erste ferngesteuerte Großrakete A4, aus der später die Vergeltungswaffe V2 hervorgeht.
1943	Britischer Luftangriff auf die Heeresversuchsanstalt Peenemünde, die Bomben schlagen fehl und treffen zumeist die Lager der Zwangsarbeiter und Wohnanlagen in Karlshagen.
1945	Swinemünde, seit dem 19. Jh. zum Marinehafen ausgebaut, wird noch kurz vor Kriegsende von amerikanischen Bomben getroffen. Tausende finden den Tod. Zwei Monate später besetzen sowjetische Truppen die Insel. Nach dem Potsdamer Abkommen wird der Ostzipfel Usedoms mit Swinemünde, Wollin und Stettin Polen zugesprochen. Durch den Flüchtlingsstrom aus Ostpreußen, Westpreußen und Pommern verdoppelt sich die Einwohnerzahl in der Grenzregion, deutsche Flüchtlinge kommen in den Übernachtungsbetrieben unter.
1946	Bei den Landtagswahlen wird die SED, entstanden durch den Zusammenschluss von KPD und SPD, stärkste Partei. Die Bodenreform legt fest, dass aller Großgrundbesitz über 100 ha entschädigungslos enteignet wird. Nach dem Motto »Junkerland in Bauernhand« fndet eine Neuverteilung des Landes statt.
ab 1952	Im Rahmen der Aktion Rose werden zahlreiche Ermittlungsverfahren wegen angeblicher Wirtschaftskriminalität eingeleitet. Hotels, Pensionen und Gaststätten werden beschlagnahmt, ihre Besitzer enteignet, einen Großteil der Häuser übernimmt der Feriendienst des Freien Deutschen Gewerkschaftsbundes (FDGB). Beginn des staatlich organisierten Massentourismus, die Ostseeküste wird zur wichtigsten Urlaubsregion der DDR.

Jüngste Entwicklungen

1989	Friedliche Demonstrationen im ganzen Land, u. a. in Heringsdorf und Wolgast, führen zum Ende der DDR. Der deutsch-polnische Grenz-

übergang zwischen Ahlbeck und Swinemünde wird für Fußgänger und Radfahrer wieder eröffnet. ›Wessis‹ und Investoren fluten nach Usedom, suchen günstige Objekte oder beanspruchen ehemaliges Eigentum. Viele schicke Villen wechseln den Besitzer. Es wird saniert und neu gebaut.

1995   Die Seebäder zeigen sich wieder in altem Glanz. Die größte deutsche Seebrücke wird in Heringsdorf eröffnet. Der Seebäderverkehr zwischen den Seebrücken wird wieder aufgenommen.

1996   Die bundesdeutsche Marine zieht sich von Usedom zurück, damit ist die Insel das erste Mal seit 60 Jahren wieder gänzlich militärfrei.

1999   Der deutsche Teil Usedoms und das angrenzende Festland erhalten den Status eines Naturparks. Seit 2000 besteht eine Partnerschaft mit dem Nationalpark Wollin auf Usedoms polnischer Nachbarinsel.

2004   Polen tritt der EU bei. Die beliebten Butterfahrten fallen weg, kleinere Orte wie Kamminke, von denen die Schiffe zum billigen Einkaufen ausliefen, werden wieder zu stillen Fischerdörfern.

2005   Fertigstellung der Ostseeautobahn A 20 zwischen Lübeck und Stettin.

2006   Die Seebrücke in Misdroy kann erstmals wieder von Ausflugsschiffen aus den deutschen Seebädern direkt angelaufen werden.

2008   Die Usedomer Bäderbahn fährt wieder über die deutsch-polnische Grenze bis nach Swinemünde.

2011   Fertigstellung der Europapromenade zwischen Ahlbeck und Swinemünde.

Nov. 2011   Durch die Ostseepipeline Nord Stream strömt sibirisches Erdgas nach Deutschland, in Lubmin trifft sie auf die Küste und führt von hier quer durchs Land. Was die Umweltschützer beklagen, beglückt die Archäologen, die seit Jahren entlang der Trasse graben und auf Kosten von Nord Stream viele archäologisch hoch interessante Funde sowohl in der Ostsee als auch an Land bergen.

ab 2013   Im Inselnorden wird ein neuer Deich zum Schutz gegen Sturmfluten angelegt, der sogenannte Riegeldeich soll sich vom Peenestrom bis zur Düne im Osten der Insel erstrecken und die Gemeinden Peenemünde, Karlshagen, Trassenheide und Zinnowitz vor Hochwasser schützen.

So weit das Auge reicht –
Wasser, Land und wieder Wasser

Von Wasser umgeben – die Halbinsel Gnitz

**Unaufhörlich wechseln die Land-
schaftsbilder. Lagunenartige Bodden-
gewässer, imposante Steilküsten,
schilfgesäumte Haffs und weiße,
feinsandige Strände bilden den Rahmen für Buchenwälder, Wiesen,
›Schweizer Berge‹, Moore und Seen –
faszinierende Landschaften, die im
Verlauf von Jahrtausenden entstanden sind und sich bis heute stetig
verändern.**

Der Name der zweitgrößten deutschen
Ostseeinsel geht auf das slawische
Wort ›Uznam‹ zurück, was so viel wie
Mündung bedeutet. Tatsächlich liegt
Usedom vor dem Mündungsdelta der
Oder. Bevor der Fluss die Ostsee erreicht, ›staut‹ er sich im Stettiner Haff
und umfließt dann in drei Mündungs-
armen die Inseln Usedom und Wollin –
die Peene im Westen, die Swine (Świna)
in der Mitte und die Dievenow
(Dziwna) im Osten. Der Peenestrom
und die tief in die Insel eingreifende
Bucht des Achterwassers trennen Usedom vom Festland. Die extreme Ver-
zahnung von Land und Wasser wird
durch große Binnenseen wie den
Schmollensee und den Gothensee noch
verstärkt. Von einem Aussichtspunkt im
Usedomer Hinterland kann man den
Sieben-Seen-Blick genießen: sieben Gewässer auf einmal und dazwischen
überraschend hügelige Landschaften.

Am Anfang war das Eis

Seine heutige Gestalt erhielt die Insel
während der Kaltzeiten, vor allem der
Weichsel-Kaltzeit, die vor etwa 115 000

Jahren begann und vor 11 500 Jahren endete. Ein kilometerdicker Eispanzer bedeckte damals ganz Skandinavien.

Gewaltige Gletscher rückten gen Süden vor und wieder zurück, dabei schoben sie Geröll und Gesteine vor sich her. Sie modellierten die Landschaft, hinterließen markante, bis zu 70 m hohe Endmoränen – den Golm, den Streckelsberg bei Koserow, den Langen Berg bei Bansin und die Hügel der Usedomer Schweiz. Flachwellige Grundmoränen formten sanfte Landschaften wie die Halbinseln Wolgaster Ort und Gnitz.

Die abfließenden Schmelzwasserströme gruben Vertiefungen für Flüsse. Durch das nachträgliche Auftauen großer Eisblöcke entstanden Hohlräume, die sich später mit Wasser füllten und zu den heutigen Seen wurden.

Nach dem Rückzug der Gletscher begann sich das skandinavische Festland, von der schweren Eislast befreit, zu heben. Gleichzeitig stieg der Meeresspiegel, die Ostsee dehnte sich aus und überflutete weite Landstriche – das heutige Stettiner Haff wurde geflutet. Küstennahe Regionen wie Rügen und Usedom verloren ab etwa 7000 v. Chr. ihre Verbindung zum Festland und wurden zu Inseln, die jetzt von den beständig heranstürmenden Wellen bearbeitet wurden. Steilküsten entstanden, das abgetragene Material lagerte sich an anderer Stelle wieder an, flache Buchten verlandeten, wurden vom Meer abgeschnitten und entwickelten sich zu seichten Boddengewässern. Bis heute setzt sich der Prozess von Abtragung und Anlandung entlang der Küstenlinie fort.

Die Eisreisenden

Die für die Region typischen Riesensteine – sogenannte Findlinge – sind Hinterlassenschaften der letzten Eiszeit. Sie stammen aus Skandinavien, von wo die eiszeitlichen Gletscher sie gen Süden schoben. Die größten dieser Felsbrocken wiegen viele Tonnen. Die meisten von ihnen bestehen aus Granit oder Gneis – sehr harten und widerstandsfähigen Gesteinen, die während des langen Transports durch das Inlandeis weniger an Substanz verloren als andere. Die vom Eis und Wasser abgerundeten, großen Kernstücke fanden vielfach Verwendung bei der Anlage von Großsteingräbern wie in Lütow auf der Halbinsel Gnitz, später auch (in kleinere Stücke geschlagen) beim Bau von Kirchen und der Befestigung von Straßen. In Neu Pudagla gibt es einen frei zugänglichen Gesteinsgarten. Der mit Schautafeln versehene Rundweg informiert über Herkunft und Fundort von ca. 140 Findlingen (s. S. 168).

Das Meer gibt, das Meer nimmt

Meer, Wind und Sturmfluten bearbeiten vor allem die sanft geschwungene, sandige Ausgleichsküste. Während die imposanten Windwatten am Peenemünder Haken im Nordwesten der Insel jährlich etwa einen Meter zulegen, verlieren andere Küstenabschnitte bei jedem stärkeren Wellengang an Substanz – an ausgesetzten Stellen durchschnittlich 20 bis 40 cm pro Jahr. Bei einer Sturmflut können gar innerhalb eines Tages mehrere Meter von Düne oder Kliff verloren gehen. Besonders verheerend wüteten die Sturmfluten der Jahre 1872 und 1874, bei denen das zwischen Koserow und Zempin gelegene Vorwerk Damerow zerstört wurde. Auch bei den schweren Sturmfluten von 1904 und 1913 kam es an dieser schmalen Stelle, wo nur ein rund 300 m breiter Landstreifen Ostsee und Achterwasser voneinander trennt, zu Durchbrüchen, ebenso zwischen Stubbenfelde und Kölpinsee.

Fluch und Segen

Küstenschutz tut Not, aber mit Maßen. Mit Dünenbepflanzungen versucht man die gefährdeten Küstenabschnitte zu befestigen. Zahlreiche Buhnen schwächen die Kraft des Wellenschlags und verzögern damit den Küstenabtrag. Regelmäßige Sandaufspülungen draußen im Meer sollen die Strände der Usedomer Außenküste künstlich ernähren. Nur am Streckelsberg bei Koserow verstärken massive Wellenbrecher aus schweren Bruchsteinen eine bereits im 19. Jh. errichtete, 1995 erneuerte Uferschutzmauer. Sie soll den Orkanböen standhalten, die im stürmischen Winterhalbjahr an diesem Abschnitt der Steilküste besonders nagen.

Obwohl auch an anderen Stellen durch die Erosion am Dünenfuß bereits ganze Bäume samt Erdballen abrutschen – sogenannte surfende Buchen – steht es nicht zur Debatte, die gesamte Außenküste mit solch massiven Bauwerken zu schützen. Der an einigen Stellen abtransportierte Sand sorgt an anderen für den notwendigen Nachschub, nicht zuletzt ihm hat die Insel ihre breiten Sandstrände zu verdanken.

Geschätzt und geschützt – Naturparadies Usedom

Die Insel ist bekannt für ihre landschaftliche Vielfalt auf engstem Raum. Inseln, Halbinseln, Seen, Sümpfe, Salzwiesen und Wälder bieten zahlreiche unterschiedliche Lebensräume für eine artenreiche Tier- und Pflanzenwelt, für deren Erhalt sich Naturfreunde seit über 100 Jahren einsetzen. 14 Naturschutzgebiete umfasst der 1999 gegründete Naturpark Insel Usedom.

Die Gründung des Naturparks hat den Naturschätzen der Region gut getan. Intensiv bewirtschaftete Äcker wurden stillgelegt, die Grenzen der Bebauungsflächen abgesteckt und der Schutz der Trinkwasserzonen durch strenge Auflagen gestärkt. Einige (fast) verschwundene Tierarten konnten erfolgreich wieder angesiedelt werden.

Wald- und Flussbewohner

Der Uhu scheint zurückgekehrt, der Wisent lebt in weitläufigen Gehegen im Süden Usedoms. In vielen Gewässern der Insel tummeln sich Fischotter. Ihre Verbreitungsschwerpunkte liegen im Südosten von Usedom sowie im Tal der Peene, die auch der Amazonas des Nordens genannt wird. Dort wurden in den 1970er-Jahren 23 Elbebiber ausgesetzt, die sich seither stark vermehrt haben. Ihr Revier erstreckt sich mittlerweile bis in das Haff-Gebiet. In ausgestopfter Form sind Möwen, Biber, Füchse und Dachse im Naturparkzentrum im alten Bahnhof in Usedom Stadt zu bewundern, ebenso wie präparierte Exemplare der im Naturpark brütenden Vögel, etwa von Seeadler, Weißstorch, Graureiher und Kranich.

Gefiederte Gäste

Auf Usedom und Wollin kreuzen sich zwei Hauptstraßen des Vogelzuges: die in Ost-West-Richtung verlaufende baltische Route und der dem Urstromtal der Oder Richtung Süden folgende Vogelzugweg. Etwa 130 Vogelarten kommen hier vorbei – allein oder in großen Scharen. Sie nutzen die Ruhe der Schutzgebiete zum Auftanken, bevor sie gestärkt ihre Wanderung gen Süden oder Norden fortsetzen, je nach Jahreszeit.

Zehntausende von Rallen, Enten und Sägern aus Skandinavien und dem Baltikum überwintern auf Haff, Peenestrom und Achterwasser. Auf den Feldern von Wolgaster Ort und Lieper Winkel suchen große Scharen von Grau- und Kanadagänsen, von Höcker- und Singschwänen nach Nahrung.

Majestäten im Aufwind

Im Frühsommer 2011 titelte die Ostseezeitung stolz: »Pommernland ist Seeadlerland«. Die Region zählt zu

Naturschutzgebiete

Peenemünder Haken, Struck und Ruden (seit 1925): 7824 ha, eines der ältesten Naturschutzgebiete Deutschlands, Schiffsfahrten zur Insel Ruden.

Mümmelkensee (seit 1957): 6 ha, Moorsee, Wanderweg um den See, Führungen.

Wockninsee bei Ückeritz (seit 1958): ca. 50 ha, verlandeter See mit Schwingmoorbereichen, Wanderweg um den See, Führungen.

Streckelsberg bei Koserow (seit 1961): 34 ha, höchste Kliffranddüne der Insel (58 m), Wanderwege.

Vogelinseln Böhmke und Werder im Balmer See (seit 1967): 118 ha, nicht zugänglich.

Gothensee mit Niedermoor Thurbruch (seit 1967): 800 ha, Wander- und Wirtschaftswege.

Golm (seit 1976): höchster Berg Usedoms (69 m), Buchenwald, Spazierwege.

Halbinsel Cosim am Balmer See (seit 1990/1996): 85 ha, Feuchtwiesen, Bruchwälder, umliegende Flachwasserbereiche, ein öffentlicher Weg führt in das Gebiet.

Halbinsel Gnitz (seit 1994): 61 ha, Magerrasen, Salzwiesen, Wachholder-Kiefernwald, Wanderpfade, Führungen.

Zerninseesenke und Swinemoor (seit 1995): 365 ha, verlandeter See und Moor, Wander- und Radweg, Führungen

Mellenthiner Os (seit 1995): eiszeitlicher Wallberg und Moor, Wander- und Radwege.

Kleiner Krebssee (seit 1996): 50 ha, Steilhänge mit Buchenwald, Südhänge mit Trockenvegetation.

den wichtigsten Brut- und Überwinterungsgebieten des Seeadlers in ganz Deutschland. Allein auf Usedom brüten Jahr für Jahr über 15 Seeadlerpaare. Besser noch sieht es auf der Festlandküste aus: Gut zwei Dutzend Seeadler tummeln sich im Lassaner Winkel. Auch etwas weiter südlich – im Bereich der Klotzower Renaturierungsflächen, Zecheriner Brücke und Moorwiesen Murchin sowie in der Region zwischen Stettiner Haff und dem Naturschutzgebiet Anklamer Stadtbruch gibt es größere Ansammlungen mit jeweils 15 bzw. 20 Seeadlern.

Von Fischen und Fischern gefürchtet

Heute nur noch wenig populär ist der Kormoran, der als gefräßiger Brutvogel gilt. Der Vogel des Jahres 2010 verschlingt zum Unmut der Küstenfischer rund ein Pfund Fisch pro Tag. Seine größten Brutgebiete in Mecklenburg-Vorpommern befinden sich am Peenemünder Haken und im Naturschutzgebiet Anklamer Stadtbruch. Auch am Schmollensee und im Bereich der Swine gibt es größere Kolonien. Diese sind schon von Weitem an den hohen Nistbäumen zu erkennen, die durch den scharfen Kot der Tiere schnell absterben.

Da die Kormorane kaum natürliche Feinde haben, nimmt ihre Zahl beständig zu, nur nach den eisigen Wintern der letzten Jahre waren leichte Rückgänge zu verzeichnen. Einzelne Kormorane sind häufig auf den Buhnen vor den Stränden oder auf den Reusen- und Netzgestellen im Achterwasser zu beobachten.

Der Seeadler jagt wieder in den Gewässern rund um Usedom

Die Tränen der Götter – Bernstein

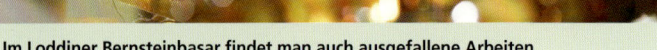

Im Loddiner Bernsteinbasar findet man auch ausgefallene Arbeiten

Nach einem auflandigen Sturm herrscht Goldgräberstimmung an der Küste. Schon frühmorgens sind Scharen von Strandgängern unterwegs – sie haben den Blick nach unten gerichtet. Im Spülsaum der Sandstrände, zwischen Muscheln, Tang, Holz- und Kohlestückchen verbirgt sich das Gold des Meeres.

Sonnenstein hieß er bei den Griechen, brennender Stein bei den Germanen, daher der Name Bernstein (angezündet brennt er mit langsamer, stark rußender Flamme). Bernstein ist versteinertes Baumharz und auf fast allen Kontinenten zu finden. Der Ostsee-Bernstein – auch Baltischer Bernstein genannt – entstand vor etwa 40–50 Millionen Jahren in der Braunkohlezeit, als das Ostseeküstengebiet noch von Wäldern bedeckt war. Unter Luftabschluss brauchte das von den Bäumen abgesonderte Harz etwa eine Million Jahre, um zu Bernstein zu erhärten. Flüsse, Gletscher und Schmelzwasserströme verteilten den Bernstein sowie die mitgeführten Sandmassen über riesige Flächen. Leichtes Material – wie Bernstein und Kohlestückchen – wurden zusammengespült und abgelagert. Auf diese Weise entstanden Bernsteinadern oder -nester, die von weiteren Sandschichten überlagert wurden. Es war eine solche Bernsteinader, die den Stoff für den wohl bekanntesten Usedom-Roman aus dem 19. Jh. lieferte.

Die Bernsteinhexe

»Als ich in den sandigen Schluchten des Berges nach Brombeerstauden suchte, gewahrte ich plötzlich eine vom Winde, mehrere Ruthen lang, freigewehte schwärzliche Ader, aus der mir etwas Blankes in der Sonne entgegenschimmerte…«.

Dieser Bericht der berühmten Hexe von Koserow über den Fund am Fuße des Streckelsberges findet sich in dem gleichnamigen Roman Wilhelm Meinholds. In ihm schildert der wortgewandte Pastor, wie der Bernsteinfund zur Zeit der großen Not im Dreißigjährigen Krieg half, die Pfarrersfamilie und das Dorf vor der Hungersnot zu bewahren. Doch »…sie ahnten nicht, daß die Quelle ihrer Freuden sich bald in eine Quelle von Leiden verwandeln würde«. Der glückliche Fund des kostbaren Bernsteins rief böse Neider auf den Plan, und das Leben der jungen Pfarrerstochter Maria wäre fast auf dem Scheiterhaufen geendet.

Die Geschichte war ziemlich frei erfunden, tatsächlich aber wurde früher in den Sandschichten am Streckelsberg reichlich Bernstein gefunden. Eine große, Mitte der 1950er-Jahre entdeckte Bernsteinader erwies sich allerdings als unergiebig, sie enthielt viel Kohle und wenig Bernstein, der Abbau lohnte nicht.

Juwelen aus Harz

Wegen seiner goldgelben Farbe erfreute sich der Baltische Bernstein als Schmuckstein seit alters her großer Beliebtheit. Bereits in jungsteinzeitlichen Gräbern fand man Amulette und Schmuck aus Bernstein. In der Antike gelangte das Gold des Nordens auf den legendären Bernsteinstraßen zu den Griechen und Römern. Bei seinen Ausgrabungen in Mykene entdeckte Heinrich Schliemann Hunderte von Bernsteinperlen baltischer Herkunft. Als Blütezeit der Bernsteinkunst gelten das 16. und 17. Jh., als Fürsten aus ganz Europa bei den Bernsteinschnitzern in Königsberg und Danzig Arbeiten in Auftrag gaben.

Das berühmteste Kunstwerk ist das legendäre Bernsteinzimmer, das seit dem Zweiten Weltkrieg verschollen ist. Im Deutschen Bernsteinmuseum in Ribnitz-Damgarten ist seine spannende Geschichte dokumentiert. Hier kann man auch sogenannte Inklusen – vom Harz eingeschlossene Insekten und Pflanzenteile – von Nahem betrachten.

Die Chancen, am Strand selber einen Bernstein zu entdecken, in dem eine ahnungslose Mücke für die Ewigkeit eingeschlossen wurde, sind gering – aber vorhanden. Da Bernstein im Salzwasser schwimmt bzw. schwebt, wird er von der Brandung ans Ufer getragen. Jede neue Welle birgt theoretisch eine neue Chance, aber auch eine Gefahr, da das Gold der Ostsee leicht mit Weißem Phosphor verwechselt werden kann (s. S. 39).

Mein Tipp

Bernstein und Mee(h)r
In der Zeit um Ostern findet die **Bernsteinwoche** statt, dann bieten die Seebäder Zempin, Koserow, Loddin/Kölpinsee und Ückeritz ein buntes Kulturprogramm rund um den Bernstein an, inkl. Bernsteinsuche und Bernsteinschleifen.

Bald nur noch Folklore? – Fischer auf Usedom

Oftmals sind die Netze der Boddenfischer nicht gefüllt

Die Fischerei besitzt auf Usedom eine lange Tradition. Viele Ortsnamen belegen das: Ahlbeck kommt von Aal, das benachbarte Heringsdorf wurde nach dem ›Silber des Meeres‹ benannt. Noch immer fahren die Fischer aus. Dort, wo ihre Boote auf dem Strand liegen, findet man in der Regel auch eine Fischräucherei. Wie wunderbar, freut sich der Urlauber. Wunderbar ist anders, wissen die Fischer – die Wunder fehlen, das Bare auch.

Früher mieden die Usedomer Fischer die offene See. Daher liegen die alten Fischerdörfer in geschützten Buchten am Achterwasser. Von dort ging es in offenen, bis zu 12 m langen Kuttern zum Fischen in die Odermündung und ins Haff, wo sich das Salzwasser des Meeres mit dem Süßwasser der Flüsse aus dem Binnenland mischt. In diesem sogenannten Brackwasser leben gleichermaßen Süßwasser- wie Salzwasserfische – Blei, Aal, Flussbarsch und Zander –, die mit Stellnetzen, Reusen und auch Angeln gefangen werden.

Boote ohne Häfen

Die sogenannte Strandfischerei ist viel jünger. Ihr Name rührt daher, dass die

Fischer ihre Boote über den Strand an Land ziehen, denn Usedoms Außenküste besitzt keine Häfen. Früher wurden die Boote mit Hilfe von Holzrollen ins Wasser gebracht und mit einer Winde herausgezogen. In Ückeritz, Zempin und Heringsdorf kann man diese Winden noch am Strand entdecken. Heute nehmen die Fischer meist einen Traktor, um ihre Kutter ins Wasser bzw. auf den Strand zu befördern.

Die Kutter haben einen breiteren Kiel als andere Fischerboote, damit sie an Land nicht umkippen. Einige sehen aus wie größere Ruderboote, andere haben einen Aufbau und sind so aus-

mer war der Hering seit jeher ihr Brotfisch. Die Heringssaison beginnt im März. Es hat Zeiten gegeben, da trat der Hering in so großer Zahl auf, dass die Fischer die Netze mit Hilfe von Pferden aus dem Wasser ziehen mussten und mangels Absatzmöglichkeit ihre Äcker mit den Fischen düngten.

Ab 1820 wurde der Hering eingesalzen und damit haltbar gemacht. Der Staat stellte steuervergünstigtes Salz zur Verfügung, das in eigens dafür gebauten Hütten gelagert wurde. Viele der Hütten verfielen im Verlauf der Zeit oder wurden Opfer der Sturmfluten. Einige findet man noch in den Dü-

gestattet, dass die Fischer schon mal eine Nacht auf dem Meer bleiben können. In der Regel aber fahren sie im Morgengrauen aus und kehren gegen Mittag mit dem frischen Fang zurück. Hauptsächlich gehen Dorsch, Hering und Flunder ins Netz.

Das Silber des Meeres

Hauptreichtum der Ostsee war und ist der Hering, der die Küstengewässer zum Laichen in großen Schwärmen aufsucht. Als eiweißreiches Nahrungsmittel, vor allem aber als Fastenspeise war der Hering schon im Mittelalter begehrt. Die Hansestädte verdankten ihren Aufschwung in erster Linie dem Heringsfang, und auch für die Usedo-

nen hinter dem Strand, die bekanntesten stehen in Koserow.

Harte Devisen

Fischer zu sein, bedeutete ein karges Auskommen zu haben. Zu DDR-Zeiten änderte sich das: Fisch gehörte zu den wichtigen Exportartikeln des Landes, das Devisen aus dem Westen gut gebrauchen konnte. Wer in der DDR Exportwaren lieferte, erhielt einen überdurchschnittlich guten Lohn. Ab den 1950er-Jahren wurden die See- und Küstenfischer in Fischereiproduktionsgenossenschaften (FPG) zusammengeschlossen. Der Staat garantierte die Abnahme des Fisches zu Festpreisen, die Fischer brauchten sich um die Ver-

Die letzten Fischer der Insel

Die wirtschaftliche Situation der wenigen auf Usedom verbliebenen Fischer ist aufgrund der zeitlichen und räumlichen Fangbeschränkungen schwierig. Als der Heringsbestand 2010 seinen historischen Tiefstwert erreichte, riet das bundeseigene Institut für Ostseefischerei zu einer Reduzierung der Fangmenge bis zum Jahr 2015 um 36 %. Fischen als Hauptberuf ist kaum noch finanzierbar, die Betriebskosten steigen, der Preis für die Fische fällt. Die Fischer sind auf Zusatzverdienste angewiesen, einige vermieten Ferienwohnungen oder bieten Angelfahrten an, andere betreiben eine eigene Räucherei mit Imbiss am Strand.

Globale Delikatessen

Was die Fischer nicht direkt verkaufen, geht an den Fischgroßhandel Birnbaum & Kruse in Lassan. Das traditionsreiche Unternehmen beliefert nicht nur küstenferne Orte in ganz Deutschland, sondern auch die Usedomer Gastronomie und die Räuchereien am Strand.

Es ist kein großes Geheimnis, dass nur ein kleiner Teil der frisch geräucherten Fische, die an der Ostseeküste über den Ladentisch gehen, aus eigenem oder regionalem Fang stammen. Ein großer Teil der Rohware muss zugekauft werden und kommt aus dem Atlantik, aber auch reichlich skandinavische Aquakultur wird verarbeitet.

Die meisten Urlauber kümmert das wenig, die Füße im Sand genießen sie die zwar globale, aber doch immerhin vor ihren Augen frisch geräucherte Köstlichkeit.

marktung nicht zu kümmern. Umso härter traf sie der Konkurrenzkampf, dem sie sich mit der Einführung der Marktwirtschaft ausgesetzt sahen. Die Fischerei brach zusammen, ein Großteil der Verarbeitungsbetriebe musste schließen.

Schwarzes Gold im Naturpark – Usedoms Ölquellen

Auf Usedom wird bereits seit Mitte der 1960er-Jahre Erdöl gefördert. Doch langsam gehen die Vorräte zu Ende. Auf der Suche nach neuen Ölvorkommen wurden 2011 Probebohrungen bei Pudagla und auf dem Gnitz durchgeführt. Erdölförderung im Naturpark geht gar nicht – oder doch?

Ein Öltank auf einer geteerten Fläche, daneben einige Baucontainer und noch ein Tank. In der einsamen Wiesenlandschaft südlich von Neuendorf auf der idyllischen Halbinsel Gnitz führte die kanadisch-deutsche Firma Central European Petroleum (CEP) im Sommer 2011 Probebohrungen durch. Sollten die genommenen Proben positiv sein, könnte bis Mitte 2013 ein neuer Antrag auf Fördererlaubnis gestellt werden.

Naturschützer und Insulaner protestierten, sie befürchteten Lärmbelästigung, Umweltschäden – und damit einhergehend das Ausbleiben von Touristen. Die Proteste der Naturfreunde erregten kaum Aufsehen, denn die meisten Usedom-Urlauber bekamen von der Erdölsuche nichts mit, schon gar nicht diejenigen, die am Strand lagen oder die Promenaden entlang flanierten.

Nur Fahrradfahrer, die auf den holprigen Betonpisten das Hinterland erkunden, kommen an den Öltanks und großformatigen Informationstafeln vorbei. Die Darstellung vergangener und zukünftiger Ölprojekte ist anschaulich und informativ.

Ungewöhnliche Touristenattraktion

Bereits 1965 wurde in Lütow auf dem Gnitz Erdöl gefunden. Ein Jahr später begann die Förderung durch den VEB Erdöl-Erdgas Grimmen. Bis heute sind in dieser Region mehrere Tiefpumpen in Betrieb, die wegen ihres Aussehens und ihrer kontinuierlich nickenden Bewegung auch Pferdeköpfe genannt werden. Gesehen hat sie jeder schon mal, der im Hinterland unterwegs war.

Von ursprünglich 21 Pumpen waren Mitte der 1990er-Jahre noch sieben in Betrieb, heute sind es nur noch fünf. Im Spitzenjahr 1969 lag die Jahresfördermenge bei 220 000 t. Damals benötigte man noch Tankschiffe, die im Achterwasser anlegten, heute reichen einige Tankwagen zum Abtransport der Fördermenge aus.

So lange die Erlöse – dank der hohen Rohölpreise – höher als die Kosten sind, wird weiter gefördert. Sollte die Förderung mangels Wirtschaftlichkeit eingestellt werden, müssten die Förderanlagen nach Bergrecht zurückgebaut werden. Die Gemeinde Lütow spielt allerdings schon mit dem Gedanken, nicht unbedingt auf dem Abbau der Anlagen zu bestehen und die nickenden Tiefpumpen als touristische Attraktion zu erhalten.

Seit über 100 Jahren gehören Strandkörbe zum Strandurlaub wie der
Sand und das Meer. Morgens erwarten sie – ordentlich in Reih und Glied
aufgereiht – den Tag. Der Abend findet sie bunt durcheinander gewür-
felt, gedreht und gerückt nach den
Bedürfnissen ihrer Mieter – mal dem
Meer, mal der Sonne zugewandt.

Thomas Mann, der den Sommer gerne
am Meer verbrachte, pries in seinem
Tagebuch die Vorzüge dieses »eigen-
tümlich bergenden Sitzhäuschens«. Der
Schriftsteller und spätere Nobelpreis-
träger nutzte den Strandkorb sogar
zum Arbeiten. Kein Problem! Zur Stan-
dardausrüstung der Sitzmöbel gehört
nämlich ein kleiner Klapptisch. Das Arbeiten am Strand sollte natürlich eine

Schutz gegen Sonne und Wind

Die sperrige Minilaube, die aussah wie
ein aufrecht gestellter Wäschekorb mit
einem quer eingelegten Brett, stieß
bei Urlaubern und Einheimischen auf
großes Interesse. Während Frau Bartelmann flugs die erste Strandkorbver-
mietung eröffnete, arbeitete ihr Mann
an Verbesserungen des Grundmodells
– Fußbänkchen und Armlehnen kamen
hinzu, die praktischen Seitentischchen
und die kleinen Markisen. 1897 ent-
warf Johann Falck, ein ehemaliger
Lehrling Bartelmanns, den ersten
Strandkorb mit verstellbarer Rücken-
lehne.

Sein ehemaliger Geselle und Mitarbeiter, Carl Martin Harder, gründete

Mythos aus Flechtwerk – der Strandkorb

Ausnahme bleiben. Denn nirgends
lässt sich so gut sonnen, schmökern
oder einfach nur entrückt auf das
Meer schauen und vor sich hinträumen
wie in den bequemen Körben.

Als der Hofkorbmachermeister Wilhelm Bartelmann aus Warnemünde im
Jahre 1882 der Bitte einer älteren,
rheumakranken Dame nachkam und
einen Strandstuhl baute, der sie vor
Wind und Sonne schützen sollte, ahnte
niemand, dass das doch etwas plumpe
Sitz- und Liegemöbel einmal Kult werden könnte.

Strandmöbel made in Heringsdorf

1925 die erste Strandkorb-Fabrik auf
der Schlossinsel in Wolgast. Als die Fabrik dem Bau der Brücke weichen
musste, zog die Produktion nach Heringsdorf um, wo sie heute noch besteht: Die rund 40 Mitarbeiter der Korb
GmbH Seebad Heringsdorf & Co. KG
produzieren in traditioneller Handar-
beit 5000–7000 Strandkörbe pro Jahr.

Ein besonderer Auftrag für die Heringsdorfer Korbflechter war der
längste Strandkorb der Welt, in dem
während des G8-Gipfels im Juni 2007
in Heiligendamm die Mächtigsten der
Welt für ein Foto posierten. Drei Wochen arbeitete die gesamte Beleg-

schaft an dem XXL-Korb, der nach dem
Gipfel für eine 1 Mio. € für einen guten Zweck versteigert wurde.

Schöner als das wirkliche Leben

Einen Strandkorb braucht eigentlich
niemand. An allen anderen Stränden
dieser Welt begnügt man sich mit einem Handtuch, einer Zeltmuschel oder
einer Liege mit Sonnenschirm. Die
Zunft der Strandkorbvermieter gibt es
nur in Deutschland. »No german beach
without Strandkörbe«, heißt es in einem ausländischen Reiseprospekt. In
anderen Sprachen gibt es nicht einmal
ein Wort für Strandkorb. 7–10 € muss
man pro Tag für den Windschutz und
Schattenspender bezahlen, je nach
Seebad, Strandabschnitt und Saison.

Vielerorts haben sich aus den alten
Strandkörben oder schlichten Bretter-

verschlägen, in denen die Vermieter
einst saßen, bestens ausgestattete
Kioske entwickelt, in denen Getränke,
Zeitschriften und Strandspielzeug verkauft werden. Lesehungrige können
sich in einer Kiste gebrauchter Bücher
bedienen. Stammgästen wird an küh-
leren Tagen auch schon mal ein heißer
Cappuccino oder eine Wolldecke an
den Korb gebracht.

Urlaub daheim

Der Wunsch, sich ein Stückchen Urlaub
ins Haus oder in den Garten zu holen,
ist in den letzten Jahre zusehends ge-
wachsen. Der Markt hat darauf rea-
giert, Gartencenter und Baumärkte
bieten preiswerte Strandkörbe in Mas-
sen. Individuelle Wünsche bleiben dabei allerdings unberücksichtigt. Nicht
so in Heringsdorf, die traditionsreiche
Korb GmbH ist von der geflochtenen
Haube bis zum ausziehbaren Fußbänkchen auf individuelle Wünsche eingestellt. Das heutige Standardmodell
gibt es seit etwa 1910, es ist ein Korb
für zwei Personen, dessen Rückwand
sich um 45° nach hinten klappen lässt.

Man unterscheidet zwei Grundty-
pen: Der sogenannte Ostseekorb ist
geschwungen und gefällig in der
Form, der Nordseekorb ist gerader und
gedrungener. Er muss stärkere Stürme
aushalten und im Fall einer überraschend hereinbrechenden Sommer-
sturmflut auch schnell mal auf den Bu-
ckel genommen werden können.

In Heringsdorf entstehen beide Ty-
pen. Es gibt Ein-, Zwei- und Dreisitzer,
Stranddkörbe für Kinder und Hunde.
Wie wär's mit einer Sitzheizung für die
kühlere Übergangszeit oder mit einem
Kühlschrank für den Prosecco zum Fei-
erabend an einem heißen Sommer-
abend?

Das Geheimnis der versunkenen Stadt – Vineta

Um 965 bereiste der jüdisch-maurische Kaufmann Ibrahim Ibn Jakub die westslawischen Länder und berichtete: »Sie haben eine große Stadt am Weltmeer, die zwölf Tore und einen Hafen hat.« Barbaren, Griechen, Slawen und Sachsen bewohnten die Stadt, die mittelalterlichen Chronisten zufolge schöner als Rom und größer als Konstantinopel gewesen sein soll. Die Metropole versank in den Fluten, aber wann und vor allem wo?

Das Schicksal der versunkenen Handelsmetropole bewegt seit Jahrhunderten die Phantasie der Küstenbe-

wohner. Man erzählt sich, dass ihre Bewohner so reich gewesen sein sollen, dass sie mit goldenen Bestecken aßen und die Mütter ihren Kindern den Hintern mit Semmeln abputzten. Weil sie immer hochmütiger wurden und zudem »alle in heidnischem Irrgauben befangen« waren, schickte Gott eine Sturmflut, in der die Stadt unterging.

Mehr Wunsch als Wahrheit

Dichter, Maler und Komponisten verarbeiteten und verbreiteten die Le-

Auf der Ostseebühne in Zinnowitz wird alljährlich die Vineta-Sage inszeniert

gende von der versunkenen Stadt. Manchmal noch sollen ihre Glocken zu hören sein. Alle 100 Jahre, am Ostermorgen, erhebt sich die Stadt aus den Fluten. Nur ein Sonntagskind, das an diesem Tag Geburtstag hat, soll sie erlösen können.

Die versunkene Metropole ist vielerorts gesucht und vermutet worden. Im 11. Jh. lokalisierte Adam von Bremen »die sehr berühmte Stadt Jumne« im Bereich der Odermündung. Das trifft auf Usedom zu. Der Reformator Johannes Bugenhagen berichtete im 16. Jh. in seiner Chronik »Pomerania«, dass dem Volksglauben zufolge Reste der untergegangenen Stadt vor der Küste Usedoms zu finden seien.

Auf alten Karten ist auf halber Strecke zwischen Koserow und Zinnowitz, etwa einen Kilometer vor der Küste, das Vineta-Riff eingezeichnet. Der in der ersten Hälfte des 16. Jh. lebende Chronist Thomas Kantzow berichtete über große Ansammlungen von Steinen auf dem Meeresboden vor Koserow, von denen einige aus dem Wasser ragten und die er als Fundamentsteine der versunkenen Stadt interpretierte. Der Seemann Joachim Nettelbeck geriet 1775 auf das Riff und lotete es teilweise aus. Er hielt eine absichtliche Anordnung der Steine für unwahrscheinlich, es handele sich um eiszeitliche Findlinge. Ziegelsteinbruchstücke, die gefunden und als Reste von Häusern gedeutet wurden, stammten höchstwahrscheinlich von Schiffsstrandungen, die in diesem flachen Gewässer keine Seltenheit waren.

Verwertbare archäologische Spuren einer untergegangenen Stadt kamen auch bei späteren Untersuchungen nicht zu Tage. Vor Koserow hat Vineta also nicht gelegen. Das Vineta-Riff ist heute kaum noch auszumachen, im 19. und 20. Jh. hat man viele der Findlinge abgetragen und zum Bau von Molen und Uferbefestigungen verwendet.

Archäologische Sternstunden

Vineta wurde (höchstwahrscheinlich) woanders entdeckt. In dem polnischen Städtchen Wollin (poln. Wolin) auf der gleichnamigen Nachbarinsel Usedoms fanden Archäologen die Überreste eines bedeutenden, internationalen Seehandelsplatzes – man schätzt, dass hier vom 10.–12. Jh. zwischen 6000 und 10000 Menschen lebten. Wie so viele Handelsplätze verdankte Wollin seine Entwicklung und Förderung der günstigen Lage an der Kreuzung großer Land- und Wasserwege. Die zunächst kleine Fischer-, Bauern- und Fährmannssiedlung lag an einer Furt des Flusses Dievenow (Dziwna), der die Insel Wollin vom Festland trennt und Zugang zu Ostsee und Oder gewährte. Die Seehandelsverbindungen von Haithabu und Starigard (heute Oldenburg) über Wollin bis Nowgorod werden in mehreren mittelalterlichen Schriften genannt. Mit zunehmender

Nils Holgersson
Der wichtelgroße Knirps Nils Holgersson unternimmt mit den Wildgänsen eine wundersame Reise durch Schweden. Im 14. Kapitel von Selma Lagerlöfs weltberühmten Kinderbuch lädt ihn der Storch Ermenrich zu einem Ausflug nach Pommern ein, wo alle 100 Jahre die Stadt Vineta aus den Fluten des Meeres auftaucht. Nils Holgersson spaziert durch die prachtvolle Stadt, erlösen kann er sie nicht.

Bedeutung des Ostseehandels wuchs Wollin zu einem stattlichen Handelsplatz heran, der sich im 10. Jh. samt angrenzender Siedlungen und Vorstädte auf einer Länge von etwa 3 km entlang der Dievenow hinzog. »Es ist wirklich die größte von allen Städten, die Europa birgt«, staunte Adam von Bremen im 11. Jh. »Die Stadt ist angefüllt mit Waren aller Völker des Nordens, nichts Begehrenswertes oder Seltenes fehlt.«

Ab dem zweiten Viertel des 11. Jh. begann Wollin langsam an Bedeutung zu verlieren, der wirtschaftliche Aufstieg des benachbarten Stettin nahm seinen Anfang. Angesichts seiner archäologisch nachgewiesenen Bedeutung als internationaler Handelsplatz sind die allermeisten Historiker und Archäologen davon überzeugt, dass das sagenhafte Vineta/Jumneta auf Wollin lag.

Eine Ausstellung im Archäologischen Museum der Stadt Wollin ist dem Thema Wollin-Vineta-Jomsborg gewidmet (s. S. 275). Nahezu lebendig wird die Geschichte im Zentrum der Slawen und Wikinger, einem nachgebauten Handelsplatz an der Dievenow (s. S. 275).

Patente Vermarktung

Doch es gibt auch Zweifler, die Vineta woanders suchen. Schlagzeilen machte Ende der 1990er-Jahre eine neue These: Nach jahrelangem Studium historischer Dokumente und Landschaftsformen platzierten zwei Berliner Wissenschaftler, der Historiker Günter Wermusch und Klaus Goldmann, das versunkene Vineta im Bodden vor Barth, in den vor langen Zeiten einmal ein Mündungsarm der Oder floss. Archäologisch belegen lässt sich ihre

Mein Tipp

Vineta Festspiele
Bereits am Ostersonntag beginnt die Open-Air-Saison der Vorpommerschen Landesbühne am Zinnowitzer Strand. Mit einem Glockengeläut zur Auferstehung der sagenumwobenen Stadt Vineta wird ein kleiner Ausblick auf die bevorstehenden Festspiele gegeben. Die Festspiele selbst werden von Ende Juni bis Ende August auf der Ostseebühne in Zinnowitz aufgeführt – eine farbenfrohe Theatershow mit viel Musik und Tanz, umrahmt von einer glanzvollen Pyro- und Lasershow (Aufführung Mo, Mi, Do und Sa jeweils 19.30 Uhr, Karten unter Tel. 03971 20 89 25, www.vineta-festspiele.de).

These nicht. Die Barther Stadtverwaltung aber reagierte prompt, sie richtete ein Vineta-Museum ein und ließ sich den Namen Vineta beim Deutschen Patentamt in München schützen. Seither heißt das stille Städtchen tourismustauglich Vineta-Stadt. Ob die Barther an die These glauben? »So fifty-fifty«, lautet die vorsichtige Antwort, mehr jedenfalls als die Zinnowitzer auf Usedom, die schon seit Jahren erfolgreich die Vineta-Festspiele ausrichten. Dass es außer einer gern erzählten Sage keinen konkreten Hinweis auf ein Vineta vor der Küste Usedoms gibt, macht den Theatermachern nichts aus, ihr Credo lautet: Erst wenn niemand mehr an Vineta denkt, ist es wirklich untergegangen.

Noch bröckelt der Putz – Herrensitze im Hinterland

Schloss Mellenthin – von einem Wassergraben geschützt

Über 750 Gut- und Parkanlagen gibt es in Vorpommern. Zu DDR-Zeiten dienten sie als Altersheime, Sanatorien und Ferienlager und wurden mehr schlecht als recht instand gehalten. Drei der geschichtsträchtigen Häuser finden sich auf Usedom: Das Wasserschloss in Mellenthin zeigt sich mittlerweile wieder schick und schön, langsamer geht es bei Schloss Stolpe vorwärts, während das Herrenhaus in Pudagla nach wie vor im Dornröschenschlaf liegt.

Kontraste prägen das Land am Meer: Auf der einen Seite gibt es die kleinen rohrgedeckten Häuschen der Landarbeiter und Fischer, auf der anderen Seite die Schlösser und Herrenhäuser der Großgrundbesitzer.

Schlösser des Landadels

Die große Stunde der Junker, so wurde der landbesitzende Adel genannt, schlug nach dem Dreißigjährigen Krieg. Sie vereinnahmten die wüst gewordenen Dörfer und brachliegendes Bauernland und ließen die verarmten Bauern für sich schuften. Mit den Einnahmen wuchsen der Reichtum und die Macht des Landadels. Allerorten – statistisch gesehen fast in jedem dritten Dorf in Mecklenburg-Vorpommern – entstanden schlossartige Herrenhäuser, die wegen ihrer Größe und Pracht von den Einheimischen meist als Schloss bezeichnet wurden, obwohl diese Bezeichnung genau genommen nur dem Eigentum eines Landesherrn zukommt.

Im Zuge der Bodenreform zwischen 1945 und 1949 wurde der Adel enteignet, »Junkerland in Bauernhand«, lautete die Devise, die Herrenhäuser fielen samt Ländereien in die Verantwortlichkeit der Gemeinden, Kreise und der neu gegründeten landwirtschaftlichen Produktionsgenossenschaften (LPGs). Von da an dienten sie als Ferien-, Pflege- und Feierabendheime, einige teilte man zu Wohnzwecken in viele kleine Einheiten. Renoviert wurde kaum, Instandhaltungen blieben auf ein Minimum beschränkt, leerstehende Gebäude verfielen und dienten zur Materialgewinnung für andere Bauvorhaben. Erst nach der Wende 1989/90 gelangten viele der mittlerweile heruntergekommenen Herrensitze – durch Rückübertragung von Eigentum oder durch käuflichen Erwerb – in Privatbesitz. Nicht alle Investoren konnten oder wollten ihre Renovierungsversprechen einhalten.

Wohin gehst du, Pudagla?

Die DDR-Zeit scheint stehengeblieben in Pudagla am Westufer des Schmollensees. Lange kann man nach einem Wegweiser zum Schloss suchen, es lässt sich in der Tat auch kaum der Kategorie Sehenswürdigkeit zuordnen. Das vom Pommernherzog Ernst Ludwig um 1574 als Wohnsitz der Herzogsmütter bzw. Herzogswitwen des Pommerschen Herrscherhauses errichtete Schloss präsentiert sich heute als ein zweigeschossiger, weitgehend schmuckloser, grau verputzter Kasten. An den einst stattlichen Renaissancebau erinnert nur noch ein Sandsteinrelief über dem Hauptportal, es zeigt zwei bärtige ›wilde‹ Männer, die das in neun Felder unterteilte pommersche Landeswappen tragen; in der jeweils freien Hand halten sie gewaltige Keulen. Den oberen Abschluss des Wappens bilden drei Ritterhelme mit herabgelassenem Visier und Federbüschen.

Viele Geschichten erzählt man sich über das Schloss. In seinen Kellergewölben soll einst Maria Schweidler, die Bernsteinhexe, gefoltert worden sein. 1935 nahm es Siedler aus Thüringen und Pommern auf, nach 1945 fanden hier Vertriebene Zuflucht, das Schloss wurde Sitz der Gemeindeverwaltung und kulturelles Zentrum des Ortes. Nach der Wiedervereinigung diente das 1991 rekonstruierte Kellergewölbe viele Jahre als Gaststätte.

Doch seit einigen Jahren steht das Gebäude leer, nach einem Pächter wird gesucht. Was mit dem Schloss passieren wird, weiß niemand so genau. Eine Tafel informiert über die Geschichte des Hauses, der Text schließt in der Jetzt-Zeit mit den optimistischen Worten: »Die Rückführung in den ursprünglichen architektonischen Zustand wird angestrebt.«

Neues Leben in alten Mauern

Weit besser sieht es in Mellenthin im südlichen Usedom aus. Ein wasserführender Burggraben umgibt das zwischen 1575 und 1580 im Auftrag von Rüdiger von Nienkerken (Neukirchen) erbaute Schloss, das zu den stattlichsten Herrensitzen der Region gehört und sich seit 2001 in Privatbesitz befindet.

Um auf den Schlosshof zu gelangen, müssen Besucher 2 € Brückenzoll entrichten, der die Renovierung und Sanierung des Schlosses mitfinanziert. Im Restaurant-Café wie auch im Schlosshof werden Gäste bewirtet. Man sollte nicht versäumen, einen Blick in die Schlosshalle zu werfen: Besonders beeindruckt der prachtvolle Stuckkamin. Eine Darstellung an der Wand zeigt den Schlosserbauer mit seiner Gemahlin. Bei letzterer mag es sich um Maria Schweidler handeln. Die legendäre Bernsteinhexe wurde der Geschichte zufolge von Rüdiger von Nienkerken vor dem Scheiterhaufen gerettet.

Durch die Gasträume erreichen Besucher die hintere Terrasse des Schlosses, auch hier kann man sitzen. Nachmittags liegt dieser Bereich im Schatten, sehr angenehm an heißen Tagen. Eine Freitreppe führt hinunter in den ›Schlosspark‹ mit altem Baumbestand und gepflegten Grasflächen.

Sommerkonzert vor der Kulisse des Stolper Schlosses

Ein Dorfprojekt

Das südöstlich der Stadt Usedom gelegene Schloss Stolpe hat ebenfalls
schon schlechtere Tage gesehen – ohne
Zweifel aber auch bessere. Das gegen
Ende des 16. Jh. errichtete Herrenhaus
wurde ab Ende des 19. Jh., als es nach
einer Unterbrechung von 140 Jahren
wieder in den Besitz derer von Schwerin kam, zu einem ansehnlichen Schloss
mit drei Türmen und Arkadengang
umgestaltet.

1945 rückte die Rote Armee in
Stolpe ein, das Schloss wurde geplündert, 1949 ließ man einige Teile abrei-
ßen, um dem Gebäude das herrschaft-
liche Aussehen zu nehmen. 25 Jahre
später wurden dann auch noch die drei
Türme niedergelegt. Das seit 1945

Mein Tipp

Immobilien der Extraklasse
Wer zu spät kommt, den bestraft
das Leben. Ist schon klar, aber in
Vorpommern ist noch lange nicht
alles zu spät. Hier stehen noch
jede Menge geschichtsträchtiger
Häuser zum Verkauf. Wer Lust auf
eine Gutsanlage hat oder einfach
nur wissen möchte, wie es den
modernen Gutsherren mit ihren
neu erworbenen Immobilien seit
der Wende so ergangen ist, sollte
auf der Webseite des Regionalen
Planungsverbandes Vorpommern
vorbeischauen: www.gutsanlagen-
vorpommern.de

volkseigene Herrenhaus diente als Kin-
derferienlager, Gasthaus und Gemeindebüro. Der zum Schloss gehörende,
zwischenzeitlich völlig verfallene Mar-
stall wurde als Maschinen-Traktoren-
Station und Dreherei genutzt.

Die Abwicklung durch die Treuhand
nach 1989 brachte wenig Änderung,
eher sorgten die leeren Versprechun-
gen von Investoren aus dem Westen
bei den Stolpern zunehmend für Ver-
bitterung. »Das, was während der
DDR-Zeit nicht kaputt ging, wurde
durch die Treuhand endgültig platt gemacht«, meinen viele der alten Dorfbewohner. Schließlich übernahm die
Gemeinde Stolpe 1995 das herunter-
gekommene Herrenhaus im Herzen
des Dorfes. Seit 2001 wird es von einem
Förderverein verwaltet, der die Sanierung mit EU-Fördermitteln und viel Ei-
geneinsatz langsam, aber stetig voran-
bringt.

Man kennt sich aus Berlin – Macht und Geld in Heringsdorf

Im Vorgarten der Villa Staudt erinnert eine Büste an Kaiser Wilhelm I.

Wer in der Hauptstadt etwas auf sich hielt, reiste gegen Ende des 19. Jh. nach Usedom. Die Berliner High Society bevorzugte das mondäne Heringsdorf, ihre Sommerdomizile sind beeindruckende Zeugnisse einer Zeit, in der man auch mal nur zum Wochenende nach Usedom pendelte. Später bediente sich die politische Elite der jeweiligen Machthaber der prachtvollen Villen. Ein Kommunist im ehemaligen Kapitalisten-Tempel? Kein Problem, man gönnte sich ja sonst nichts.

Die in der 2. Hälfte des 19. Jh. und bis zum Ersten Weltkrieg in den Seebädern entstandene Bäderarchitektur ist traumhaft schön und beeindruckend vielseitig. Die Bauherren von damals ließen, soweit es der Geldbeutel zuließ, ihren architektonischen Wünschen und Phantasien freien Lauf. Eine Palladio-Villa oder ein französisches Barockschlösschen – warum nicht. Man zeigte gerne, wer man war und was man hatte, und das war nicht wenig, wenn man zur Berliner Prominenz aus Hochfinanz, Adel und Politik gehörte.

Villa Oechsler – von Tempeln inspiriert

Ein Schmuckstück ist die Villa Oechsler in Heringsdorf (Dehlbrückstr. 5). Das 1883 von dem Berliner Unternehmer Hermann Berthold erbaute Sommerhaus gleicht in seinem Mittelteil einem ionischen Tempel. Die auf Hochglanz polierten Säulen bestehen aus schwarz-grünem schwedischem Granit. Das kunstvolle Emaille-Mosaik im Dreiecksgiebel – auf Wunsch des Auftraggebers wurde zum Teil Blattgold und Silber in die Mosaiksteine eingeschmolzen – zeigt badende Grazien. Es ist eine Arbeit des Italieners Anton Salviati, der auch die Kuppelmosaiken im Aachener Dom schuf, das Teuerste vom Teuren also.

Nachbarn hier wie dort

Eine Prachtimmobilie reiht sich in Heringsdorf an die andere. Im Unterschied zu den Nachbarbädern flankierten nicht Hotels und Pensionen die Promenade, sondern eine Vielzahl feudaler, in parkähnliche Gartenanlagen eingebettete private Sommerhäuser. Viele der Bauherren kannten sich aus Berlin, die meisten wohnten dort in den klassischen Gegenden der Geldaristokratie – im Tiergartenviertel, dem reichen Charlottenburg und dem noblen Grunewald. Sie waren miteinander befreundet, trafen sich zu gesellschaftlichen Verpflichtungen wie Bällen, Dinners und Schauspiel. Auch auf Usedom waren Vergnügungen und gesellschaftliche Verpflichtungen fester Bestandteil des Urlaubs.

Während die Frauen mit Kindern und Dienerschaft oft den ganzen Sommer über am Meer blieben, gingen die Familienoberhäupter weiterhin ihren Geschäften in Berlin nach. Die Bahnfahrt von der Hauptstadt auf die Insel dauerte zwei Stunden. Viele machten es wie der Bankier und Investor Adelbert Delbrück, der oft erst am Freitagabend nach Usedom aufbrach und sich am Sonntagnachmittag oder Montagmorgen wieder auf den Weg in seine Berliner Bank machte.

Villa Oppenheim – ein Motiv Feiningers

Ein Großteil der repräsentativsten Villen in Heringsdorf gehörte jüdischen Familien. Nach der Machtübernahme der Nationalsozialisten Anfang der 1930er-Jahre sahen sich viele von ihnen gezwungen, ihre Anwesen zu verkaufen. Wer es wagte, länger auszuharren, wurde später enteignet wie die Familie Oppenheim, deren Sommerdomizil zu den prachtvollsten Heringsdorfer Immobilien zählte.

Die nach dem Vorbild palladianischer Landsitze gebaute Villa Oppenheim (Delbrückstr. 11) findet sich mehrfach als Motiv in den Zeichnungen Lyonel Feiningers. Auftraggeber des, mit einem über zwei Geschosse

Kaiserliche Teestunden in der Villa Staudt

Berühmtheit erlangte die repräsentative Villa Staudt (Delbrückstr. 6), weil Kaiser Wilhelm II. hier zwischen 1909 und 1912 regelmäßig im Rahmen seiner alljährlichen Nordlandfahrt Station machte, um mit der ebenso klugen wie schönen und stattlichen Witwe des Konsuls Staudt Tee zu trinken. Ein zeitgenössisches Foto zeigt die beiden am Teetisch auf der Veranda, der Kaiser ganz entspannt in legerem Jackett, weißer Sporthose und leichten Sommerschuhen, ihm gegenüber die Konsulin, etwas weniger entspannt, in hoch geschlossener Bluse. Unnötig zu erwähnen, dass seine Besuche mit viel Klatsch, großer Aufregung und Menschenmengen auf der Promenade einhergingen.

verlaufenden Säulenportikus überaus imposanten Bauwerks war der Bankier und Kunstsammler Benoit Oppenheim (1842–1931). Nach der Enteignung während des Dritten Reichs fungierte der Prachtbau als Ortszentrale der NSDAP. Zu DDR-Zeiten wurde die Villa Teil des Erholungsheims Heinrich Mankiewicz. In einer Anzeige heißt es: »In der kapitalistischen Zeit diente dieses schöne Haus mit seinem ausgedehnten Park während des Sommers nur einer kapitalistischen Familie zum Aufenthalt. Heute dagegen verbringen 10 x 34 Werktätige in diesem Haus ihren wohlverdienten Urlaub.« Den hehren Ansprüchen zum Trotz war es dann aber doch eher die Parteielite, wie Stasi-Chef Erich Mielke, die hier ihre Sommerferien verbrachte. Nach der Wende wurde die Villa an die in Kanada lebenden Erben Oppenheims zurückgegeben, die sie 1994 verkauften.

Villa Bleichröder – Residieren im Park

Auch die in unmittelbarer Nachbarschaft zur Villa Oppenheim gelegene Villa Bleichröder (Delbrückstr. 14) blickt auf eine bewegte Geschichte zurück. Bauherr der 1907/08 erbauten, neobarocken Prachtresidenz war Hans von Bleichröder. Er war der Sohn eines der einflussreichsten Bankiers des Kaiserreichs, Gerson Bleichröder, der das Privatvermögen Bismarcks verwaltete und 1872 in den erblichen Adelsstand erhoben wurde. Sowohl Vater Gerson als auch der weniger erfolgreiche Sohn spürten den Druck des seit den 1880er-Jahren zunehmenden Antisemitismus. Hans Bleichröder trat wie auch seine Geschwister zum Christentum über, gesellschaftliche Anerkennung war wichtig.

Am Grundriss seiner repräsentativen Villa zeigt sich deutlich, dass das Sommerhaus nicht nur der Erholung, sondern auch oder vor allem dem gesellschaftlichen Ansehen diente. Das Erdgeschoss bestand aus einer großen Halle für Festivitäten, und auch die Terrassen mit den einladenden Freitreppen waren so gebaut, dass sie den ›großen Auftritt‹ erlaubten.

1933 stuften die Nationalsozialisten die Familie Bleichröder aufgrund der Rassengesetze wieder als jüdisch ein und enteigneten sie 1938. Danach wurde die Villa – man ahnt es schon – von den jeweiligen Machthabern genutzt: Bis 1945 diente sie den Nationalsozialisten als Erholungsheim für die Luftwaffe, nach Kriegsende war sie Sanatorium der sowjetischen Militäradministration, ab 1951 ließ der FDGB hier besondere Gäste, darunter den Vorstandsvorsitzenden der Gewerkschaft der DDR wohnen. Heute gehört die grundsanierte Villa zum Hotelkomplex Residenz Bleichröder und bietet, wie übrigens auch die Villa Oppenheim und die Villa Staudt, komfortable Ferienwohnungen mit Meerblick.

Mein Tipp

Woche der Bäderarchitektur
Mit dem bundesweiten Tag des offenen Denkmals am zweiten Sonntag im September wird die Woche der Bäderarchitektur eröffnet. Historische Streifzüge führen durch Ahlbeck, Heringsdorf und Bansin, in den Bädervillen wird erzählt, musiziert und gemalt (www.baederarchitektur.de).

So nah und noch so fern – Nachbarland Polen

Viele alte Insulaner im deutschen Teil Usedoms kennen Swinemünde aus ihrer Kindheit, manche sind dort geboren. Polnisch spricht kaum einer von ihnen. Als Folge des 2. Weltkriegs wurde die strategisch wichtige Hafenstadt 1945 Polen zugesprochen, die deutschen Einwohner mussten Swinemünde verlassen. In der kriegszerstörten Stadt siedelten Polen, die ebenfalls aus ihrer Heimat vertrieben worden waren. Die Stadt erhielt den Namen Świnoujście.

Das deutsch-polnische Verhältnis ist ein schwieriges. Im 2. Weltkrieg fielen die Deutschen in Polen ein. Sechs Millionen Polen, die den deutschen ›Herrenmenschen‹ als minderwertig galten und verfolgt wurden, überlebten die Besatzung, die Deportationen, den Krieg und die anschließende ›Befreiung‹ durch die Sowjets nicht. Durch das Potsdamer Abkommen wurden die Grenzen des polnischen Staatsgebietes nach Westen verschoben. In der Folge kam es bei der Umsiedlung der Polen, ebenso wie bei der Vertreibung der Deutschen aus Swinemünde zu Massakern. Auch wenn diese von Soldaten der Roten Armee verübt wurden, lasteten die vertriebenen Deutschen auch den Polen die Gewalttaten an.

Die DDR propagierte zwar die Freundschaft zum Brudervolk Polen, doch der visafreie Reiseverkehr ins Nachbarland wurde erst 1971 eingeführt und mit der Gründung der freien

Nur noch ein Denkmal weist auf die Grenze zwischen Polen und Deutschland hin

Gewerkschaft Solidarnosc im Jahr 1980 wieder eingeschränkt. Fortan konnten die DDR-Bürger nur noch auf Einladung in das Nachbarland reisen, beispielsweise zu dem bereits seit 1979 alljährlich veranstalteten deutsch-polnischen Insel-Marathon, der von Świnoujście nach Wolgast führt. Auf beiden Seiten der Grenze freut man sich heute gleichermaßen auf das völkerverbindende sportliche Ereignis. (Mehr Grund zur Freude haben allerdings die laufstarken Polen: Seit 1991 belegen polnische Marathonis die ersten Plätze).

Nackte Tatsachen

Es gibt auch weniger völkerverbindende Aspekte: Stichwort FKK, doch zuvor ein Rückblick: Die Freikörperkultur – das Baden ohne – war in der DDR ein heikles Thema. »Schont die Augen der Nation!« – mit diesen und ähnlichen skurrilen Argumenten und Verboten versuchten die DDR-Behörden in den 1950er-Jahren die zunehmende Ausbreitung des Nacktbadens zu verhindern. Erfolglos – in einem zähen Kleinkrieg wurde das Nacktbaden in der DDR immer wieder auf die Tagesordnung gebracht, bis es 1956 schließlich offiziell genehmigt wurde.

Die Freikörperkultur hatte über »alle spießbürgerlich-kapitalistischen und religiösen Vorurteile« gesiegt, die FKK-Anhänger seither immer mehr an Terrain gewonnen. Nach der Wende zeigten sich die prüden Wessis genierlich gegenüber den ostdeutschen Gepflogenheiten. Zur gütlichen Regelung wiesen die Seebäder fortan ihre Nacktbadestrände aus, gerne abgelegen – wie der FKK-Abschnitt zwischen dem Ahlbecker Hauptbadestrand und der damals noch geschlossenen polnischen Grenze. Mit der Grenzöffnung war das nächste Problem vorprogrammiert.

Ein Großteil der polnischen Bevölkerung ist katholisch und lehnt FKK ab. Als polnische Spaziergänger empört erzählten, dass sie auf dem sonntäglichen Familienausflug nichtsahnend in eine Meute deutscher Nackedeis hineingerannt seien, titelte eine deutsche Tageszeitung: »Deutsche und Polen im Krieg – diesmal sind sie nackt«. Die Presse lief heiß. Mittlerweile hat sich die Aufregung gelegt, zweisprachige ›Warn‹-Schilder sind aufgestellt worden. FKK-Strand heißt auf Polnisch *Plaża dla naturystów* – klingt irgendwie naturverbunden.

Hier fängt Europa an

Nach der Öffnung der Grenze bei Ahlbeck Anfang der 1990er-Jahre erkundeten viele ehemalige Swinemünder und Stettiner Bürger die Städte ihrer Kindheit bzw. das, was davon geblieben war. ›Normale‹ Urlauber kamen hingegen meist nicht über den grenznahen Schnäppchenmarkt hinaus. Erst mit der Aufnahme Polens in die EU 2004 wurden die Begegnungen vielseitiger.

Bei verschiedenen Inselfestivals wird auch in Swinemünde musiziert. Junge Bands aus Polen und aus Deutschland spielen bei Usedom Rock auf dem ehemaligen Grenzparkplatz in Ahlbeck. Auch im Alltag kommt man einander näher. Die Heringsdorfer Europaschule bietet Polnisch als zweite Fremdsprache an, in einigen Kindergärten und Grundschulen ist es möglich, Polnisch bzw. Deutsch zu lernen. Es werden gemeinsame Feste gefeiert und Ausflüge organisiert. Seit 2011 verbindet die Europapromenade zwischen den Kaiserbädern und Swinemünde die beiden Nationen.

Fliegen wie ein Vogel – Otto Lilienthal

Ein Museum in Anklam zeigt die Flugapparate Otto Lilienthals

Otto Lilienthal wird 1848 in Anklam geboren, ein Jahr später kommt sein Bruder Gustav zur Welt. Die beiden Brüder sind unzertrennlich, sie streunen durch die Wiesen, durch das weite Peene-Ursprungstal und verfolgen den Zug der Wildgänse und Kraniche über der Stadt. Fliegen wollen sie, es den Vögeln gleichtun.

Das erste, aus dünnen Spanbrettchen zusammengeleimte Flügelpaar, das die Brüder Lilienthal bauen, ist etwa 2 m lang und 1 m breit. Auf den Hügeln vor der Stadt starten sie ihre ersten Gleitversuche. Wie die Störche versuchen sie gegen den Wind anzufliegen. Nicht einen Zentimeter heben sie vom Erdboden ab. Sie werden als Spinner verlacht. In der Schule weisen sie schlechte Leistungen auf, Otto bringt nur in Mathematik und Naturwissenschaften gute Noten nach Hause. Seine Mutter nimmt ihn vom Gymnasium, Otto möchte Maschinenbauer werden, er geht nach Potsdam auf die Provinzial-Gewerbeschule. 1870 schließt er sein Studium an der Königlichen Gewerbeakademie in Berlin erfolgreich ab. Als

75

Student, als Konstrukteur und schließlich auch als erfolgreicher Unternehmer und Gründer der Dampfkessel- und Maschinenfabrik Otto Lilienthal – folgen er und sein Bruder unbeirrt ihrer Vision vom Fliegen.

Auf dem Weg zur Fliegekunst

Die Brüder Lilienthal beobachten den Flug des Weißstorchs, machen Notizen und beginnen mit Tragflügeln zu experimentieren. 1867 und 1868 bauen sie erste Geräte zur Erzeugung von

Die Natur als Lehrmeister

Die Gebrüder Wright stützten sich bei der Entwicklung ihres ersten Flugapparates, einem Doppeldecker-Gleitapparat, auf die Ergebnisse von Lilienthals Beobachtungen, die auf der Nachbildung des Vogelflugs beruhten. Das von Lilienthal entwickelte Sturmflügel-Modell wurde im Jahre 2005 auf der Expo im japanischen Aichi präsentiert, der Schwerpunkt der deutschen Präsentation dort war die Bionik. Das Wort setzt sich aus Biologie und Technik zusammen und bedeutet die Lehre von der Nutzung natürlicher Prinzipien in der Technik. Dank seiner Naturbeobachtungen entwickelte Otto Lilienthal die ersten flugtauglichen Apparate und gilt heute als einer der großen Pioniere der Bionik. Dem Leben und Schaffen des Flugpioniers ist das Otto-Lilienthal-Museum in Anklam gewidmet. Dort werden Fotos, Modelle und Nachbauten seiner Flugapparate gezeigt (s. S. 245)

Auftrieb durch Flügelschlag. In den 1870er Jahren folgen systematische Experimente zu Luftkräften an Tragflügel, mit Flugmodellen, mit Drachen und zu den Eigenschaften des natürlichen Windes. Die Ergebnisse veröffentlicht Otto 1889 in dem Buch »Der Vogelflug als Grundlage der Fliegekunst«.

Nach der Veröffentlichung widmet er sich vor allem den praktischen Flugversuchen. Sein Bruder Gustav, der an den Vorarbeiten beteiligt war, zieht sich zurück, weshalb heute der erste Menschenflug fast ausschließlich mit dem Namen seines Bruders Otto verbunden wird. 1890 und 1891 konzentriert sich Otto auf Versuche mit manntragenden Flugapparaten.

Im Sommer 1891 gelingen ihm die ersten beliebig wiederholbaren Flüge vom Windmühlenberg in Drewitz bei Potsdam. In den Rhinower Bergen (Stölln/Rhinow bei Neustadt/Dosse) erreicht er Flugweiten von bis zu 250 m. Lilienthal, der Kontakte zu zahlreichen Flugtechnikern verschiedener Länder unterhält, baut weitere Fluggeräte, darunter auch einen Flügelschlagapparat für motorisierten Antrieb.

1896 wird der Flugpionier mit seinem Gleiter bei einem Flugversuch unerwartet von einer Windbö erfasst und stürzt aus 17 m Höhe senkrecht ab. Am folgenden Tag erliegt er seiner schweren Wirbelsäulenverletzung.

Auf der Grundlage seiner Untersuchungen und Messungen an Modellflügeln sowie seiner erfolgreichen Flugversuche bauen die Gebrüder Wright 1903, nur sieben Jahre nach Lilienthals Tod, das erste Motorflugzeug. Sein Traum wurde wahr. Der Musiker Reinhard Mey hat dem Flugpionier in dem Chanson »Lilienthals Traum« ein berührendes Porträt gewidmet.

Papileos Malorte –
Lyonel Feininger auf Usedom

Der deutsch-amerikanische Maler Lyonel Feininger erkundete die Insel bei vielen längeren und kürzeren Aufenthalten in den Jahren zwischen 1908 und 1921. Er bezog in Heringsdorf Quartier, ebenso wie in Neppermin und Benz. Seine Briefe von unterwegs unterschrieb er mit Papileo – so wurde er (Papa Leonéll) in der Familie liebevoll genannt. Die 2010 eröffnete Feininger Tour führt zu den Orten, an denen der Künstler seinen Skizzenblock zückte.

»Pommern und die Ostsee, es war einmal… Sie waren für mein ganzes Schaffen mitbestimmend und ich zehre noch jetzt an den Erlebnissen, die ich dort hatte. Hier gibt es nichts, was damit zu vergleichen wäre«, schwärmte der 1871 in New York als Leonéll Charles Feininger geborene Sohn zweier deutscher Musiker. Als 16-Jähriger kam er das erste Mal nach Deutschland, als er seine Eltern auf eine Konzertreise begleitete. Er blieb und studierte in Hamburg und Berlin. 1889 erhielt er erste Aufträge als Karikaturist und Zeichner für humoristische Zeitschriften. 1919 erfolgte die Berufung zum Leiter der grafischen Werkstatt am Staatlichen Bauhaus Weimar. Zusammen mit Paul Klee, Wassily Kandinsky und Alexej von Jawlensky gründete er die Ausstellungsgemeinschaft »Die Blaue Vier«. 1936 zog er nach New York zurück. Die während seiner diversen Aufenthalte auf Usedom entstandenen unzähligen Skizzen nutzte er bis zu seinem Tode im Januar 1956 als Vorlage für Aquarelle, Holzschnitte, Ölbilder und Zeichnungen.

Unterwegs mit Papileo

Feininger war ein passionierter Radfahrer. Rund 10 000 km soll er pro Jahr auf dem Rad zurückgelegt haben – keine Kleinigkeit, wenn man bedenkt, dass es damals nur unbefestigte Dorfstraßen gab. Für die 2009 auf seinen Spuren eröffnete Feininger Tour wurden auf Usedom streckenweise neue Radwege angelegt, einige leider direkt neben der befahrenen Autostraße, andere führen über verkehrsstille Dorfstraßen und Nebenwege. Vor Ort sind die Stellen, wo Feiningers Staffel stand, durch Bronzeplatten im Boden kenntlich gemacht, das ist alles.

Wer wissen möchte, welches Bild Feininger an den markierten Stellen gemalt hat, muss den Routenführer »Papileo auf Usedom« erwerben. Der Autor, Martin Bartels, war lange Pastor in der Benzer Feininger Kirche. Er erzählt die Geschichten der Motive, er zitiert Feiningers Briefwechsel mit seiner Frau Julia und präsentiert Hunderte von Skizzen, Zeichnungen und Bildern mit Motiven der Insel. Außerdem sind historische Fotos von Feiningers Aufenthalten auf Usedom zu sehen. Der Band ist also auch für Nicht-Radfahrer ein Gewinn!

Peppermint und Nevermind

Am 17. Mai 1908 notierte Feininger in seinem Skizzenblock: »The day we first went to Heringsdorf to rent at Zanders«. Dazu zeichnete er ein angewinkeltes Bein, das gerade im Begriff ist, den Fuß auf die Insel zu setzen. Quartier nahm er in Heringsdorf – nicht in der prachtvollen Villa Oppenheim, die er mehrmals zeichnete, sondern etwas bescheidener in der Villa Zander in der zweiten Reihe.

Bei späteren Besuchen zog es ihn auch in das Hinterland. In dem idyllisch am Achterwasser gelegenen Dorf Neppermin wohnte Feininger drei Wochen im September 1910. In Briefen an seine Frau Julia schildert er das beschauliche Leben in »Peppermint« (Pfefferminz) oder »Nevermind« (Macht nichts). Allein die liebevollen englischen Wortspiele mit dem Ortsnamen machen deutlich, wie sehr ihm dieses Dorf und seine Bewohner am Herzen lagen. Er freundete sich mit den Dorfkindern an, malte den Fischern Tafeln mit den Bootsnummern, erkundete die Gegend – und zeichnete die gerade frisch gepflanzte Allee in Richtung Benz.

Dorfidylle mit Kirche und Mühle

Über 70 seiner Arbeiten zeigen Benzer Motive – 45 davon die Kirche in unterschiedlichsten Ansichten und Techniken, das älteste Kirchenbild datiert in das Jahr 1908, das jüngste ist 1955 kurz vor seinem Tod entstanden. Die Ansichten gewähren einen faszinierenden Überblick über Feiningers Entwicklung zu einem der bedeutendsten Maler der klassischen Moderne. Zehn Feininger Stationen sind in Benz ausgewiesen. Wem das Fahrradfahren zu anstrengend ist, kann sein Auto unterhalb des Mühlenbergs abstellen und sich zu Fuß auf den Weg machen. Eine kleine 1912 entstandene Buntstift-Zeichnung, die ein Haus und die Kirchturmspitze zeigt, konnte zunächst keinem Standort zugeordnet werden, bis ein Einheimischer das Bild in die Hände bekam und erkannte, dass es den Blick aus der Schlafstube seiner Mutter zeigt: »Dat is doch bi min Mudder ut de Schlopstuf!« .

Mein Tipp

Die Feininger Radtour
Zwei unterschiedlich lange Routen führen zu den Orten, wo Feininger seine Motive gefunden hat. Beide beginnen und enden in Benz, man kann aber auch an jedem anderen Punkt des Weges in die Tour einsteigen. Die kleinere Rundtour führt von Benz über Neppermin, Balm nach Mellenthin und zurück, insgesamt etwa 15 km. Die größere von Benz über Sallenthin und die Kaiserbäder nach Swinemünde, die Rückfahrt verläuft über Zirchow, Korswandt, Gothen und Neuenhof, insgesamt ungefähr 40 km. Informationen zu der Radtour und zu Feiningers Inselaufenthalten bietet neben dem Buch »Papileo auf Usedom« die Website www.papileo.de.

Die Benzer Mühle ist eine zentrale Station auf der Feininger Route

Unterwegs auf Usedom

Mit dem Fahrrad auf Entdeckungstour durch die Kaiserbäder

Die Kaiserbäder

Highlights !

Ahlbeck: Berühmt ist das Seebad an der Grenze zu Polen für seine zauberhafte Seebrücke. Die Promenade schmücken prachtvolle Exemplare der Bäderarchitektur. S. 84

Heringsdorf: Das Nizza des Nordens ist das mondänste der drei Kaiserbäder. Hochkarätige Kulturevents machen es zum kulturellen und gesellschaftlichen Mittelpunkt der Insel. S. 98

Bansin: Bildhübsche Hotels und Villen aus der Gründerzeit verleihen auch dem kleinsten und jüngsten Kaiserbad ein vornehmes, wilhelminisches Flair. Der idyllische Schloonsee zieht sich bis weit in den Ort hinein. S. 110

Auf Entdeckungstour

Seebrückenhopping: Die Schiffstour führt entlang der Küste von Ahlbeck nach Zinnowitz. Zurück geht es auf dem Ostseeküsten-Radweg durch den Küstenwald, der auch an heißen Tagen angenehmen Schatten bietet – besonders im unerwartet hügeligen Gelände eine Wohltat. S. 92

Promenadenbummel in Bansin: Die Bäderarchitektur verleiht den Kaiserbädern ein außergewöhnliches Ambiente. Besonders charmant sind die Villen aus Holz – mit Schweizer Alpenflair, im russischen Landhausstil, bevorzugt auch nordisch inspiriert. Kaum zu glauben, dass man sie per Katalog bestellen konnte. S. 114

Zinnowitz

Koserow

O s t s e e

Seebrückenhopping

Achterwasser

Promenadenbummel in Bansin

Bansin

Heringsdorf

Schorschis Radtouren

Ahlbeck

Europapromenade

Swinoujscie

Kultur & Sehenswertes

Museum Villa Irmgard in Heringsdorf: Die Jugendstilvilla , in der sich einst der Schriftsteller Maxim Gorki erholte, bietet den stilvollen Rahmen für Ausstellungen, Konzerte und Lesungen. S. 104

Hans-Werner-Richter-Haus: In Bansin verbrachte der Schriftsteller Hans Werner Richter seine Kindheit. Ein kleines, aber feines Literaturzentrum ist ihm gewidmet. S. 118

Aktiv & Kreativ

Schorschis Radtouren: »Tritt in die Pedale« ist das Motto des radsportbegeisterten und naturinteressierten Inselreiseleiters Heinz-Georg Arbeit. S. 108

Chapeau Rouge in Heringsdorf: Im Sommerhalbjahr werden im samtig rot leuchtenden Zirkuszelt an der Strandpromenade tagsüber Puppenspiele für Kinder, abends Musicals, Tragödien und Schwänke aufgeführt. S. 108

Genießen & Atmosphäre

Kulm Eck in Heringsdorf: Hoch gelobtes kleines Feinschmecker-Lokal in einer hübschen Gründerzeitvilla. S. 106

Schloon-Idyll in Bansin: Auf der Sonnenterrasse kann man zu Kaffee und Kuchen die Nachmittagssonne mit Blick über den malerischen See genießen. S. 120

Café Asgard in Bansin: Liebenswert altmodisch und gemütlich sitzt man in dem traditionsreichen Café, in dem es sich schon Heinz Rühmann und Hans Albers gut gehen ließen. S. 116, 120

Abends & Nachts

Kogge in Ahlbeck: In der Kneipe auf der Seebrücke werden ab 18 Uhr Cocktails serviert. S. 95

Atlantic Pub in Bansin: Nette, rustikale Kneipe im Strandhotel. Zu frisch gezapftem Guiness, gibt es ab und zu Livemusik und Tanz. S. 121

Berlins Badewanne

Eindrucksvolle Seebrücken, historische Bäderarchitektur und ein weißer, bis zu 70 m breiter Sandstrand – die drei Kaiserbäder Ahlbeck, Bansin und Heringsdorf sind das Aushängeschild Usedoms. Vor 100 Jahren, als es noch eine direkte Bahnverbindung zwischen Berlin und Usedom gab, traf sich hier die Haute Volée – der Adel, die Hochfinanz , Künstler und Gelehrte – kurz alles , was in Berlin Rang und Namen hatte. Thomas Mann schrieb 1924 in Ahlbeck seinen »Zauberberg« zu Ende, Theodor Fontane (1819–98) genoss in Heringsdorf die »Ruhe und frische Luft mit stiller Wonne« und träumte davon, ein Ferienhäuschen am Meer zu erwerben. Größtes Aufsehen erregten die Besuche Kaiser Wilhelms II., der hier zwar keinen Urlaub machte, aber doch zwischen 1895 und 1914 einmal im Jahr bei der Witwe Staudt in Heringsdorf zum Tee vorbeischaute. Die kaiserlichen Kontakte inspirierten die Seebäder im Südosten Usedoms zu dem werbeträchtigen Gemeinschaftsnamen Kaiserbäder, mit dem sie sich seit den 1990er-Jahren schmücken.

Ahlbeck❗ ► F/G 6

Berühmt ist das größte der drei Kaiserbäder für seinen zauberhaften Seebrückenpavillon mit den vier grünen Ecktürmchen, das viele Veröffentli

Infobox

Information
Jedes der drei Kaiserbäder hat eine eigene **Touristen-Information,** jeweils in unmittelbarer Nähe der Seebrücken (Ahlbeck s. S. 95, Heringsdorf s. S. 109, Bansin s. S. 121). Im Internet präsentieren sie sich gemeinsam unter www.kaiserbaeder.de.

Anreise und Weiterkommen
Usedomer Bäderbahn: Die UBB verkehrt alle 30–60 Min. zwischen Stralsund/Wolgast und Swinemünde, Tel. 038378 271 32, www.ubb-online.de.
Schiff: An den Seebrücken in Ahlbeck, Heringsdorf und Bansin legen die Adlerschiffe an. Das Programm umfasst Tagesfahrten nach Swinemünde und Misdroy sowie Seebrückenhopping entlang der Küste Usedoms. Tel. 01805 12 33 44 (0,14 €/Min. aus dem Festnetz), www.adler-schiffe.de.
Bus: Die Kaiserbäder sind durch Linienbusse mit dem Hinterland der Insel und der Kreisstadt Anklam verbunden. Die Europalinie (Buslinie 290) fährt von Bansin über Heringsdorf und Ahlbeck nach Swinemünde und Misdroy, in der Saison alle 30 Min, Tageskarte bis einschließlich Swinemünde 6 €, Kind 3 €, nach Misdroy zusätzlich 2 €. Ostseebus GmbH, Tel. 038378 33 630, www.ost seebus.de.
Kaiserbäderexpress: Eine blau-weiße Bummelbahn verkehrt etwa im 40-Minuten-Takt zwischen Ahlbeck, Heringsdorf und Bansin. Mit einem Bus geht es zudem rund um die Insel und aufs Festland, Tel. 038378 284 67, www.kaiser baederexpress.kaiserbaeder.de.

chungen über Usedom ziert – es ist das einzige historische Seebrückengebäude an der deutschen Ostseeküste. Am Brückenende legen die weißen Adlerschiffe ab – zum Seebrückenhopping von Seebad zu Seebad oder nach Polen (s. Entdeckungstour S. 92).

Um den Seebrückenvorplatz spielt sich das Landleben des Seebads ab, Pavillons mit Zeitschriften und buntem Strandspielzeug, weiße Bänke, Springbrunnen und Blumenrabatten laden zum Verweilen ein, die Promenade und strandnahen Straßen schmücken prachtvolle Exemplare der Bäderarchitektur, kein unattraktiver Hotelneubau stört das vornehme, harmonische Bild. In den umliegenden Straßen entdeckt man das ›normale‹ Ahlbeck – kleine Privathäuser und Pensionen, die noch von ihren Besitzern bewohnt werden. An die Fischertradition des Ortes erinnern einige Boote und Fischräuchereien am Strand.

Ortsgeschichte

Der Name des charmanten Ostseebads geht auf Aal-Beek (Aalbach) zurück. Noch heute verweist ein Aal im Ahlbecker Wappen auf den einstigen Fischreichtum des Baches, der vom Gothensee durch das sumpfige Thurbruch in die Ostsee fließt und die Grenze zwischen den Ländereien des Gutsbezirkes Gothen und denen des Königreiches Preußen markierte.

Der erste namentlich dokumentierte Siedler am südlichen, ›adligen‹ Ufer der Beek war ein Müller, der 1699 die Genehmigung zum Bau einer Mühle erhielt. Anfang der 1770erJahre erwarb Preußenkönig Friedrich II. die Mühle und ließ am Bach Kolonisten mit ihren Familien ansiedeln, die den Wasserlauf regulieren und damit die Trockenlegung und Kultivierung des Hinterlandes ermöglichen sollten. Am nördlichen Ufer des Baches, das bereits seit 1720 preußischer Staatsbesitz war, ließen sich einige Fischer nieder. Dank der staatlich geförderten Strandfischerei entwickelten sich die beiden Siedlungen – Ahlbeck ›adlig‹ ebenso wie Ahlbeck ›königlich‹ – zu kleinen Fischerdörfern.

Die ersten Sommerfrischler kamen als Ausflügler aus den benachbarten Seebädern Swinemünde und Heringsdorf. Im Jahre 1852 boten die Ahlbecker erstmals selber Ferienbetten an. Die Fremden wurden in den guten Stuben der Einheimischen untergebracht, die Preise waren gemäßigt, so dass sich auch weniger Begüterte einen Urlaub am Meer leisten konnten. Die beiden, 1882 vereinten Fischerdörfer entwickelten sich zu einem charmanten Seebad, das ein überwiegend bürgerliches Publikum anzog. Im Seebadprospekt von 1911 präsentiert sich Ahlbeck als »deutsches Volksbad«, in dem sich alle »von fürstlichen Persönlichkeiten bis zur armen Näherin gleichermaßen erholen können«.

Gepflegte Hotels aus der Gründerzeit säumen die strandnahen Straßen, keine pompösen Privatvillen wie im mondänen Heringsdorf, aber doch prächtig und vornehm, wie der Ahlbecker Hof, der dem Ruf Ahlbecks, die Badewanne der kleinen Leute zu sein, Paroli bietet.

Rund um die Seebrücke

Die Erkundung des Seebads beginnt man am besten an der **Seebrücke** `1`. Der Ende des 19. Jh. errichtete Brückenpavillon bildet zusammen mit der 5,5 m hohen gusseisernen **Jugendstiluhr** `2`, die seit 1911 den Brückenvorplatz ziert, das Herzstück des Seebads. Der hölzerne **Konzertpavillon** `3` ein

Der Treffpunkt in Ahlbeck – die gusseiserne Jugendstiluhr an der Seebrücke

paar Schritte weiter datiert ins Jahr 1900. Zum Meeresrauschen werden hier Shantys, aber auch Jazz und Irish Folk geboten. Ein Prunkstück der Bäderarchitektur ist der traditionsreiche, um 1890 errichtete **Ahlbecker Hof** 1. Die zu DDR-Zeiten als FDGB-Ferienheim genutzte Nobelherberge wurde 1995 als erstes Fünf-Sterne-Hotel der Insel neu eröffnet. Einige Namen von illustren Gästen, die das Haus seit seiner Entstehung beherbergte, findet man eingraviert auf Tafeln neben dem Eingang – unter ihnen Kaiser Franz Joseph I. von Österreich und Königin Silvia von Schweden.

Historisches Ortszentrum

Vom Ostseeplatz neben dem Albecker Hof zweigt die **Seestraße** ab. In der Einkaufsmeile Ahlbecks findet man Modeboutiquen, Schmuck- und Sou-

venirlädchen, eine Buchhandlung und Cafés. An der Ecke zur **Friedrichstraße** wurde im Jahr 1875 das erste Hotel des Ortes eröffnet, heute **Hotel Meereswelle** (Seestr. 11). An das ursprünglichen Gebäude, das auch als Kur- und Tanzhaus genutzt wurde, erinnert nur noch die verglaste Holzveranda. Von der immer gut besuchten Terrasse blickt man über den großzügig angelegten, von Restaurants gesäumten **Johann-Koch-Platz** Richtung Meer.

Es ist fast egal, durch welche Straßen man von hier aus bummelt, überall entdeckt man sorgsam restaurierte Perlen der Bäderarchitektur wie die **Villa Auguste Viktoria** 3, eine um 1900 erbaute Jugendstilvilla in der Bismarckstraße, die heute ein Hotel beherbergt. Ein Schmuckstück ist auch die denkmalgeschützte **Villa Chrissi** 6 in der benachbarten Kaiserstraße. In dem Ende des 19. Jh. errichteten neoklassizistischen Gebäude, das zu DDR-

Zeiten als normales Mietshaus genutzt wurde, stehen heute Vier-Sterne-Ferienwohnungen zur Verfügung. Den Mittelbau ziert ein hübsches Türmchen, das Portal darunter wird von zwei Atlanten gestützt.

Kurpark und Kirche

Die elegante **Kaiserstraße** führt zum kleinen **Ahlbecker Kurpark** 4 . Die eher unscheinbare Anlage ist zum Spazierengehen zu klein, aber das man ohnehin immer schon lieber auf der Promenade. Im ehemaligen, 1896 eröffneten **Warmbad** ist seit dem Jahr 2000 das **Rathaus** 5 untergebracht. Zu dem massiven Backsteinbau gehört ein verandaartiger Anbau, eine Eisenguss-Glas-Konstruktion, in der einige Jahre das Heimatmuseum untergebracht war. Seit einiger Zeit ist es geschlossen, ob und wo es neu eröffnet wird, ist ungewiss.

Die **Kirche** 6 gleich gegenüber stammt aus dem Jahr 1895. Nachdem der Lehrer und Kantor Johann Koch bereits 1865 ein Komitee zur Erbauung eines evangelischen Gotteshauses gegründet hatte, sollten noch 30 Jahre vergehen, bis man das Kapital für den Bau des Gotteshauses zusammen hatte. Den neogotischen Backsteinbau prägt ein Holztonnengewölbe, an den Längsseiten und an der Westseite verlaufen Emporen aus Holz. Der Altar und die Taufe aus Sandstein stammen ebenso wie die hölzerne Kanzel aus der Erbauungszeit.

Europapromenade

Die Kaiserbäder gehen nahtlos ineinander über. Acht Kilometer lang ist die Seepromenade, die sie verbindet, erst heißt sie Bansin, dann Heringsdorf und schließlich Ahlbeck – oder umgekehrt. Sie ist gespickt mit geschichtsträchti-

gen, prestigereichen Villen aus wilhelminischer Zeit. 2011 wurde die Flaniermeile verlängert und führt nun als Europas längste Strandpromenade über die deutsch-polnische Grenze durch Kiefernwald und Dünen nach Świnoujście, ehemals Swinemünde. Rund 3,6 Mio. € hat das letzte, 3,6 km lange Teilstück gekostet, das sind 1000 €/m, die größtenteils von der EU finanziert wurden. Jetzt kann man ohne Umweg von Bansin bis ins frühere Swinemünde laufen oder radfahren – eine grenzüberschreitende Wohltat, die nicht nur Urlauber, sondern auch viele Usedomer nutzen.

Kinderheim
Kaiser-Wilhelm-Stift 7

Dünenstr. 2

Wer auf der Promenade in Richtung Swinemünde unterwegs ist, entdeckt rechter Hand im Wald eine bemerkenswerte Anlage. Das von Kaiser Wilhelm II. gestiftete und 1913 persönlich eingeweihte Kinderheim besteht aus einem Hauptgebäude, Speisesaal und rohrgedecktem Pavillon sowie eingeschossigen Fertigteil-Holzhäusern. 150 Großstadtkinder durften sich hier jeweils für vier Wochen erholen. Später wurde das 1988 unter Denkmalschutz gestellte Gebäudeensemble als Pionierferienlager geführt, heute nutzt es der Landessportbund Berlin.

Ehemaliger Grenzübergang 8

An der Stelle, wo einst der Grenzstreifen verlief, befindet sich eine Aussichts- und Veranstaltungsplattform. Eine 3,5 m hohe Edelstahlklammer – das deutsche Wappen links, das polnische rechts – dient als Tor. Das Denkmal soll das Zusammenwachsen der beiden Nationen symbolisieren. Gemeinsame Bauherren waren die Usedomer Kaiserbäder und die polnische Hafenstadt Świnoujście.

Ausflüge

Wolgastsee

Radtour oder Wanderung, ca. 6 km
Unmittelbar hinter dem Bahnübergang zweigt rechter Hand der gut ausgeschilderte Rad- und Wanderweg
nach Korswandt am Wolgastsee ab.
Auf dem asphaltierten Weg passiert
man die **Allee der Bäume des Jahres,**
die seit 1990 gepflanzt wird. Wer den
Ausflug zum Wolgastsee mit einer Gipfeltour zum 59 m hohen **Zirowberg**
verbinden möchte, zweigt hinter dem
Bahnübergang nach links in den **Ahlbecker Forst** ab. Streckenweise führt
der Waldweg beachtlich steil bergan,

hier muss man das Fahrrad schieben.
Oben vom **Aussichtsturm** bietet sich
ein schöner Blick über Ahlbeck und die
Pommersche Bucht. Durch den Misch-
wald geht es dann immer bergab nach
Korswandt am Wolgastsee (s. S. 124).

Świnoujście (Swinemünde)

Von der Seebrücke Ahlbeck bis zur
Westmole mit Windmühlenbake in
Swinemünde (s. S. 260, 262) sind es
rund 5 km. Die Grenze ist frei passier-
bar. Zurück kann man den Weg durch
die Stadt nehmen und beim sogenannten **Polenmarkt** 5 vorbeischauen, das ist kein längerer Umweg.
Radfahrer, die Lust auf eine längere

Ahlbeck

Tour haben, empfiehlt sich der Rückweg über Kamminke, Golm, Garz und Korswandt, insgesamt etwa 25 km.

Übernachten

Nostalgischer Luxus – **Romantik Seehotel Ahlbecker Hof** 1: Dünenstr. 47, Tel. 038378 620, www.seetel.de, DZ ab 189 €, Suite ab 277 €. Das 1890 an der Strandpromenade erbaute Romantikhotel ist ein Prunkbau der klassizistischen Bäderarchitektur und seit jeher die feinste Adresse des Seebads. Hinter der historischen Fassade verbirgt sich Fünf-Sterne-Luxus mit großzügigem Wellness-Bereich und Feinschmecker-Restaurant La Brasserie (s. u.).

Familiär – **Hotel Ostende** 2: Dünenstr. 24, Tel. 038378 510, www.hotel-ostende.de, DZ und Suiten 150–350 €. Ein um 1900 erbautes und in der Mitte der 1990er-Jahre liebevoll saniertes Haus mit 27 komfortablen Zimmern und Suiten. WLAN in allen Räumen. Die Küche ist mediterran inspiriert, HG ab 14 €, schön sitzt man auf der Terrasse zur Strandpromenade.

Stilvoll und angenehm – **Villa Auguste Viktoria** 3: Bismarckstr. 1–2, Tel. 038 378 24 10, www.auguste-viktoria.de, DZ 115–165 €. Die Jugendstilvilla bietet 18 angenehme Zimmer und Suiten in warmen Apricottönen. Im Haus befinden sich eine Konditorei und ein Café mit hübschem Wintergarten.

Freundliche Bewirtung – **Pension Seeperle** 4: Dünenstr. 38, Tel. 038378 25 50, www.seeperle-ahlbeck.de, DZ 90–110 €. Eine 1993 rekonstruierte und 2006 sanierte Villa an der Promenade. Die Lage ist erstklassig, der Service herzlich. Die Zimmer sind keine Sensation, aber sauber und gepflegt. Das Restaurant-Café im Erdgeschoss ist von Februar bis Oktober geöffnet, Halbpension ist ganzjährig möglich.

Öko und Feng shui – **Villa Harmonie** 5: Dünenstr. 6, Tel. 038378 33 58 80, www.villa-harmonie.de, DZ ab 90 €. Jugendstilvilla am ruhigen Ende der Promenade Richtung Swinemünde. Zehn hübsche Zimmer, einige mit Meersicht, mit Balkon oder Terrasse. Zur Villa gehört ein Gartenhaus. Das Hausprogramm umfasst auch Fastenwochen und morgendliche Qi-Gong-Übungen.

Ein Schmuckstück – **Villa Chrissi** 6: Kaiserstr. 23, Tel. 038378 780 80, www.villa-chrissi.de, FeWo 75–125 €. 1899 wurde das Haus erstmals als Villa Wartburg erwähnt, damals gehörte es einer Ahlbecker Bäckermeisterfamilie. Zwölf unterschiedlich große, individuell eingerichtete Wohnungen. Zum Strand sind es 150 m.

Essen & Trinken

Französisch – **La Brasserie**: Dünenstr. 47, Tel. 038378 620, Mo, Di, Fr, Sa 12–22, Do, Sa 14–22 Uhr, ab 11 €. Beliebtes Bistro-Restaurant im Ahlbecker Hof 1. Im Sommer genießt man von der Terrasse den Blick auf die Promenade. Nachmittags gibt es Kaffee und Kuchen. Die Speisekarte funktioniert nach dem Baukastensystem, Hauptgericht, Beilage, Gemüse und Dips werden individuell kombiniert, alles frisch und lecker zubereitet.

Genießen am Meer – **Restaurant-Café Seebrücke** 1: Tel. 038378 283 20, www.seebrueckeahlbeck.de, tgl. ab 11 Uhr, 9–24 €. Pommersche und internationale Spezialitäten auf der historischen Seebrücke, keine Gourmetküche, aber nettes Ambiente mit Sitzecken und maritimer Eleganz.

Gutes Preis-Leistungs-Verhältnis – **Fischers Fritz** 1: Dünenstr. 39, Tel. 038378 807 05, ab 10 €. In der schmucken Backsteinvilla mit schöner Terrasse an der Promenade ist Fisch die Hauptsache. Die Ausstattung könnte hübscher, die Küche raffinierter sein, im Ganzen aber stimmig.

Beliebt – **Carls Kneipe** 2: Seestr. 6, Tel. 038378 304 37, ab 10 €. Das Lokal liegt etwas von der Straße zurückversetzt, trotzdem sollte man hier in der Saison vorbestellen, um einen Platz zu bekommen. Serviert wird frischer Fisch, aber auch leckere Ente. Die Portionen sind groß genug zum Sattwerden nach einem Strandspaziergang.

In den Stranddünen – **Uwes Fischerhütte** 3: Strandpromenade 12, Tel. 0383 782 81 99, www.uwes-fischer huette.de, tgl. 10–22 Uhr. Noch findet man zwischen Promenade und Strand kleine Buden, in denen Fischer frischen und geräucherten Fisch verkaufen. Schlendert man ein kleines Stück weiter Richtung Swinemünde, passiert man eine weitere Fischerhütte. Dort ist weniger los und es geht familiärer zu.

Einkaufen

Malerei und Grafik – **Galerie Köpp** 1: Talstr. 13, Tel. 038378 323 82, www.galerie-koepp.de, Mai–Okt Mi–So 17–20 Uhr, Rest des Jahres nur nach telefonischer Vereinbarung. Kleine versteckt liegende Galerie in einem denk-

Sehen und Gesehenwerden – an der Strandpromenade in Ahlbeck

malgeschützten Fischerkaten. Die vielseitigen Arbeiten des 1953 in der Stadt Usedom geborenen Künstlers Volker Köpp sind auch online anzusehen und zu erwerben.

Gut sortiert – **Strandbuchhandlung Krüger 2**: Seestr. 19, Tel. 038378 282 40. Viel regionale Literatur, aktuelle Bestseller und Urlaubsschmöker für jeden Geschmack.

Keramik – **Bürgelhaus 3**: Seestr. 16, Tel. 038378 806 70, www.buergel haus.de, Mo–Sa 10–17 Uhr, in der Saison länger. Die Thüringer Traditionstöpferei bietet zum Geschirr auch die passende Tischwäsche und Deko. Charakteristisch für die Bürgelkeramik ist das volkstümliche Design in Blau-Weiß.

Galerie – **Künstlertreff im alten Speisesaal 4**: Dünenstr. 32/Ecke Vinetastr., Tel. 038378 475 67. Erschwingliche Kunst in nostalgischem Ambiente.

Schnäppchen – **Grenzmarkt 5**: In Swinemünde, ca. 3 km von Ahlbeck.

Knapp 200 m hinter dem Grenzübergang bei Ahlbeck stößt man auf die ersten Ausläufer des weitläufigen Polenmarktes. In einem riesigen Labyrinth aus Buden, offenen Ständen und Verschlägen werden Textilien, Tabakwaren, CDs und DVDs, Taschen, Rucksäcke, Uhren, Gartenzwerge usw. angeboten.

Aktiv & Kreativ

Baden – **Strände:** Der bewachte **Hauptbadestrand 1** erstreckt sich zu beiden Seiten der Seebrücke. Seit 2008 gibt es hier WLAN. Besucher, die einen Laptop oder ein internetfähiges Handy mitbringen, bekommen in der Touristen-Information eine Zugangsberechtigung, können sich einloggen und lossurfen. In Richtung Swinemünde liegen ein **Hundestrand** und ein **FKK-Strand 2**. ▷ S. 95

Auf Entdeckungstour

Seebrückenhopping – von Ahlbeck nach Zinnowitz

Warum nicht einfach an einem sonnigen Sommermorgen ans Ende einer Seebrücke flanieren und ein blütenweißes Ausflugsschiff besteigen? Die Tour führt entlang der Küste von Seebrücke zu Seebrücke. Zurück geht es auf dem Ostseeküsten-Radweg durch den Küstenwald, der auch an heißen Tagen angenehmen Schatten bietet.

Reisekarte: ▶ C–G 3–6

Adler-Schiffe: Mai–Sept. Di, Fr, April, Okt. Di, Info am Anleger oder Tel. 01805 12 33 44 (0,14 €/Min.), www.adler-schiffe.de, Ahlbeck – Zinnowitz 10 €, Kinder (6–14 Jahre) 5 €, Familie 25 €, Rad 6 €.

Radtour: Zinnowitz – Ahlbeck, 23 km.

Die nach der Wende neu erbauten ›alten Stege‹ sind das Wahrzeichen der Badeorte – natürlich nicht nur auf Usedom. Doch in puncto Seebrücken hat die Insel an der Grenze zu Polen eindeutig die Nase vorn. In Ahlbeck befindet sich die älteste Seebrücke Deutschlands, in Heringsdorf die längste Seebrücke Kontinentaleuropas. Brücken im eigentlichen Sinne sind sie nicht, führen sie doch einfach nur vom Strand hinaus aufs Meer bis zu der Stelle, an der Ausflugsschiffe festmachen können.

Wie ein Märchen aus alter Zeit

In **Ahlbeck**, an der schönsten Seebrücke, beginnt die Tour. Das weiß gestrichene Holzbauwerk mit den vier grünen Türmchen ist das Wahrzeichen der Insel. Es entstand nicht an einem Tag, auch nicht in einem Jahr. 1882 wurde zunächst eine hölzerne Plattform mit zwei Aufbauten errichtet: Auf der einen Seite sorgte ein Restaurant für das leibliche Wohl, auf der anderen spielte die Kurkapelle auf der überdachten Konzertbühne. Dazwischen saßen die Gäste – zunächst unter freiem Himmel, dann unter einem Segeltuch, das später durch ein Holzdach ersetzt wurde. 1898 folgte die Einweihung des Seestegs mit Schiffsanleger. Als im Winter 1941/42 die Landungsbrücke durch Sturmflut und starken Eisgang zerstört wurde, blieb die strandnahe Plattform wie durch ein Wunder weitgehend verschont.

Früh morgens in Ahlbeck

Am Rande des Seebrückenvorplatzes steht der kleine Verkaufspavillon der Adler-Reederei. Der erste Seebäderdampfer legt noch vor 9 Uhr in Ahlbeck ab, da frühstücken die meisten Urlauber noch, während die Strandkorbvermieter bereits die schweren Sitzmöbel der Sonne entgegendrehen. Am historischen Seebrückengebäude vorbei gelangt man auf den Steg, der ohne weitere Aufbauten aufs Meer hinausführt. Wer ein Rad dabei hat, muss es am Ende des Stegs zwei Treppen hinuntertragen und aufs Schiff schieben.

Auf dem Sonnendeck ist um diese Uhrzeit immer reichlich Platz, das Radio dudelt, meist NDR 1 Radio MV, das heißt vor allem Schlager, das Tageshoroskop auf Platt, das Wetter und Verkehrsnachrichten. Klingt erst einmal nicht verlockend, aber dann hat es doch was, die Staumeldungen vom Festland zu verfolgen, während man selber die frische Seebrise genießt. Das nächste Seebrückenhighlight ist schon in Sicht, bevor die MS Adler-Vineta in See sticht.

Moderne Akzente

Die 1995 eröffnete **Heringsdorfer Seebrücke** ist ein Bau der Superlative, rund 14 Mio. € hat das privat finanzierte Prestigeobjekt gekostet. Der prachtvolle, 1893 fertiggestellte Vorgängerbau hatte Eisgängen, Sturmfluten und wechselhaften Zeiten getrotzt, bis 1958 ein durch Brandstiftung ausgelöstes Feuer den ›Stolz der Insel‹ vollständig vernichtete.

Die neue Flaniermeile reicht 508 m aufs Meer hinaus. Im landseitigen Gebäudekomplex haben eine Ladenpassage, ein Kino und exklusive Ferienwohnungen Platz gefunden. Ein überdachter Wandelgang führt zu einer Shoppingmall mitten auf der Brücke. Am Brückenkopf steht ein Restaurant in Form einer gläsernen Pyramide. An sonnigen Sommertagen wimmelt es hier tagsüber von Menschen, am Morgen stehen aber selbst bei bestem Wetter nur vereinzelte Urlauber am Steg, die das An- und Ablegemanöver beobachten. Weiter geht es nach Bansin.

Ohne Schnörkel

Bansin – das jüngste der drei Kaiserbäder überrascht mit wunderschönen Villen. Wer ein Fernglas dabei hat, kann die am (süd)östlichen Ende der Promenade gelegenen hölzernen Ikonen der Bäderarchitektur genauer betrachten. In Richtung Seebrücke folgen klassische Prachtexemplare in Stein, sorgfältig restauriert, die Farbe Weiß dominiert.

Die 285 m lange Seebrücke, ein Neubau aus den 1990er-Jahren, wirkt dagegen fast unprätentiös. Anders als die Seebrücken in der Nachbarschaft ist der Brückenkopf mit einer Dalbenanlage konzipiert, so dass große Bäderschiffe auch bei starkem Seegang anlegen können.

Gefährdete Küste

Der Dampfer sticht wieder in See. Nördlich der **Bansiner Seebrücke** endet die Promenade, die flachen Stranddünen gehen in den Langen Berg über. Dort, wo die bewaldete Steilküste zum Meer abfällt, entdeckt man das zerstörerische Werk der Ostsee. An stillen Sommertagen ist es schwer vorstellbar, wie sie wüten kann. Am Meeressaum längs der Küste stehen überall Buhnen, die die Gewalt der gegen die Küste heranbrechenden Wellen abschwächen sollen.

Den Streckelsberg zwischen Kölpinsee und Koserow sichern seit Mitte der 1990er-Jahre drei Steinmolen vor der Abtragung durch das Meer. In ihrem Schutz hat sich der Sandstrand am Fuß des Kliffs erholt. In den von Sturmfluten aufgerissenen Steilhängen haben Gräser, Büsche und Bäume wieder Fuß fassen können. Wer später den Rückweg mit dem Fahrrad zurücklegt, wird die verschiedenen Küstenformen und die Auswirkungen der Naturgewalten von Nahem betrachten können.

Das Ende ist der Anfang

Die bewaldete Steilküste geht Richtung Norden allmählich wieder in flache Dünen über. Die Frühstückszeit ist vorbei, wenn die Adler-Vineta nach einem kurzen Stopp in **Koserow** die **nördlichste Seebrücke in Zinnowitz** erreicht. Trauben von Menschen drängeln sich am Anleger, um eine Seefahrt nach Ahlbeck und weiter nach Swinemünde anzutreten.

Die meisten Passagiere gehen von Bord. Man kann den Tag in Zinnowitz verbringen und das Schiff am Abend zurücknehmen oder in die Usedomer Bäderbahn umsteigen, die mindestens einmal pro Stunde verkehrt. Die größte Abwechslung verspricht zweifelsfrei die Rückfahrt mit dem Fahrrad.

Wald, Berge und Meer

Der gut ausgeschilderte **Ostseeküsten-Radweg** zweigt direkt von der Strandpromenade in Zinnowitz ab und führt über Zempin in Richtung Koserow. Ein Abstecher auf den **Streckelsberg** wird mit einer wunderschönen Aussicht über die Ostsee belohnt. Von hier oben kann man die Küstenschutzmaßnahmen an der bedrohten Steilküste aus der Nähe studieren.

Der Radfernweg passiert den idyllischen **Kölpinsee**. Richtung Bansin folgt eine bemerkenswert hügelige Strecke, ungeübte Radfahrer werden hier öfter absteigen und schieben und erst wieder aufsteigen, wenn die Mücken lästig werden. Keine Probleme haben die Nutzer der immer beliebteren E-Bikes. Kurz vor **Bansin** endet der Radweg. Auf der asphaltierten Straße geht es weiter bis zur Promenade, die bis nach **Ahlbeck** führt und in der Saison ziemlich voll sein kann. An kulinarischen Verlockungen entlang des Weges fehlt es nicht. Empfehlenswert sind die Fischräuchereien am Strand.

Bei jedem Wetter – **OstseeTherme** `3`:
Lindenstr. 60, Tel. 038378 27 30, www.
ostseetherme-usedom.de, Badewelt
Mai–Okt. Mo–Sa 10–22, So 10–20,
Nov.–April Mo–Sa 10–21, So 10–20 Uhr,
3 Std. 13,50 € (mit Kurkarte), Familien
ab 31,50 €. Die Bade- und Wellnessoase
zwischen Ahlbeck und Heringsdorf hat
eine eigene Haltestelle der UBB. Der
frei zugängliche Aussichtsturm neben
dem subtropischen Freizeitparadies
gewährt einen überraschend weiten
Rundblick über das Seebad.

Ahlbeck zum Kennenlernen – **Geführter Ortsrundgang:** in der Saison Mo 10
Uhr, Treffpunkt an der Historischen
Uhr `2` am Seebrückenvorplatz, für
Gäste mit Kurkarte kostenlos.

Mit 2 PS – **Kutschfahrten** `4`: In der Saison werden auf der Promenade Fahrten durch die Kaiserbäder und in die
Umgebung, beispielsweise zum Wolgastsee, angeboten. Der zentrale
Standplatz der Kutschen befindet sich
an der Ecke Seestraße/ Dünenstraße.

Reiten – **Pferdehof Will** `5`: Gothenweg
14, Tel. 038378 284 50, www.pferde
hof-will.de. Ponyreiten für die Kleinen,
Ausritte ins Hinterland, im Winter auch
an den Strand, Kutsch-/Kremserfahrten.

Fahrspaß – **Segtouren Usedom** `6`:Goethestr. 30, Tel. 0171 784 41 04, www.seg
touren-usedom.de. Ohne Anstrengung mobil sein, davon träumen viele.
Geführte, unterschiedlich lange Touren, die 40-minütige Schnuppertour
durch die Kaiserbäder gibt's für 19 €.

Abends & Nachts

Auf der Seebrücke – **Kogge:** Di–Sa ab
18 Uhr. Beim Umbau der Seebrücke `1`
im Jahr 1997 wurde in das Restaurant
eine zünftige Seemannskneipe integriert, ab 18 Uhr werden Cocktails serviert, mehrmals pro Woche gibt es
abends Livemusik.

Infos & Termine

Touristen-Information
Dünenstr. 45, 17419 Seeheilbad Ahlbeck, Tel. 038378 49 93 50, www.drei-kaiserbaeder.de, Kernzeit Mo–Fr 9–16,
Sa, So 10–12 Uhr, Juni–Sept. Mo–Fr 9–
18, Sa, So 10–15 Uhr.

Termine
Usedomer Winterspektakel: An einem
Samstag Anfang/Mitte Februar wird
die Badesaison eröffnet. Im Bereich
der Seebrücke stürzen sich ›Unverfrorene‹ in die eisigen Fluten.
Ahlbecker Sommerfest: Letztes Juliwochenende. Ein buntes Unterhaltungsprogramm für die ganze Familie.
Der Samstagabend gehört der Langen
Nacht der Musik, auf verschiedenen
Plätzen treten Musiker unterschiedlicher Genres auf.
Usedom Rock: Ein Sa im Juli oder Aug.
Musikfestival auf dem Grenzparkplatz
in Ahlbeck, Rockbands aus Deutschland und Polen stehen auf der Bühne.

Verkehr
Parken: Strandnahe Parkplätze sind
rar, ein zentraler, gebührenpflichtiger
Parkplatz befindet sich am Rathaus,
von hier sind es nur wenige Minuten
zur Seebrücke. Ausgewiesene Parkmöglichkeiten bestehen an der Hauptdurchgangsstraße. Vom Strandparkplatz am Grenzübergang nach Swinemünde sind es etwa 2 km durch den
Wald zum Strand.
Bahn: Die Usedomer Bäderbahn (s. Infobox S. 84) hält an drei Stationen: Ahlbeck OstseeTherme, Bahnhof Ahlbeck
und Bahnhof Grenze. Im sanierten
Backsteingebäude des Hauptbahnhofs
befinden sich ein Fahrkartenschalter
mit Information, ein Fahrradverleih
und ein Restaurant.
Bus: s. Infobox S. 84.
Schiff: s. Infobox S. 84 und S. 92

Bei den Fischern am Strand

Vornehm sind die Kaiserbäder, hinreißend schön ist die Bäderarchitektur. Manchmal aber möchte man lieber am Strand sitzen, mit den Füßen im Sand und dem Duft von frisch geräuchertem Fisch in der Nase. Dort, wo die Fischer ihre Boote auf den Strand ziehen, räuchern sie meist auch. Jedes der Boote trägt eine Nummer – Ahl oder Kos soundso, manche haben auch hübsche Namen wie Sturmvogel, Wirbelwind und Meereswoge. Vor der Kulisse der romantischen Ahlbecker oder der modernen Heringsdorfer Seebrücke bieten sie wundervolle Fotomotive.

Heringsdorf ! ▸ F 5

Die elegante Sommerfrische mit dem bescheidenen Namen ist das mondänste der drei Kaiserbäder. Bis zum Zweiten Weltkrieg tummelte sich hier vom Adel bis zum Industriemagnaten alles, was zur preußischen High Society gehörte. Zu den illustren Gästen gehörten auch Schriftsteller und Künstler wie Lyonel Feininger und Maxim Gorki. Heinrich Mann wohnte mit seiner Frau im Strandhotel direkt an der Promenade, in seinem 1929 veröffentlichten Essay »Berliner Vorort Heringsdorf« zeigt er sich beeindruckt von den »vielen Säulen« der hochherrschaftlichen Sommervillen.

Die 1995 gegründete Historische Gesellschaft zu Seebad Heringsdorf hat Gedenktafeln an einigen Häusern, die berühmte Gäste beherbergten, anbringen lassen. So beispielsweise an der heutigen Villa Fontane in der Kulmstraße 25, wo Theodor Fontane 1862 erholsame Urlaubstage verbrachte. Der Dichter der »Effi Briest« kannte Heringsdorf zudem durch viele Ausflüge. Während seiner Kindheit hatte der Apothekersohn fünf Jahre im benachbarten Seebad Swinemünde gelebt.

In späteren Schriften erinnerte sich Fontane an das Heringsdorf seiner Kindheit – an die Störtebekerhöhle, eine 180 Schritt lange, von hohen Buchen gesäumte Schlucht zwischen Bahnhof und Delbrückstraße. Von diesem Schlupfwinkel, in dem Norddeutschlands berühmtester Pirat einen großen Teil seiner geraubten Schätze verborgen haben soll, führte ein unterirdischer Gang zum Strand. Die Schlucht ist längst verbaut, Gold und Silber wurden nie gefunden, die alten Geschichten aber werden immer noch gerne erzählt.

Ortsgeschichte

Die Geschichte des ehemaligen Fischerdorfes ist jung. Sie begann im Jahre 1818, als der Oberforstmeister Georg Bernhard von Bülow, der zusammen mit seinem Bruder Ernst Gottfried ein Jahr zuvor das Rittergut Gothen erworben hatte, an dem dazugehörigen sandigen Küstenstreifen Fischerfamilien ansiedelte. Die Strandfischerei wurde zu dieser Zeit staatlich gefördert. Als Preußenkönig Friedrich Wilhelm III. mit seinen Söhnen Kronprinz Friedrich Wilhelm und Wilhelm (der spätere Kaiser) wenig später die noch namenlose Fischersiedlung besuchte, kam dem jungen Prinzen auf die Frage nach einem passenden Namen spontan Heringsdorf in den Sinn – die Fischer waren gerade dabei, den Fang des Tages einzusalzen.

Auch die Entstehung des Seebads ist dem Oberforstmeister von Bülow zu verdanken. Mit der Anlage von Badeeinrichtungen, einem Gesellschaftshaus und drei schicken Logierhäusern auf dem Kulm zog er die ersten erlauchten Gäste in das junge Seebad, unter ihnen die Kaiserin Augusta, Prinz Wilhelm von Preußen und Großherzogin Luise von Baden. Nach der Gründung einer Aktiengesellschaft (1872) durch die geschäftstüchtigen Investoren Dr. Hugo und Adelbert Delbrück entwickelte sich die Fischerkolonie schnell zum Modebad für Adlige und wohlhabende Berliner.

Zwischen 1871 und 1903 entstand das exklusive Hotel Kaiserhof Atlantic, 1891 bis 1894 folgte die Seebrücke, die nach Kaiser Wilhelm benannt wurde. Es war ein spektakuläres, turmgekröntes Bauwerk, das Geschäfte und Restaurants beherbergte. Nach dem Tod Hugo Delbrücks 1900 bauten seine beiden Söhne den schicken Ferienort weiter aus. Er erhielt ein imponierendes, in den Dünen liegendes Familienbad mit 300 Umkleidekabinen sowie eine Rennbahn im Wald (1907). Der Meyer-Reiseführer von 1910 merkt an, dass das Seebad für diejenigen, die mit »einem begrenzten Reisebudget zu rechnen« hätten, nicht zu empfehlen sei.

Nach dem frühen Tod der Brüder sah die Ära Delbrück ihrem Ende entgegen, 1921 erwarb die Gemeinde Heringsdorf sämtliche Bade- und sonstige Einrichtungen der Aktiengesellschaft Seebad Heringsdorf. Es ging noch einmal bergauf, nachdem 1927 eine Jodsole-Quelle in 400 m Tiefe angezapft wurde und sich Heringsdorf mit dem prestigesteigernden Namenszusatz Soleheilbad schmücken konnte.

Die historische Bausubstanz überstand den Zweiten Weltkrieg unversehrt, Heringsdorf wurde 1945 kampflos übergeben, die hölzernen Prachtbauten aber verschwanden nach und nach: 1946 zerstörte ein Feuer das imposante Strandkasino, 1958 wurde die Kaiser-Wilhelm-Brücke durch Brandstiftung vernichtet und 1963 fiel auch das Familienbad am Strand den Flammen zum Opfer. Der traditionsreiche Kaiserhof Atlantic musste 1979 wegen Baufälligkeit abgerissen werden. Die entstandene Baulücke wurde mit dem Neubau der Hochhäuser des FDGB-Kurheims (heute Kurhotel mit Kurklinik) geschlossen.

Nach der Wiedervereinigung suchte man den Anschluss an die alte Noblesse, es wurde saniert, verschönert, abgerissen und neu gebaut. Der Bauboom hält an: 2011 öffnete das Steigenberger Grandhotel & Spa an der Promenade, ein großzügiges Luxusresort im typischen Palais-Stil moderner Seebäder. Auch in das Kulturleben wurde und wird investiert: Das Theaterzelt Chapeau Rouge, der Kunstpavillon, das Forum Usedom mit elegantem Kursaal und Spielcasino machen Heringsdorf zum kulturellen und gesellschaftlichen Mittelpunkt der Insel.

Rund um die Seebrücke

Die 1995 eröffnete **Seebrücke** **1** ist eindeutig ein Bau der heutigen Zeit, viel privates Kapital steckt darin. Interessanterweise soll hier auch wieder die Familie Delbrück investiert haben, die im 19. Jh. entscheidend zur Entwicklung des Nobelbads beigetragen hat. Die modernen Aufbauten sind nicht jedermanns Geschmack, aber ans Ende der Brücke spazieren doch alle Gäste mindestens einmal, eher öfter und viele sogar täglich im Verlauf ihres Urlaubs. Ein Großteil des Seesteges ist überdacht, sodass man auch bei Regen trockenen Fußes durch die Ladenpassagen zum Brückenkopf mit dem markanten Pavillon in Form einer Pyramide flanieren kann.

In den Bauten am landseitigen Seebrückeneingang ist ein **Muschelmuseum** untergebracht mit einer bemerkenswerten Sammlung von Muscheln, Korallen, Schnecken, Perlen und Bernstein. Die größte Muschel beeindruckt mit einer Breite von etwa 75 cm und einem Gewicht von 95 kg (in der Saison tgl. 9–21, sonst tgl. 10–18 Uhr).

Auf dem in Form einer kleinen Piazza angelegten Platz vor der Seebrücke steht der leise plätschernde **Kugelbrunnen** **2**. Nicht nur Kinder fasziniert die 2,5 t schwere massive Granitkugel, die sich spielerisch leicht auf dem nur Millimeter dünnen Wasserfilm zu drehen scheint. Vis-à-vis erhebt sich der zweckmäßige Hochhauskomplex, der 1984 als Ersatz für das Prachthotel Kaiserhof Atlantic entstand. Die zwei nüchternen zehngeschossigen Gebäude sind trotz Baumaßnahmen Anfang der 1990er-Jahren keine Schönheit.

Heringsdorf

Sehenswert

1 Seebrücke/Kino Muschelmuseum
2 Kugelbrunnen
3 Konzertmuschel
4 Forum Usedom/Spielbank
5 Kunstpavillon
6 Sternwarte
7 Villa Oechsler/M. Vogue
8 Villa Staudt
9 Villa Oppenheim
10 Villa Bleichröder
11 Weißes Schloss/Hotel und Restaurant Lukullus
12 Kirche
13 Museum Villa Irmgard
14 Naturerlebniswelt

Übernachten

1 Hotel Ostseestrand
2 Hotel Oasis
3 Villa Achterkerke
4 Pension Erdmann
5 Villa Aurora

Strandpromenade

Rathaus
Kurklinik
Platz des Friedens
Delbrückstr.
Friedenstr.
Delbrückstr.
Delbrückstr.
Eichenweg
Goethestr.
Ostseetherme Usedom
Settheweg
Seestr.
Brunnenstr.
Lindenstr.
August-Bebel-Str.
Bülowstr.
Waldbühnen
Liehrstr.
Usedomer Bäderbahn
Lindenstr.
Am Bahnhof
Ahlbeck, Swinemünde
Bahnhof
111
Rennbahnweg

Anschluss s. S. 88
Cityplan Ahlbeck

Präsidentenberg
45,5m

6 Villa Stock	6 Essbar	3 Hundestrand
7 Pension Kleine Insel	7 Eis-Villa Stein	4 Wassersport Erdmann
8 Jugendherberge		5 Chapeau Rouge/
	Einkaufen	Eislaufbahn
Essen & Trinken	1 Lutter & Wegner	
1 Kulm Eck	2 Heringsdorfer Ambiente	**Abends & Nachts**
2 Des Kaisers Pavillon		1 Coco–Lounge
3 Schmiedehaus	**Aktiv & Kreativ**	2 O'man river
4 Usedomer Brauhaus	1 Hauptstrand	3 Pub Hp²/Bahnhof
5 Sommergarten	2 FKK-Strand	4 La Playa

Die Kaiserbäder

Forum Usedom

Nordwestlich der Seebrücke erstreckt sich unweit der neuen **Konzertmuschel 3** das **Forum Usedom 4**. Das kulturelle Zentrum Heringsdorfs steht an der Stelle des 1946 abgebrannten Strandcasinos, das seinerzeit durch ein monumentales Kulturhaus ersetzt wurde. Der in den 1990er-Jahren um- und ausgebaute Komplex beherbergt heute neben großzügigen Veranstaltungsräumlichkeiten und der **Kurverwaltung** das **Maritim Hotel Kaiserhof** sowie die **Spielbank**. Der 700 Plätze umfassende **Kaiserbädersaal**, in dem alljährlich im Herbst das Eröffnungskonzert des **Usedomer Musikfestivals** stattfindet, stammt noch aus der Erbauungszeit des Kulturhauses. Auch die ursprüngliche Fassade blieb erhalten, der Giebel der tempelartigen Vorhalle zeigt das Relief »Tanzendes Paar mit Musikanten« der Stralsunder Bildhauerin Karla Luise Friedel.

Kunstpavillon 5

Auf der Promenade am Rosengarten, Tel. 038378 228 77, www.usedomerkunstverein.de, Mi–So 15–18 Uhr
Kultur hat Tradition in Heringsdorf. Bereits seit Anfang der 1970er-Jahre wird in dem Glasrundbau bildende Kunst präsentiert. Die Galerie am Meer zeigt Arbeiten zeitgenössischer Usedomer Künstler. Neben den regelmäßig wechselnden Ausstellungen und Sommerkonzerten findet jedes Jahr im August die legendäre **Usedomer Kunstauktion** statt. Versteigert werden überwiegend Arbeiten Usedomer Künstler, viele davon sind auch für den kleineren Geldbeutel erschwinglich.

Schick und zweckmäßig – die Seebrücke in Heringsdorf

Volkssternwarte **6**

Delbrückstr. 29, Info Tel. 038378 47 16 50, www.sternwarte-usedom.de; Führungen im Sommerhalbjahr bei klarem Nachthimmel mehrmals wöchentlich 22 Uhr, 5 €, Kinder 3 €; regelmäßig Vorträge, Themen und Termine laut Aushang vor Ort

In den Dünen an der Promenade Richtung Ahlbeck liegt seit 1973 die Volkssternwarte. Der passionierte Usedom-Urlauber Manfred von Ardenne, der für etwa 600 Erfindungen und Patente in der Funk- und Fernsehtechnik, Elektronenmikroskopie, Nuklear-, Plasma- und Medizintechnik bekannt wurde, förderte ihre Errichtung. Zur Gründung stiftete er ein Schmidt-Spiegelteleskop mit einer bis zu 720-fachen Vergrößerung, das heute noch in Gebrauch ist.

Auf dem Kulm

Stein und Marmor waren die dominierenden Baumaterialien in der noblen Sommerfrische. Eingebettet in großzügige Parkanlagen – zwischen Strandpromenade und der Delbrückstraße – entdeckt man einige der bekanntesten Exemplare der Bäderarchitektur (s. S. 70), darunter die **Villa Oechsler 7** (Delbrückstr. 5) im Schatten des Kurhotels, die **Villa Staudt 8** (Delbrückstr. 6), die **Villa Oppenheim 9** (Delbrückstr. 10/11) und die **Villa Bleichröder 10** (Delbrückstr. 14). Die eigentliche Keimzelle des mondänen Seebads aber liegt nordwestlich der Seebrücke. Auf dem Kulm, einer einstmals gänzlich bewaldeten Anhöhe über dem Strand, ließ Oberforstmeister von Bülow im Jahre 1825 das erste Logierhaus errichten.

Weißes Schloss **11**

Rudolf-Breitscheid-Str. 3

Das von dem berühmten Berliner Baumeister Karl Friedrich Schinkel entworfene Gästehaus ist das einzige aus der Frühzeit des Seebads erhaltene Gebäude. Im Lauf seiner Geschichte beherbergte es eine illustre Gästeschar, darunter Kronprinzessin Viktoria von Preußen mit ihrem Sohn Prinz Wilhelm, dem späteren Kaiser Wilhelm II. Um 1900 wurde der Theaterdirektor Gollbach neuer Eigentümer des Grundstückes, die Benennung des Hauses in Weißes Schloss stammt aus dieser Zeit. Viele Künstler kamen hierher, unter ihnen der Schriftsteller Kurt Tucholsky, der Anfang der 1920er-Jahre zweimal seine Ferien auf dem Kulm verbrachte. Während des Zweiten Weltkriegs diente das Haus als Kinderheim, danach stand es in Diensten der Kreisparteischule der SED, wurde nach der Wende privatisiert und als angenehm persönlich geführtes Hotel-Restaurant wieder eröffnet (s. u.).

Heringsdorfer Kirche 12

*Klenzestr. 9, www.kirche-herings
dorf.de, Öffnungszeiten inkl. Eine-
Welt-Laden und Büchertisch Juni–
Sept. Mo–Fr 11–18, Sa 15–18 Uhr*
Die Kirche im Walde nimmt seit 1848
den höchsten Punkt auf dem Kulm ein.
Das Startkapital für den Bau kam durch
eine Sammelaktion samt einer Spende
von König Friedrich Wilhelm IV. zusammen. Das Bauland wurde von Georg
Bernhard von Bülow zur Verfügung gestellt. Die Pläne für den zunächst einschiffigen, neogotischen Backsteinbau
lieferte der preußische Hofbaurat und
Schinkel-Schüler Ludwig Persius. 1914
wurde das auf einem massiven Sockel
von Feldsteinen ruhende Gotteshaus
um zwei Seitenschiffe und einen Arkadengang erweitert. Zur Ausstattung
gehören neben dem Altar, der Kanzel
und dem Taufbecken aus der Bauzeit
der Kirche eine Holzstatue Martin Lu-
thers aus dem 20. Jh.. Die Orgel stammt
aus der Werkstatt des renommierten
Stettiner Orgelbauers Friedrich Kalt-
schmidt (1812–96).

Museum Villa Irmgard 13

*Maxim-Gorki-Str. 13, Tel. 038378 223
61, Mai–Sept. Di–So 12–18, Okt.–April
12–16 Uhr, 4 €*
Am Ortsende in Richtung Bansin steht
die 1907 erbaute, zweigeschossige Jugendstilvilla, in der der russische Schriftsteller Maxim Gorki 1922 fünf Monate
wohnte. Er weilte auf Usedom, um sein
Lungenleiden zu kurieren. Während
seines Aufenthaltes arbeitete er am
dritten Teil seiner Autobiographie
»Meine Universitäten«. Das arabische
Zimmer, in dem sein weitgereister Gastgeber Reiseandenken aus dem Orient
und aus Afrika aufbewahrte, ist bis
heute nahezu unverändert geblieben.
Zu den Freunden, die Gorki während
seines Aufenthaltes in Heringsdorf besuchten, gehörten der Schriftsteller Ale-

xei Nikolejewitsch Tolstoi und der
Opernsänger Fjodor Iwanowitsch Schal-
japin. Zum Abschied verewigte sich
Gorki im Gästebuch des Hauses mit
dem Satz: »… und dennoch und trotz
alledem werden die Menschen wie Brüder leben.« Die Formulierung bezieht
sich auf die von Gorki erlebten starken
Kontraste zwischen der Armut der Einheimischen und dem luxuriösen Leben
der Gäste des Seebades.

Im Haus befindet sich das **Museum
für Literatur- und Regionalgeschichte.**
Die Sammlung informiert über weitere
berühmte Persönlichkeiten, die in Heringsdorf zu Gast waren, u. a. Heinrich
Mann, Theodor Fontane und Johann
Strauß. Darüber hinaus bietet das Haus
den Rahmen für stimmungsvolle Kul-
turveranstaltungen und wechselnde
Ausstellungen.

An der B111

Der beeindruckende **Backsteinbahnhof**
3 wurde am 1. Juli 1894 als Endpunkt
der Strecke Swinemünde – Heringsdorf
eröffnet. 1911 weihte man die Strecke
von Heringsdorf über Zinnowitz nach
Wolgast Fähre ein. Nach der Zerstörung der Eisenbahnbrücke Karnin war
die Anbindung ans Festland gekappt.
Erst mit dem Brückenbau in Wolgast in
den 1990er-Jahren wurde Usedom wieder vom Festland aus per Bahn erreich-
bar. Heringsdorf ist immer Kopfbahn-
hof geblieben. Wer mit der Bahn anreist, wird bemerken, dass die
Bahntrasse von Bansin aus in weitem
Bogen nach Heringsdorf führt – etliche
Villengrundstücke und die bereits angelegten Tennisplätze verhinderten eine
direkte Streckenführung.

Naturerlebniswelt 14

*Neuhofer Str. 75, Tel. 038378 49 86
74, www.naturerlebniswelt.de, Kern-*

zeit tgl. 10–16.30, in der Saison tgl. 10–18 Uhr, Erw. 6 €, Kinder 4 €, Familien 13,50 €
Der Streifzug durch 500 Millionen Jahre Naturgeschichte beginnt im Themenpark, hier begegnet dem Besucher ein lebensgroßer Torosaurus. Die Naturerlebniswelt präsentiert Aquarien mit farbenfrohen, tropischen Süßwasserfischen, blauen Krebsen und gefräßigen Piranhas. In der Insektenwelt leben die bis zu 3 kg schweren Goliathkäfer sowie 30 cm lange Stabheuschrecken. Die 40 m² große Kristallhöhle wurde aus etwa 5000 Amethysten zusammengesetzt.

Übernachten

Allergikerfreundlich – **Upstalsboom Hotel Ostseestrand** **1**: Eichenweg 4–5, Tel. 038378 630, www.upstalsboom. de, DZ ab 200 €. Zuvorkommend und professionell geführtes Haus an der Strandpromenade, von den 99 Nichtraucherzimmern sind 47 speziell für Allergiker ausgestattet. Sehr angenehm ist die Wellness-Oase Baltic-SPA mit Schwimmbad, auch für das kulinarische Wohl ist gesorgt.
Ein kleines Schloss am Meer – **Hotel Oasis** **2**: Puschkinstr. 10, Tel. 038378 26 50, www.villa-oasis.de, DZ und Suiten 110–250 €. Die prachtvolle, in eine große Parkanlage eingebettete Jugendstilvilla von 1896 liegt direkt an der Strandpromenade und bietet 20 Zimmer und Suiten. Sechs Zimmer befinden sich im kleinen **Gästehaus Jagdschlösschen** am Parkeingang. Das hauseigene Gourmetrestaurant Rossini ist ab 18 Uhr auch für Außerhausgäste geöffnet, auf der Gartenterrasse des Bistro Amadeus kann man sich bereits ab 12 Uhr verwöhnen lassen.
Ein historisches Kleinod – **Villa Achterkerke** **3**: Kulmstr. 24, Tel. 038378 47 72

64, www.villa-achterkerke.de, FeWo ab 170 €. Die zauberhafte, 1845 erbaute Villa ist das Herzstück der Achterkerke Stiftung, die begabte Kinder aus einkommensschwachen Familien auf der Insel Usedom fördert. Geschmackvoll ausgestattete Ferienwohnungen für 2–3 bzw. 4–6 Personen auf einem 2500 m² großen, abgeschlossenen Grundstück mit eigener Treppe zum Strand.
Familiär und freundlich – **Pension Erdmann** **4**: Rudolf-Breitscheid-Str. 7, Tel. 038378 316 78, www.pension-erd mann.de, DZ ab 86 €. 25 Zimmer mit Balkon (teilweise Seeblick) oder Terrasse, Ferienwohnungen für 2–4 Personen in einer denkmalgeschützten Villa. Strand und Zentrum sind etwa 400 m entfernt. Ab sieben Tage Übernachtung Gratisnutzung der Bungeetrampoline am Strand, von Strandkörben und Tretbooten.
Denkmalgeschützt – **Villa Aurora** **5**: Seestr. 3–4, 17424 Heringsdorf, Tel. 038378 640, www.villa-aurora-he ringsdorf.de, FeWo 99–145 €. Die 1882 erbaute Seebädervilla mit unterschiedlich großen Appartements mit ein bis drei Zimmern, ohne und mit Balkon zum Innenhof oder zum Meer. Maximale Belegung 2–4 Personen. Das dazugehörige Appartementhaus ist ein dreigeschossiger Neubau, die Wohnungen haben keinen Meerblick. Bei der Einrichtung wurde Wert auf ökologische Materialien gelegt.
Freundlich und hell – **Villa Stock** **6**: Lindenstr. 2, Tel. 038378 49 99 55, www.villa-stock.de, FeWo ab 71–91 €. Ferienwohnungen für drei, maximal vier Personen in einem geschmackvoll renovierten und denkmalgeschützten Haus aus der Gründerzeit.
Nett und behaglich – **Pension Kleine Insel** **7**: Schulstr. 5, Tel. 038378 227 44, www.usedom-tipp.de, DZ 69, FeWo ab 74 €. Ein liebevoll geführtes Haus etwa

Mit Eis- und Kuchenspezialitäten verführt die Eis-Villa Stein zu einer süßen Pause

800 m vom Strand, das Frühstück ist abwechslungsreich, der Außenpool ist von Mai bis September geheizt. Es gibt ein Kaminzimmer, Internet (WLAN) und einen Fahrradverleih.

JuHe an der Strandpromenade – **Jugendherberge Heringsdorf** 8: Puschkinstr. 7–9, Tel. 038378 223 25, www.jh-heringsdorf.de, Übernachtung 25,50–36,20 €. Die Lage ist ganz unglaublich, entsprechend beliebt ist die ganzjährig (bis auf Weihnachten) geöffnete Einrichtung. Zweibett- und Mehrbettzimmer sind auf vier Häuser verteilt, darunter auch zwei Fachwerkvillen im weiträumigen Garten mit altem Baumbestand.

Essen & Trinken

Genießen im Weißen Schloss – **Lukullus:** Rudolf-Breitscheid-Str. 3, Tel. 0383 78 474 71, www.lukullus-heringsdorf.de, ab 15 €. Das Hotel Weißes Schloss 11 liegt etwas abseits auf dem baumreichen Kulmberg. Das hauseigene Restaurant ist bekannt für Fischspezialitäten und die Terrasse mit herrlicher Aussicht.

Frisch, wild und regional – **Kulm Eck** 1: Kulmstr. 17, Tel. 038378 225 60, www.kulm-eck.de, Di–So ab 18 Uhr. Hoch gelobtes kleines Feinschmecker-Lokal in einer hübschen Gründerzeitvilla. Feine, mit vielen Kräutern und Blüten zubereitete Speisen. Neben der Einzelbestellung der Gerichte hat man die Wahl zwischen einem 3-, 4-, 5- oder 6-Gang-Menu (35–65 €). Die Zusammenstellung inklusive Beratung macht Spaß – ein Genussort für Feinschmecker!

Nostalgisch – **Des Kaisers Pavillon** 2: Brunnenstr. 1, Tel. 038378 227 45, tgl. 12–15, 18–22 Uhr, ab 12 €. Das Bistro-Restaurant ist in einem rekonstruierten Holzpavillon aus dem Jahr 1911 untergebracht, ein architektonisches Schmuckstück, moderne Akzente setzen die Möbel und Bilder, die Küche ist okay, aber nicht berühmt.

Gerne wieder – **Schmiedehaus 3**: Delbrückstr. 29, Tel. 038378 324 00, www.gasthof-schmiedehaus.de, Mo–Do 16–22, Fr–So 12–22 Uhr, außerhalb der Saison Do Ruhetag, ab 10 €. Freundliches Ambiente mit prasselndem Kaminfeuer für kühlere Tage, zuvorkommender Service und eine solide, feine Küche, die auch Einheimische schätzen.

Bierselig – **Usedomer Brauhaus 4**: Platz des Friedens, Tel. 038378 614 20, viele Gerichte unter 10 €. Großes Lokal mit Sitzecken, massiven Holztischen und einer zentralen Theke. Die Biere sind selbstgebraut und auch zum Mitnehmen, auf der Karte stehen einfache Brauhausgerichte.

Hoch oben – **Sommergarten 5**: Kulmstr. 33, Zugang von der Standpromenade, Tel. 038378 650, www.maritim-usedom.de, Mai–Okt. tgl. ab 12 Uhr, ab 9,50 €. Café mit Aussicht auf die Seebrücke oben im Maritim Hotel Kaiserhof, zu dem ein gläserner Fahrstuhl emporschwebt. Serviert werden Kaffee und Kuchen, hausgemachte Pastaspezialitäten, leichte Speisen.

Natürlich bio – **Restaurant Essbar 6**: Delbrückstr. 1–4, tgl. 10–18 Uhr. Netter Laden am Fuße des Hochhauses. Hier kann man überraschend ruhig sitzen. Die Speisen sind frisch und lecker, es gibt Suppen, Burger, Bratwurst mit Lauchgemüse – auch Brot und Kuchen.

Eine Institution – **Eis-Villa Stein 7**: Kulmstr. 4, März–Okt. tgl. geöffnet. Außer wunderbarem Eis aus eigener Herstellung werden auch köstliche Kuchen und Süßspeisen serviert, im Sommer auf der Gartenterrasse vorm Haus.

Einkaufen

Shopping Mall für Urlauber – **Passage auf der Seebrücke 1**: Strandpromenade 1, in der Saison tgl. 9–21, sonst 10–18 Uhr, www.seebrueckeheringsdorf.de. Eine besondere Einkaufsmeile ist die Seebrücke. In der Passage befinden sich knapp 20 Geschäfte, u. a. Modeboutiquen, ein Teehaus, Souvenir- und Geschenkläden.

Kulinarische Köstlichkeiten – **Lutter & Wegner 1**: Kulmstr. 3, Tel 038378 221 25, tgl. 11–22 Uhr. Die Insel-Dependence des 1811 am Berliner Gendarmenmarkt gegründeten Traditionshauses bietet feine Leckereien an der Theke, darunter Antipasti, Pasteten und Austern sowie über 500 Weine und Brände.

Exklusive Mode in schöner Umgebung – **Maison Vogue:** Delbrückstr. 5, Tel 038378 227 10, tgl. 10.30–18.30 Uhr. Mode von Bogner, Escada, Laurél, St. Emile, Joop in der denkmalgeschützten Villa Oechsler 7. Die 1999 abgeschlossene Sanierung der Villa wurde mit dem Bundespreis für Handwerk in der Denkmalpflege ausgezeichnet. Auch deshalb lohnt es sich reinzuschauen.

Strandkörbe für Zuhause – **Heringsdorfer Ambiente 2**: Brunnenstr. 10, Tel. 038378 335 59, www.heringsdorfer-ambiente.de. Neben Strandkörben, die in der nahen Korb GmbH gefertigt werden, sind hier auch Rattan- und Gartenmöbel sowie Accessoires wie Blumenkübel und Leuchtturmlampen erhältlich. Führungen durch die Werkstätten (s. S. 61).

Aktiv & Kreativ

Badeleben – **Strände:** Der 60 m breite, feinsandige **Hauptbadestrand 1** erstreckt sich zu beiden Seiten der Seebrücke. Der **FKK-Strand 2** liegt Richtung Ahlbeck, der **Hundestrand 3** Richtung Bansin.

Heringsdorf zum Kennenlernen – **Geführter Ortsrundgang:** Di 10 Uhr, Treffpunkt vor der Touristen-Information, mit Kurkarte kostenlos.

Promenadenbummel – **Ikonen der Bäderarchitektur:** www.igel-usedom.de, April–Okt. Mo 9.30 Uhr, Treffpunkt Touristen-Information, Dauer etwa 2 Std., 3 € (s. auch S. 114).

Für Jung und Alt – **Wassersportzentrum Erdmann** 4: Info in der Pension Erdmann, Rudolf-Breitscheid-Str. 7, Tel. 038378 316 78, www.pension-erdmann.de. Neben der Seebrücke werden Motorboote, Kajaks, Paddelboote und Segelkatamarane verliehen Es besteht die Möglichkeit zu Jetski (für Pensionsgäste), Parasailing und Bananenbobreiten. Das Wassersportzentrum bietet außerdem mehrere Trampoline und eine 6 m hohe Clownrutsche.

An die Stöcke – **Nordic Walking:** Sieben ausgeschilderte Nordic Walking Stre-

Mein Tipp

Schorschis Radtouren

»Tritt in die Pedale« ist das Motto von Heinz-Georg Arbeit. Der radsportbegeisterte und naturinteressierte Reiseleiter bietet von Mai bis September geführte Radtouren über die Inseln Usedom und Wollin an, Ausgangspunkt sind die Kaiserbäder: Abfahrt Bansin Haus des Gastes 9.30 Uhr, Heringsdorf am Kugelbrunnen 9.45 Uhr, Ahlbeck Historische Uhr 10 Uhr. Am Dienstag geht es in den Süden der Insel Usedom zum Stettiner Haff und zurück durch das Thurbruchgebiet (ca. 48 km). Am Freitag radelt man in den Wolliner Nationalpark und nach Misdroy (ca. 60 km). Infos: Tel. 038378 308 86, www.spur-usedom.de.

cken von 4 km bis zu 20 km Länge starten und enden an der Heringsdorfer Seebrücke 1.

Theater im Zirkuszelt – **Chapeau Rouge** 5: Strandpromenade, in der Saison Tel. 03971 208 90, www.chapeau-rouge.de. Zwischen Ende Mai und Anfang September werden im samtig rot leuchtenden Theaterzelt tagsüber Puppenspiele für Kinder aufgeführt. Abends unterhalten Musicals, Tragödien und Schwänke.

Im Winter – **Eislaufbahn Heringsdorf** 5: Strandpromenade, Nov.–März, während der Ferienzeiten tgl. geöffnet, bei ungünstigen Witterungsbedingungen geschlossen. Der Platz, auf dem im Sommerhalbjahr das Theaterzelt steht, lädt im Winter zum Schlittschuhlaufen ein. Es gibt einen Schleifservice und einen Schlittschuhverleih.

Cinema – **Kino Heringsdorf**: Strandpromenade 1, Tel. 038378 324 14, in der Saison tgl. ab 15 Uhr. Auf der Seebrücke 1 werden aktuelle Filme für Kinder und Erwachsene gezeigt.

Abends & Nachts

Klein aber fein – **Coco-Lounge** 1: Friedenstr. 13, Tel. 038378 33 68 85, www.cocolounge-usedom.de, tgl. ab 19 Uhr. Beliebte Bar für Nachtschwärmer, das Cocktailangebot zählt zu den besten auf Usedom, das Publikum ist gemischt.

Blues – **O'man river** 2: Friedenstr. 27, Tel. 038378 33 99 03, www.o-manriver.de. Seit 2004 hat sich die Südstaatenbar einen Namen als Bluesclub gemacht, freitags gibt's ab 20 Uhr Livemusik, im Sommerhalbjahr auch Dienstag um 19.30 Uhr. Fingerfood, Burger und deutsche Küche.

Historisches Bahnhofsflair – **Pub Hp²** 3: Im Bahnhof, Tel.038378 805 05, Mo–Fr ab 17, Sa, So ab 11 Uhr. Fern der

Strandpromenade genießt man hier Eisenbahnambiente aus langvergangenen Tagen. Es gibt regelmäßig Livemusik und ein vorwiegend junges Publikum.

Disco – **La Playa** 4: Delbrückstr. 1, www.tanzbarlaplaya.com, Mai–Sept. Di–Sa ab 22 Uhr, Okt.–April Do–Sa ab 22 Uhr. In der Tanzbar läuft die Party bis zum Morgengrauen.

Der Weg zum Glück? – **Spielbank Heringsdorf:** Im Forum Usedom 4 an der Strandpromenade, Tel. 038378 228 19, www.ostsee-spielbanken.de, tgl. 11–2 Uhr (Automatenspiel), 19–2 Uhr (Klassisches Spiel), kein Krawattenzwang, Personalausweis zur Legitimation nicht vergessen. Im ehemaligen Kulturhaus kann man beim American Roulette die Kugel rollen lassen oder sein Glück beim Black Jack versuchen.

Infos & Termine

Touristen-Information/ Kurverwaltung

Kulmstr. 33, 17424 Heringsdorf, Tel. 038378 24 51, www.drei-kaiserbaeder. de, Kernzeit Mo–Fr 9–16, Sa, So 10–12, Juni–Sept. Mo–Fr 9–18, Sa, So 10–15 Uhr.

Termine

Spielfest am Meer: Ostern, am Strand links von der Seebrücke Richtung Bansin. Tolle, kreative Spiele und Spielzeuge, nichts Elektronisches. Hier kann man an jedem der Ostertage – auch ohne Kinder – ein paar Stunden verbringen. Der Eintritt ist frei.

Beach-Polo: Wochenende im Mai. Polo-Turnier am Heringsdorfer Strand unterhalb des Sportplatzes. Internationale und nationale Teams bestehend aus je zwei Spielern kämpfen um die Trophäe des Beach Polo Masters Usedom.

Kaiserbäder-Pleinair: Sieben Tage im Mai. Sieben Künstler stellen ihre Staffeleien am Meer auf.

Usedom Baltic Fashion: Dreimal im Jahr wird Heringsdorf zum Mode-Mekka: Im April wetteifern Designer aus Skandinavien und Anrainerstaaten der Ostsee im Kaiserbädersaal Forum Usedom um den **Baltic Fashion Award.** Im Rahmen der **Bridge of Fashion** im Juli wird die Seebrücke zum Laufsteg. Die Modetage **Usedom Baltic Fashion Guests** finden im Oktober statt. Info: www.baltic-fashion-award.de.

Grand Schlemm: Ein Samstag im Mai. Kulinarische Strandwanderung von Ahlbeck über Heringsdorf nach Bansin.

Internationales Kleinkunstfestival: Vier Tage im Mai ist die Heringsdorfer Promenade Freiluftbühne für Luftakrobaten und Pantomimen, Schauplatz für Clownerien und Feuershows.

Jazz auf dem Bahnhof: Zweites Wochenende Juni. Livekonzerte im Rahmen des Jazzfestivals Usedom.

Baltic Cocktail Competition: Juli. Wettbewerb im Cocktailmixen.

Heringsdorfer Kaisertage: Juli/Aug. Pompöse Kleider, historischer Jahrmarkt, stimmungsvolle Musik, ein glamouröser Festumzug und viel Kunsthandwerk.

Usedomer Kunstauktion: Aug. Ausstellung und Verkauf im Kunstpavillon Heringsdorf.

Promenadenfest: Erstes Wochenende Sept. Ein buntes Volksfest mit Kunsthandwerkermarkt und Feuerwerk.

Verkehr

Parken: Der Parkplatz Am Bahnhof (pro Tag 5 €) und das Parkhaus Am Zentrum (7 €) liegen an der B 111, etwa 500 m von der Heringsdorfer Seebrücke entfernt. Zeitkarten für die gesamte Aufenthaltsdauer garantieren einen Parkplatz, Buchung vor Ort oder unter Tel. 038378 244 28.

Bansin ! ▶ F 5

Prachtvoll sanierte Hotels und Villen aus der Gründerzeit verleihen auch dem kleinsten und jüngsten der drei Kaiserbäder ein vornehmes, wilhelminisches Flair. Viele Schmuckstücke der Bäderarchitektur findet man entlang der Strandpromenade ebenso wie in der parallel zu ihr verlaufenden, auf Lücke gebauten Bergstraße, hier genießt man den begehrten Meerblick auch in der zweiten Reihe. Bevorzugte Bansiner Immobilien aber schmücken sich mit Meerblick zur einen und Seeblick zur anderen Seite – der idyllische Schloonsee zieht sich bis weit in den Ort hinein, an der schmalsten Stelle trennen ihn nur 200 m von der Ostsee. Auf diesem Landstreifen stehen einige der schönsten hölzernen Ikonen der Bäderarchitektur. Der alte Kern des Fischer- und Bauerndorfes Bansin erstreckt sich jenseits der vielbefahrenen B111 am Ufer des Gothensees.

Ortsgeschichte

Die bereits 1256 als Banzino erstmals urkundlich erwähnte Siedlung gehörte im Mittelalter zum Kloster Pudagla und gelangte nach der Reformation in den Besitz der Familie Labahn. Bis zur Mitte des 19. Jh. bestand das meerabgewandte Flecken aus zwei Dutzend Gehöften, der sandige Küstenstreifen östlich des Schloonsees war für den Ackerbau ungeeignet, und so griffen die Dorfbewohner, die als Fischer und Bauern ihren Lebensunterhalt verdienten, beherzt nach dem kleinen Sümmchen, das ihnen der Unternehmer Delbrück, geschäftstüchtiger Hauptaktionär der Delbrück-Aktiengesellschaft Heringsdorf, 1895 für den unfruchtbaren Landstreifen bot.

Als die Bansiner kaum ein Jahr später ihren Fehler erkannten und eine eigene Badegenossenschaft gründeten, mussten sie ihren gerade verkauften Strand für ein Vielfaches zurückkaufen. Noch im gleichen Jahr begannen sie mit der Errichtung von Badehäusern, Hotels und Pensionen: 1897 startete Bansin mit zehn neu erbauten Häusern in die erste Badesaison, Ende 1910 umfasste das junge Seebad bereits mehr als 100 Häuser. Anders als in Heringsdorf waren in dem »deutsch-christlichen Seebad« jüdische Badegäste nicht erwünscht, bereits 1905 warb man damit, nur christliche Gäste aufzunehmen. In der Nazizeit tummelten sich hier Parteigrößen und hohe Militärs, doch auch der Mittelstand – aus Berlin und Stettin – machte Urlaub in Bansin.

Nach dem Zweiten Weltkrieg erfolgte der Wechsel zum »Bad der Werktätigen«. Jetzt kamen Urlauber, »die in Hosenträgern auf der Strandpromenade spazierengingen, ihr eigenes Bettzeug mitbringen mussten, zu irgendwelchen Arbeitsbrigaden gehörten, täglich Schulungsabende besuchten oder besuchen mussten und mit ihrem eigenen Glück nicht viel anzufangen wußten.« Der aus Bansin stammende Schriftsteller Hans-Werner Richter (1908–93) schildert diese Zeit in seinem autobiographischen Roman »Spuren im Sand«. Fortan organisierte der Feriendienst der Einheitsgewerkschaft den Urlaubsbetrieb. In den Gründerzeit-Hotels, deren Besitzer 1953 enteignet wurden, konnten fast 2600 Gäste untergebracht werden. Die schönsten Villen nahmen SED-Funktionäre in Beschlag, ansonsten herrschte Massenbetrieb, die Bausubstanz wurde bis zum Verschleiß genutzt.

An den lang vergangenen Luxus der frühen Jahre des Seebads wurde nach der Wende mit der Sanierung der ma-

Strandspaziergang zum Sonnenuntergang

roden Bäderarchitektur und dem Bau neuer Hotelanlagen und Ferienresidenzen wieder angeknüpft, in der ersten Reihe sind Vier-Sterne-Häuser Standard, noch gibt es einige Baulücken, doch es wird nicht mehr lange dauern, bis sie geschlossen sind.

Strandpromenade

In Bansin nimmt die längste aller **Ostseepromenaden,** die über Heringsdorf und Ahlbeck bis nach Swinemünde führt, ihren Anfang.

An der Seebrücke
Fast am Rande der Flaniermeile, die knapp einen halben Kilometer weiter nordwestlich im Waldgebiet Langer Berg endet, liegt die **Seebrücke 1**. Sie

ist ein schlichter Steg, der ohne Aufbauten und Pavillons 285 m hinaus aufs Meer führt.

Am Brückenvorplatz steht das **Haus des Gastes,** in dem neben der Touristen-Information und der Kurverwaltung auch eine Galerie ihr Domizil hat. Am **Fischerstrand 6** neben der Seebrücke haben sich in alten Geräteschuppen Fischräuchereien etabliert, ausgestattet mit ein paar Tischen und Bänken für einen Imbiss unter freiem Himmel. Sie bieten angenehm bodenständige Abwechslung zu der vornehmen, alles dominierenden Bäderarchitektur.

Man sieht dem Seebad an, dass es planmäßig, gleichsam aus einem Guss, entstanden ist. Wie Perlen auf der Schnur reihen sich die Prachtbauten aneinander. Ein typisches Bansiner Hotel aus dem frühen 20. Jh. ist das Haus

Kaiser Wilhelm 1 (Strandpromenade 26), in dem Thomas Mann 1924 seinen Urlaub verbrachte, damals hieß es noch Haus Seeblick.

Bergstraße

Kurz bevor die Seestraße auf die Strandpromenade trifft, passiert man den hölzernen Pavillon der **Konzertmuschel** 2 aus dem Jahr 1930, die stilgerecht von historischen Badekarren flankiert wird.

Edel präsentieren sich auch die zwei- oder dreigeschossigen Hotels und Villen in der parallel zur Promenade verlaufenden **Bergstraße**, deren

Bansin

Erschließung nur wenige Monate dauerte. Die **Strandvilla Imperator** 4 (Nr. 12), ein zweigeschossiger Putzbau mit flachen Erkern, darüber liegenden Balkonen und einer zentralen Freitreppe, beherbergt eine familienfreundliche Frühstückspension.

In der 1908 im klassizistischen Stil erbauten **Villa Astrid** 3 (Nr. 23) wohnte nach dem Zweiten Weltkrieg Willy Richter. Dem Bruder des Schriftstellers Hans Werner Richter und späteren Bürgermeister von Bansin ist es u. a. zu verdanken, dass das Seebad 1945 kampflos übergeben wurde.

Südöstliche Strandpromenade

Den südöstlichen Teil der Strandpromenade prägen zauberhafte **Holzvillen** 3, die zwischen 1898 und 1908 errichtet wurden – beispielsweise die **Villa Heimdall** (Nr. 16), die **Villa Vineta** (Nr. 11), die **Villa Ut Kiek** (Nr. 7) und die **Villa Ernst** (Nr. 5). Wer die ebenso kunst- wie phantasievollen Formen und Schmuckelemente betrachtet, vermag kaum zu glauben, dass viele der von einem Wolgaster Holzunternehmen errichteten Bauwerke keine individuellen Einzelanfertigungen sind, sondern aus Katalogposten zusammengesetzte Fertigbauten (s. Entdeckungstour S. 114).

Schloonsee

Der Schloonsee war bislang eine natürliche Schönheit, 2011 wurde dann eine neu gestaltete Seepromenade eröffnet. Sie verläuft am Nord- und Westufer und bietet mit Sonnenpiazza, einem Seesteg und einer Aussichtsplattform einen angenehmen Spaziergang auch für Familien mit kleineren Kindern, denen die Ostsee an manchen Tagen zu rau ist.

Seestraße

Von der Strandpromenade führt Bansins Einkaufsmeile vom Meer weg zum Bahnhof an der B 111. Noch in Strandnähe laden zahlreiche Geschäfte, Boutiquen und prachtvolle Gründerzeitvillen zum Bummeln und Shoppen ein. Vorbildlich saniert sind die im Jahr 1900 eröffnete **Villa Glaeser** 5 (Nr. 3) sowie das zwei Jahre später erbaute **Hotel Zur Post** 1 (Nr. 5), ein beeindruckender, dreigeschossiger Bau mit Halbsäulen, Eckpilaster und einem turmartigen Erker. Die Ho-   ▷ S. 118

Auf Entdeckungstour

Bäderarchitektur in Holz – Promenadenbummel in Bansin

Villen aus Holz verleihen Bansin ein besonderes Flair. Der charmante Chaletstil und reizende Häuschen in norwegischer Art entzückten schon eine Schweizerin, die hier um 1900 den Sommer verbrachte. Sie träumte davon »ein solches Schmuckkästchen« von Villa zu besitzen – machbar wäre das gewesen.

Cityplan: `3`

Spaziergang: ca. 30 Min., Führung 2 Std.

Ikonen der Bäderarchitektur: Zweistündige Führungen mit Hans-Ulrich Bauer, April–Okt. Fr 9.30 Uhr ab Haus des Gastes, www.igel-usedom.de.

Für die Bäderarchitektur sind die Kaiserbäder berühmt, gebaut wurde überwiegend in Stein, aber auch Villen aus Holz blieben erhalten. Wunderschöne Exemplare entdeckt man am südöstlichen Ende der Bansiner Strandpromenade. Wer mehr über die bauliche Entwicklung der Kaiserbäder erfahren möchte, begleitet Hans-Ulrich Bauer auf einer seiner Führungen »Ikonen der Bäderarchitektur«. Der Usedomer, den vor allem das Interesse für die Holzhäuser gepackt hat, teilt sein Wissen gerne mit den Feriengästen. In seinen Büchern aus dem IGEL Usedom-Verlag kann man die Details nachlesen und zahlreiche historische Ansichten bestaunen.

Die Wende kam zur rechten Zeit

Die Führung von Hans-Ulrich Bauer beginnt am **Haus des Gastes (1)** und führt entlang der Promenade. Man passiert außer architektonischen Schmuckstücken auch einige Sündenfälle. So klafft an der Ecke zur Seestraße beispielsweise eine große Baulücke, die seit Jahren als strandnaher, wilder Parkplatz genutzt wird. Eine riesige Stellwand mit Bild kündigt den Bau des Grandhotels Kaiserstrand an: »Fertigstellung Sommer...«. Die Jahreszahl wurde korrigiert und schließlich ganz gestrichen. Irgendwann aber wird hier – im Herzen des Seebads – ein pompöser Neubau in die Höhe gezogen werden und den Seeblick der hinteren Nachbarn blockieren.

Dass Usedom seit der Wende einem scheinbar kein Ende nehmenden Bauboom ausgeliefert ist, finden viele Insulaner bedauerlich, immer mehr und immer größere Ferienanlagen entstehen. Wurde in Bansin früher noch auf Lücke gebaut, so dass auch Villenbesitzer in der zweiten Reihe den begehrten Seeblick genießen konnten, werden abgerissene Altbauten heute durch dreimal so große Neubauten ersetzt, der Bauplatz bis auf den letzten Meter ausgefüllt, störende Bäume kurzerhand gefällt.

Ohne die Wende hätte allerdings ein Großteil der Bäderarchitektur schon lange zusammen geschoben werden müssen. Die Villen, Pensionen und Hotels aus der Frühzeit des Bädertourismus wurden zu DDR-Zeiten bestenfalls notdürftig instand gehalten, denn bekanntlich musste man sich nicht sorgen, dass die Gäste ausblieben. Nach der Wende kamen die Investoren. Die letzten freien bzw. freigeräumten Baugrundstücke entlang der Bansiner Promenade sind heute längst vergeben.

Im Zeichen des Drachen

Am östlichen Ende der Bansiner Promenade – auf dem schmalen Landstreifen zwischen Ostsee und Schloonsee – überraschen wunderschöne Holzvillen. Die heute liebevoll sanierten und unter Denkmalschutz stehenden Häuser entstanden gegen Ende des 19. Jh. – mit Schweizer Alpenflair, im russischen Landhausstil, bevorzugt auch nordisch inspiriert. Die alljährlichen Nordlandfahrten Kaiser Wilhelms beflügelten die Begeisterung für alles Nordische.

Der Drachenkopf, der Stabkirchen und Wikingerschiffe schmückte, wurde auch zum Markenzeichen der Wolgaster Actien-Gesellschaft für Holzbearbeitung. Hervorgegangen war das 1868 gegründete Unternehmen aus einer Bootswerft, die auf den Bau von Fertighäusern umsattelte, als die Aufträge für den Bau von hölzernen Hochseeschiffen spürbar zurückging. Verarbeitet wurde weiterhin das für den Schiffbau gängige Pitchpineholz, eine sehr harte und kernholzreiche Kiefernart, die heute kaum noch verfügbar ist.

Dass in der beschaulichen Kleinstadt und ehemaligen Herzogsresidenz Wolgast, Architekturgeschichte geschrieben wurde, ist fast in Vergessenheit geraten. Zerlegbare Holzhäuser made in Wolgast konnten bereits in den 1890er-Jahren per Katalog bestellt werden. Geliefert wurde auch in die Schweiz! Wer die Schmuckelemente und Formen betrachtet, vermag kaum zu glauben, dass sie keine individuellen Einzelanfertigungen sind. In ihrer Blütezeit zwischen 1890 und 1910 beschäftigte die Wolgaster Actien-Gesellschaft bis zu 150 Arbeiter.

Eine nordische Gottheit

Die **Villa Heimdall (2),** Strandpromenade 16, wurde 1897 im offiziellen Gründungsjahr des Seebades Bansin als Sommerhaus eines Berliner Arztes errichtet. Die in traumhafter Einzellage auf einem Dünenstück zwischen Ostsee und Schloonsee gelegene Holzvilla ließ er innen wie außen mit nordischen Schmuckelementen ausstatten und benannte sie nach einer Gottheit aus der nordischen Mythologie – Heimdall, dem Wächter der Götter. 1992 erhielt die Enkelin des Erbauers das mit reichen Schnitzereien und Drechslerarbeiten verzierte Haus zurück und konnte noch im gleichen Jahr mit den Sanierungsarbeiten beginnen. Die Pflege und die Erhaltung der Holzvillen ist für viele Besitzer zur Lebensaufgabe geworden.

Der Sitz der Götter

Gleich nebenan wurde früher gefeiert. Das 1898 erbaute **Café Asgard (3),** Strandpromenade 15, blickt auf eine über 100-jährige Tradition als Café zurück, schon Heinz Rühmann und Hans Albers tranken hier ihren Tee. Seinen Namen verdankt das Holzhaus dem Wohnort des nordischen Göttergeschlechts der Asen, obwohl sich die Bauweise eher an Schweizer Vorbildern orientiert. Alpenstil neben nordischem Drachenstil – das Wolgaster Unternehmen hatte damit kein Problem, es fühlte sich in beiden Stilrichtungen zu Hause.

Im Inneren des Cafés scheint die Zeit stehen geblieben – ein Großteil der Inneneinrichtung samt Wandvertäfelung und Mobiliar stammt noch aus den 1920er-Jahren. Damals unterhielten ein Klavier-und ein Geigenspieler die Cafébesucher, während am Abend in der oberen Etage eine Kapelle zum Tanz aufspielte. Auch zu DDR-Zeiten wurde hier noch getanzt, viele der alten Bansiner erinnern sich gerne an jene Jahre. Vom heutigen Asgard sind sie weniger angetan, Tanzen tut hier keiner mehr, in den hellblauen Korbstühlen auf der Terrasse nehmen jetzt überwiegend Touristen Platz.

Zwei Schweizerhäuser

Nicht immer lässt sich heute noch eindeutig feststellen, welche der Häuser von der Wolgast AG gebaut wurden. Die **Strandvilla** (Strandpromenade 13), ein kleines Schweizerhäuschen, und die benachbarte **Strandklause (4)**, Strandpromende 12, gehören mit ziemlicher Sicherheit dazu. In alten Anzeigen, wie sie in den Publikationen von Herrn Bauer zu sehen sind, werben ihre Besitzer mit dem freien Blick auf das Meer zur einen und auf den Schloonsee zur anderen Seite. Die hölzernen Drachenköpfe, die den Giebel zierten, haben die turbulenten Zeiten nicht überstanden und wurden in Metall nachgestaltet.

Das Atlantis der Ostsee

Der sagenumwobenen Stadt, die vor Usedom im Meer versunken sein soll, verdankt die **Villa Vineta (5)**, Strandpromenade 11, ihren Namen. Die beiden Türme, die die Fassade flankieren, sind mit Holzschindeln ummantelt, das vergleichsweise flache Dach lässt auf alpenländische Vorbilder schließen. Die auf den Turmspitzen prankenden Löwen unterstützen den trutzigen Charakter des Hauses, das 1903/04 als Pension erbaut wurde.

Bauherr und Auftraggeber war der königlich preußische Regierungsrat Walter Kern. Er ließ den zu seiner Zeit modernen Bau als Altersversorgung für seine Tochter Charlotte errichten. Sie führte die Pension von 1918 bis in die 1960er-Jahre. Später übernahm der Freie Deutsche Gewerkschaftsbund (FDGB) das Haus und bewirtschaftete es bis zur Wende , danach stand es jahrelang leer. Die Sanierung der baufällig gewordenen Immobilie und der Ausbau von Ferienwohnungen Ende der 1990er-Jahre erfolgte buchstäblich in letzter Minute.

Natürlich nordisch

Die von nüchternen Neubauten regelrecht bedrängte **Villa Ut Kiek (6)**, Strandpromenade 7, wurde noch vor Ende des 19. Jh. errichtet und gehört zu den schönsten Beispielen nordisch inspirierter Architektur. Bevor das hölzerne Kleinod an der Bansiner Promenade aufgebaut wurde, war es auf der Weltausstellung 1889 zu sehen. Die schmale, in die Höhe gebaute Holzvilla bietet pro Stockwerk gerade mal Platz für einen Raum. Während der DDR-Zeit logierte in dem Gebäude zeitweilig die Kurverwaltung. Nach der Wende kehrte es in den Besitz der Erben der Erbauer zurück und wird seither ganzjährig bewohnt. Eine Kiefer schirmt die schmale Schönheit nur notdürftig von dem gigantischen Neubau nebenan ab.

Notzeiten am Meer

Der breite Giebel der 1908 erbauten **Villa Ernst (7)**, Strandpromenade 5, ist dem Meer zugewandt, Drachenköpfe schmücken die Giebelspitzen. Auftraggeber des attraktiven Holzbaus war der Berliner Georg Ernst (1880–1950), der seine größten Erfolge als Verleger allerdings einem völlig anderen Baumaterial zu verdanken hatte.

Sein auf Publikationen zu Architektur und technische Wissenschaften spezialisierte Verlag widmete viele Titel dem neuartigen Baustoff Stahlbeton. Der 1906 herausgegebene »Beton-Kalender« gilt bis heute als das erfolgreichste Fachbuch für Bauingenieurswesen im deutschsprachigen Raum. Georg Ernst brachte den Verlag und die angeschlossene Druckerei durch schwierige Zeiten, sein Bansiner Sommerhaus diente im Zweiten Weltkrieg zeitweise als Arbeitsstätte – kein schlechter Platz, um finanziell angespannte Zeiten zu überstehen!

teleigentümer wurden 1993 nach der aufwendigen Sanierung mit dem Bundespreis für Handwerk in der Denkmalpflege ausgezeichnet.

Hans-Werner-Richter-Haus 4

Waldstr. 1, Tel. 038378 478 01, Mai–Sept. Di–So 10–12, 14–18, Okt.–April Di–So 12–16 Uhr, 3 €

Ein paar Schritte von der Seestraße entfernt befindet sich das einstige Feuerwehrhaus, das seit 2000 ein kleines Literaturhaus mit Bibliothek und Ausstellungsräumen beherbergt. Untergebracht wurde hier ein Teil des Nachlasses des Schriftstellers Hans Werner Richter (1908–93), der seine Kindheit und Jugend in Bansin verbrachte. Bis 1927 absolvierte er in Swinemünde eine Buchhändlerlehre und zog dann nach Berlin. Richter überlebte Krieg und Gefangenschaft und wurde in den Westzonen Mitherausgeber der Zeitschrift »Der Ruf«. Er schrieb vor allem autobiografische Werke. Berühmt wurde er aber als Mitbegründer der Literaturvereinigung Gruppe 47. Während der Saison wird mehrmals pro Woche ein Film über das Leben Richters gezeigt, freitagabends finden regelmäßig Lesungen im Günter-Grass-Zimmer statt, in dem eine Reihe von Original-Graphiken des Literatur-Nobelpreisträgers zu sehen sind. Auch der in Ahlbeck geborenen Publizistin Carola Stern ist eine kleine Ausstellung gewidmet.

Tropenhaus Bansin 5

Goethestr. 10, Tel. 038378 25 40, www.tropenhaus-bansin.de, April–Okt. 10–18, Nov.–März 10–16 Uhr, 4 €, Kinder (3–16 Jahre) 2 €

Das bereits 1967 gegründete, heute in eine Ferienanlage integrierte Tropenhaus bietet eine kleine Sammlung von exotischen Tieren und Pflanzen. In den Tropenhallen und dem Außenbereich

sind rund 150 Tiere 50 verschiedener Arten zu sehen, darunter Leguane, Schlangen, Affen, Ziegen und sprechende Papageien. Im Gruselkabinett leben Vogelspinnen und Skorpione. Bei den Kleinsten beliebt ist das Streichelgehege.

Gedenkatelier Rolf Werner 6

Seestr. 60, Tel. 038378 292 28, Führungen s. Anschlag, in der Regel tgl. 11 Uhr, Di, Do, Sa, So zusätzlich um 14.30 Uhr

Das rohrgedeckte Haus gegenüber dem Einkaufszentrum ist leicht zu übersehen. Der einstige Wohnsitz des Bansiner Malers Rolf Werner liegt ein Stück zurückversetzt von der Straße. 1916 in Leipzig geboren, zog der freischaffende Künstler 1953 nach Bansin. Wohnhaus und Atelier blieben seit dem Tod des Malers im Jahre 1989 nahezu unverändert erhalten. Staffeleien, Malutensilien und am Boden abgestellte Bilder vermitteln den Eindruck, der Künstler sei nur kurz aus dem Haus gegangen. Dicht an dicht hängen die detailgetreuen Bilder – Usedommotive, Städteansichten, Landschaften. Ungern gab Werner seine Werke weg, das hatte er auch nicht nötig, seine Frau verdiente den Lebensunterhalt der Familie. Seit seinem Tod führt die alte Dame durch das Haus und weiß zu jedem Bild eine Geschichte zu erzählen.

Wanderungen

Mümmelkensee

2,5 km nordwestlich von Bansin, Rundkurs etwa 7,5 km

Nordwestlich von Bansin dehnt sich das hügelreiche Waldgebiet des Langen Berges aus. Ein mit grünem, diagonalem Balken markierter **Naturlehrpfad** führt von Bansin (etwas 150 m hinter dem Sportplatz) in leichtem Auf und Ab durch den Wald – vorbei an der **Wolfskuhle,** wo um 1750 der letzte Wolf auf Usedom getötet wurde – an den von Buchen gesäumten **Mümmelkensee.** Benannt ist der stille Moorsee nach den Teichrosen, die hier im Sommer blühen – Mummel werden sie genannt, die niederdeutsche Form ist *Mümmelken.* An dem verwunschenen, fast verlandeten Gewässer brüten Graugans und Kraniche, mit etwas Glück entdeckt man Eisvögel, Schwarz- und Damwild.

Weiter schwingt sich der Wanderweg zum Kamm des **Langen Berges** empor. Der Abbruchkante der Steilküste folgend geht es zurück nach **Bansin. Wer mag, kann im Forsthaus Langenberg** einkehren, der Abstecher dorthin ist ausgeschildert. Ein Berliner Journalist schwärmte im Juli 1924 in einem Brief an seine Familie: »...ich ...wanderte durch die westlichen Ausläufer des Langenberges hinauf zur Steilküste zum lieblichen Platz beim Forsthaus (…). Ich fühlte mich versetzt in eine Bergwelt, die unwirklich erschien wegen des Meeres vor meinen Augen.«

Sieben-Seen-Blick

Südwestlich von Bansin genießt man im Ortsteil Neu Sallenthin die Aussicht auf sechs Binnenseen, die Ostsee und das Achterwasser. Vom Bahnhof sind es mit dem Rad 10–15 Minuten bis zu dem, von der Benzer Chaussee ausgeschilderten Abzweig (s. S. 130).

Gothen

Am Ostufer des Gothensees liegt das ehemalige Guts- und Storchendorf Gothen, eine nette, aber unspektakuläre Ansammlung von Häusern inmitten von Pferdewiesen. Es ist nur 3 km von Bansin bzw. Heringsdorf entfernt und daher als Ziel für eine kleine Radrundtour mit Kindern gut geeignet (s. S. 130).

Übernachten

Ein kleines Imperium – **Kaiser SPA Hotel zur Post** [1]: Seestr. 5, www.hzp-usedom.de, Tel. 038378 560, DZ ab 158 €, Tiefgaragenplatz 12 €. Ein mit Liebe zum Detail restauriertes Haus im Seebäderstil mit mittlerweile mehreren Nebenhäusern, sehr hübsch wohnt man in den beiden Turmzimmern im Altbau. Es gibt eine Wellness- und Badelandschaft mit Außen- und Innenpool sowie verschiedenen Restaurants. Das Frühstück ist exzellent.

Erstklassig – **Romantik Strandhotel Atlantic** [2]: Strandpromenade 18, Tel. 038378 470 20, www.seetel.de, DZ ab 150 €. Eines der architektonischen Kleinode direkt an der Strandpromenade. 32 stilvoll gediegene Zimmer und 14 Suiten sowie Wellnessbereich mit Schwimmbad. Mit englischem Pub nebendran, schöner Café-Terrasse und einem Restaurant, das vom Gault Millau mit 15 Punkten bewertet wurde.

Gründerzeit – **Villa Astrid** [3]: Bergstr. 23, Tel. 02205 60 51, www.villa-astrid. de, DZ ab 76 €, Waldsuiten ab 93 €, Seesuiten ab 108 €. Die Seesuiten bieten Meeresblick, die Waldsuiten Balkon in Südlage. Die zwei Wohnungen im separaten ehemaligen Wirtschaftshaus erstrecken sich jeweils über die ganze Etage.

Stilvoll und familiär – **Strandvilla Imperator** [4]: Bergstr. 12, Tel. 038378 33 58 90, www.villa-imperator.de, DZ ab 93, FeWo 75–120 €. Ein Haus zum Wohlfühlen in zentraler, ruhiger Lage, teilweise mit Meerblick, 80 m sind es zum Strand. Die Zimmer sind mit einer Miniküche ausgestattet. Die elf modern und solide eingerichtete Ferienwohnungen bieten Platz für drei bis acht Personen.

Geschmackvoll – **Villa Glaeser** [5]: Seestr. 3, Tel. 038378 335 90, www.villa-glaeser.de , DZ ab 79, FeWo ab

94 €. Um 1900 im Stil der Bäderarchitektur erbaut, im Jahr 2000 denkmalgerecht saniert und modernisiert. 17 Doppelzimmer und Appartements. In den gegenüberliegenden Häusern Villa Frisia und Villa Frohsinn gibt es weitere sechs Appartements. Schöne Einrichtung mit Holzboden, Holz- und Rattanmöbeln sowie Sauna.

Mitten im Garten – **Haus Elsbeth** **6**: Waldstr. 31, Tel. 038378 292 31, www. elsbeth.auf-usedom.info, DZ 70 €. Das ehemalige Privatkinderheim ist heute eine charmante Nichtraucherpension mit sechs freundlichen Zimmern und zwei Ferienwohnungen für zwei bis drei Personen. 100 m sind es zum Strand, der Parkplatz ist gratis.

Traumhafte Lage – **Villa Carmen** **7**: Strandpromenade 6, Tel. 0173 406 08 77, www.villa-carmen.de, DZ, FeWo 63–102 €. Eine 1920 erbaute Jugendstilvilla direkt am Strand. Neun der hübschen Wohnungen haben Meerblick, die drei anderen Aussicht auf den Schloonsee.

Skandinavisch – **Ferienwohnanlage Schloonsee** **8**: Am Schloonsee 1, Tel. 038378 23 10, www.usedomer-ferienhaus-vermietung.de, FeWo 85 €. Ökologische Anlage mit 29 Holzhäusern für max. fünf Personen in ruhiger Lage am Schloonsee, die Wege innerhalb der familienfreundlichen Anlage sind autofrei, ein Kinderspielplatz ist vorhanden, die Entfernung zum Strand beträgt etwa 700 m.

Essen & Trinken

In vielen Hotel-Restaurants wird gut gekocht, empfehlenswert sind das **Banzino** im **Hotel zur Post** **1** und die mediterrane Küche im **Hotel-Restaurant Atlantic** **2**.

A la carte – **Hotel-Restaurant Kaiser Wilhelm** **1**: Strandpromenade 26, Tel. 038378 24 20, ab 12 €. In dem angenehmen Haus mit kaiserzeitlichem Flair werden schmackhafte, hübsch angerichtete Speisen serviert, viel Fisch, aber auch Wild, Rind und Lamm.

Empfehlenswert – **Fischkopp** **2**: Seestr. 66, Tel. 038378 806 23, www. fischkopp-bansin.de, tgl. ab 12 Uhr, Hauptgerichte ab 13 €. Gemütliches Ambiente, der Service ist freundlich, das Essen vorzüglich. Man kann dem Koch beim Zubereiten der Speisen zusehen. Viele Hauptgerichte können auch als kleinere Portion bestellt werden.

Mexikanisch – **La Posada** **3**: Strandpromenade 33, Tel. 038378 608 60, tgl. 17–22 Uhr, am Wochenende ab Mittag geöffnet. Freundliche, farbenfroh gestaltete Gasträume. Auf der Speisekarte stehen Tacos, Burritos, Enchilladas – nicht sensationell, aber mal eine Abwechslung.

Plüschig – **Café Asgard** **5**: Strandpromenade 15, Tel. 038378 29 488. Tradi-

Mein Tipp

Schloon-Idyll **4**
Es gibt Tage, an denen die Sonne scheint, aber ein kalter Wind von der Ostsee her weht. Spätestens dann ist es Zeit für das Schloon-Idyll. Auf der Sonnenterrasse des 2005 im neuen Bäderstil erbauten Café-Restaurants kann man die Nachmittagssonne mit Blick über den malerischen See genießen. Die Küche ist gutbürgerlich, der Service freundlich. Wer mag, kann sich hier auch ein Zimmer nehmen (Bergstr. 60a, Tel. 038378 33840, www.schloon-idyll. de. Hauptgerichte ab 10 €, DZ ab 104 €).

tionsreiches Café, in dem es sich schon Heinz Rühmann und Hans Albers gut gehen ließen. Das Ambiente drinnen ist liebenswert altmodisch und gemütlich, s. S. 116.

Fisch – In den Holzbuden am **Fischerstrand 6** westlich der Seebrücke kann man frischen und frisch geräucherten Fisch kaufen.

Aktiv & Kreativ

Baden im Meer – 60 m breiter feiner und weißer **Sandstrand 1**, **FKK-Abschnitt 2** in Richtung Westen am Langen Berg.

Aktiv auf dem Wasser – **Kuni's Wassersportcenter 3**: An der Seebrücke, Tel. 038378 202 76. Verleih von Tret- und Paddelbooten, Motorbooten, Jetskis und Bananaboot. Am Wassersportcenter befinden sich auch große Trampoline.

Bansin zum Kennenlernen – **Geführter Ortsrundgang:** Treffpunkt am Haus des Gastes, Mo in der Saison 15, im Winter 14 Uhr.

Promenadenbummel – **Ikonen der Bäderarchitektur:** April–Okt. Fr 9.30 Uhr, Treffpunkt am Haus des Gastes, Dauer etwa 2 Std., 3 € (s. Entdeckungstour S. 114).

Das Hinterland einmal anders – **Lama-Trekking-Touren:** Infos im Tropenhaus Bansin **5**, www.tropenhaus-bansin. de. Treffpunkt und Start der unterschiedlich langen Trekking-Touren ist die Ranch am Ufer des Gothensees. Vor Beginn des Ausflugs können die Besucher bei der Fütterung der Tiere zuschauen. Dabei wird ihnen Wissenswertes über die kleine Kamelart vermittelt. Danach geht es im gemächlichen Tempo – die Tiere werden mit dem Halfter in der Hand geführt – am Gothensee entlang, Tagestouren haben den Wolgastsee zum Ziel.

Abends & Nachts

Maritim – **Atlantic Pub**: Im Romantik Strandhotel Atlantic **2**, Strandpromenade 18 (Eingang hintere Gebäudeseite), Do–So ab 17 Uhr. In der rustikal eingerichteten Kneipe wird Guiness frisch gezapft oder Usedomer Inselbier aus der hauseigenen Brauerei. Dazu gibt es kleine Speisen. Fr Abend Livemusik und Tanz.

Cocktail und DJ – **Bar 59 1**: Seestr. 59, Mo–Sa ab 20 Uhr, Mi, Fr, Sa Tanz mit DJ, freier Eintritt. Gepflegte Drinks im Parkhotel Bansin, für die reifere Jugend.

Infos & Termine

Touristen-Information

Haus des Gastes: An der Seebrücke, 17429 Seebad Bansin, Tel. 038378 470 50, www.drei-kaiserbaeder.de, Kernzeit Mo–Fr 9–16, Sa, So 10–12, Juni–Sept. Mo–Fr 9–18, Sa, So 10–15 Uhr.

Termine

Rosenmontagsumzug: Febr.3 An den verschiedenen Faschingsveranstaltungen haben Ansässige und Kurgäste ihren Spaß. Info: www.bansiner-karne val-club.de.

Seebrückenfest: Zweites Wochenende im Juli. Auf der Promenade und rund um den Konzertplatz, mit Marktständen, kulturellem Programm und Feuerwerk.

Hans Werner Richter Literaturtage: Vier Tage im Nov. Vorlesungen, Gespräche, Diskussionen und literarischer Rundgang.

Drachenfest: In den Herbstferien am Strand von Bansin. Mitmachen erwünscht: Der schönste Drachen wird prämiert. Musik und Knüppelteigessen am Lagerfeuer.

Vom Achterwasser zum Stettiner Haff

Highlight !

Mellenthin: Das sehenswerte alte Gutsdorf im Süden des Lieper Winkels war mehrere Jahrhunderte lang das Stammgut derer von Nienkerken. Ihr beeindruckendes Schloss zählt heute zu den herausragenden Sehenswürdigkeiten Usedoms. Die gemütliche Dorfstraße führt am Gutshof vorbei zur Kirche, die eine mächtige Backsteinmauer umgibt. Eindrucksvoll sind die 1930 bei Restaurierungsarbeiten im Chorraum entdeckten mittelalterlichen Deckenmalereien. S. 138

Auf Entdeckungstour

Radtour um den Gothensee: Der See verbirgt sich größtenteils hinter Büschen und einem breiten Schilfgürtel. Aussichtsgipfel erlauben einen freien Blick über das Wasser und die Usedomer Schweiz. S. 128

Kirchen am Lieper Winkel: Die berückend abgelegene Halbinsel im Achterwasser ist am besten mit dem Rad zu erkunden. S. 140

Törn auf dem Stettiner Haff: Jahrhundertelang prägten die Zeesenboote mit ihren charakteristischen braunen Segeln das Bild an der pommerschen Küste, heute kreuzen die alten Fischerboote zum Vergnügen auf dem Stettiner Haff. S. 154

Kultur & Sehenswertes

St. Petrikirche in Benz: Eine Augenweide ist die mit 135 unterschiedlichen Sternmotiven bemalte Kassettendecke des Gotteshauses, ein Ohrenschmaus der Benzer Kirchensommer. S. 127

Stolpe: Das oft als Schloss bezeichnete Herrenhaus bildet mit dem gegenüberliegenden Dorfteich und der nahen, von altem Baumbestand umgebenen Kirche ein zauberhaftes Dorfensemble. S. 157

Aktiv & Kreativ

Wolgastsee: Ein Rad- und Wanderweg führt um den idyllischen See. Hier gibt es einen kleinen Sandstrand mit Spielplatz, einen Bootsverleih und Imbiss mit Biergarten. S. 124

Feininger Radtour: Auf den Spuren des Künstlers Lyonel Feininger geht es durch Dörfer und Landschaften im Süden der Insel. S. 134

Genießen & Atmosphäre

Morgenitz: Bekannt ist das hübsche Dorf für die alte Kirche und die sehenswerte Töpferei und Keramikwerkstatt. S. 143

Hafen Rankwitz: Traumhaft schön gelegen ist das Rankwitzer Sommercafé, ein Tipp ist auch die Fischräucherei. S. 145, 146

Käserei in Welzin: Der beste Käse der Insel, produziert auf traditionelle Schweizer Weise. S. 157

Kamminke: Das kleine Fischerdorf an der polnischen Grenze strahlt auch in der Hauptsaison Ruhe aus. Am Hafen gibt es frisch geräucherten Fisch, gleich nebenan lockt ein Sandstrand. S. 161

Abends & Nachts

Kunsthaus Usedom in Neppermin: Ausstellungen, Konzerte, Skatturniere und russische Abende – eine bemerkenswerte Adresse. S. 136

123

Stille Winkel im Süden von Usedom

Schilfreiche Ufer, sanft geschwungene Buchten und kleine Fischerdörfer bilden den idyllischen Rahmen für das sogenannte Achterland und bieten eine wunderbare Alternative zu den Sandstränden und den lebhaften Seebädern an der Usedomer Außenküste. Unmittelbar hinter den Kaiserbädern bezaubert die Usedomer Schweiz, eine sanft gewellte Hügellandschaft mit zahlreichen größeren und kleineren Seen. Die Grenzen der ›Schweiz‹ sind

nicht genau festgelegt: Der Gothensee, der Schmollensee, der Große und der Kleine Krebssee gehören auf jeden Fall dazu. An ihren Ufern liegen die beschaulichen Ortschaften Benz, Sallenthin, Sellin und Pudagla. Traditionsreiche Ausflugslokale und ein gut ausgebautes Netz an Wanderpfaden und Radwegen verlocken zu ausgedehnten Touren. Im Rahmen des Naturpark-Programms entstanden auf dem Zirowberg zwischen Ahlbeck und Korswandt, auf dem Kückelsberg bei Reetzow und auf dem Sieben-Seen-Berg in Sallenthin Aussichtstürme, von denen man einen weiten Blick über das Meer und die Insel bis hinüber zum Festland und nach Polen hinein genießen kann. Die Umrundung des Gothensees lässt sich gut mit einer kleinen Gipfeltour verbinden.

Noch um einiges ruhiger als das unmittelbare Hinterland der Kaiserbäder sind die Regionen entlang der Haff- und Boddenküste. Der Lieper Winkel schiebt sich als Halbinsel weit in das Achterwasser hinein. In dieser abgelegenen Region befinden sich verschlafene Dörfer und mittelalterliche Kirchen, die eine Entdeckungstour lohnen.

Infobox

Information
Stadtinformation Usedom: Bäderstr. 5, 17406 Usedom, Tel. 038372 708 90, www.stadtinfo-usedom.de, Mai–Sept. Mo–Fr 10–18, Sa 10–15, Okt.–April Mo–Fr 10–16 Uhr.

Anreise und Weiterkommen
Zecheriner Brücke: Auf der B 110 zwischen Anklam auf dem Festland und Usedom, Öffnungszeiten s. S. 20.
Bus: Usedom Stadt ist der Knotenpunkt aller Busverbindungen. Die Buslinie 201 verkehrt zwischen Anklam und Heringsdorf Mo–Fr etwa 7x (Sa/So 3x). Die Linie 280 und 281 führen von Usedom über Mellenthin und Benz nach Bansin und Ahlbeck (Mo–Fr etwa 6x). Andere Nebenstrecken werden nur in der Schulzeit mit Kleinbussen oder Linientaxi bedient. Info und Fahrplan: Tel. 038378 336 30, www.ostseebus.de, Tageskarte 6 €.

Wolgastsee ▶ F 6

Der in die bewaldeten Höhenzüge südlich von Ahlbeck eingebettete Wolgastsee war bereits zu Beginn des 20. Jh. ein beliebtes Ausflugsziel der Badegäste. 1924 ließ die Familie Grünberg aus Swinemünde in **Korswandt** die **Gaststätte Idyll am Wolgastsee** errichten. Das heute an der mitunter recht befahrenen Autostraße gelegene Hotel-Restaurant bietet zur Seeseite eine schöne Terrasse mit Blick über die waldreiche Bucht. Hier gibt es eine angenehme Bademöglichkeit mit Sandstrand, einen Spielplatz und einen Bootsverleih sowie einen Imbiss mit Biergarten. Petrijünger können im See Hechte, Aale und Zander angeln (Tageskarten zum Angeln im Idyll am Wolgastsee). Auch für Golfer ist Korswandt, das zusammen mit Ulrichshorst gerade einmal 550 Einwohner zählt, eine empfehlenswerte Adresse.

Seespaziergang

Vom ausgeschilderten Parkplatz in Korswandt führt ein 6 km langer, ausgeschilderter Rad- und Wanderweg um den bis zu 12 m tiefen See, eine auch für Kinder gut machbare Tour. Wohltuend ist die windruhige Lage des Sees im Schutz des Waldes. Hochgewachsene Buchen gehen am Ostufer in jungen Fichtenbestand über, das Nordufer wird von Mischwald beherrscht. Wer mag, kann die Tour mit der Umrundung eines weiteren Gewässers kombinieren. Südöstlich des Wolgastsees liegt im Wald der winzige See **Schwarzes Herz** (Schwarzensee), der ausschließlich durch Regenwasser gespeist wird.

Stettiner Haff-Radfernweg

Der gut ausgeschilderte Radfernweg führt vom Westufer des Wolgastsees Richtung Süden ans Stettiner Haff. Südlich des Dorfes Korswandt passiert man zunächst den Golfplatz. Kurz darauf bietet sich ein Abstecher zum **Krebssee** an, der mitten im lichten Wald liegt. Verglichen mit dem sommerlichen Trubel am Wolgastsee, ist es hier bezaubernd einsam. Ein Pfad umrundet den See. Wegen der Baumwurzeln und Unebenheiten im Gelände empfiehlt es sich, das Rad stehen zu lassen und zu Fuß zu gehen.

Zurück auf dem ausgeschilderten Radfernweg geht es weiter über Garz nach **Kamminke**. Dort kann man am Hafen einkehren oder am Sandstrand ein Picknick machen und im Haff schwimmen gehen (s. auch S. 161).

Übernachten, Essen

Gastfreundlich – **Hotel-Restaurant Idyll am Wolgastsee:** Hauptstr. 9, Korswandt, Tel. 038378 221 16, www.idyll-am-wolgastsee.de, DZ 90–125 €. Ein familiengeführtes Haus mit 18 Zimmern und einer Suite (130 €) in einem denkmalgeschützten Haus von 1924. Am schönsten und ruhigsten sind die Zimmer zur Seeseite. Sauna, Dampfbad und Solarium befinden sich im Haus. Das Restaurant bietet gutbürgerliche Küche.

Einkaufen

Erde und Feuer – **Tonwerk Keramik:** Bergstr. 11, Korswandt, Tel. 038378 49 95 98, www.tonwerk-keramik.de. Daniel Graf verbindet altes Handwerk mit modernem Design. In seiner Werkstatt in Korswandt entstehen künstlerische Objekte, Garten- und Architekturkeramik, oft kombiniert mit anderen Materialien.

Aktiv & Kreativ

Play Golf, Meet Friends, Have Fun – **Baltic Hills:** Hauptstr. 10, Korswandt,

Tel. 038378 323 18, www.baltic-hills.de. Der zweite Golfplatz der Insel wurde im September 2009 eröffnet. Auf 57 ha erstreckt sich eine attraktive 19-Loch-Anlage (inkl. Mulligan-Hole). Die Golf Academy bietet das passende Trainingsprogramm. Das elegante Club-Haus beherbergt ein Café-Restaurant mit sehr hübscher Terrasse – hier können auch Nicht-Golfer vorbeischauen (Snacks ab 6 €, Fisch und Fleisch ab 12,50 €).

Mit Imbiss – **Bootsverleih Becker:** Wolgastsee 52, Korswandt, Tel. 038378 318 60. Verleih von Ruderbooten und nette Imbiss-Gastronomie direkt am Wolgastsee.

Thurbruch und Gothensee ► E/F 6

Westlich von Korswandt erstrecken sich der Gothensee und das Thurbruch, ein ausgedehntes und von zahlreichen Entwässerungsgräben durchzogenes Niedermoorgebiet. Die urwaldartige, unwegsame Seen- und Sumpflandschaft wurde 1421 unter dem lateinischen Namen *silva thura* (Auerochsenwald) urkundlich erwähnt. Zu diesem Zeitpunkt gab es in diesem Gebiet allerdings schon keine Auerochsen mehr. Der letzte soll 1360 vom pommerschen Herzog Wartislaw V. auf der Jagd erlegt worden sein. Um neues Weideland zu gewinnen, begann man um 1770 mit der Trockenlegung des Thurbruchs und des nur 1,25 m tiefen Gothensees. Die Verwirklichung dieses Plans erwies sich auf lange Sicht als unrentabel.1890 wurde der wenige Jahrzehnte zuvor trockengelegte Gothensee wieder gefüllt. Wirtschaftswege durchziehen das Thurbruch, teilweise sind die alten Wegeplatten in schlechtem Zustand. Eine Radtour um den Go-

thensee streift das Niedermoorgebiet zwischen Ulrichshorst und Reetzow und schließt auch einen Abstecher zum Kachliner See ein (s. Entdeckungstour S. 128).

Schmollensee ► E 5/6

Im Hinterland des Seebades Bansin erstreckt sich der **Schmollensee** mit einer Länge von rund 3,7 km und einer Breite von 2 km. Der **Kleine Krebssee** und der **Große Krebssee** schließen sich gen Osten an. Eine landschaftlich reizvolle Radtour führt von Dorf Bansin um die Seen. Entlang der etwa 18 km langen Strecke über Sellin, Sallenthin, Benz und Pudagla sind neben einem unscheinbaren Schloss zwei noch funktionstüchtige Windmühlen zu entdecken.

Sallenthin ► F 5

Die winzigen Ortschaften **Neu Sallenthin** und **Alt Sallenthin** gehören offiziell zu Bansin und sind doch ein Herzstück der Usedomer Schweiz. Neu Sallenthin liegt zwischen Großem und Kleinem Krebssee, Alt Sallenthin zwischen dem Kleinem Krebssee und dem Gothensee. Der **Sieben-Seen-Berg** in Neu Sallenthin bietet einen Panoramablick über die seen- und hügelreiche Region. Der Weg dorthin zweigt von der Benzer Chaussee ab.

Sellin ► E 5

Von Alt Sallenthin führt ein teilweise unbefestigter Waldweg weiter nach Sellin. Das stille, für das Usedomer Hinterland typische Dorf mit einem kleinen, verwinkelten Ortskern und einigen alten Bauern- und Fischerhäusern liegt auf einem Hügel etwas oberhalb des Schmollensees. Das größtenteils mit Schilfrohr bewachsene Seeufer bietet vielen Vögeln beste Brut- und Rast-

Versteckt im Buchenwald ▶ F 5

In einem ehemaligen Forsthaus mitten im Wald werden köstliche Kuchen serviert – bei schönem Wetter draußen auf der Terrasse. Das etwas altbackene Ambiente lieben auch die Einheimischen. Das **Café Fangel** erreicht man am besten mit dem Rad (Am Großen Krebssee, Neu Sallenthin, Mai–Okt. 14–18 Uhr).

bedingungen. Eine kleine Bucht lädt zum Baden ein, es gibt einen wunderschön gelegenen, aber sehr einfachen Naturcampingplatz (Tel. 038378 314 52).

Übernachten

Freundlich – **Hotel Restaurant Café Bergmühle:** Benzer Chaussee 5, Neu Sallenthin, Tel. 038378 49 90 40, www. bergmuehle-bansin.info, DZ ab 95–135 €. Ein guter Ausgangspunkt für aktive Urlauber ist dieses 2007 eröffnete Drei-Sterne-Hotel mit 23 Zimmern. Nach vorne hat man einen schönen Seeblick, aber auch Autolärm. Zum Ostseestrand braucht man mit dem Rad nicht einmal eine Viertelstunde. Im Café-Restaurant kehren viele Radwanderer ein. Die Küche ist schmackhaft und reichlich, das Preis-Leistungs-Verhältnis stimmig.

Angelparadies – **Krebssee Idyll:** An den Krebsseen 8, Neu Sallenthin, Tel. 0383 78 315 87, www.krebssee.de, FeWo ab 70–90 €. Die Ferienanlage befindet sich auf einem Seegrundstück direkt am Großen Krebssee. Es gibt eine Liege-

wiese mit Naturbadestrand am See, außerdem Verleih von Ruderbooten, Verkauf von Angelkarten.

Benz ▶ E 6

Das hübsche 300-Seelendorf liegt reizvoll eingebettet in die Hügellandschaft südlich des Schmollensees. Niedrige Rohrdachhäuser und einige alte Gehöfte prägen das Dorfbild. Die herausragenden Sehenswürdigkeiten – die Kirche und die Holländermühle – gefielen schon dem Künstler Lyonel Feininger, der hier Anfang des 20. Jh. mit dem Skizzenblock unterwegs war. Auf seinen Spuren führt der **Feininger Radweg** durch den Ort und die Umgebung.

Ein **Denkmal** auf dem Dorfplatz erinnert an den in Benz geborenen Widerstandskämpfer Fritz Behn. Der Zimmermann, der 1927 der KPD beitrat, wurde 1944 von den Nationalsozialisten in Reval (heute Tallin) wegen Wehrkraftzersetzung hingerichtet. Das 1969 von dem Bildhauer Hans Kies geschaffene Kunstwerk zeigt auch Karl Marx und Wladimir Iljitsch Lenin. Nach der Wende war der größere Teil der Einwohner für den Abbau des Denkmals, die Denkmalpflege lehnte ab.

Ein Panoramablick über das Dorf und den Schmollensee bietet sich vom 58 m hohen **Kückelsberg** etwa 1 km südöstlich des Dorfes. Der ausgeschilderte Radwanderweg dorthin beginnt an der Straße Richtung Labömitz.

St. Petrikirche

Kirchstr., www.kirche-benz.de, ganzjährig geöffnet, Gottesdienst So 10 Uhr

Ein Benzer Pastor *(sacerdos)* wird im Jahre 1229 als Zeuge einer Urkunde genannt, es muss also schon damals eine Kirche in Benz gege- ▷ S. 131

Auf Entdeckungstour

Im Hinterland der Kaiserbäder – Radtour um den Gothensee

Zwischen der flachen Thurbruch-Niederung im Süden und den Bergen der Usedomer Schweiz im Norden erstreckt sich der Gothensee. Er verbirgt sich größtenteils hinter Büschen und einem breiten Schilfgürtel. Auf mehreren Anhöhen entstanden Aussichtstürme, von denen man einen weiten Blick über das seenreiche Land zwischen Achterwasser und Ostsee genießen kann.

Reisekarte: ▶ E/F 5/6

Rundtour: ab gebührenpflichtigem Parkplatz am Wolgastsee insgesamt etwa 20 km. Ab Ahlbeck, Heringsdorf oder Bansin, wo es Fahrradvermieter gibt, ca. 2–3 km zusätzlich.

Versorgung: Imbiss und Restaurant am Wolgastsee (s. S. 125), Restaurant Zur Bergmühle in Neu Sallenthin (s. S. 127).

Der in eine hügelreiche Waldland-schaft eingebettete **Wolgastsee** `1` ist so hübsch, dass man eigentlich gar nicht wieder weg möchte, vor allem bei schönem Wetter, wenn die Sonne aus wolkenlosem Himmel scheint, könnte man sich, noch bevor man sich aufs Fahrrad schwingt, einen erfrischenden Sprung ins kühle Nass gönnen. Ansonsten braucht man für die Tour keine Badesachen einzupacken, denn obwohl ein See umrundet wird, gibt es keine Möglichkeit zu baden.

Das Erbe der Kolonisten

Die ersten Meter der Radtour sind nicht die schönsten, denn zuerst einmal muss man das Fahrrad vom Parkplatz an der verkehrsreichen Autostraße entlang schieben und dem Abzweig nach Ulrichshorst folgen.

Schnurgerade führt die asphaltierte Straße durch dieses langgestreckte Dorf, das gleichermaßen unscheinbar und besonders ist. Seit 1839 wurde im Thurbruch Torf gestochen (s. S. 126). Eines der Zentren des Torfabbaus war **Ulrichshorst** `2`, das 1774 nach der erfolgreichen Entwässerung der Thurbruch-Niederung vom Preußenkönig Friedrich dem Großen gegründet worden war. Kolonisten aus Mecklenburg und Schwedisch-Pommern ließen sich hier nieder. Jede der 30 Familien erhielt sechs Morgen Wiese und ein Stück Garten für den Anbau von Obst und Gemüse. Ihre Häuser bauten sie nördlich der Dorfstraße, auf der südlichen Straßenseite erstreckten sich die Gärten. Bis heute ist diese Aufteilung weitgehend erhalten geblieben, die Flurstücke südlich der Straße blieben bis auf wenige Ausnahmen unbebaut.

Wir folgen der asphaltierten Straße – eine besonders für nicht so geübte Fahrradfahrer angenehm ebene und kaum von Autos befahrene Strecke.

Der Blick schweift über das flache, von Entwässerungsgräben durchzogene Land.

Gezügelte Natur

Die Entwässerung des moorigen Landes erfolgte mit Hilfe von Schöpfwerken, die von Windkrafträdern angetrieben wurden. Eine 1920 am südöstlichen Ende des **Kachliner Sees** errichtete **Windkraftschöpfanlage** `3` ist erhalten. Eine zweispurige Betonpiste führt in knapp einem Kilometer zu dem technischen Denkmal. 1968 ersetzten elektrische Pumpen die windbetriebene Anlage. Das 1979 durch einen Sturm zerstörte Windrad wurde 1995 rekonstruiert und ist frei zugänglich. Auf dem gleichen Weg geht es wieder zurück Richtung Gothensee. Der See verbirgt sich hinter Wiesen und dichtem Grün. Fischotter und Moorfrösche soll es hier geben.

Hinauf! – der Gipfel ruft

Wer auf den Seeblick nicht verzichten möchte, sollte einen Abstecher zum **Kückelsberg** `4` machen. Dazu folgt man am Ortseingang von Reetzow der Straße Richtung Benz, nach ein paar Hundert Meter zweigt der Wanderweg rechts ab. Die Räder lässt man am überdachten Picknicktisch stehen und folgt dem sandigen Feldweg etwa zehn Minuten auf den Gipfel in 58 m Höhe. Vom hölzernen Aussichtsturm, der die Baumwipfel überragt, reicht der Blick über den Gothensee, bei guter Sicht über die pommersche Bucht bis nach Polen.

Obwohl der Gothensee bereits im Jahre 1967 zum Naturschutzgebiet erklärt wurde, ließen ein erhöhter Nährstoffeintrag, u. a. durch Abwasserentsorgung und durch den vermehrten Einsatz von Düngemitteln, das Ökosystem Mitte der 1980er-Jahre zusammenbrechen. Seit der Verringerung der Abwassereinleitung hat sich die Wasserqualität des Sees deutlich verbessert. Die schilfreichen Uferzonen sind Brut- und Rastgebiet zahlreicher Vogelarten, hin und wieder ist sogar ein Seeadler zu beobachten.

Sieben Seen

Zurück in **Reetzow** `5` geht der glatte Straßenasphalt in grobes Kopfsteinpflaster über, der Radweg verläuft oberhalb der holprigen Dorfstraße. Niedrige Rohrdachhäuser mit hübschen Gärten prägen das beschauliche, in offenes Hügelland eingebettete Dorf. Die Straße führt weiter Richtung Bansin nach **Neu Sallenthin** `6`.

Unmittelbar hinter dem **Hotel-Restaurant Bergmühle** zweigt der Weg zum **Sieben-Seen-Blick** nach links ab. Nur 40 m hoch ist der Aussichtsturm,

und doch gibt es kaum einen schöneren Blick in die seen- und hügelreiche Usedomer Schweiz. Vorhang auf für Wollgras-Wiesen, Wälder und Äcker, dazu sieben Gewässer: Großer und Kleiner Krebssee, Gothensee und Schmollensee, das Achterwasser und Haff, der Kachliner See, und nicht zu vergessen die Ostsee. Bevor die letzte Etappe der Tour in Angriff genommen wird, bietet sich eine Einkehr in der Bergmühle an.

Warten auf den Storch

In **Bansin Dorf** `7` zweigt die Straße nach **Gothen** `8` ab. Bis 1851 gab es hier ein Rittergut, es befand sich im Besitz des adligen Forstmeisters Georg Bernhard von Bülow, dem Gründer von Heringsdorf. Das Herrenhaus steht nicht mehr, die größte Attraktion des 2 km südlich von Bansin gelegenen Dorfes war viele Jahrzehnte das **Gehöft** von Heinz-Martin Eggebrecht, der in der Region allseits als Storchenvater bekannt war.

Seit 1953 führte Eggebrecht genauestens Buch über Nestbau, An- und Abflüge und den Nachwuchs der langbeinigen Vögel. Informationstafeln und Schaukästen geben Auskünfte über das Leben von Meister Adebar. Seit 2004 hat sich hier aber bedauerlicherweise kein Storch mehr niedergelassen, sodass vorerst auch das kleine Café im Dorf geschlossen werden musste.

Auf dem ausgeschilderten, zum Teil unbefestigten Radwanderweg gelangt man zurück nach **Korswandt**. Hier könnte man noch bei Töpfer Daniel Graf im Tonwerk Keramik vorbeischauen, einen gebratenen Zander im Idyll am Wolgastsee genießen oder eine kleine Bootspartie unternehmen. Wunderbar ist es aber auch, am Ende der Tour einfach nur am Ufer zu sitzen und über den See zu schauen.

ben haben. Das von stattlichen Kastanien umgebene Gotteshaus entstand in seiner heutigen Form um 1600, mittelalterliche Granitquader eines Vorgängerbaus findet man in Teilen des Chors und des Mittelschiffs. Den unteren Teil des Turmes prägen Feldsteine, der obere Abschnitt ist verputzt, die abschließende Haube wurde 1740 aufgesetzt. Der in Neu Sallenthin geborene Schriftsteller Hans Werner Richter erinnert sich an das Gotteshaus als »eine heitere Kirche«, in der fast alle Bansiner, die zwischen Großem und Kleinem Krebssee aufwuchsen, getauft, konfirmiert und getraut worden seien.

Auch heute noch wirkt das Innere des Gotteshauses harmonisch – eine Augenweide ist die, 1911 mit 135 unterschiedlichen Sternmotiven bemalte Kassettendecke. Im Rahmen des Benzer Kirchensommers stehen im Juli und August regelmäßig Konzerte, Theateraufführungen oder Lesungen auf dem Programm.

Kunst-Kabinett Usedom/ Galerie Benz

Kirchstr. 14 a, Tel. 038379 201 84, www.kunstkabinett.de, ganzjährig Fr, Sa, So 10–17, in der Saison tgl. 10–18 Uhr

Ein rohrgedecktes Haus neben der Kirche beherbergt seit 1999 das Kunst-Kabinett Usedom. Die Galerie präsentiert Grafik, Malerei, Skulpturen und Plastiken namhafter Künstler wie Lyonel Feininger, Otto Niemeyer-Holstein, Oskar Manigk, Jo Jastram, Falko Behrendt. Dem Radfreund Feininger zu Ehren wird in der Galerie ein Fahrrad der Marke Cleveland Ohio aus dem Jahre 1897 gezeigt, es hat noch Holzfelgen, ist aber bereits luftbereift. Mit einem Fahrrad dieser Marke war der deutschamerikanische Künstler zwischen 1908 und 1912 viele Wochen auf Usedom unterwegs (s. S. 77).

Benzer Friedhof

Am Fuße des Mühlenberges, acht Spazierminuten ab Kirche

Seit 1836 liegt der Friedhof nicht mehr neben der Kirche, sondern am Dorfrand unterhalb der Holländer-Windmühle. Die meisten Besucher zieht es zum Grab des 1984 verstorbenen Malers Otto Niemeyer-Holstein (am Hauptweg vor der Kapelle links). Auf dem Grab steht die Plastik »Der Jüngling« von Waldemar Grzimek. Auch der Schriftsteller Hans-Werner Richter und die Publizistin Carola Stern fanden auf dem Benzer Friedhof ihre letzte Ruhestätte.

Mystisch mutet die Atmosphäre auf dem alten, seit über 50 Jahren stillgelegten Bereich des Friedhofs an. Das verwilderte Areal prägen zahlreiche guss– und schmiedeeiserne Grabgitter aus lang vergangenen Tagen.

Kulturmühle Benz

Mühlenberg, www.muehle-benz.de, Mai–Okt. unregelmäßig geöffnet

Auf einer Hügelkuppe thront eine um 1830 erbaute 16 m hohe Mühle, ein sogenannter Erdholländer, dessen Flügel zur Wartung vom Boden aus erklettert werden konnten. 1920 erfolgte die Umstellung auf Elektrobetrieb. 1968 diente die Mühle als Duell-Kulisse in der DEFA-Verfilmung von »Effi Briest«. 1973 erwarb Otto Niemeyer-Holstein das im Verfall begriffene Bauwerk und ließ es mit dem Geld, das er für den Nationalpreis bekommen hatte, instandsetzen. Dabei wurde das Dach mit 30 000 Schindeln aus Eschenholz gedeckt. 2002 erhielt die Mühle neue Flügel, die Niemeyersche Dacheindeckung musste durch Eichenholzschindeln ersetzt werden.

Die Mühlentechnik ist noch vollständig erhalten. In der Saison werden im Backhaus Getränke und hausgemachte Kuchen serviert. Aber auch

Lieblingsort

»Maler müsste man sein«

Das pflegte der Maler Otto Niemeyer-Holstein an malerischen Orten zu sagen. Der Mühlenberg in Benz (▶ E 6) ist so ein Ort. Traumhaft ist die Aussicht: Der Blick schweift über waldreiche Hügel, die Dorfkirche und den Schmollensee. Auch Lyonel Feininger liebte diesen Standort und das Dorf, über 70 seiner Arbeiten zeigen Benzer Motive. »... Es gibt Kirchtürme in gottverlassenen Nestern, die mit das Mystischste sind, was ich ... kenne!«, schwärmte er 1913 in einem Brief an einen Freund.

wenn die Mühle verschlossen ist, lohnt der Spaziergang auf den Mühlenberg allein schon wegen des Panoramas.

Übernachten

Für Pferdefreunde – **Ferienpark Benz:** Labömitzer Str. 3, Benz, Tel. 038379 25 30, www.benzer-ferienhof.de, DZ 68 €, FeWo 88 €. Reiterhof am Ortsrand unterhalb des Mühlenberges. Hotel mit Doppelzimmer und Appartements, außerdem Ferienwohnungen für drei bis sechs Personen in separaten Bungalows (57–94,50 €). In der Gaststube Sattelkammer wird Hausmannskost geboten, außerdem gibt es ein Hallenbad und eine Sauna.
Haustiere willkommen – **Ferienhausanlage Pension Schwalbennest:** Fritz-Behn-Str. 33–35, Benz, Tel. 038379 203 03, www.usedom-schwalbennest.de, DZ 90 €, Fewo 70–99 €, Ferienhaus (nur Mai–Okt.) ab 60 €. In der 1994 neu erbauten Erlebnispension und den Ferienhäusern (bis fünf Personen) sind Haustiere erlaubt. Für Hundebesitzer interessant ist die mobile Hundeschule. In verschiedenen Kursen lernt man den richtigen Umgang mit den Vierbeinern. Im Restaurant kommt solide Hausmannskost auf den Tisch. Sauna, Solarium und Fitness runden das Wohlfühlprogramm ab.

Aktiv & Kreativ

Reiten – **Ferienhof Benz:** Labömitzer Str. 3, Benz, Tel. 038379 25 30, www.benzer-ferienhof.de. Umfassendes Angebot mit Reitunterricht, Kutsch- und Kremserfahrten sowie Ausritte in die Umgebung. Es gibt eine Reithalle und Übernachtungsmöglichkeit (s. o.).
Auf den Spuren von Papileo – **Die Feininger Radtour:** Zwei Radtouren von

ca. 15 km oder ca. 40 km Länge führen von Benz zu den Kaiserbädern und in den Inselsüden. Info: www.papileo.de, s. auch S. 78.

Termine

Benzer Kirchensommer: Juli/Aug. Di, Do 20 Uhr. Konzerte, Theater oder Lesungen in der St. Petrikirche. Info: www.kirche-benz.de.

Pudagla ▶ E 5

Der Name Pudagla ist slawischen Ursprungs und bedeutet ›unterhalb des Berges‹. Der am Fuße des 38,6 m hohen Glaubensberges gelegene Ort blickt auf eine bewegte Geschichte zurück. Um 1307 wurde das Kloster Grobe südlich der Stadt Usedom aufgegeben und nach Pudagla verlegt. An das Kloster erinnern heute nur noch ein Wirtschaftsgebäude sowie Teile der Ringmauer in unmittelbarer Nähe des Schlosses. Der um 1574 als Wohnsitz der Herzogsmütter bzw. Herzogswitwen des Pommerschen Herrscherhauses errichtete Bau ist eines der drei erhaltenen Schlösser auf Usedom und hat seine besten Tage eindeutig hinter sich (s. S. 66).

Bockwindmühle Pudagla
Mühlenberg, Tel. 038378 348 72, www.usedom-bockwindmuehle-pudagla.de, Mai –Okt. Mo–Fr 10–16, Sa, So 13–16 Uhr, Erw. 1,50 €, Kinder 0,80 €
Eine Bockwindmühle am Westufer des Schmollensees war bereits 1693 auf einer schwedischen Matrikelkarte eingezeichnet. Als Entstehungsjahr der heutigen Mühle wird das Jahr 1856 genannt; bis 1937 wurde hier Korn gemahlen. Nach der 1997 erfolgten

aufwendigen Restaurierung ist die Mühle heute wieder voll funktionstüchtig. An Aktionstagen und zu besonderen Veranstaltungen wie dem Mühlentag zu Pfingsten oder dem Tag des offenen Denkmals wird Korn gemahlen und im Lehmbackofen Brot gebacken.

Welt der Erfindungen

Am Sandfeld, Tel. 038379 28 98 55, www.weltdererfindungen.de, April–Okt. tgl. 10–18, Nov.–März 10–16 Uhr, 8 €, Familien ab 20 €

Im Gewerbegebiet zwischen Pudagla und Neppermin werden kleine und große Erfindungen präsentiert, darunter geniale bahnbrechende Einfälle, die das Alltagsleben erleichtern, aber auch Riesenflops. Für alle ist etwas dabei – zum Staunen, Anfassen und Ausprobieren.

Aktiv & Kreativ

Mit Hofladen und Imbiss – **Straußenfarm:** An der Straße von Pudagla in Richtung Neppermin befindet sich an einer alten Kiesgrube die Straußenfarm, auf der auch Lamas und Alpakas leben. Die Öffnungszeiten sind saisonabhängig (Hauptsaison tgl. 11–17 Uhr), der Eintritt ist frei, Spenden sind aber willkommen. Im Hofladen werden Straußenprodukte verkauft: Staubwedel aus Straußenfedern, kunstvoll bemalte Straußeneier, Handschuhe aus weichem Straußenleder, dazu Kulinarisches. Wie wärs mit einem Rührei vom Straußenei.

Balmer See ▶ D/E 5/6

Der Weg ist das Ziel. Je weiter man sich von den Seebädern entfernt, desto stiller wird die Welt. Am Ufer des Balmer

Mein Tipp

Baden und Grillen am Achterwasser ▶ E 5

Westlich von Pudagla liegt der bewaldete **Konker Berg,** auf den ein Pfad hinaufführt. Einen richtigen Aussichtspunkt gibt es aber nicht. Unterhalb des Berges erstreckt sich eine hübsche **Sandbucht,** im Sommerhalbjahr ein beliebter Grillplatz, der auch mit dem Auto zu erreichen ist (Abzweigung von der B111). In Ufernähe ragt der **Teufelsstein,** ein riesiger Findling, aus dem Achterwasser.

Sees, einer Ausbuchtung des Achterwassers, liegen die beiden beschaulichen Dörfer Neppermin und Balm. Im breiten Schilfgürtel brüten Möwen, Uferschwalben, Enten, Schwäne und Haubentaucher. Über Mellenthin, Morgenitz und Krienke schlängelt sich die Straße durch Wiesen und Wald in den Lieper Winkel.

Neppermin ▶ E 6

Der Maler Lyonel Feininger war von der dörflichen Idylle **Neppermins** so angetan, dass er hier 1910 gleich für zwei Monate Quartier nahm. Beschaulich ist es noch immer, ein paar Dorfstraßen, schlichte Häuser mit gepflegten Gärten und Blick auf den Balmer See. Am Seeufer erstreckt sich eine 300 m lange Promenade. Schautafeln informieren über Natur und Fischerei. Hier befinden sich auch der Liegeplatz für den charmanten alten Segelschoner Weiße Düne und eine schöne Badestelle.

Der Blick schweift hinüber zu den zwei unbewohnten, unter Naturschutz stehenden **Inseln Böhmke** und **Werder.** Hier brüten alljährlich Tausende von Lachmöwen, Flussseeschwalben, Austernfischern, Rotschenkeln, Löffelenten und Brandgänsen. In den vorgelagerten Flachwasserzonen findet man die schwimmenden Nester der Haubentaucher. Auf dem Werder werden ganzjährig Gotlandschafe gehalten.

Kunsthaus Usedom

An der Landstr. 1, Neppermin, Tel. 0383 79 28 98 61 www.kunsthaus-usedom.de, Bistro tgl. 7–24 Uhr
Eine bemerkenswerte Adresse fast im Nirgendwo – in der ehemaligen Diskothek Redhouse werden Ausstellungen verschiedener Künstler gezeigt und Konzerte veranstaltet. Das Programm

beinhaltet Linedance, Skatturniere, russische Abende sowie Konzerte mit Harald Wollenhaupt (in der Saison Di 20 Uhr), der aber auch mal zum Brunch Songs von Cat Stevens, Bob Dylan und Eric Clapton singt. Im ganzjährig ganztags geöffneten **ART Bistro** stehen wechselnde Tagesgerichte, süße und deftige Kleinigkeiten auf der Karte.

Balm ▶ D 6

Die Dorfstraße führt weiter westwärts Richtung **Balm**. In dem kleinen Ort wurde 1998 die erste Golfanlage Usedoms eröffnet. Den Nordwesten des **Balmer Sees** begrenzt die **Halbinsel Cosim**. Die urwüchsige Sumpf- und Wattlandschaft steht seit 1990 unter Naturschutz. Gänse, Enten, Kiebitze

Von Neppermin schweift der Blick hinüber zu den Inseln Böhmke und Werder

und Bekassinen, aber auch Alpenstrandläufer oder Uferschnepfe sind zu entdecken. Ein kleiner Rundweg erschließt das Naturschutzgebiet. Ausgangspunkt ist der Parkplatz im Nordosten der Halbinsel, dort befindet sich auch ein Spiel- und Picknickplatz.

Übernachten

Komfort und Luxus – **Golf- und Wellnesshotel Balmer See:** Drewinscher Weg 1, Neppermin-Balm, Tel. 038379 280, www.golfhotel-usedom.de, DZ ab 122 €, Fewo ab 85–126 €. Die fünf reetgedeckten Hotelresidenzen der dorfähnlichen First-Class-Anlage beherbergen 87 behagliche, komfortable Hotelzimmer und 70 Ferienwohnungen (alle mit Balkon oder Terrasse). Zur An-

lage gehört ein stilvolles Restaurant mit Orangerie. Von der Sonnenterrasse bietet sich ein freier Blick in die Landschaft und über den See. Ein weiteres Plus ist der großzügige Wellnessbereich mit Hallenbad, Badeteich und Eisgrotte.

Essen & Trinken

Blick übers Wasser – **Alte Schule:** Dorfstr. 15, Balm, Tel. 0160 94 76 76 86, www.ostsee-gaststaette.de, ab 10,50 €. Das Restaurant mit Pub ist Treffpunkt für Einheimische und Touristen, geboten werden regionale, bodenständige Speisen. In der Saison an einigen Abenden Livemusik und verschiedene Veranstaltungen wie Disco und Grillpartys.

Einkaufen

Mit Café – **Galerie Wittig-Weißensee:** Am Nepperminer See 2, Neppermin, Tel. 0178 937 79 97, www.utewittig.de, Mai–Sept. So–Mi 11–16 Uhr. Kleine, aber feine Galerie, in der die Künstlerin Ute Wittig-Weißensee ihre Arbeiten präsentiert: Usedomer Landschaften in Öl- und Aquarelltechniken. Ausgestellt werden auch andere namhafte Ostseemaler wie Elisabeth Büchsel, Karen Schacht, Lyonel Feininger, Otto Niemeyer-Holstein, Otto Manigk. Am Samstag gibt's Kunst und Wein zum Sonnenuntergang.

Aktiv & Kreativ

Eingelocht in schöner Lage – **Golfclub Balmer See-Insel Usedom:** Am Golfhotel Balmer See, Drewinscher Weg 1, Neppermin-Balm, Tel. 038379 281 99, www.golfpark-usedom.de. Zwei 18-

Loch-Meisterschaftsplätze und ein 9-Loch-Übungsplatz, Driving-Range und Golfschule, Kinderbetreuung ist möglich.

Lebendige Vergangenheit – **Segelschoner Weiße Düne:** www.weisse-duene.com. Romantische Schifffahrten unter Segel in und um Usedom, Tages- und Abendfahrten 2 x pro Woche ab Neppermin, 1 x ab Karlshagen, 1 x Wolgast. Aktuelle Preise und Termine s. Webseite.

Mellenthin! ▶ D 6

Das sehenswerte Dorf südlich des Lieper Winkels war mehrere Jahrhunderte lang das Stammgut derer von Nienkerken (Neuenkirchen). Anfang des 14. Jh. ließen sie hier die Kirche errichten, ihr beeindruckendes Schloss zählt heute zu den herausragenden Sehenswürdigkeiten Usedoms.

Wasserschloss Mellenthin

Dorfstr. 25, kostenlose Parkplätze, Brückenzoll 2 €
Nach dem Aussterben der Familie Neuenkirchen im Jahre 1641 wechselte ihr Stammgut mehrfach den Besitzer, bis es 1818 schließlich an die Familie Wittchow kam. Nach deren Enteignung Anfang der 1950er-Jahre wurden die zum Gut gehörenden Gebäude größtenteils durch die Gemeinde genutzt, die hier unter anderem Wohnungen, einen Kindergarten, ein Heimatmuseum und eine Gaststätte einrichtete und kaum etwas für den Erhalt der Bausubstanz unternahm.

Heute befinden sich sowohl der Gutshof als auch das Schloss in Privatbesitz und beherbergen exklusive Übernachtungsbetriebe mit ambitionierter Gastronomie. Aber auch wer hier nicht übernachten oder speisen möchte, sollte in Mellenthin vorbei-schauen und einmal um das Schloss herumwandern. Eine alte, schattige Lindenallee säumt den Burggraben. Der ausgesprochen schöne Spaziergang gewährt einen freien Blick auf alle Seiten des Schlosses. Die gemütliche Dorfstraße führt vom Schloss am Gutshof vorbei zur Kirche.

Kirche Mellenthin

Dorfstr., www.dorfkirchen-am-lieper-winkel.de, s. Entdeckungstour S. 140
Eine beeindruckende Backsteinmauer umgibt das mittelalterliche Gotteshaus, das zu den Kirchen am Lieper Winkel gehört. Die teilweise noch aus dem Mittelalter erhalten gebliebene Ausstattung zeugt von dem beträchtlichen Alter des Gotteshauses. Das älteste Stück ist ein frühslawischer Mahlstein, der als Weihwasserbecken rechts vom Eingang in die Mauer eingefügt wurde. An der Südwand der Kirche befindet sich die Grabplatte Rüdigers von Neuenkirchen und seiner Frau mit lebensgroßen bemalten Figuren, sie entstand 1594. Eindrucksvoll sind die 1930 bei Restaurierungsarbeiten im Chorraum entdeckten mittelalterlichen Deckenmalereien. Die Nordwand beherrschen zwei große, auf Holz gemalte Bilder, die die Kreuzigung und das Jüngste Gericht darstellen. Auf den Gemälden sind die Mellenthiner Einwohner namentlich erfasst. Die Bänke mit ihren Blütenmalereien datieren – wie auch Altar, Kanzel, Beichtstuhl und Orgelempore – ins 17. und 18. Jh.

Schwedenschanze

Über einen uralten, von knorrigen dicken Eichen und Weiden gesäumten Weg führt eine Radwanderpiste zur sogenannten Schwedenschanze, nordwestlich von Mellenthin im Wald. Von der slawischen Wallanlage aus dem 8. bis 10. Jh. sind noch immer bis zu 5 m hohe Erdwälle erhalten. Die einstige

Wasserschloss Mellenthin – einer der stattlichsten Herrensitze auf Usedom

Funktion der Anlage ist unklar. Möglicherweise handelte es sich um den Sitz eines Stammesfürsten, es könnte auch eine Fliehburg gewesen sein, in die sich die Bevölkerung der Umgebung bei Gefahr zurückziehen konnte. Oder war es ein Heiligtum?

Übernachten, Essen

Historisches Ambiente – **Wasserschloss Mellenthin:** Dorfstr. 25, Tel. 038379 287 80, www.wasserschloss-mellenthin.de, DZ ab 144 €. Das Hotel ist im Westflügel des Schlosses untergebracht, Restaurant und Café befinden sich im Gewölbe, im Hof liegen Terrasse und Biergarten. Es gibt bodenständige, pommersche Kost (ab 10 €, preisgünstige Tagesangebote) und Waffelspezialitäten. Gästen des Hauses wird der Brückenzoll von 2 € erstattet.
Mit Storchennest auf dem Dach – **Gutshof Mellenthin:** Dorfst. 24, Tel. 038379 207 00, www.gutshof-usedom.de, DZ ab 110 €. Geschmackvoll restaurierter Gutshof mit 20 Zimmern, vier Ferienwohnungen für zwei Personen (ab 110 €) und einer Familiensauna. Für das kulinarische Wohl sorgt das Restaurant mit Pasta-Spezialitäten, Vollwertgerichten und ebenfalls Waffeln.

Einkaufen

Handgetöpfert – **Pommersche Keramik-Manufaktur:** Morgenitzer Berg 1–5, Mellenthin, Tel. 038379 229 33, www.pommersche-keramik.de, Mo–Sa 10–17 Uhr. Ihre Blütezeit hatte die pommersche Gebrauchskeramik Ende des 19. Jh. Die vorwiegend hell lasierte Keramik mit blauer Bemalung war in vielen Haushalten der Region in Gebrauch. In der Werkstatt von Susi Erler ist es möglich, den Töpferinnen bei der Arbeit über die Schulter zu schauen. Tassen, Teller, Becher, Schalen, Krüge, Vasen und Pommernlichter können vor Ort oder online erworben werden.

Auf Entdeckungstour

Hört meinen Klang – Kirchen am Lieper Winkel

Der weit ins Achterwasser hinein-
ragende Lieper Winkel erhielt erst
gegen Ende des 19. Jh. Straßenanbindung. Bis dahin waren die Bewohner
auf ihre Boote angewiesen. Noch
heute machen die Abgeschiedenheit
und Ursprünglichkeit den Zauber der
Halbinsel aus, die am besten mit dem
Rad zu erkunden ist. Wer nicht so
sportlich ist, schaut sich nur die mittelalterlichen Dorfkirchen an.

Reisekarte: ▶ C/D 5/6

Radtour: ab der Kirche in Mellenthin
ca. 30 km.

Öffnungszeiten der Dorfkirchen: tgl.
9–20 Uhr.

Info: www.dorfkirchen-am-lieper-
winkel.de, Broschüre 5 € (liegt in den
Kirchen aus).

Der Lieper Winkel ist eine Welt für sich – hier scheint die Zeit stillzustehen. Das war keineswegs immer so. Im Mittelalter, als an Badetourismus als Einkommensquelle überhaupt noch nicht zu denken war, bildete der Süden Usedoms das wirtschaftliche, aber auch kulturelle und religiöse Zentrum der Insel. Der Handel spielte eine wichtige Rolle, denn der Lieper Winkel liegt direkt am Peenestrom, einem der zentralen Wasserwege der damaligen Zeit. Im 12. Jh. gingen hier die ersten Missionare an Land, im 13. Jh. entstanden die ersten Kirchen. Ihre Glocken erfüllten viele Aufgaben. Sie läuteten Gottesdienste ein und aus, erklangen zur Taufe und zu Hochzeiten, begleiteten Verstorbene und warnten vor Krieg und Feuer.

Uralte Eichen

Eine beeindruckende Backsteinmauer umgibt die hübsche Dorfkirche in **Mellenthin** **1**, die als einzige der drei Kirchen am Lieper Winkel einen Turm hat. Er überragt alle übrigen Gebäude des Dorfes – den Gutshof und das Wasserschloss. Während sich am Schloss Besucher und Autos häufen, hat man das Gotteshaus häufig für sich allein und kann dessen ruhige Atmosphäre ungestört genießen.

Der genaue Baubeginn ist nicht bekannt. Der quadratische Feldsteinchor stammt noch von einem, um 1330 im gotischen Stil errichteten Vorgängerbau. Das von Strebepfeilern gestützte Kirchenschiff, der vierkantige Westturm und der reiche Blendengiebel im Osten kamen im 15. Jh. hinzu. Auf dem ehemaligen Friedhof, der die Kirche umgibt, beeindrucken mächtige Eichen und einige gusseiserne Grabkreuze aus dem 19. Jh. Eine Allee verbindet die Kirche mit dem nahen Schloss, die Tour aber führt aus dem Dorf heraus gen Westen Richtung Morgenitz.

Steinerne Zeitzeugen

Wer einen hübschen, stillen Winkel im Hinterland sucht, ist in dem verträumten Bauerndorf **Morgenitz** **2** richtig. Am westlichen Dorfrand erhebt sich die kompakte, kleine Backsteinkirche. Das im 15. Jh. errichtete Gotteshaus wurde nach gravierenden Sturmschäden 1771 in seiner heutigen Form – mit einem hohen Satteldach und ohne Turm – wieder aufgebaut.

Eine Feldsteinmauer umgibt die Kirche und den interessanten alten Friedhof, auf dem bis 1876 Grablegungen erfolgten. Die Inschriften auf den gusseisernen Grabkreuzen lassen sich kaum noch entziffern: Ilse Farrenzin und ihre Mutter wurden 1823 von einem Knecht aus Suckow umgebracht, der Fischer Gotthart Oberländer ertrank 1874 im Alter von 33 Jahren im Krienker See.

Bei der Spurensuche stößt man auf eine bemerkenswerte Sammlung von Findlingen – zusammengetragen hat sie Wilhelm Hörstel, der ab 1919 in Morgenitz Pfarrer war. Neben runden Reibsteinen und den in der Mitte vertieften Mahltrögen entdeckt man auch unbearbeitete Exemplare, die häufig aus Hünengräbern der Umgebung stammen. Vor dem hölzernen Glockenturm neben der Kirche beeindruckt ein mächtiger Findling, der mit Hilfe von bis zu 16 Pferden vom Gothensee herbeigeschafft wurde.

Sommeridyllen

Die kopfsteingepflasterte Straße führt an der Kirche vorbei aus dem Dorf hinaus. In der kleinen Ortschaft Krienke zweigt der Radweg nach **Rankwitz** **3** von der Hauptstraße ab. Einen Abstecher zum **Rankwitzer Hafen** **4**, 1 km südlich des Dorfes, sollte man entweder für die Hin- oder die Rücktour einplanen, dort verlocken die alte Fischräucherei und das Sommercafé zu einer längeren Pause (s. S. 148).

Weiter geht es am Ufer des Peenestroms entlang nach **Quilitz** `5`. Hört sich winzig an, ist es auch, aber hier gibt es einen Sandstrand und einen gut sortierten Bioladen. Der Ort ist so nett und beschaulich, dass es fast schwerfällt, weiter zu radeln.

Wo die Fischer wohnen
Der unbefestigte Radweg bietet auf dem Weg gen Norden immer wieder herrliche Aussichten über den Peenestrom zur Linken. Ein schöner Rastplatz befindet sich am kleinen Hafen War-

the-Ausbau `6`. An schmalen Stegen sind offene Ruderboote vertäut, an alten Weiden lehnen Reusenstangen und Stapel bunter Fischkisten. Etwas landein liegt das **Dorf Warthe** `7` mit hübschen rohrgedeckten Fischerhäusern. In der Ortsmitte zweigt die Straße wieder zum Achterwasser ab. Der Radund Wanderweg umrundet die Halbinsel. Man passiert breite Schilfgürtel und einsame Strandregionen, bis man in **Grüssow** `8` auf Besiedlung stößt. Hier schwenkt die Route wieder ins Landesinnere.

St. Johannes
Durch Äcker und Wiesen geht es nach **Liepe** `9`. Das beschauliche Dorf war über Jahrhunderte der Hauptort des Lieper Winkels. Eine Kirche auf der Halbinsel wurde 1216 erstmals erwähnt, für das Jahr 1229 kann ein gewisser Johannes namentlich als Priester nachgewiesen werden und 1251 wird schließlich die Ansiedlung Lipa in Verbindug mit einer Kirche genannt, die dem hl. Johannes geweiht war.

Das heutige, aus Feld– und Backsteinen errichtete Gebäude stammt aus dem 15. Jh. Auf dem Friedhof stehen einige Kalksteinstelen aus der Zeit um 1800 und ein modernes Holzkunstwerk. Wie in Morgenitz erhebt sich der hölzerne Glockenstuhl neben der Kirche. 1850 goss Karl Voß, Mitglied einer bekannten Stettiner Glockengießerfamilie, die große Glocke. Ihre Inschrift mahnt die Christen: »Kommet, wenn euch ruft mein Klang, dienet Gott mit Lobgesang.«

An den meisten Tagen ist die Kirche verlassen, aber wenn sich zu Gottesdiensten und Konzerten die Reihen füllen und Musik im Kirchenschiff erklingt, strahlt sie Zuversicht und Geborgenheit aus. So war es immer schon.

Aktiv & Kreativ

Blumenreich – **Usedoms Botanischer Garten:** Chausseeberg 1, Mellenthin, Tel. 038379 202 46, www.usedoms-botanischer-garten.de, April–Okt. tgl. 9 Uhr bis ca. eine Std. vor Einbruch der Dunkelheit, im Juli bis 22 Uhr, Eintritt ab 15 Jahre 5 €, Kinder 2 €. Der Botanische Garten in Mellenthin wurde 2009 neben dem Ausflugslokal Landgasthaus-Klein eröffnet. Das auf der platten Wiese angelegte Gelände ist in verschiedene Themengärten gegliedert – Rosengarten, Heidegarten, Rhododendrengarten.

Morgenitz ▶ D 6

Eine kleine Backsteinkirche, holprige Straßen mit Kopfsteinpflaster, rohrgedeckte Häuser und freilaufendes Federvieh – das Dörfchen Morgenitz ist eine bodenständige Idylle am Eingang zum Lieper Winkel. Die von Maulbeerbäumen und Linden umgebene **Kirche** steht am Dorfausgang Richtung Krienke. Seit 1270 gehörte das Dorf zum Kloster Grobe, das 1308 von Usedom nach Pudagla umsiedelte, anno 1318 wird eine eigene Kapelle in Morgenitz erwähnt. Nach der Reformation gelangte das Dorf in weltlichen Adelsbesitz – die Familie von Borcke war im nahen Krienke ansässig. Ein Großteil der historischen Gutsanlage wurde in der Nachkriegszeit 1945/50 zur Gewinnung von Material für den Bau neuer Häuser abgerissen.

Dorfkirche Morgenitz
Dorfstr., tgl. 9–20 Uhr, Gottesdienst So 10 Uhr
Ein 1736 geschmiedeter Wetterhahn schmückt den Dachfirst des turmlosen, einschiffigen Backsteinbaus. Der Innenraum der Kirche ist schlicht gehal-ten. Die flache Balkendecke und die Galerie zieren naive Blumenmalereien. An der Wand hängen einige ›Totenbretter‹ aus dem 18. Jh., sie dienten zur Aufbewahrung von Braut- und Totenkronen, die die Kirche zu den jeweiligen Anlässen verlieh. In der kreuzrippengewölbten Gruft unter dem Altarraum steht der ins Jahr 1699 datierte Prunksarg des Obristen Paul Weedeke von Borcke.

Übernachten, Essen

Einfach und gut – **Bauernstube Morgenitz:** Dorfstr. 32, Tel. 038372 709 24, www.bauernstube-morgenitz.de, DZ 60 €. Das Restaurant hat mittags und abends geöffnet. Das 1922–24 erbaute Gebäude diente als Molkerei und Konsum, 1992 erfolgte der Umbau zur Gaststätte mit Pension. Vermietet werden sechs Apartements für 2 bis 3 Personen. Die rustikale Gaststube ist für schmackhafte Fischgerichte bekannt.

Einkaufen

Kunst und Kunsthandwerk für daheim – **Keramikwerkstatt Dannegger:** Morgenitz, Tel. 038372 709 10, www.keramik-morgenitz.de, Mo–Sa 12–13, 16–17 Uhr. Die Töpferei und Keramikwerkstatt von Astrid Dannegger steht Besuchern ganzjährig offen. Auf dem hübschen Hof in der Mitte des Dorfes findet man ganz unterschiedliche Arbeiten: keramische Plastiken, Fayencen, Geschirr und Gartenkeramik. Großer Beliebtheit erfreuen sich die Töpfermärkte im Frühling und Sommer.
Mit und ohne Handicap – **Reit- und Therapiehof Matthäus:** Dorfstr. 2, Tel. 038372 703 48, www.reiterhof-morgenitz.de. Auf dem familiären, kleinen

Reiterhof lernt man den Umgang mit den Pferden: vom Putzen bis hin zum Aufsatteln, Trensen und Reiten, auch Dressur und Springen. Zwergenreiten schon für die Kleinsten, ab dem Alter von sechs Monaten.

Termine

Frühlings-Töpfermarkt Morgenitz: Fr und Sa nach Himmelfahrt.
Sommer-Töpfermarkt Morgenitz: Letztes Wochenende Juli.

Lieper Winkel ▶ C/D 5/6

Wer hier Urlaub macht, muss die Stille mögen. Erst gegen Ende des 19. Jh. erhielt die wie ein Lindenblatt (*lipa* = Linde) in das Achterwasser ragende Halbinsel erstmals Straßenanbindung. Bis dahin waren die Bewohner auf ihre Boote angewiesen, wenn sie die abgeschiedene Gegend verlassen wollten.

Moorige Wiesen, Schilfwälder und Weiden prägen das flache Land, immer wieder bieten sich schöne Blicke zum Wasser. Akzente setzen beschauliche Dörfer. Auf rohrgedeckten Fischer- und Bauernkaten thronen Storchennester, dazwischen das eine oder andere schmucklose Wohnhaus aus den 1970er-Jahren und zunehmend auch neu erbaute Reetdachdomizile. Idyllische Badebuchten findet man im westlichen Teil der Halbinsel, die Häfen bestehen mit Ausnahme des Rankwitzer Hafens aus einigen hölzernen Bootsstegen am Schilfufer. Die Dörfer Quilitz, Warthe und Grüssow liegen direkt am Wasser, in Liepe steht die älteste Kirche der Insel Usedom (s. Entdeckungstour S. 140).

Aufgrund der besonderen geografischen Lage sind viele Bräuche und traditionelle Gegenstände im Lieper Winkel erhalten geblieben. Dazu gehören auch die Originaltrachten aus der Zeit um 1850. Sie dienten als Vorlage für die Trachten der Volkstanzgruppe **Dei**

Bauernkate im Lieper Winkel

Lieper Winkelschen Danzlüh, die seit 2001 durch ihre Auftritte auf Trachten-, Volks- und Landfesten die Folklore und Traditionen des Lieper Winkels und der Insel Usedom bekannt machen und zu ihrem Erhalt beitragen.

Rankwitz ▶ C 6

Das alte, erstmals 1317 als Rankevytz urkundlich erwähnte Fischerdorf liegt am Peenestrom. Nördlich des Dorfes erhebt sich der **Jungfernberg** – mit 18,5 m die höchste Erhebung der Halbinsel. Haupterwerbszweige waren seit jeher die Landwirtschaft und der Fischfang. Im Rankwitzer Museumshof zeigt eine vom Natur- und Heimatverein zusammengetragene Ausstellung Zeugnisse des Lebens in der Region: Haus- und Alltagsgegenstände, ein 200 Jahre alter Webstuhl, auf dem noch gewebt werden kann, Handwerkszeug, Fischerei- und Ackergerätschaften sowie Imkereiutensilien (Besichtigung tgl. nach telefonischer Absprache, Tel. 038372 705 35).

Hafen Rankwitz

Ein lohnenswertes Ausflugsziel ist der 1951 etwa 800 m südlich des Dorfes gebaute Hafen, der Mitte der 1990er-Jahre saniert und zu einem Wasserwanderrastplatz ausgebaut wurde. Ab 1970 war der Hafen Standort einer Fisch-Produktionsgenossenschaft zur Karpfen- und Forellenzucht – die FPG war die erste einer ganzen Reihe von DDR-typischen Betriebsformen: 1980 wurde die Zwischenbetriebliche Einrichtung Feinfischproduktion Rankwitz (ZBE) gegründet, die 1987 im Volkseigenen Betrieb Fischfang Sassnitz (VEB) aufging. Nach der Wende wurde der Betrieb privatisiert und unter dem Namen **Usedomer Feinfisch** weitergeführt. 1992 begann die Her-

stellung von Räucherfisch, der gleich vor Ort probiert werden kann.

Übernachten

Beste Lage – **Usedomer Feinfisch:** Am Hafen 1, Rankwitz, Tel. 0383 72 705 21, www.usedomer-feinfisch.de, 80 € für vier Personen pro Nacht. Vier Ferienhäuser mit Terrasse und Blick auf den Seglerhafen. Im Erdgeschoss befindet sich das geräumige Wohnzimmer, im ersten Obergeschoss gibt es zwei Schlafzimmer. Zieht man die Schlafcouch im Wohnzimmer aus, ist die für

Lieblingsort

Idylle am Achterwasser ▶ C 6
Lange Zeit lebte der **Rankwitzer Hafen** allein von der Fischerei. Zwar gibt es noch heute eine Fischräucherei, doch der Hafen hat sich mit ein paar Stegen für Freizeityachten und hübschen Ferienhäuschen zur Urlaubsidylle gemausert. Der Sonnenuntergang über dem Achterwasser ist hier gigantisch. Wer nur kurz zu Besuch ist, genießt ihn im Sommercafé.

Mein Tipp

Carpe Diem ▶ C 6
An einem der schönsten Plätze an der Usedomer Küste kann man es sich im Liegestuhl bequem machen. Gartentische mit Sträußen selbstgepflückter Blumen stehen direkt am Wasser, ein liebevoll eingerichtetes Zelt lädt an ungemütlicheren Tagen zum Verweilen und Genießen ein: Obst und Säfte aus eigener Ernte und Herstellung, selbst gebackene Kuchen oder leckere Fischgerichte. Im **Restaurant Sommercafé im Rankwitzer Hafen** lohnt es sich aber vor allem, auf den Sonnenuntergang zu warten. Decken gegen die Abendkühle und Mückenspray gehören zum Service (Am Hafen 2, Reservierung Tel. 0178 387 77 38, www.hafenrankwitz.de, Mai–Sept. tgl. 11–22 Uhr, Hauptgerichte ab 11 €).

einen geringen Aufschlag die Unterbringung von sechs Personen möglich.
Naturnah – **Am Achterwasser:** Dorfstr. 12, Warthe, Tel. 038372 75 20, www.am-achterwasser.de, FeWo ab 69–100 €. Eine am äußersten Ende des Lieper Winkels in dem Fischerdorf Warthe gelegene Ferienanlage mit Haupthaus und vier Ferienhäusern mit Wohnungen für ein bis fünf Personen. In der saisonal geöffneten Gaststätte gibt es hausgebackene Kuchen, Fisch- und Wildgerichte.
Geschmackvoll und komfortabel – **Landhotel Lieper Winkel:** Dorfstr. 11, Rankwitz, Tel. 038372 760 80, www.landhotel-lieper-winkel.de und www.achterlandhaus.de. Unter dem Namen Landhotel Lieper Winkel sind mehrere

sehr schöne und gepflegte Unterkünfte in den stillen Dörfern des Lieper Winkel vereint: Reetdachhäuser in Krienke, Fischerhäuser in Quilitz, Ferienwohnungen in Rankwitz.

Essen & Trinken

Erlebnisgastronomie am Hafen – **Zur Alten Fischräucherei:** Am Hafen 1, Rankwitz, Tel. 038372 705 21, www.usedomer-feinfisch.de, Mai–Mitte Okt. tgl. 8–20, Mitte Okt.–April tgl. 9–16 Uhr. Maritime Gaststätte mit Fischräucherei und Fischverkauf.

Einkaufen

Alles bio – **Grünfink:** Dorfstr. 21 a, Quilitz, Tel. 038372 760 50, www.bioladen-usedom.de, in der Saison tgl. 8–18, im Winter Fr, Sa 10–16 Uhr. Abgelegener geht's fast nicht, und doch läuft der Bioladen in Quilitz. Im Grünfink findet man viele Demeter-Produkte, ein großes Frischesortiment, Backwaren, Fleisch und Molkereiprodukte. Es wird selbst gebacken, das Obst auf der eigenen Streuobstwiese geerntet, das Schaffleisch stammt von eigenen Tieren, geliefert wird inselweit, aber die meisten schauen hier ganz einfach selber vorbei.

Aktiv & Kreativ

Kulinarische Floßfahrten – **Restaurantschiff Becky:** Ab Hafen Rankwitz, in der Saison Mi 18 Uhr. Mit einem überdachten Floß geht es ins Achterwasser oder auf den Peenestrom. Während der mehrstündigen Fahrt wird ein anspruchsvolles Menü geboten. Info im Sommercafé (s. Mein Tipp S. 148) und unter www.hafenrankwitz.de.

Bootsfahrten – **Usedomer Feinfisch GmbH:** Am Hafen 1, Tel. 038372 705 21, www.usedomer-feinfisch.de. In der Saison wird tgl. eine einstündige Rundfahrt vom Rankwitzer Hafen angeboten, Abfahrt 13 Uhr, 5 €, Kinder unter 14 Jahren die Hälfte. Die Beförderung von Fahrrädern ist möglich.

Liepe ▸ D 5

Das im Zentrum des Lieper Winkels gelegene Dorf erhielt etwa um das Jahr 1200 eine Kirche, die 1216 erstmals erwähnt wurde und als Usedoms älteste Kirche gilt. Eine Lindenallee führt auf das Gotteshaus zu, das in seiner heutigen Form im 15. Jh. entstand. Einen reizvollen Kontrast zu dem freistehenden hölzernen Glockenturm bildet die Mischung von Feld- und Backsteinen der Kirchenmauern. Der Innenraum, ein einfacher rechteckiger Saal mit flacher Holzdecke ist schlicht gehalten. Die Ausstattung – der Beichtstuhl, das Gestühl und der vor der Ostwand platzierte Kanzelaltar – stammen aus dem 18. Jh. In den beiden flachen Wandnischen hinter dem Altar entdeckt man szenische Malereien, die Ende des 15./Anfang des 16. Jh. entstanden sein könnten. Sie zeigen die Kreuzigung und die Auferstehung Christi.

Aktiv & Kreativ

Naturschön und wenig Trubel – Die **Badestellen** im Lieper Winkel befinden sich auf der Westseite der Halbinsel, das Wasser wird hier im Frühjahr schneller warm als in der Ostsee. Ein schöner, bis zu 10 m breiter Sandstrand erstreckt sich bei Quilitz. Ruhige, kleine Strandabschnitte findet man auch in Warthe sowie südlich von Rankwitz.

Termine

Kräutermarkt: Ende Juni, Sa vor der Sonnwende. In Warthe rund um die Ferienanlage Am Achterwasser, reiche Auswahl an Seifen, Konfitüren, Kräuterkissen und Keramik.

Usedom Stadt ▸ C/D 7

Das slawische Wort *uznam* (Mündung) gab der Stadt und auch der Insel ihren Namen. Spätestens seit dem 10. Jh. befand sich am Ufer des Usedomer Sees, einer Bucht des Stettiner Haffs, eine slawische Burgsiedlung. Archäologische Funde belegen Handelsbeziehungen, die bis nach Russland, Skandinavien und ins Baltikum reichten.

Um 1115/1119 wurde die *Urbs Osna* von den Dänen unter König Niels zerstört. Im Jahre 1128 gelang es Bischof Otto von Bamberg die wendischen Fürsten von den Vorzügen des Christentums zu überzeugen. Als Pommernapostel ging er in die Geschichte ein, 23 000 Menschen soll er getauft haben. Zur Sicherung des neuen Glaubens (und der Macht) wurde am westlichen Ufer des Usedomer Sees südlich der Stadt das Prämonstratenserkloster Grobe gegründet. Hier hatte der pommersche Bischof seinen Sitz, bis er 1175 nach Cammin umzog, das Kloster wurde 1307–1309 nach Pudagla am Schmollensee verlegt.

Die 1140 bei der Bestätigung des Pommerschen Bistums durch den Papst erwähnte Burg Usedom wurde um 1159 wieder aufgebaut. Bis Mitte des 13. Jh. zählte sie zu den Lieblingsresidenzen der Herzöge von Pommern. 1298 erhielt sie durch Herzog Bogislaw IV. das Lübesche Stadtrecht. Damals hatte das Residenzstädtchen seine glanzvollsten Zeiten aber bereits hinter sich. Nach der Teilung des Herzog-

Mein Tipp

Ein Veteran im grünen Blätterkleid ▶ D 6

Auf dem Weg vom Lieper Winkel nach Usedom Stadt erhebt sich auf einem bronzezeitlichen Grabhügel ein imposantes Naturdenkmal – die **Suckower Eiche**. Sie ist ein Überbleibsel jener Zeit, als in den Wäldern Schweine mit Eicheln gemästet wurden. Der Name Suckow ist slawischen Ursprungs – *szuinowitz* bedeutet Schweinehüterei. Bereits im Jahre 1298 wählte Pommernherzog Bogislaw IV. die Eiche als Bezugspunkt zur Festlegung der Grenzen der Gemarkung Usedom. Ihr Alter wird auf über 1000 Jahre geschätzt. Die Kronenbreite beträgt 30 m, der Stammumfang liegt in Brusthöhe bei 6,50 m und muss mittlerweile von zwei Eisenringen zusammengehalten werden. Im Sommer 1997 brach ein Hauptast ab, aber noch immer ist der Baum ein ehrwürdiger Platz für eine kleine Rast.

tums Pommern in Pommern-Stettin und Pommern-Wolgast im Jahre 1296 gewannen Wolgast und Stettin an Bedeutung.

Dass die Stadt Usedom an einem See liegt und einen Hafen hat, überrascht viele Besucher. In der Altstadt ist davon auch nichts zu ahnen. Mit ihren hübsch sanierten Straßen, dem historischen Marktplatz und der spätgotischen Marienkirche bietet sie norddeutschen Backsteincharme. Von den massiven Befestigungsanlagen und ursprünglich drei Stadttoren blieb nur das Anklamer Tor erhalten.

Sehenswert

Anklamer Tor

Anklamer Str, Heimatmuseum: in der Saison Mo–Fr 10–12, 13.30–17.30, Sa, So 13.30–16.30 Uhr

Das stattliche Tor, das Wahrzeichen der Stadt, macht deutlich, welche Bedeutung dem Städtchen einst zukam – als Herzogsresidenz, Klostersitz und Hafenstadt. Der hübsch gegliederte Backsteinbau entstand um 1450 mit spitzbogiger Durchfahrt. Auf der Stadtseite sind die einzelnen Geschosse durch Putzblenden voneinander getrennt, auf der Feldseite reicht eine Fallgatternische über drei Geschosse. Im 19. Jh. diente der massive Bau als Gefängnis. Heute beherbergt das geschichtsträchtige Tor das Heimatmuseum der Stadt. Die Dauerausstellung dokumentiert die Arbeit und den Alltag der Bauern und Fischer mit einer umfangreichen Sammlung von Dokumenten, wie auch Werkzeugen und Gerätschaften, vor allem aus dem 18. und 19. Jh..

Marienkirche

Am Markt

Einst gab es fünf Kirchen in der Stadt, eine soll Otto von Bamberg noch per-

sönlich geweiht haben, welche, ist nicht bekannt. Die Marienkirche kann es nicht gewesen sein. Der dreischiffige Backsteinbau entstand erst nach dem verheerenden Brand von 1475. Eine Grabplatte aus dem 15. Jh. erinnert an Herzog Ratibor I. und seine Ehefrau Pribislawa, sie waren die Gründer des Klosters Grobe südlich der Stadt. Seine heutige Form erhielt das Gotteshaus Ende des 19. Jh., damals wurden der Chor und der obere Teil des Turmes erneuert. Aus dieser Zeit stammen auch Teile der Inneneinrichtung – der Altar mit Kruzifix, das Gestühl und die Westempore mit aufgelegten Kleeblatt- bzw. Spitzbogenornamenten. In einem kleinen Saal in der oberen Etage werden Trauungen durchgeführt.

Schlossberg

Am nordöstlichen Stadtrand erinnert seit 1928 ein großes Granitkreuz auf einer knapp 10 m hohen Erhebung an die Christianisierung der Region. Hier beschlossen die westpommerschen Wendenfürsten im Beisein des Bischofs Otto von Bamberg – ohne Zwang – die Annahme des christlichen Glaubens. »Gott will nicht erzwungenen, sondern freiwilligen Dienst«, besagt die Inschrift auf dem Sockel des Kreuzes. Von dem im 12. Jh. auf der slawischen Burganlage errichteten Schloss blieben nach dem großen Stadtbrand 1475 nur Ruinen, die im Verlauf der Jahrhunderte abgetragen wurden.

Hafen

Kurz hinter dem Schlossberg zweigt die Straße zum Hafen ab. Die geringe Tiefe des Usedomer Sees verhindert gegenwärtig noch eine stärkere Nutzung, so dass es recht ruhig zugeht. Es gibt ein Restaurant, an der Hafenkante dümpeln einige Freizeitboote, und das Zeesenboot Romantik wartet auf Gäste für Ausflugsfahrten über den

Usedomer See ins Stettiner Haff (s. Entdeckungstour s. S. 154). Nur in den Sommermonaten herrscht manchmal Trubel, wenn auf der Hafenbühne Veranstaltungen der Vorpommerschen Landesbühne stattfinden.

Klaus-Bahlsen-Haus

Bäderstr. 5, an der B110, Tel. 038372 76 30, www.naturpark-insel-usedom. de, Mai–Sept. Mo–Fr 10–18, Sa 10–15, Okt.–April Mo–Fr 10–16 Uhr

Wer Usedom auf der B 110 passiert, kommt am alten **Bahnhof** vorbei. 1876 nahm die Bahnstrecke Ducherow – Karnin – Swinemünde über Usedom ihren Betrieb auf. Die Sprengung der Hubbrücke von Karnin im Jahre 1945 bedeutete das Ende der Bahnverbindung. Das alte Usedomer Bahnhofsgebäude verlor seine ursprüngliche Funktion. 2003 wurde es als Klaus-Bahlsen-Haus neu eröffnet. Es beherbergt die **Stadtinformation** sowie das **Informationszentrum des Naturparks Insel Usedom** mit viel Wissenswertem über die vielgestaltige Natur der Insel und den Naturschutz. Die Tier- und Vogelwelt der Insel wurde lebensecht präpariert und kann aus nächster Nähe studiert werden. Nur Geräusche und Gerüche fehlen. Die Mitarbeiter des Naturparks bieten im Sommerhalbjahr sachkundige, zum Teil kostenlose Wanderungen und Radtouren in den Naturpark und in einzelne Naturschutzgebiete an.

Usedomer See

Wanderung bzw. Radtour ca. 12 km, Markierung Eichenblatt, in der Saison Ruderbootfähre am Seeende

Der Weg folgt dem **Naturlehrpfad Ostseeküste**. Vom **Anklamer Tor** in Usedom geht es am Marktplatz und am Schlossberg vorbei und weiter nach **Paske** am nordöstlichen Ufer des Usedomer Sees. In **Welzin** lohnt ein Abste-

cher zur **Käserei** (s. Mein Tipp S. 157). Auf dem weiteren Weg Richtung **Ostklüne** schweift der Blick über Wiesen und den Usedomer See hinüber nach Usedom. Von der idyllischen kleinen Siedlung Ostklüne verkehrt in der Saison eine Ruderbootfähre hinüber nach **Westklüne**. Es gibt keinen festen Fahrplan, der Fährmann arbeitet auf Zuruf, die Mitnahme von Fahrrädern ist möglich (Klingel bzw. Information in Ostklüne Haus Nr. 14 und 15). Wenn man Pech hat, muss man hier umkehren. In Westklüne zweigt der Wanderweg von der ruhigen Dorfstraße ab und führt durch Wiesen am Westufer des Usedomer Sees in die Stadt zurück.

Übernachten

Zentral – **Hotel-Restaurant Norddeutscher Hof:** Markt 12, Tel. 038372 702 66, www.norddeutscherhof.de, DZ ab 88 €. Traditionsreiches Gasthaus, die Zimmer sind schlicht und sauber, die Küche bodenständig und schmackhaft. Im Sommer bietet das Restaurant Plätze im geschützten Hofgarten und auf der Terrasse am Marktplatz (Mo–Sa ab 17 Uhr, Nov., Feb. geschl., Hauptgerichte ab 10 €)

Vor dem Stadttor – **Radlerpension Natzke:** Geschwister-Scholl-Str. 5, Tel. 038372 703 98, DZ 60–70 €. Das familiengeführte Gasthaus liegt am Oderhaff-Radfernweg und ist mit Wäschetrockenraum sowie Fahrradverleih mit Werkstatt auf Radreisende eingestellt. Einfache Zimmer.

Skandinavisch – **Ferienhaus Windrose:** Westklüne 1, Tel. 0173 607 97 68, www.haus-windrose.com, 70 €. Ein ökologisch gebautes zweigeschossiges Holzhaus für zwei Personen. Unten befinden sich Wohnküche und Bad, oben der Schlafraum mit Blick über den Usedomer See.

Essen & Trinken

Am historisch Markt – **Roseneck:** Rosenstr. 8, Tel. 038372 767 37, www.roseneck-usedom.de, Eiscafé und Brasserie mit Internetecke, im Sommer großer Biergarten mit Blick auf die Marienkirche, vermietet werden auch Zimmer und Ferienwohnungen für zwei bis vier Personen (ab 70 €).

Einkaufen

Naturtextilien – **De Spinndönz:** Markt 16 (gegenüber der Kirche), Tel. 038372 763 90, www.spinndoenz.de, März–Okt. Mo–Sa 9–18, So 11–17, Okt.–März Di, Fr 10–17 Uhr. In dem kleinen sympathischen Laden, der sich dem Handwerk vergangener Zeiten widmet, findet man Strickwaren, Fellprodukte und Naturmaterialien. Individuelle Web- und Spinnkurse nach Absprache.

Möbel und mehr – **Antiquitäten & Lebensart:** Swinemünder Str. 68, Tel. 038372 705 69, www.antik-bause.de, tgl. 10–17 Uhr. Auf einem der wenigen erhalten gebliebenen Vierseitenhöfe der Insel findet man Bücher, Schallplatten, Möbel und Jugendstillampen sowie ein Café für die kleine Stärkung zwischendurch.

Aktiv & Kreativ

Unterwegs auf dem Haff – **Zeesenboot Romantik:** In der Saison Segelfahrten ab Hafen Usedom Stadt, s. Entdeckungstour S. 154.

Infos & Termine

Stadtinformation
Bäderstr. 5, im Klaus-Bahlsen-Haus an der B 110, 17406 Usedom, Tel. 038372 708 90, www.stadtinfo-usedom.de, Mai–Sept. Mo–Fr 10–18, Sa 10–15, Okt.–April Mo–Fr 10–16 Uhr. Auch Zimmervermittlung und Verkauf von Angelkarten.

Termine
Lämmermarkt: Mai, Stadt Usedom. Wolle, Keramik und viele Naturprodukte auf dem Marktplatz, dazu Schaffescheren, Filzen und Töpfern für Kinder sowie Mai-Tanz.

Hafenfestspiele: Juli/Aug. Auf der Hafenbühne am Usedomer See finden regelmäßig Open-Air-Veranstaltungen der Vorpommerschen Landesbühne Anklam statt (Kartenreservierung und Info Tel. 03971 20 89 25, www.hafenfestspiele-usedom.de.

Verkehr
S. Infobox S. 124.

Usedomer Winkel

▶ C 7

Die größte Attraktion im äußersten Südwesten der Insel ist die alte Hubbrücke im Fischer- und Lotsendorf Karnin. Von Usedom kommend, passiert man auf dem Weg dorthin die winzige Ortschaft **Mönchow.** Hier lohnt die am Ortsausgang Richtung Karnin, direkt an der Durchgangsstraße gelegene, spätgotische Dorfkirche einen Besuch. Die ältesten Teile stammen aus der zweiten Hälfte des 15. Jh. Der Fachwerkturm ist jüngeren Datums, seinen hölzernen Vorgänger hatte ein Orkan im Januar 1817 umgeworfen. Auf dem Friedhof auf der anderen Straßenseite überrascht das etwas bombastisch anmutende Mausoleum der Familie Dannenfeldt, das der wohlhabende und offenbar selbstbewusste Gutsbesitzer Carl Dannenfeldt 1891 für ▷ S. 156

Auf Entdeckungstour

Segeln mit der »Romantik« – Törn auf dem Stettiner Haff

Jahrhundertelang prägten die Zeesenboote mit den charakteristischen braunen Segeln das Erscheinungsbild an der pommerschen Küste. Ab Mitte des 20. Jh. verschwanden die majestätischen Segler. Heute dienen viele der restaurierten ehemaligen Fischerboote als Freizeitfahrzeuge – so auch die Romantik.

Reisekarte: ▶ C/D 7/8

Törn: Ab Usedom Hafen in der Saison (Mai–Okt.) mehrmals pro Woche ins Stettiner Haff, Termine siehe Anschlag. Dauer ca. 1,5 Std, Kosten 12 €, Kinder (bis 12 Jahre) 6 €.

Info: Rika Harder, Tel. 0173 607 97 68, www.zeesenboot.de.

Der Usedomer Hafen wirkt unscheinbar, es gibt eine Hafenkneipe, einen Bootsanleger – und die »Romantik«, die Urlauber anzieht. Mitte der 1990er-Jahre übernahm Rika Harder das historische Segelschiff und bietet seither Fahrten ins Stettiner Haff an. Es handelt sich um ein sogenanntes Zeesenboot, mit dem noch bis in die 1960er-Jahre gefischt wurde.

Fischen mit der Zeese

Rika Harder ist nicht nur die Kapitänin und Steuerfrau der »Romantik«, sondern zugleich auch Reiseleiterin. Bei jedem Törn wird sie ganz gewiss von einem der Fahrgäste aufgefordert, die Zeesenfischerei zu erklären.

Bei dieser speziellen Fangmethode trieben die Boote quer vor dem Wind und zogen die Zeese, ein sackförmiges Schleppnetz, seitlich hinter sich her. Damit die Öffnung des Netzes trotz der geringen Bootslänge weit genug war, wurde es vorn und achtern an sogenannten Driftbäumen befestigt, die über die Länge des Bootsrumpfes hinausragten. Um die Zeesenboote vor den häufig wechselnden Winden driften lassen zu können, führten sie bis zu fünf Segel mit maximal etwa 100 m² Tuch.

Wer mehr über die Zeesenfischerei und die historischen Boote erfahren möchte, kann daheim auf der Website www.braune-segel.de nachlesen oder einen Ausflug ins Meeresmuseum nach Stralsund unternehmen.

»Halt mal die Pinne!«

Die Kapitänin der »Romantik« begrüßt ihre Gäste immer einzeln mit einem festen Handdruck: »Ich bin die Rika«, und hilft jedem über die Leiter an Bord. Damit man bequemer sitzt, sind die Bänke des alten Zeesenbootes mit Kissen ausgelegt. Gewöhnlich spannt

Rika ihre Fahrgäste mit ein. Sind keine segelkundigen Helfer oder Freunde mit an Bord, bildet sie durch präzise Anleitungen im Handumdrehen die fehlende Schiffsbesatzung aus und lässt die Segel setzen. Nicht schneeweiß, wie man sie von Freizeityachten kennt, sondern braun sind die mächtigen Segel der Zeesenboote, mal dunkler, mal ein bisschen heller. In früheren Zeiten wurde Baumwollstoff mit Holzteer, Lebertran, Gerblauge aus Eichenrinde und Rindertalg imprägniert, um ihn auf See haltbarer zu machen. Jeder Schiffer hatte sein eigenes Rezept.

Viele der alten Segel, die sich bei Regen und stürmischem Wellengang mit Wasser vollsogen und schwer zu hantieren waren, sind heute in altersgrauen Bootsschuppen verstaut, die neuen Segel bestehen aus einem imprägnierten, mit Polyesterfasern verwebten Persenningtuch. Es sieht zwar wie Baumwolle aus, ist aber viel leichter zu handhaben.

Eine Welt für sich

Der Törn führt über den Usedomer See und durch die sogenannte Kehle, eine nur 60 m breite Ausfahrt ins Kleine Oderhaff. Zur Linken liegt das winzige Inseldörfchen Ostklüne, gegenüber der Weiler Westklüne, am Ufer sitzen oft Angler – Idylle pur!

Sobald die »Romantik« die Landdeckung verlässt, brist der Wind auf, die Segel knattern im Wind, deutlich wahrnehmbar rauscht die Bugwelle hinter dem Schiff. Da kann es auch schon mal vorkommen, dass die Skipperin auf den Klüverbaum klettern muss. Gut 3 m ragt die Stange vor dem Bug über das Schiff hinaus. Die frisch geschulte Mannschaft ist gefordert. Es gibt weitere kurze Anweisungen. Wie schade, dass der Törn so kurz ist und bald schon wieder beigedreht wird!

25 000 Mark vom Swinemünder Maurermeister Pistorius errichten ließ.

Karnin ▶ C 7

Ein paar Kilometer weiter ist Karnin erreicht. Am östlichen Ortseingang befindet sich der 1938 erbaute **Lotsenturm**. Der 21,60 m hohe Turm diente den Lotsen, die den Schiffsverkehr auf dem Peenestrom regelten, als Unterkunft. Die Dorfstraße führt am legendären Gasthaus **Haffschänke** vorbei zum Anleger am Peenestrom. Von hier verkehrt eine Personen- und Fahrradfähre hinüber nach Kamp auf dem Festland.

Karniner Brücke
www.karninerbruecke.eu
Wer die Reste der Hubbrücke von Karnin von Näherem betrachten möchte, zweigt nicht am Lotsenturm ab, sondern fährt noch ein Stück weiter, bis der Abzweig zur Brücke ausgewiesen ist. Die Straße endet auf einem Parkplatz am Peenestrom. Hier gibt es einen Imbiss und einen Kinderspielplatz. Ein Spazierweg entlang der Uferkante führt zu einem kleinen Aussichtspavillon und der neu angelegten Marina.

Die 1876 mit einer Brücke über den Peenestrom eröffnete Eisenbahnlinie Swinemünde – Ducherow gewährte die direkte Anreise von Berlin zur Insel Usedom. 1933 wurde die erste, handbetriebene Drehbrücke, die für den Schiffsverkehr im Peenestrom immer offen stand und nur geschlossen wurde, wenn ein Zug passieren sollte, durch eine Hubbrücke ersetzt. Bis zu ihrer Zerstörung blieb die Hubbrücke die wichtigste und schnellste Verbindung zwischen Insel und Festland. Um den Vormarsch der Roten Armee aufzuhalten, sprengten Wehrmachtsangehörige die insel- und festland-

seitigen Brückenteile noch kurz vor Kriegsende. Nur der Mittelteil, die eigentliche Hubkonstruktion, blieb unbeschädigt.

Die Wiedereinrichtung der Bahnverbindung nach Berlin war seither immer wieder im Gespräch, scheiterte jedoch an den auf rund 140 Mio. € geschätzten Kosten. Im April 2010 wurde in Berlin das Aktionsbündnis Karniner Brücke gegründet, das die Wiederherstellung der Eisenbahnverbindung Berlin – Ducherow – Karnin – Świnoujście – Heringsdorf unterstützt. Die Fahrtzeit von Berlin nach Usedom würde sich von jetzt vier auf zwei Stunden verkürzen.

Übernachten

Eine runde Sache – **Lotsenturm Usedom:** Dorfstr. 28 b, Info Tel. 030 89 09 33 51, www.lotsenturm-usedom.de, Übernachtung für zwei Personen So–Do 250 €, Fr, Sa und Feiertage 290 €, Silvester 400 €. Nach mehr als 60 Jahren Leerstand wurde der 1938 erbaute Lotsenturm Karnin 2008 als Design-Hotel wiedereröffnet. Zwei Gäste haben das Haus für sich: drei Zimmer – alle kreisrund – auf drei Etagen. Das oberste Zimmer hat einen Balkon und Ausblick auf das Stettiner Haff, das Bad ist mit Whirlpool ausgestattet. Zum Frühstück wird ein Picknickkorb gebracht, den man am Seil zu sich hochziehen kann, auch Dinner-Service ist möglich.

Essen & Trinken

Bei Vadder Gentz – **Usedomer Haffschänke:** Dorfstr. 19, Karnin, Tel. 038372 703 75, www.haffschaenke.de, Di–So 11–22 Uhr, ab 8 €. Das Haus macht nicht viel her. Drinnen blieb zum Teil die nüchterne Einrichtung aus

DDR-Zeiten erhalten, aber auch eine wundervolle alte Theke, draußen gibt es ein buntes Gemisch aus Holz- und Plastikstühlen. Der Service hängt von der Tagesform ab und kann auch mal weniger freundlich sein. Auf den Tisch kommen Aal in Gelee mit Bratkartoffeln, Koteletts und Flundern in süßsaurer Soße. »Es ist kein Kurhotel wie in Swinemünde, dafür wurden wir hier auch nicht geneppt«, schrieb die Besatzung des Seglers Kiek in die Welt 1927 ins Gästebuch. Das gilt heute noch.

Infos

Verkehr
Personenfähre mit Fahrradmitnahme: Von Karnin über den Peenestrom nach Kamp (Festland), Mai–Sept. tgl. 11–17 Uhr, Okt.–April Fahrten nur nach vorheriger Vereinbarung, Tel. 0177 283 45 04 (Christof Reimann), www.hafenverein-kamp.de/faehre.htm.

Die Südküste des Stettiner Haffs ▶ D–G 7

Östlich der Stadt Usedom zweigt die Straße Richtung Stolpe von der B 110 ab. Von dem geschichtsträchtigen, hübschen Gutsdorf geht es über die Ortschaften Dargen, Zirchow und Garz nach Kamminke an der polnischen Grenze – am besten ist man in dieser Region zu Fuß oder mit dem Fahrrad unterwegs, um die teilweise wundervolle Aussicht über das Stettiner Haff zu genießen. Wanderer folgen auf dieser Strecke der Ausschilderung **Via Baltica** (s. S. 29) und dem **Naturlehrpfad Ostseeküste** (s. S. 31), für Radfahrer ist der **Stettiner Haff-Radfernweg** (s. S. 30, 156) ausgewiesen.

Mein Tipp

Köstlicher Käse ▶ D 7
In dem Örtchen **Welzin** südwestlich von Stolpe liegt die Schaukäserei von Steffen Schultze. Im Einmannbetrieb produziert er auf traditionelle Schweizer Weise delikaten Käse. Besucher sind willkommen. Wer mag, kann einen Blick in die Produktionsräume werfen, im Hofladen edlen Käse probieren und passenden Wein kaufen oder im Scheunencafé einkehren (Inselkäserei, Dorfstr. 30, Welzin, Tel. 038372 761 39, www.inselkaeserei.de, Mo–Sa 10–17, So 13–17 Uhr, im Sommer eine Stunde länger geöffnet).

Stolpe ▶ D 7

Das alte Kirch- und Gutsdorf war seit Anfang des 13. Jh. Sitz der Familie von Schwerin, die als Verwaltungsbeamte, Diplomaten und Offiziere dem jeweiligen Landesherrn dienten. Ihr oft als Schloss bezeichnetes Herrenhaus bildet mit dem gegenüberliegenden Dorfteich und der nahen, von altem Baumbestand umgebenen Kirche ein ansprechendes Dorfensemble.

Im Zuge der Bodenreform wurde die letzte Gutsherrin, Gräfin Freda von Schwerin, enteignet. Mit einem Handwagen verließ sie den Familienbesitz, der fortan von lokalen Einrichtungen genutzt wurde – der bauliche Niedergang nahm seinen Lauf. Das Schloss, das heute wieder den Rahmen für verschiedene Veranstaltungen, Ausstellungen und Konzerte bietet, wird gegenwärtig noch saniert, kann aber in der Saison besichtigt werden. Wenn wenig Andrang herrscht, geben die sehr engagierten Schlossdamen bzw. Schlossherren eine Einführung in die Geschichte des Hauses (www.schloss-stolpe.de, s. auch S. 69).

Übernachten

Ökologisches Landleben – **Stolperhof:** Landweg 1, Stolpe, Tel. 038372 71081, www.stolperhof.de, DZ 116 €. Viel Natur, viele Tiere und schönste Alleinlage. Geschlafen wird in 14 rustikalen Kammern für zwei bis sechs Personen, angeboten werden Frühstück, Halb- und Vollpension, viele Produkte aus eigenem Anbau, Zubringerdienst per Kutsche zur Badestelle am Haff.

Aktiv & Kreativ

Schmiedekurse – **Kunstschmiede und Metallgestaltung:** Zum Borken 1, Stolpe, Tel. 038372 703 38, www.kunstschmiede-usedom.de. Die Schmiede besteht seit 1978. Der in Stolpe geborene Ernst-Wilhelm Langhoff lädt dazu ein, ihm bei der Arbeit zuzusehen oder in der Galerie eine Auswahl seiner sehr unterschiedlichen Arbeiten zu entdecken. In fünftägigen Schmiedekursen zu je acht Stunden vermittelt er die Grundtechniken des Schmiedens. Die Unterbringung in einer Ferienwohnung ist möglich.

Dargen ► E 7

Östlich von Stolpe verlaufen der Naturlehrpfad Ostseeküste und der Pilgerweg Via Baltica neben der Straße zur Ortschaft **Kiebitzkrug** und weiter nach **Gummlin.** Ein Abstecher gen Süden führt durch das Dorf zu einem winzigen **Naturhafen** am Haff. Hier – wie auch an anderen Bootsplätzen am Haff, die noch nicht zur Marina ausgebaut sind – scheint die Zeit still zu stehen. Wer sich an der Gummliner Kreuzung gen Norden wendet, gelangt durch die für Autofahrer gesperrte Mellenthiner Heide nach Mellenthin. Diese Abkürzung durch den Wald ist für Radfahrer interessant, die die Usedomer Schlösser in Stolpe, Mellenthin und Pudagla besuchen wollen (s. S. 66). Die Hauptstraße führt weiter gen Osten. In dem unscheinbaren Ort **Prätenow** kurz vor dem ebenso unscheinbaren Dorf **Dargen** ist der Abzweig zum Wisentgehege ausgeschildert.

Usedomer Wisentgehege

Wiesenstr. 9, Prätenow, Tel. 038376 205 54, www.wisentgehege-usedom.de, Ostern–Okt. tgl. 10–17, Fütterung 10, 14.30, Nov.–Ostern Di–So 10.30–15.30, Fütterung 10.30, 14.30 Uhr
Der Wisent, Europas größtes Landsäugetier, war einst auf der Insel Usedom und in der Ueckermünder Heide heimisch. Die letzten Tiere fielen um 1360 der Jagd durch den Menschen zum Opfer. Nun ist das urige Wildrind zurückgekehrt. 2004 wurde am Rande der Mellenthiner Heide ein 6 ha großes Zucht- und Schaugehege eingerichtet. Die ersten Zuchttiere kamen aus polnischen Nationalparks, u. a. von der Nachbarinsel Wollin, und haben sich gut eingelebt. Für genügend Nachwuchs ist gesorgt. Die Hauptbrunftzeit liegt in den Monaten August bis November, nach etwa 250 Tagen Tragzeit werden die Kälber geboren. Wisente werden bis zu 2,20 m groß und 1000 kg schwer. Obwohl die nicht gerade leichtfüßig wirken, können sie bis zu 2 m hoch springen und kurzzeitig Ge-

Gummlin – ein winziger Naturhafen an der Haffküste

schwindigkeiten von 60 km/h erreichen. Im Schaugehege, in dem sie sich tagsüber aufhalten, geht es in der Regel gemächlich zu. Am besten zu beobachten sind sie während der Fütterungszeiten, abends dürfen sie ins Außengehege. Im Informationszentrum wird der Wandel der Landschaft und der Tierwelt dargestellt. Im Heidehaus ist die Rückkehr der großen Säugetiere in die Region dokumentiert.

Dargen Technik- und Zweiradmuseum
Bahnhofstr. 1, Dargen, Tel. 038376 20200, www.museumdargen.de, April–Okt. tgl. 10–18, Nov.–März tgl. 11–15.30 Uhr
Auf dem Gelände der ehemaligen Bäuerlichen Handelsgenossenschaft an der B 110 entstand 1997 durch Eigeninitiative ein einzigartiges Museum. Neben einer beeindruckenden Sammlung von DDR-Fahrzeugen zeigt es auch Dinge des DDR-Alltags, Konsumgüter, Spielzeug, alte Dokumente. Alles ein bisschen zusammengewürfelt, aber für DDR-Nostalgiker ein Eldorado. Diese fühlen sich auch in der Vereinsgaststätte wohl – Mobiliar wie auch die Speisen sind DDR-typisch. Die Termine für Veranstaltungen, etwa das Russen-Kfz-Treffen und Ostalgietreffen, findet man auf der Webseite.

Übernachten, Essen

Gute Küche – **To'n Eikbom:** Haffstr. 19, Dargen, Tel. 038376 204 21, www.eikbom.de, DZ 65 €, Gerichte ab 10 €. Ein familiärer Landgasthof mit fünf recht bieder eingerichteten Doppelzimmern. Weithin bekannt ist die bodenständige Hausmannskost und pommersche Küche. Das Personal ist freundlich und zuvorkommend, hier kehren auch Einheimische ein.

Zirchow ▶ F 7

Viele früh- und urgeschichtliche Funde bezeugen eine frühe Besiedlung der Gegend um Zirchow. Urkundlich erstmals erwähnt wurde die Gemeinde im Jahr 1239. Der Name stammt von *circhowe* und bedeutet so viel wie Kirchdorf. Die um 1280 entstandene, 1319 erstmals erwähnte **Kirche** ist die größte Sehenswürdigkeit des kleinen Dorfes. Jüngeren Datums ist ihr quadratischer Westturm, der im 15. Jh. aus Feld- und Backsteinen angefügt wurde, das Obergeschoss mit barocker Haube datiert ins Jahr 1774. Bekannt ist die Kirche für ihre mittelalterlichen Wandmalereien, die 1958 bei Restaurierungsarbeiten freigelegt wurden. Auf dem **Kirchhof** entdeckt man eine Grabplatte und vier Grabstelen aus dem 19. Jh. sowie eine Reihe alter Mühlensteine. Pilger, die auf der Via Baltica unterwegs sind, können im gegenüber liegenden Pfarrhaus um Herberge bitten.

Aktiv & Kreativ

Rundflüge – **Flugplatz Heringsdorf:** Am Flughafen 1, Zirchow, Tel. 038376 25 00, www.flughafen-heringsdorf.de, Linien-, Charter- und Inselrundflüge sowie Fallschirmspringen. Die **Erlebniswelt Hangar 10** präsentiert historische Fluggeräte und bietet Flüge im Oldtimer (www.hangar10.de, tgl. 10–18 Uhr). Vom **Restaurant** mit Terrasse lässt sich das Fluggeschehen bestens beobachten (ab 11.30 Uhr geöffnet).

Garz ▶ F 7

Viele Jahrhunderte prägten Landwirtschaft und Fischerei das Dorf an der Grenze zu Polen, das bis zur Grenzschließung kurz nach dem Zweiten Weltkrieg auch immer als Raststation von Bedeutung war. Die Elendengilde, unterhielt hier ein Hospiz und bot Reisenden Richtung Wollin, die nicht mehr über die Swine kamen, Unterkunft und wenn nötig medizinische Versorgung. Nach 1800 pendelten viele Garzer zur Arbeit ins nahe Swinemünde. Im Mai 1945 wurde Garz Opfer eines Fliegerangriffs, bei dem 21 der 82 Hofanlagen zerstört wurden. Der kurz nach dem Zweiten Weltkrieg geschlossene Grenzübergang wurde im April 2007 zunächst für Fußgänger, Radfahrer und Reisebusse geöffnet, seit Dezember 2007 dürfen auch Pkws die Grenze passieren.

Kirche

In der Saison Fr, Sa 11–16 Uhr, Gottesdienst 1–2 x pro Monat So 14 Uhr
Mitten im Dorf liegt die 1231 erstmals erwähnte Kirche. Das von einer Feldsteinmauer umgebene turmlose Gotteshaus entstand 1450 im Auftrag der Elendengilde aus Feld- und Backsteinen. Die Luke am Westgiebel erinnert daran, dass die Fischer früher ihre Netze auf dem Kirchenboden trocknen durften. Das Innere der Kirche bestimmt die um 1780 eingebaute einheitliche Ausstattung mit Bänken, Kanzel und Altaraufsatz. Zwei Votivschiffe fallen ins Auge: die 1770 gestiftete Fregatte »Der weiße Schwan« sowie ein Segler aus dem Jahr 1825, deren Originale im Wolgaster Museum verwahrt werden. Seit 2001 beherbergt die Kirche eine Ausstellung über die Geschichte des Golm und der dortigen Kriegsgräberstätte (s. u.).

Kamminke ▶ G 7

Das abgelegene, kleine Fischerdorf an der polnischen Grenze strahlt auch in der Hauptsaison Ruhe aus. Die Lage an einer bewaldeten hohen Düne gibt dem Ort ein besonderes Flair. Niedrige Rohrdachhäuser säumen die abschüssige Dorfstraße, die zum Hafen am Haff führt.

Neben der Landwirtschaft war die Fischerei traditionsgemäß ein wichtiger Erwerbszweig, der mit dem Aufstieg Swinemündes im 19. Jh. an Bedeutung gewann. 1693 gab es acht Kamminker, die neben der Landwirtschaft Fischfang im Haff betrieben, um 1900 lebten etwa 40 Familien von der Fischerei. Auch zu DDR-Zeiten fuhren von hier die Fischer aus.

Nachdem Naturgewalten am 4./5. April 1970 **Hafen** und Mole zerstört hatten, erlebte das abgelegene Haffdorf eine Woge der Unterstützung. Innerhalb von vier Wochen wurden 5000 t Steine und Kies geliefert und eine neue Mole gebaut, an der auch heute noch Fischerboote, einige Yachten und Ausflugsboote liegen. Den Eingang zum Hafen markiert die massive Steinskulptur »Für die unbekannten Fischer«. Direkt am Hafen kann man Räucherfisch essen und gemütlich ein Bier trinken. Eine Badebucht mit Sandstrand liegt gleich nebenan. In Kaminke kann man gut einen Tag verbringen und abends den Sonnenuntergang genießen.

Übernachten

Familiär – **Gasthaus Haffblick:** Wieckstr. 12, Kamminke, Tel. 038376 202 03, www.haffblick-kamminke.de, DZ 58 €. Das ganzjährig geöffnete Gasthaus bietet gepflegte Zimmer – einige mit Haffblick – und bodenständige Küche. Zum Hafen sind es zwei Minuten zu Fuß. Vor dem Haus an der wenig befahrenen Wohnstraße stehen einige Tische und Bänke; den Blick zum Haff verwehrt hier aber die gegenüberliegende Häuserzeile.

An der Steilküste – **Campingplatz und Ferienhäuser Haffküste Kamminke:** Garzer Weg, Kamminke, Tel. 038376 298 50, www.insel-usedom-camping. de, Juni–Sept. geöffnet, Mai, Okt. nach Absprache. Etwa 500 m vom Dorf entfernt bietet das großzügige Areal sonnige und schattige Stellplätze. Die kleinen einfachen Ferienhäuser bzw. Bungalows haben Platz für zwei bis maximal vier Personen (ab 55 €). Zehn Spazierminuten sind es hinunter zum Strand.

Essen & Trinken

Am Hafen – **Fischräucherei Kamminke ›Klönsnack‹:** An der Mole, Kamminke, Tel. 038376 297 76, www.fischraeuche rei-kamminke.de, im Sommer tgl. 8–24 Uhr. Frisch geräucherter Fisch, zum Mitnehmen oder auf windgeschützten Plätzen am Wasser. Touristisch, aber das Preis-Leistungs-Verhältnis ist stimmig.

Aktiv & Kreativ

Baden am Haff – Ein schöner, etwa 10 m breiter **Sandstrand** erstreckt sich unterhalb der bewaldeten Steilküste in unmittelbarer Nähe zum Hafen. Hier stehen in der Saison immer ein paar Wohnmobile (Parkgebühr).
Schiffstouren – Vom Hafen gehen die **Ausflugsschiffe** nach Polen und nach Ueckermünde. Info: Aushang am Anleger.

Golm ▶ G 7

Nördlich des Dorfes erstreckt sich ein landschaftlich reizvolles Naturschutz-gebiet mit dem 69 m hohen Golm, Usedoms höchster Erhebung. Wie ein bronzezeitlicher Burgwall belegt, war das Gebiet schon früh besiedelt. In der Blütezeit des Seebads Swinemünde zu Beginn des 20. Jh. zog die Landschaft viele Ausflügler an. Es gab ein beliebtes Gartenlokal – Onkel Toms Hütte – und einen Aussichtsturm. Der Wegweiser Aussichtspunkt führt auf einem wurzeligen Waldweg hinauf zum Gipfel des Golm mit Blick auf das städtische Swinemünde und die umliegenden Buchenwälder, die zu Spaziergängen einladen. Wenige Menschen sind hier heute unterwegs.

Am Ende des Zweiten Weltkriegs wurde der Golm zu einem der größten

Kriegsopfer-Friedhöfe in Deutschland. Hier liegen die Opfer, die im März 1945 bei dem schweren Bombenangriff auf das nahegelegene Swinemünde ums Leben kamen. Swinemünde war zu diesem Zeitpunkt mit Flüchtlingen und Soldaten überfüllt. Tausende von Menschen erhielten auf dem Golm ihre letzte Ruhestätte, ein Großteil wurde in Massengräbern beigesetzt, etwa 2000 namentlich bekannte Tote erhielten Reihengräber.

In dem Halbrund der 1975 eingerichteten Gedenkstätte, die an ein prähistorisches Ringgrab erinnert, sind der DDR-Hymne entnommene Worte Johannes R. Bechers zu lesen: »Dass nie eine Mutter mehr ihren Sohn beweint.« Die ergreifende Steinplastik der trauernden und frierenden Frau im Soldatenmantel ist eine Arbeit des Bansiner Bildhauers Rudolf Leptien. Das 1952/53 entstandene Kunstwerk wurde zunächst abgelehnt. Als der Künstler die DDR verließ, blieb es im Garten seines Bansiner Hauses zurück. Erst 1984 stellte ein Zempiner die Frau im Soldatenmantel ohne behördliche Genehmigung auf dem Golm auf. Im Jahre 2000 übernahm der Volksbund Deutsche Kriegsgräberfürsorge die größte Kriegsgräberstätte Mecklenburg-Vorpommerns. 2005 wurde in der alten Schule in Kamminke eine internationale **Jugendbegegnungsstätte** eingeweiht (www.jbs-golm.de).

Ruhe und Beschaulichkeit findet man in Kamminke

Die Bernsteinbäder

Highlight !

Koserow: Das charmante Seebad liegt am Fuße des bewaldeten Streckelsberges, auf dem viele seltene Orchideenarten, Maiglöckchen und Waldhyazinthen gedeihen. Wanderwege erschließen das Gebiet. Vom Gipfel reicht der Blick weit über die Ostsee, schroff fällt das Steilufer zum Meer ab. Hier irgendwo soll der berühmte Seeräuber Klaus Störtebeker einen Schlupfwinkel gehabt haben. Auch Vineta, das im Meer versank, wird hier vermutet. Ebenso geheimnisumwoben ist die Geschichte der Bernsteinhexe. S. 176

Auf Entdeckungstour

Zu Besuch bei ONH in Lüttenort: An der schmalsten Stelle Usedoms, wo es außer einem kleinen Hafen nichts gab, ließ sich in den 1930er-Jahren der Maler Otto Niemeyer-Holstein nieder. Er liebte das Meer und schuf sich hier ein kleines Paradies – heute ein Ort der Inspiration für Kunst- und Gartenfreunde. Das in einen zauberhaften Garten eingebettete Wohnhaus mit Atelier wurde nach seinem Tod 1984 zum Museum und zählt zu den Hauptsehenswürdigkeiten Usedoms. S. 180

Zinnowitz

Zu Besuch bei ONH in Lüttenort

Salzhütten von Koserow

Koserow

Ostsee

Loddin

Ückeritz

Wanderung zum Loddiner Höft

Usedomer Gesteinsgarten

Achterwasser

Kultur & Sehenswertes

Usedomer Gesteinsgarten: Sie kamen mit den Gletschern aus dem Norden, bis zu 6 t schwere Findlinge sind beim Forstamt Neu Pudagla aufgereiht, Tafeln informieren über ihre ursprüngliche Heimat und den Fundort. S. 168

Salzhütten von Koserow: Die vielbesuchten Wahrzeichen des Seebads dienen heute der Aufbewahrung von Fischergerätschaften, eine Hütte beherbergt eine urige Gaststätte, eine andere ein Minimuseum, das auch als Standesamt genutzt wird. S. 178

Aktiv & Kreativ

Wanderung zum Loddiner Höft: Die mit genüsslicher Panoramapause insgesamt nicht einmal einstündige Wanderung führt durch schöne Wiesenlandschaft mit weitem Blick über das Achterwasser. S. 171

Genießen & Atmosphäre

Naturcampingplatz am Strand: Eine Welt für sich ist der weitläufige, einfache aber beliebte Campingplatz in Ückeritz, nur ein paar Schritte sind es zur Ostseeküste. S. 169

Windsport Usedom in Ückeritz: Surfschule mit lässigem Flair, von der Sonnenterrasse des Cafés Knatter schweift der Blick übers Achterwasser. S. 170

Abends & Nachts

Strandcafé Utkiek: Klönen mit schönstem Meeresblick kann man in Ückeritz – im Sommer gibt's dazu jeden Mittwochabend Rock am Meer. S. 170

Kikis Bootsverleih in Loddin: Ganz entspannt mit einem Tretboot aufs Wasser schippern und danach bei Kiki einkehren. Den Sonnenuntergang erlebt man am besten von der Aussichtsplattform bei einem Glas Wein. S. 172

165

In der Inselmitte

Der schmale Landstreifen, der den Nord- und den Südteil der Insel miteinander verbindet, ist auf zwei Seiten von Wasser flankiert: im Westen das buchtenreiche und über weite Strecken von einem breiten Schilfgürtel gesäumte Achterwasser, im Osten die Ostsee mit ausgedehnten Sandstränden, Dünen und einem parallel verlaufenden Küstenwald. Die Seebäder auf der Landenge – Ückeritz, Loddin-Kölpinsee, Koserow und Zempin – haben sich unter dem klingenden Namen Bernsteinbäder zusammengeschlossen. Die viel befahrene B 111 verbindet sie. Die Architektur entlang der Bundesstraße ist nichts Besonderes, hier und da ein Gewerbegebiet, ein Supermarkt, eine Station der Bäderbahn. Im Waldstreifen zur Ostsee liegen große Campingplätze und kleinere Feriensiedlungen, die zunehmend wieder mit Reetdach versehen werden. Die alten Ortskerne mit rohrgedeckten Katen, kopfsteingepflasterten Straßen und kleinen Häfen sind dem Achterwasser zugewandt. Die Fischerei trug zum Lebensunterhalt bei, zunächst wurde nur auf dem Achterwasser gefischt, erst im 19. Jh. dann auch in größerem Umfang auf der weniger geschützten Ostsee.

Ückeritz ► E 4

Das waldreiche, gut 1000 Einwohner zählende Seebad besteht aus mehreren Ortsteilen. Der alte Kern des Fischerdorfes, das seit 1270 zum Kloster Pudagla gehörte, erstreckt sich westlich der B 111. Niedrige Fischer- und

Infobox

Information
Website: www.usedomer-bernstein baeder.de
Kurverwaltungen: Ückeritz, (s. S. 171), Kölpinsee (s. S. 176), Koserow (s. S. 183), **Fremdenverkehrsamt:** Zempin (s. S. 185).

Anreise und Weiterkommen
Bahn: Die Usedomer Bäderbahn fährt zwischen Wolgast und Swinemünde im Stundentakt, in der Sommersaison halbstündlich. Bahnstationen in der Inselmitte sind Zempin, Koserow, Kölpinsee, Stubbenfelde, Ückeritz und Neu-Pudagla/Forstamt. Info: www. ubb-online.de.

Bus: Linie 273 verkehrt zwischen Wolgast und Zinnowitz, Linie 282 verbindet Koserow mit Usedom Stadt. Linie 286 führt von Ückeritz über die Kaiserbäder nach Korswandt und Kamminke. Auf dieser Strecke hat man auch Anschluss an die Europalinie 290/291 nach Swinemünde und Misdroy, im Sommerhalbjahr Mo–Fr 2 x tgl., Sa, So 3 x tgl., Tageskarte 6 €, 8 € nach Misdroy. Info: www.ostseebus.de.
Schiff: Von den Seebrücken in Koserow und Zinnowitz verkehren in der Sommersaison Seebäderschiffe zu den Kaiserbädern und weiter nach Swinemünde und Misdroy. Info: www.adlerschiffe.de

Ein Strandkorbverleih darf an Usdeoms Küsten nicht fehlen

Bauernkaten säumen eine Handvoll Straßen, die Hauptstraße endet am Hafen am Achterwasser. Die B 111 und die Gleise der Bäderbahn trennen den alten Dorfkern vom Strandbad. Die etwa eineinhalb Kilometer lange Strandstraße führt durch schattigen Buchen- und Kiefernwald ans Meer. Hier trifft man auf eine überraschend farbenfrohe, hübsche Ansammlung nordischer Holzhäuser mit Ferienwohnungen, Cafés und kleinen Souvenirläden. Eine gepflasterte Promenade fehlt, einen attraktiven Ersatz bietet die Naturpromenade – ein Wanderweg entlang der unbebauten, bewaldeten Steilküste. In den Dünen am Rande der Siedlung liegen einige Fischerhütten, die angenehm untouristisch einfach nur Arbeitsgerätschaften beherbergen.

Ortsgeschichte

Das 1270 erstmals urkundlich erwähnte Fischerdorf am Achterwasser blickt auf eine lange Gastgebertradition zurück. Bereits im Jahr 1388 genehmigte der Abt des Klosters Pudagla den Bau eines Gasthauses bei Wockenyn am Strande, »um armer Leute willen, die da wandern und wanken und Not leiden um der Herberge willen«. Bis zum Dreißigjährigen Krieg, als die Bevölkerung bis auf wenige Einwohner ausgelöscht wurde, ist die Existenz der Herberge nachgewiesen.

Im 18. Jh. entwickelte sich das Dorf zu einem Treffpunkt für Schmuggler. Da der preußische Staat viele Waren wie Kaffee, Zucker oder Seife mit hohen Einfuhrsteuern belegte, lohnte es sich für die Insulaner, die seit 1720 zu Preußen gehörten, solche Produkte vom schwedisch gebliebenen Festland zu beziehen.

1892 kamen die ersten Badegäste, 1899 entstand ein erstes, nur für den Fremdenverkehr bestimmtes Logierhaus, 1939 registrierte der kleine Badeort um die 5500 Gäste. Die Urlauberzahlen schossen in die Höhe, als der strandnahe Zeltplatz in den 1970er-

167

Die Bernsteinbäder

Jahren zum »größten Campingplatz Europas« ausgebaut wurde. Er erstreckte sich bis Bansin und bot Kapazitäten für rund 18 000 Urlauber. Nach der Wende wurde der auf Bansiner Grund gelegene Teil geschlossen – Bansin war bestrebt, wieder an die Tradition als nobles Kaiserbad anzuknüpfen und die Zahl der Camper einzuschränken. Die verbliebene Camping-Kolonie verläuft aber immer noch etwa 4,5 km parallel zur Ostseeküste im Küstenschutzwald und lebt ihr eigenes naturnahes Leben.

Am Waldrand, zwischen Dorf und Strand, ließen sich zu Beginn der 1930er-Jahre einige Künstler und Intellektuelle nieder. Den Anfang machte der Professor der Rechtswissenschaft Alfred Manigk. Er ließ 1932 ein Haus in der Waldstraße bauen. Sein Sohn Otto (1902–72) studierte an der Kunstgewerbeschule in Breslau, wo er Herbert Wegehaupt (1905–59) traf, der 1929 seine Schwester Luise Manigk heiratete. Bis 1939 bauten sie ihre eigenen Häuser in der Waldstraße. Die Insel bedeutete für die Künstler auch Zuflucht vor den zu erwartenden Repressalien durch das Naziregime, denn ihre Werke gehörten zur offiziell unerwünschten Kunst.

Anfang der 1930er-Jahre baute auch Karen Schacht (1900–87) in der Waldstraße, Ende der 1940er-Jahre folgten Manfred Kandt (1922–92) und Susanne Kandt-Horn (1914–96). 1962 zog die Malerin Vera Kopetz nach Ückeritz. Oskar Manigk und Matthias Wegehaupt, die hier bis heute leben, traten in die Fußstapfen ihrer Väter. Matthias Wegehaupt schrieb das lesenswerte Buch »Die Insel«, ein 1000 Seiten umfassender autobiografisch gefärbter Roman über das Leben eines Künstlers auf einer Insel vor der Küste der DDR. Offiziell zu besichtigen ist keines der Künstlerdomizile.

Sehenswert

Heimatstube
Strandstr., ganzjährig Sa 15–17, Juni–Sept. zusätzlich Mi 15–17 Uhr
Das 1929 erbaute, alte Schulgebäude beherbergt die Bibliothek sowie einige Dokumente und Bücher zur Dorfgeschichte. In einer Vitrine sind bearbeitete Flintsteine ausgestellt, Zeugen einer frühgeschichtlichen Besiedlung. Die Einrichtung ist altmodisch, aber liebenswert persönlich und gemütlich.

Hafen Stagnieß
Etwas südlich des alten Dorfkerns liegt der 1882 angelegte Hafen Stagnieß, Seine wirtschaftliche Blütezeit erlebte er in den 1920er-Jahren mit dem Flößen von Holz, das im Wolgaster Sägewerk verarbeitet wurde. Später wurde hier Schrott umgeschlagen und die Baustoffe für den Ausbau der B 111 zu Beginn der 1970er-Jahre angelandet. Die wirtschaftlich florierenden Zeiten sind lange Vergangenheit, der heute bei Campern beliebte Freizeithafen ist ein Sorgenkind der Gemeinde, das bei jeder Gemeinderatssitzung auf dem Programm steht. 2009 wurde die Hafenzufahrt, die zu versanden drohte, saniert, die Anlage neuer Bootsliegeplätze soll folgen. In der Saison fahren hier Ausflugsdampfer zu Rundfahren auf dem Achterwasser in See. Zwischen dem Hafen und Neu Pudagla erstreckt sich Wald. Auf dem Weg dorthin passiert man eine knorrige Eiche, deren Alter auf 600 Jahre geschätzt wird.

Usedomer Gesteinsgarten
Südlich von Ückeritz, beim Forstamt Neu Pudagla, Tel. 038375 204 60, www.neupudagla.wald-mv.de, ganzjährig und ganztägig frei zugänglich
Von der B 111 führt eine alte, von einer Baumallee gesäumte Kopfsteinpflasterstraße zum Forstamt. Das

Hauptgebäude mit dem Hirschgeweih am Giebel stammt von 1849, als der bisherige Amtssitz von Pudagla hierher verlegt wurde. Im Garten des Forsthauses gewährt die in Zusammenarbeit mit dem Institut für Geologische Wissenschaften der Universität Greifswald entstandene Freiluftausstellung Einblick in die geologische Vergangenheit der Region.

Vor etwa 13 000 Jahren schoben die Gletscher der letzten Eiszeit riesige Gesteinsbrocken, die sogenannten Findlinge, von Skandinavien aus gen Süden. Rund 140 bis zu 6 t schwere Exemplare aus Bornholm, Finnland oder Schweden sind hier aufgereiht und durchnummeriert. Bei einem Spaziergang durch den Gesteinsgarten erfährt man Wissenswertes über Gneise, Porphyre, Granite, Magmatite. Tafeln informieren über ihre ursprüngliche Heimat und den Fundort. Die ältesten Ausstellungstücke sind die Uppland-Granodiorite, die vor rund 2 Milliarden Jahren entstanden, die jüngsten Exponate sind rund 70 Mio. Jahre alte Feuersteine.

Die Ausstellung im **Waldkabinett** in der ehemaligen Scheune am Forstamt informiert über Flora und Fauna auf Usedom. Kindern gefallen die präparierten heimischen Räuber: Fuchs, Marderhund, Waschbär, Steinmarder, Nerz, Fischotter, Hermelin, Mauswiesel, Baummarder, Dachs und Iltis.

Wockninsee

2,5 km langer Naturlehrpfad, Start auf dem Ückeritzer Campingplatz, in der Saison regelmäßig Führungen
Mitten im Wald liegt der ursprünglich etwa 50 ha umfassende Strandsee, der durch Torfbildung zunehmend verlandet. Ein Schilfrohrbereich teilt den See in zwei Hälften, die heute etwa 6,5 und 0,8 ha einnehmen und von einem sogenannten schwimmenden Sumpfgürtel umgeben sind. In dieser Moor-

vegetationszone gedeihen Sumpfveilchen, Moosbeere und Sonnentau. Der See, der seit 1958 unter Naturschutz steht, ist ein wichtiges Laichgebiet für Amphibien wie den Springfrosch und den Teichmolch. Haubentaucher, Zwergtaucher, Kranich und Graugans brüten hier. In den angrenzenden Schwarzerlen- und Eichenwäldern sind über 400-jährige Eichen zu bewundern mit einem Stammumfang von etwa 4 m. Richtung B 111 dominieren Fichten, Douglasien und Lärchen.

Übernachten

Modern und freundlich – **Pension Windsport Usedom:** Hauptstr. 36, Tel. 038375 229 66, www.windsport-usedom.de, DZ ab 88 €, Aufbettung für Kinder ab 3 Jahre 10 €. Hübsche Zimmer mit Blick aufs Achterwasser, Apartment im neuen Bootshaus (48 € /Pers.). Angegliedert ist eine Surf-, Segel- und Kiteschule (s. u.). Sehr schön sitzt man auf der Terrasse des Cafés Knatter – grandios bei Sonnenuntergang! Serviert werden regionale Köstlichkeiten mit internationalem Einfluss (Mo–Fr ab 14, Sa, So ab 12 Uhr).
In den Dünen – **Dünenhäuser Nautic:** An der Uferpromenade 1, Tel. 038375 25 50, www.nautic-usedom.de, ab 76– 154 €. Gepflegte Ferienhausanlage direkt am Übergang zum Strand. Die elf roten und blauen Holzhäuser sind über geklinkerte Wege miteinander verbunden. Die unterschiedlich großen Wohnungen für zwei bis vier Personen haben Fußbodenheizung, die größeren auch Sauna und Kamin, die Einrichtung ist hell und freundlich.
Eine Welt für sich – **Naturcampingplatz:** Am Strand, Tel. 038375 209 23 (Sommer), Tel. 038375 25 20 (Winter), www.campingplatz-ueckeritz.de, geöffnet Ostern–Ende Okt. Über 4,5 km

erstreckt sich Richtung Bansin im Wald entlang der Ostseeküste der weitläufige und einfache, aber strandnahe und entsprechend beliebte Campingplatz. Mit Einkaufsmöglichkeit, Café, Imbiss und Restaurant.

Am Achterwasser – **Naturcampingplatz am Hafen Stagnieß:** Hauptstr. 32, www.camping-surfen-usedom.de, ohne Reservierung April–Okt. Hübsche ruhige Lage, hier sind viele Angler und Surfer Stammgäste, der Anleger der Ausflugsdampfer ist gleich nebenan.

Essen & Trinken

Gerne wieder – **Deutsches Haus:** Nebenstr. 1, Tel. 038375 209 40, www.deutsches-haus-ueckeritz.de, Mi–Mo 12–14.30, 17.30–23 Uhr, Vegetarisches ab 9 €, Fisch und Fleisch ab 11 €. Pommersche Küche seit über 200 Jahren. Der von außen unscheinbare Dorfgasthof bietet schmackhafte Hausmannskost aus vorwiegend regionalen Produkten, alles ist frisch zubereitet, dazu freundlicher Service.

Klönen mit schönstem Meeresblick – **Strandcafé Utkiek:** Am Strand, Tel. 038375 204 08. Ein nettes Plätzchen zum Entspannen. Auf der Karte stehen hausgebackene Kuchen, Fleisch und Fisch, besonders beliebt ist das Angebot Hering satt (ab 8 €), nichts Raffiniertes, eher touristisch als ambitioniert, aber okay angesichts der Lage. In der Hochsaison läuft jeden Mittwochabend die Party **Rock am Meer** mit Rock, Pop und Jazz.

Einkaufen

Feines für drinnen und draußen – **Hus un Hoff:** An den Kaveln 2, Tel. 038375 220 13, www.petersen-usedom.de. Aus einer Tischlerei hat sich ein kleines Einrichtungsimperium entwickelt, in dem man außer Möbeln auch Decken, Treppen, Küchen und Türen, Lampen und stilvolle Accessoires findet.

Aktiv & Kreativ

Baden – Der etwa 30 m breite **Strand** ist feinsandig und bietet Flach- und Steilküste. Die FKK-Abschnitte liegen in Richtung Kölpinsee und Bansin.

Angeln – **Angelteiche:** Loddiner Landweg 21, Tel. 0171 744 08 18, www.angelteiche-ueckeritz.de, Juli, Aug. tgl. 7–17, Sept., Okt. Mi–So 8–17 Uhr, Nov.–März nach Absprache. In den drei Teichen nordwestlich des Seebades tummeln sich Regenbogenforellen, Lachsforellen, Bachsaibling, Stör und Aal. Tages- und Wochenangelkarten erhält man bei der Kurverwaltung. Ein kleines Sortiment mit Leihruten, Angelzubehör und Ködern sowie einen kleinen Imbiss gibt es vor Ort.

Klettern – **Kletterwald Usedom:** Beim Forsthaus Pudagla, in der Nähe des Gesteinsgartens, www.kletterwald-usedom.de, April–Nov. Kernzeit Di–So 10–17, Juli, Aug. tgl. 9.30–20, Juni, Sept. tgl. 10–18 Uhr, 2 Std. 16 €, Familienrabatt, für Kinder ab fünf Jahre. Klettern und Schwingen von Baum zu Baum, über Netzbrücken und schwankende Bohlen, auf sieben Parcours mit unterschiedlichem Schwierigkeitsgrad. Einige Kletter-Elemente sind auch für Senioren und Behinderte geeignet.

Reiten – **Ostlandhof:** Mühlenstr. 7, Tel. 038375 213 68. Reitunterricht für Fortgeschrittene, Ponyreiten für Kinder, Ausritte, Kutschfahrten, auch Pferdepension und Pferdeverkauf.

Surfen, Segeln, Kiten – **Windsport Usedom:** Hauptstr. 36, Am Achterwasser, Tel. 038375 206 41, www.windsport-usedom.de. Unterricht und Ausrüstung zum Surfen, Kiten, Segeln, Wasserski und Wakeboardfahren. Mit Café und Unterkunft (s. o.).

Gemütlich auf dem Wasser – **Ückeritzer Personenschifffahrt:** Waldstr. 26, Tel. 0171 651 47 69, www.ms-astor.de. Zweistündige Rundfahrten mit MS Jessica auf dem Achterwasser, ab Hafen Stagnieß in der Saison 1–3 x tgl. Auch Musik- und Mondscheinfahrten.

Infos & Termine

Kurverwaltung Ückeritz
Haus des Gastes, Bäderstr. 5, 17459 Ückeritz, Tel. 038375 25 20, www.ueckeritz.de, Juli/Aug. Mo–Sa 9–18, So 9–12, Mai, Juni, Sept. Mo–Fr 9–18, Okt.– April Mo–Fr 9–16 Uhr, auch Zimmervermittlung.

Termine
Bernsteinbäder Kneipennacht: Sa im Mai, Livemusik in den Kneipen.
Usedomer Fledermausnacht: Fr Mitte Juli. Großes Fest rund um die Fledermaus im Forstamt Neu Pudagla . Es wird gebastelt und gespielt. Aufregend für die Lütten sind die Nachtwanderungen mit Bat-Detektor.
Hafenfest: Dritter Sa im Juli. Volksfest im Hafen Stagnieß mit buntem Markttreiben, Neptuntaufe, Kinderspielen.
Kartoffelfest: Zweiter Sa im Sept. Auf dem Kurplatz dreht sich zum Auftakt der Usedomer Tüfftentage alles um die Kartoffel. Zudem viel Musik und originelle Wettkämpfe.

Loddin-Kölpinsee

▶ D/E 4

Wald und Wasser, wohin man guckt. Die Ostsee auf der einen, das Achterwasser auf der anderen Seite und dazwischen der von Schilf und Wald umrahmte Kölpinsee, den nur ein schmaler Dünenwall und ein Uferweg vom offenen Meer trennen. Der Bindestrichort besteht aus drei Teilen: Kölpinsee und das sich südlich anschließende Stubbenfelde sind der Ostsee zugewandt, das ländlich geprägte Loddin liegt am Achterwasser.

Loddin ▶ D 4

Niedrige Rohrdachhäuser und einige schöne Gehöfte machen den Charme des alten Bauern- und Fischerdorfes aus, das erstmals 1270 in einer bischöflichen Urkunde als *loddino* erwähnt wurde. Der Name lässt sich von der slawischen Bezeichnung für Lachs ableiten und bedeutet so viel wie Dorf an der Lachsbucht. Die Fischerei trug immer zum Lebensunterhalt bei. 1950 gab es in der Gemeinde Loddin 55, 1987 noch 13 Fischer, heute lebt hier niemand mehr vom Fischfang, der Tourismus ist der wichtigste Wirtschaftszweig. Am kleinen Loddiner Hafen erinnert eine Metallskulptur an den FKK-Reporter – von 1972 bis 1989 war er für die in der DDR beliebte Fernsehsendung »Außenseiter-Spitzenreiter« unterwegs und machte – nur mit einem Tonbandgerät ›bekleidet‹ – Interviews am FKK-Strand und befragte die Badegäste zu den Benimmregeln im Nackturlaub.

Loddiner Höft
Südlich des Dorfes streckt sich das Loddiner Höft weit ins Achterwasser. Am Parkplatz vor dem Restaurant Waterblick am Ende der Loddiner Dorfstraße beginnt der Spazierweg. Die mit genüsslicher Panoramapause insgesamt nicht einmal einstündige Wanderung führt durch schöne Wiesenlandschaft mit weitem Blick über das Achterwasser – hinüber zum Gnitz, zum Lieper

Lieblingsort

Sonnenuntergang bei Kiki

▶ D 4

Bei **Kiki,** einem idyllischen Bootsverleih mit Biergarten am Achterwasser, kann man ganz entspannt
mit einem Tretboot aufs Wasser
schippern und danach Kaffee und
Kuchen, frischen Fisch oder ein
Steak vom Grill genießen. Den
Sonnenuntergang erlebt man am
besten von der Aussichtsplattform
bei einem Glas Wein (Kikis Bootsverleih, Dorfstr. 23, Loddin, Tel.
0170 340 20 30, www.achter
wasser.de, tgl. ab 10 Uhr bis open
end, Hauptgerichte ab 10 €).

Die Bernsteinbäder

Winkel, zur Halbinsel Cosim. Ein Tipp für den Sonnenuntergang! Die auf einigen Karten noch eingetragene Rundwanderung gibt es nicht mehr, man kehrt auf dem gleichen Weg zurück.

Kölpinsee ► E 4

Der Ostsee zugewandt ist der 1610 erstmals erwähnte Ortsteil Kölpinsee – abgeleitet von colpa (Schwan) – noch heute brüten auf dem See mehrere Schwanenpaare. Nachdem der Ort im Dreißigjährigen Krieg von Wallensteins Truppen verwüstet wurde, taucht der Name Kölpinsee erst mit dem Bau des ersten Hotels Wald und See im Jahre 1896 wieder auf. Im darauffolgenden Jahr wurde auf dem Steilufer eine Schankwirtschaft mit Blick über die Ostsee und den Kölpinsee eröffnet. Die Seerose entwickelte sich in den nachfolgenden Jahrzehnten zu einem Sommerhotel und Ausflugslokal, das in den 1920er- und 1930er-Jahren UFA-Stars wie Willy Fritsch, Lilian Harvey, Grete Weiser und Zarah Leander gerne aufsuchten. 1929 zählte man über 3000 Badegäste. In den 1950er-Jahren entstand der Kurplatz, ein kleines Naturidyll auf einer Anhöhe über dem Kölpinsee.

Nur wenige Schritte sind es zum Strand, noch immer liegen hier ein paar Fischerboote, einige alte Fischerbuden mit Räucherofen bilden einen bemerkenswerten Kontrast zum modernen Hotelkomplex – das Vier-Sterne-Strandhotel Seerose entstand 1997 an Stelle der alten Seerose am Ende der Strandstraße direkt am Übergang zum Strand.

Heimatmuseum Kölpinsee
Am Bahnhof 2, Kölpinsee, Tel. 038375 247 77, Öffnungszeiten s. Aushang
Die Ausstellung im Bahnhofsgebäude informiert über die Geschichte des Fischer- und Bauerndorfes Loddin, des Ostseebades Kölpinsee sowie über Traditionen und Bräuche auf der Insel. Gezeigt werden auch Bernsteinfunde und schöne Bernsteinarbeiten.

Rund um den See
Zu Fuß oder mit dem Rad, 7 km, Start am Parkplatz am Ende der Strandstraße oder am Bahnhof
Der nur durch einen schmalen Dünenwall vom offenen Meer getrennte, 35 ha große See war einst eine Bucht der Ostsee. Wer am Bahnhof Kölpinsee parkt, folgt der Strandstraße Richtung Strand bis rechts der See auftaucht. Unmittelbar vor dem Strandzugang zweigt der Radwanderweg nach rechts in Richtung Kaiserbäder ab. Wer Kinder hat, kann hier noch eine Rast einplanen, am Seeufer befinden sich ein kleiner Spielplatz und ein Bootsverleih. Der Radweg verläuft auf dem schmalen Landstreifen zwischen Ostsee und Kölpinsee. Während der ganzen Fahrt hört man zwar das Meer rauschen, um es aber zu sehen, muss man zwischendurch einen Abzweig nach links nehmen und über die Dünen schauen. Am **Campingplatz Stubbenfelde** biegt die Straße Richtung Bahnhof Stubbenfelde und B 111 ab. Wer keine Lust auf die Rückfahrt entlang der verkehrsreichen Bundesstraße hat, kann sie überqueren und die Radtour Richtung Loddin fortsetzen und der verkehrsruhigen Nebenstraße in einem weiten Bogen durch die Wiesen bis an die Ecke Dorfstraße/Strandstraße folgen und hier nach rechts abbiegen. Die Strandstraße führt zurück zum Ausgangspunkt.

Übernachten

Wellness am Meer – **Strandhotel Seerose:** Strandstr. 1, Tel 038375 540, www.strandhotel-seerose.de, DZ ab 155 €, Suiten ab 219 €. Ein familienfreundliches großes Haus mit 109 Zimmern und Suiten, fast alle mit Meerblick, viele mit Balkon oder Terrasse. Dazu Restaurant, Strandbistro, Cocktailbar und nette Sommerterrasse. Ein großzügiger Wellnessbereich mit Schwimmbad und Fitnessraum fehlt auch nicht.

Ruhige Lage – **Pension Nixe:** Waldstr. 2, Tel. 038375 201 77, www.pension-nixe.de, DZ 67–77 €, Suite 87 €. Acht Zimmer und zwei Suiten in einer 1913 errichteten Jugendstilvilla am Waldrand. Der Weg zum Strand beträgt 300 m. Das Restaurant im Haus ermöglicht auch Halbpension.

Individuell – **Alte Scheune Loddin:** Dorfstr. 30, Info Tel. 07832 99 92 25, www.alte-scheune-loddin.de, FeWo 45–125 €. Die denkmalgeschützte Scheune wurde 1989/90 unter Verwendung ökologischer Baumaterialien ausgebaut. Es entstanden sieben sehr unterschiedliche, geschmackvoll eingerichtete Ferienwohnungen für zwei bis acht Personen, alle mit Terrasse. Spiel- und Liegewiese am Wasser.

Am Hang – **Schwedenrot:** Triftweg 1 c, Info Tel. 07832 99 92 25, www.schweden-rot.de, FeWo 92–150 €. Kleine Ferienwohnanlage im lichten Kiefernwald zwischen Kölpinsee und Loddin mit insgesamt 14 Wohnungen für zwei bis acht Personen in fünf Häusern. Angenehm klare Einrichtung, mit Kamin und Sauna.

100 m zum Strand – **Campingplatz Stubbenfelde:** Waldstr. 12, OT Stubbenfelde, Tel. 038375 206 06, www.stubbenfelde.de. Ein gepflegter Platz, zum Teil im Buchenwald gelegen. Mit Laden und Restaurant, großem Kinderspielplatz und Saunalandschaft. Ganzjährig zu mieten sind komfortable Blockhäuser (zwei bis sechs Personen 60–108 €).

Essen & Trinken

Mit eigenem Weinberg – **Waterblick:** Am Mühlenberg 5, Loddin, Tel. 038375 202 94, www.waterblick.de, in der Saison tgl. ab 11.30 Uhr, ab 9 €, Drei-Gänge-Menü 20–25 €. Beliebtes Ausflugslokal am Rand des Loddiner Höft. Außer frischem Fisch steht auch Gegrilltes auf der Speisekarte. Seit 2002 werden von 99 Rebstöcken auf dem hauseigenen Weinberg (am Südhang hinter dem Restaurant) Cabernet Sauvignon und Chardonnay geerntet und zwischen 50–80 Flaschen Loddiner Abendrot gekeltert. Der Winzer darf seinen Wein im Restaurant zwar nicht ausschenken, aber zum Verkosten anbieten. Es gibt auch einen kleinen Laden mit regionalen Produkten.

Tolle Aussicht – **Bricklebit:** Am Achterwasser 10, Loddin, Tel. 038375 202 80, www.bricklebrit.info, tgl. 11.30–14.30, 17–22 Uhr, Nov.–April Mo/Di geschl., ab 10 €. Erlebnisrestaurant mit reichlich Märchendeko, serviert wird regionale Küche, im Sommer auf der Terrasse mit schönem Blick auf das Achterwasser.

Einkaufen

Bernstein – **Loddiner Bernsteinbasar:** Waldsiedlung 4, Tel. 038375 206 49, tgl. 16–19 Uhr. Seit seiner Kindheit sammelt Hans-Jürgen Schwarzenholz Bernstein. Bei ihm erfährt man Wissenswertes über das Gold des Meeres, bekommt Tipps, wann und wo man am besten selber auf die Suche geht, kann aber auch handgefertigten Bernsteinschmuck kaufen.

Frisch geräuchert – **Fischimbiss und Räucherei Hengstler:** Strandstr. 40 d, Febr.–Okt. tgl., Nov.–Jan. Fr–Mo. Im Fachwerkimbiss gibt's ganzjährig Fisch für jeden Geschmack, das Preis-Leistungs-Verhältnis stimmt.

Aktiv & Kreativ

Baden – **Strände**: Der **Hauptstrandzugang** ist zugleich der Übergang zwischen der Kliffküste des Streckelsberges und der Dünenküste, die im südlichsten Ortsteil Stubbenfelde wieder zum Kliff ansteigt. Hier führen steile Stahltreppen hinab zum Meer. Richtung Ückeritz liegt ein **FKK-Strand**. Am **Achterwasser** gibt es Badestellen in Loddin und am Loddiner Höft (unbewacht).

Angeln – **Kölpinsee**: In dem etwa 35 ha großen Gewässer tummeln sich Aale, Barsche, Hechte, Karpfen, Plötze, Schleie und Zander. Angelkarten verkauft die Touristen-Information.

Reiten – **Reit- und Pensionshof Müller:** Strandstr. 39, Tel. 038375 216 39, www. reithof-mueller.de. Ausritte, Kutsch- und Kremserfahrten, Reitunterricht. Zwei Ferienwohnungen und kleine, massive Holzferienhäuser (ab 110 €).

Für den Nachwuchs – **Lütt Borsti-Ranch:** Karl Sollich-Str. 13, (von der B 111 zwischen Koserow und Kölpinsee in Richtung Loddin abzweigen und der Ausschilderung folgen), Tel. 0171 107 93 43, April–Sept. tgl. ab 14 Uhr, Eintritt 2,50 €. Hier kann man Tiere streicheln, Federball, Tischtennis und Mini-Miniaturgolf spielen (eine Runde ist im Eintritt inbegriffen), Eselreiten, in der Saison am Lagerfeuer sitzen, Knüppelbrot und Bratwurst essen.

Infos & Termine

Touristen-Information
Haus des Gastes: Strandstr. 23, 17459 Loddin, Tel. 038375 227 80, www.see bad-loddin.de, Juli/Aug. Mo–Fr 9–18, Sa/So 9–12 Uhr, Mai, Juni, Sept. Mo–Fr 9–18, Sa 9–12 Uhr, Okt.–April Mo, Mi, Do, Fr 9–16, Di 9–18 Uhr. Bibliothek Di, Do 16–18 Uhr.

Termine
Fackelschwimmen: Pfingstsamstag. Stimmungsvoller Lampionumzug auf dem Kölpinsee (Treffpunkt Jägerstr. 1, 20 Uhr,).

Sommerfest: Ein Sa im Juli. Spiel und Spaß für die ganze Familie am Strand der Promenade Kölpinsee.

Hafenfest: Ein Sa Anfang Aug. Markt und Vergnügen am Loddiner Hafen

Erntefest: Erster Sa im Sept. Markt und buntes Programm am Loddiner Hafen.

Koserow! ▶ D 3/4

Das größte Seebad der Inselmitte ist das traditionsreiche und charmante Familienbad Koserow am Fuße des bewaldeten Streckelsberges. Vom Gipfel schweift der Blick über die Ostsee. Der Legende nach hat hier einst Vineta gelegen, bevor es im Meer versank (s. S. 63). Informationstafeln am Streckelsberg berichten über die Suche nach dem Atlantis des Nordens.

Ebenso spannend ist die hier angesiedelte Geschichte der Bernsteinhexe. Mitte des 19. Jh. hatte der Koserower Pfarrer Meinhold in einem alten Kirchenbuch die Eintragung über einen Hexenprozess gefunden und als Grundlage für seinen Roman »Maria Schweidler, die Bernsteinhexe« verwendet. Das 1843 anonym veröffentlichte Buch, das in Form einer alten Chronik verfasst ist, wurde ein Bestseller.

Die tragisch-glückliche Geschichte der Maria Schweidler wurde von vielen Lesern als wahre Begebenheit verstanden und lockte zahlreiche Neugierige und wenig später die ersten Badegäste in das Dorf Koserow, dessen Bewohner ihren Lebensunterhalt bis dahin mehr schlecht als recht als Bauern und Fischer bestritten hatten.

Vom Streckelsberg schweift der Bick über die Küste bei Koserow

Ortsgeschichte

Von nun an ging es bergauf, obwohl die Koserower vor allem in der Frühzeit des Bädertourismus einige kräftige Rückschläge hinnehmen mussten. So zerstörte 1857 eine Sturmflut die erst vier Jahre zuvor eröffnete Seebadeanstalt, 1862 brannte der Gasthof Zur Stadt Vineta ab, der später im schweizerischen Villenstil vergrößert wieder aufgebaut wurde. 1886 eröffnete am Fuß des Streckelsberges das Restaurant Zum Streckelsberg. Ab den 1890er-Jahren entstanden viele Villen, Hotels und Pensionen im Bereich der heutigen Haupt- und der Meinholdstraße, darunter die 1897 erbaute Villa Maria (Hauptstraße 5), die nach der Vollsanierung 2007 zehn komfortable Ferienwohnungen beherbergt, sowie das 1905 als Kursanatorium errichtete Waldschloss Parow (Förster-Schrödter-Straße 39), das seit 1991 als Ferienanlage geführt wird. Mit der Eröffnung der Eisenbahnlinie Heringsdorf – Wol-

gast im Jahre 1911 kam es zu einem sprunghaften Anstieg der Gästezahlen. In den 1950er-Jahren lag die Zahl der Urlauber dank des Feriendienstes der Gewerkschaft bei über 11 000. Der Bau von Betriebsferienheimen, Kinderferienlagern und Bungalowsiedlungen ermöglichte schließlich die Unterbringung von fast 50 000 Urlaubern. Nach der Wende gründete Koserow den ersten Fremdenverkehrsverein auf der Insel und registrierte 20 000 Gäste. Wie anderswo wurde investiert, saniert und neu gebaut. 1993 konnte die 261 m lange, im Kriegswinter 1941/42 durch Eisgang und Wind zerstörte Seebrücke eingeweiht werden. Im selben Jahr erhielt Koserow den Titel als Staatlich anerkanntes Seebad.

Sehenswert

Kirche Koserow
Fischerstr./Ecke Kurze Str., www.kirchengemeinde-koserow.de

Die Bernsteinbäder

Koserow ist der einzige Küstenort auf Usedom mit einer alten Kirche. Prachtvolle Kastanien umgeben das Ende des 13. Jh. als kleine Feldsteinkirche erbaute, später durch den Bau des Altarraumes und des Turmes erweiterte Gotteshaus. Zwischen 1821 und 1827 wirkte hier der wortgewandte Pfarrer Johann Wilhelm Meinholt (1797–1851).

Unter der tonnengewölbten Holzdecke beeindruckt der Altaraufsatz aus dem 15. Jh. In diese Zeit datiert auch das Kruzifix über der Taufe – eine schwedische Schnitzarbeit. Der Inselchronik zufolge soll es von Koserower Fischern aus der Ostsee geborgen worden sein. Der Volksmund nennt es Vinetakreuz, obwohl es mit Sicherheit keinen Bezug zwischen dem Fundstück und der Sage von der versunkenen Stadt gibt.

In der Sommersaison ist die alte Kirche im Rahmen der **Klassik am Meer** stimmungsvoller Aufführungsort für Theaterstücke, Konzerte und Literaturlesungen (www.klassik-am-meer. de, s. S. 34).

Salzhütten von Koserow

Hauptstr. Richtung Zempin, am Weg zum Hauptstrand
Die vielbesuchten Wahrzeichen des Seebads liegen im parallel zum Strand verlaufenden Waldstreifen. Die ersten Hütten, die zur Aufbewahrung des staatlich subventionierten Salzes dienten, mit dem die Heringe haltbar gemacht wurden, entstanden 1820. Sie fielen den Sturmfluten von 1872 und 1874 zum Opfer, wurden später jedoch wieder aufgebaut. Um 1900 gab es noch etwa 15 Hütten, heute sind es acht. Einige dienen der Aufbewahrung von Fischergerätschaften und Netzen, andere beherbergen ein Souvenirgeschäft, eine urige Gaststätte sowie das Minimuseum **Uns Fischers Arbeitshütt**,

das außerdem als Standesamt genutzt wird.

Streckelsberg

www.streckelsberg.de, Aufstieg ab Kowerow ca. 15 Min.
Seit 1961 steht die 56 m hohe, bewaldete Anhöhe unter Naturschutz. In dem Buchenwald gedeihen viele seltene Orchideenarten, im Frühjahr blühen hier Anemonen, Maiglöckchen und Waldhyazinthen. Mehrere Wanderwege erschließen das Gebiet. Ein Rad- und Wanderweg und ein Fußpfad verlaufen entlang der oberen Kliffkante. Schroff fällt das Steilufer zum Meer ab. Hier irgendwo soll der berühmte Seeräuber Klaus Störtebeker einen Schlupfwinkel gehabt haben. Den dort von ihm verborgenen Schatz hat bis heute niemand gefunden.

Ein Granitblock mit Gedenkplatte unterhalb des Berges erinnert an den Oberförster August Wilhelm Schrödter (1752–1821), der in den Jahren 1818/19 die Wiederaufforstung des Streckelsberges veranlasste. Der Berg hat durch Naturgewalten in den letzten 300 Jahren mindestens 250 m an Substanz verloren. 1895 bis 1897 wurde eine 320 m lange Brandungsmauer errichtet, die 1949 durch eine Sturmflut schwer beschädigt wurde und wegen fehlender Instandhaltung im Laufe der Jahre auf ganzer Länge einstürzte. In den Jahren 1996–1998 erfolgten aufwändige Küstenschutzmaßnahmen – eine Steinmole, Sandaufspülung und Dünenbepflanzung sollen vor neuen Landverlusten schützen.

Lüttenort

Zwischen Koserow und Zempin, an der schmalsten Stelle Usedoms, liegt Lüttenort. An dem kleinen Hafen ließ sich in den 1930er-Jahren Otto Niemeyer-Holstein nieder. Sein in einen zauberhaften Garten eingebettetes Wohnhaus mit Atelier wurde nach dem Tod des Malers 1984 zum Museum und zählt heute zu den Hauptsehenswürdigkeiten der Insel (s. Entdeckungstour S. 180).

Übernachten

Eine Welt für sich – **Hotel Forsthaus Damerow/Hotel Vineta:** Tel. 038375 560, www.forsthaus-damerow.de, DZ ab 128 €, FeWo ab 158 €. Im Wald, in der Nähe von Lüttenort zwischen Koserow und Zempin liegt die große, reetgedeckte Hotelanlage. Sie besteht aus dem Hotel Forsthaus und dem neueren Hotel Vineta mit romantisch-rustikal eingerichteten Zimmern, Ferienwohnungen für zwei bis vier Personen und einfachen Bungalows. Dazu gehören drei Restaurants, ein Wellnessbereich mit Schwimmbad, ein Kinderspielplatz. Es werden viele Aktivitäten angeboten, darunter Kanusafaris.
Der Kunde ist König – **Nautic Hotel:** Triftweg 4, Tel. 038375 25 50, www. hotel-nautic.de, DZ ab 122 €. Ein sehr zuvorkommend geführtes Haus mit 40 Zimmern und Suiten in sonnenhellen Farben, Drei-Raum-Suiten für bis zu vier Personen ab 205 €. Es gibt ein Schwimmbad und ein Café-Restaurant mit Biergarten.
Bäderarchitektur – **Villa Maria:** Tel. 03836 26 13 14, www.usedomtourist. de, FeWo ab 79–129 €. Die 1897 erbaute und 2007 voll sanierte Villa beherbergt zehn gut ausgestattete Ferienwohnungen mit zwei bis vier Zimmern, alle mit gratis Internetanschluss. Münzwaschmaschine vorhanden. Zum Strand sind es knapp 300 m.
Strandnah – **Villa Schöneck:** Am Strande 1 b, Tel. 038375 207 71, www. villa-schöneck.de, FeWo ab 50 €. Das älteste Logierhaus (1891) in typischem Stil der Bäderarchitektur bietet ganz-

jährig drei freundliche Ferienwohnungen für zwei bis vier Personen.
Am Küstenradwanderweg – **Waldschloss Parow:** Förster-Schrödter-Str. 39, Tel. 038375 20248, www.wald schloss-parow.de, DZ 53 € bzw. 74 €, Bungalows 48–74 €. Das ehemalige Sanatorium, 1905 von dem Arzt Dr. Heinrich Parow erbaut, wird nach umfassenden Sanierung seit 1991 als familienfreundliche Ferienanlage geführt. Ein kurzer Fußweg führt durch den Küstenschutzwald an den Strand, ideal für Familien mit Kindern. Die Zimmer – mit oder ohne Dusche – sind ebenso wie die Bungalows einfach und zweckmäßig eingerichtet.
Camping – **Am Sandfeld:** Am Sandfeld 5, Tel. 038375 207 59, www.amsand feld.de, April–Sept. 150 Stellplätze für Wohnwagen, Wohnmobile und Zelte auf einem naturbelassenen Gras-, Sand- und Kiefernwaldgelände am Fuße des Streckelsberges, man hat die Wahl zwischen sonnigen und schattigen Plätzen, 500 m sind es zum Strand.

Essen & Trinken

Seit 1896 – **Kelchs Fischrestaurant:** Karlstr. Tel. 038375 204 58, www. kelchs.de, Ostern–Ende Okt. Mi–Mo 11.30–14.30, 17.30–21.30 Uhr, ab 11 €. Der traditionsreiche Familienbetrieb serviert in maritimem, urigem Ambiente Fisch- und Fleischgerichte, aber auch Wildgerichte. Freundliche Bedienung, Kinder sind willkommene Gäste.
Frisch vom Fischer – **Udo's Fischräucherei:** Am Strande neben den Salzhütten, Tel. 038375 202 77, www.udos-fisch raeucherei.de, tgl. 10–17 Uhr. Neben Räucherware gibt es Bratfisch aus der Pfanne, Fischbrötchen und Fischsuppe. Das Frischfischangebot hängt vom Fang ab. Gleich nebenan passiert man auf dem Weg zum Wasser ▷ S. 183

Auf Entdeckungstour

Künstlerrefugium am Meer – zu Besuch bei ONH in Lüttenort

Max Liebermann war sich schon früh sicher: »Aus dem wird wat, der klaut sich de Farben aus 'm Meer.« Otto Niemeyer-Holstein hat sich über diese Einschätzung seines berühmten Kollegen geärgert. Warum eigentlich? ONH – so signierte er seine Bilder – liebte das Meer und schuf sich in Lüttenort ein kleines Paradies, heute ein Ort der Inspiration für Kunst- und Gartenfreunde.

Reisekarte: ▶ D 3

Museum Atelier Otto Niemeyer-Holstein: Lüttenort/Koserow, Tel. 038375 202 13, www.atelier-otto-niemeyer-holstein.de, Galerie und Garten Mitte April–Mitte Okt. tgl. 10–18, im Winter Mi, Do, Sa, So 11–16 Uhr, 1,50–4 €, Führung Di 16 Uhr; Wohnhaus und Atelier nur mit Führung tgl. 11, 12, 14, 15, im Winter 11, 12, 14 Uhr, 7 €.

Das Segelboot, mit dem der junge Maler 1933 von Berlin aus auf dem Wasserwege nach Usedom kam, hieß Lütten. Sein Vater hatte es ihm und seinen Geschwistern geschenkt. An ein paar alten Weiden zwischen Achterwasser und Ostsee machte er das Boot seiner Kindheit fest. Das Stückchen Brachland, das er hier später erwarb, nannte er Lüttenort.

Draußen vor der Tür

Der Kassenraum befindet sich in der Galerie, im Hintergrund läuft der Film über Otto Niemeyer-Holstein. Ein Winterfilm, in dem der alte Mann über sein Leben erzählt, vor allem über seine Arbeit und den täglichen Gang zum Meer, seiner »großen Geliebten«, die ihn nie enttäuschte. Große Worte, die gern zitiert werden. Der Weg, dem Niemeyer täglich von seinem Garten über den Deich an den Strand folgte, führt über die Bahnschienen und die B111 gleich hinter seinem Grundstück.

Eine der Damen, die das Haus des Malers zeigen, hat ihn noch gekannt. Damals – Anfang der 1980er-Jahre – war er schon eine graue Eminenz, ein kauziges und doch verehrtes Original, das einen nicht geringen Teil seines Lebens darum hatte kämpfen müssen, sich und die Familie durchzubringen. Undenkbar wäre das gewesen, ohne die Unterstützung seiner Frau Anneliese, einer promovierten Wissenschaftlerin aus der Hauptstadt, die sich auf ein finanziell karges Künstlerleben auf der abgelegenen Insel einließ. Die beiden Aussteiger hielten ihr Leben lang zusammen. Er nannte sich *Käpt'n*, sie war der *Stüermann*.

Im Klostergarten

Vom Galeriegebäude sind es nur ein paar Schritte bis zum Klostergarten. Eine Tür in der übermannshohen Backsteinmauer wird für die Besucher aufgeschlossen, willkommen bei Otto Niemeyer Holstein. Im Garten streckt sich ganz entspannt und nackt eine Frauenfigur – die »Große Marina«, ein Werk des befreundeten Künstlers Gustav Seitz (1957). Durch einen kleinen Wintergarten betreten die Besucher den legendären S-Bahnwaggon, die Urzelle von Lüttenort.

Kann man ein Leben erzählen?

Ein Großteil der Anekdoten, die bei einer Führung erzählt werden, sind Geschichten, mit denen *de verrückte Isenbahner,* wie er von den Usedomer liebevoll genannt wurde, schon zu Lebzeiten zur eigenen Legendenbildung beitrug. Noch vor seinem Tod hat sein Freund und Biograf Achim Roscher die Geschichten aufgezeichnet und nach seinem Tod geprüft, sie stimmten alle, bis auf eine Jahreszahl, also nicht der Rede wert.

Als Otto in Kiel als Sohn des bekannten Völkerrechtlers Theodor Niemeyer geboren wurde, hieß er noch schlicht Niemeyer. Das Holstein hängte er später auf Anraten eines befreundeten Schriftstellers hintenan, es sollte seinen Namen interessanter machen. Der Professorensohn mühte sich durch die Schule, auch später, als er schon beschlossen hatte, Maler zu werden, fiel es ihm schwer, Lehrer zu akzeptieren. An der Kunstgewerbeschule in Luzern, an der Kasseler Kunstakademie ebenso wie an einer privaten Malakademie in Paris blieb er jeweils nur ein paar Monate.

1914 wurde der junge Niemeyer Soldat. Im Trommelfeuer des Ersten Weltkrieges brach er psychisch zusammen. Nachdem er als Kriegsversehrter aus der Armee entlassen worden war, vermittelte ihm das Rote Kreuz einen Kuraufenthalt in der neutralen Schweiz.

Dort begann er zu malen, »aus Lange-weile« wie er selber sagt. Dem Rat eines Freundes folgend, ging er nach Ascona, wo Dichter, Denker und Künstler teilweise unter sehr einfachen Bedingungen in wunderschöner Natur lebten. Die enge Verwobenheit von Natur und Kunst findet sich noch heute in seinem Garten wieder.

De verrückte Isenbahner

1933 erstand ONH für knapp 65 Reichsmark einen Gepäckwagen der Berliner S-Bahn. Hört sich nach einem Schnäppchen an, war es aber letztendlich nicht, da der Waggon keine Räder hatte. Der Transport kostete jede Menge Mühen, Nerven und auch Geld, obwohl die Bahngleise nur ein paar Meter hinter dem Grundstück zwischen Meer und Achterwasser entlangliefen.

Am Ende aber stand der Waggon an seinem Platz und bildete den Kern für das bemerkenswerte Häuserensemble, das nach und nach um ihn herum entstand. Bei einer Führung darf man sich im alten S-Bahnwagen umgucken – im ehemaligen Wohnraum, in der Küche. Gemütlich ist es darin, aber auch ganz schön eng. Sobald ein bisschen Geld vorhanden war, wurde angebaut, kann man verstehen.

Das Herz von Lüttenort

Hinter der Küche liegt die *Döns* – die gute Stube aus dem Kieler Elternhaus. Wieder so eine typische ONH–Geschichte. Mit Zähigkeit und einem an Starrsinn grenzenden Willen gelang es dem Künstler, das väterliche Erbe nach Lüttenort zu bringen: Die Einrichtung samt kostbarer Delfter Fliesen holte er mit einer Schubkarre vom Bahnhof Zempin ab. Im Alkoven, der ursprünglich Betten barg, brachte er die Bibliothek des Hauses unter. Um sie überhaupt aufstellen zu können, mussten

die Türen verkleinert, der Alkoven ganz neu zusammengesetzt werden. Am Ende passte alles zusammen.

Das Tabu

In den 1950er-Jahren ging es endlich bergauf, Ausstellungen im In- und Ausland brachten ONH die langersehnte Anerkennung. 1974 erhielt er den Nationalpreis für Kunst, der ihm ermöglichte, die im Verfall begriffene Benzer Mühle zu erwerben und zu sanieren. Endlich war auch wieder Geld da, um Lüttenort zu vergrößern.

Das alte Atelier war schon lange zu klein, das neue, in einem bereits bestehenden Schuppen eingerichtete Atelier nannte er Tabu. Der Blick schweift an der Staffelei vorbei hinaus in den Garten. Immer wieder wählte Niemeyer-Holstein Motive aus seiner unmittelbaren Umgebung – Garten, Strand, Meer. Einige der Arbeiten hängen im Atelier, auf seiner Staffel steht noch ein Bild, Pinsel und Farbtuben liegen daneben, als sei er nur kurz in den Garten gegangen.

Malerfreunde

Viele Maler pilgerten nach Lüttenort. Sie blieben ein paar Tage, ein paar Wochen, man lebte und malte zusammen, es entstanden Bilder und Plastiken – man tauschte und verschenkte. Die geschenkten Bilder nehmen noch heute einen kleinen Raum neben dem Atelier ein, sie hängen dicht an dicht, genau so wie sie ONH platzierte. Viele Skulpturen fanden Platz im Garten des Malers. Am Ende der Führung sollte man sich Zeit nehmen, ihn zu erkunden.

Auf dem Deich steht der Kutter Orion, in dem viele Besucher von Otto Niemeyer-Holstein übernachteten. Vier Buchstaben hat er drauf gemalt: WZRG. Was sie bedeuten? »Wunschlos, Zeitlos, Restlos Glücklich.«

noch den **Fischimbiss Ladewasser** mit Sitzplätzen an der frischen Luft.

Maritim – **Koserower Salzhütte:** Am Strand bei den Fischern, Tel. 038375 206 80, www.koserower-salzhuette. de, ab 9 €. Reetgedecktes winziges Fischrestaurant in einer der historischen Salzhütten, mit eigener Räucherei. In der Saison gibt es am Wochenende abends Livemusik auf dem Fischerklavier.

Einkaufen

Bücher – **Himmelblau & Erdbeerrot:** Hauptstr. 118, Tel. 038375 289 88. Liebenswerte Buchhandlung mit einem gemütlichen Sessel zum Probelesen.

Aktiv & Kreativ

Baden – **Strände:** Bei Koserow geht der **Flachstrand** Richtung Streckelsberg in **Steilküste** über. Zwischen Koserow und Zempin befindet sich (seit 1956) der erste offizielle **FKK-Strand** auf Usedom.

Für Kleine und Große – **Minigolfanlage:** Kreuzstr. 8, Tel. 0171 424 62 55, www.minigolf-koserow.de, April–Nov. tgl. 9–18, Juli, Aug. tgl. 9–21 Uhr. Die laut Eigenwerbung größte Minigolfanlage an der deutschen Ostseeküste bietet zwei raffiniert gestaltete Bahnen mit je 18 Loch. Leuchtbälle ermöglichen das Golfen in der Abenddämmerung.

Abends & Nachts

Nur im Sommer – **Autokino Koserow:** Auf dem Parkplatz am FKK-Strand an der B111, Tel. 038377 420 36, Mai–Sept. Programme liegen u. a. in der Kurverwaltung aus.

Infos & Termine

Kurverwaltung Koserow
Hauptstr. 31, 17459 Koserow, Tel. 038375 204 15, www.koserow.de. Nov.–März Mo–Fr 9–12.30, 13–16, April, Okt. Mo–Fr 9–16, Sa 9–12, Mai, Juni, Sept. Mo–Fr 9–18, Sa 9–12, Juli, Aug. Mo–Fr 9–18, Sa, So 9–12 Uhr.

Termine
Klassik am Meer: s. S. 34
Seebrückenfest: Ein Wochenende Ende Juni/Anfang Juli. Los geht's mit einem bunten Festumzug, bei dem Bademoden aus der Frühzeit des Seebads präsentiert werden, Höhepunkt für die Kinder ist der abendliche Lampionzug sowie ein großes Feuerwerk.
Countryfest: Ein Sa im Aug. Wer Country, Oldies und Rock 'n' Roll liebt, ist richtig auf dem Kurplatz. Bei den Linedancern können Gäste mitmachen. Kinder dürfen Lasso werfen und Kühe melken.

Verkehr
Bahn und Schiff: s. Infobox S. 166

Zempin ▶ D 3

Das nördlichste der Bernsteinbäder ist das kleine Seebad Zempin, ein ruhiges, nettes Fleckchen für naturverbundene Urlauber. Die Wege zum Wasser sind kurz, Achterwasser und Ostseestrand liegen nur 20 Spazierminuten auseinander. Zur Ostsee hin schützt ein breiter Waldstreifen vor stürmischen Seewinden, entlang des Achterwassers erstreckt sich ein breiter Schilfgürtel – Lebensraum für zahlreiche Wasservögel und Fischotter.

Seit 1996 ist Zempin staatlich anerkanntes Seebad. Allerdings trat es schon 1908 dem Deutschen Bäderverband bei. In der Strandstraße zur Ostsee hin stehen einige alte Bädervillen aus der Frühzeit des Seebads gegen Ende des 19. Jh. Im Südteil des ehemaligen Bauern- und Fischerdorfes, vor allem in der Fischer-, Peene-, Rieck- und Dorfstraße, entdeckt man die charakteristischen rohrgedeckten Häuser.

Orts- und Naturlehrpfad

Auf dem 9 km langen Spazierweg erfährt man Wissenswertes zu Natur und Geschichte, zu Land und Leuten, die in Zempin tätig waren, darunter der bekannte Maler und Grafiker Hugo Scheele (1881–1960). Er kam 1921 mit seiner Frau auf die Insel und kaufte 1923 einem verarmten Strandfotografen die Villa Baltica in der Waldstraße ab. Hier lebte er bis zu seinem Tod. Auf den Tafeln des Orts- und Naturlehrpfades sind einige Reproduktionen seiner vielfältigen Arbeiten zu finden – darunter viele Usedomer Motive: Landschaften, Porträts, Momentaufnahmen aus dem Alltag der Fischer.

Hafen

Die Fischerstraße führt zum winzigen **Hafen** am Achterwasser. Ein paar Fischeroote dümpeln am schilfgesäumten Ufer. Unweit der Angelstelle passiert man eine Eiche, deren Alter auf über 350 Jahre geschätzt wird.

Uns olle Schaul

Fischerstr. 11, Mai–Sept. Mi, Sa 15–18 Uhr

Das 1928 am Dorfplatz erbaute Gebäude diente bis zum Sommer 2000 als Schule und wird heute als V**ereins- und Veranstaltungshaus** für Vorträge und wechselnde Kunstausstellungen genutzt. Außerdem beherbergt es die ständige **Ausstellung Fischerei in Zempin**. Diese zeigt neben Bootsmodellen auch die Einrichtung des Zempiner Kolonialwarenladens von 1928 – seinerzeit Strandstraße 6 –, in dem noch bis

1996 verkauft wurde. Im Museumsshop gibt es Nachdrucke der Werke des Zempiner Malers Hugo Scheele

Übernachten

Am Achterwasser – **Inselhof Vineta:** Dorfstr. 6 a, Tel. 038377 352 00, www. inselhof.de, DZ 78–90 €, FeWo 85–115 €. Große gastfreundliche Ferienanlage mit komfortablen Doppelzimmern und Ferienwohnungen mit zwei bzw. drei Räumen, die für Familien mit bis zu sieben Personen geeignet sind. Zwei Restaurants sorgen für das leibliche Wohl (Hauptgerichte ab 11 €). Es gibt eine großzügige Terrasse zum Achterwasser sowie eine kostenpflichtige Wellnessoase mit Whirlpool, Sauna und Fitness.
Unter Reet – **Haus am Meer:** Zu den Karlsbergen, Info Tel. 02572 6099577,

www.das-haus-am-meer.com, je nach Saison 695–1250 € pro Woche. Hübsch eingerichtetes, komfortables Reetdachferienhaus für sechs Personen in einer neuen, 300 m südlich des Bahnhofs gelegenen Ferienhaussiedlung. Zum Meer sind es 800 m, zum Achterwasser 500 m. Es gibt drei Schlafzimmer, zwei Bäder, eine Sauna und einen großzügigen Wohnraum mit offener Küche und einem Kaminofen.

Essen & Trinken

Aus eigenem Fang – **Tau'n Fischer un sin Fru:** Waldstr. 11, an der B 111, Tel. 038377 400 54, tgl. ab 11 Uhr. Hausmannskost und Fischgerichte werden in rustikal maritimer Atmosphäre serviert – ein gastronomisches Highlight und entsprechend gut besucht. In der Saison sollte man Wartezeiten einplanen. Frisch geräuchert wird in der eigenen Räucherei.

Aktiv & Kreativ

Baden – Der feinsandige, familienfreundliche **Ostseestrand** ist bis zu 30 m breit. Der **FKK-Abschnitt** schließt sich in Richtung Koserow an.

Infos

Fremdenverkehrsamt
Fischerstr. 1, 17459 Zempin, Tel. 038377 421 62, www.seebad-zempin.de, Kernzeit Mo–Fr 8–12, 13–16, Di bis 18 Uhr, Hauptsaison Mo–Fr 7.30–18, Sa, So 9–12 Uhr.

Verkehr
s. Infobox S. 166

Im winzigen Hafen von Zempin dümpeln nur ein paar Fischerboote

Von Zinnowitz bis Peenemünde

Highlights !

Halbinsel Gnitz: Zu den attraktivsten Ausflugszielen auf Usedom gehört der Gnitz. Besonders schön ist seine hügelige Südspitze, die mit üppigen Beständen an Wacholder, Magerrasen, Salzgrasland und Feuchtwiesen zahlreichen Seevögeln einen idealen Lebensraum bietet. S. 197

Peenemünde: Als Wiege der Raumfahrt wurde der abgelegene Fischerort weltbekannt. Das alte Dorf musste nach 1936 einer Forschungsanstalt für Raketen und ferngelenkte Waffen weichen. Heute locken bemerkenswerte Museen und die Denkmallandschaft Peenemünde. S. 208

Auf Entdeckungstour

Ausflug zur Vogelinsel Ruden: Jahrzehntelang war die kleine Insel in der Mündung des Peenestroms militärisches Sperrgebiet und Besuchern nicht zugänglich. Die Insel verschwand aus dem Gedächtnis der Menschen und wurde erst nach der Einheit wiederentdeckt. Die MS Seeadler unternimmt ab Peenemünde Ausflugsfahrten zum Ruden und steuert unterwegs auch den sehenswerten Fischerhafen Freest auf dem Festland an. S. 212

Kultur & Sehenswertes

Usedomer Kunsthaus: Die Gründerzeitvilla des Künstlerehepaares Brigitte und Reinhard Meyer in Zinnowitz bietet ganzjährig ein Forum für Ausstellungen aus den Bereichen Malerei, Grafik, Plastik und Skulptur. S. 193

Phänomenta in Peenemünde: Anfassen und Neugier sind erwünscht. Man kann in eine Seifenblase steigen, mit der Pauke eine Kerze auspusten, klettern, einen Trabi heben und sich im Astronautentrainer durchwirbeln lassen. S. 211

Aktiv & Kreativ

Trassenheide: Die Gemeinde wirbt mit dem Usedomer Kinderland, der Schmetterlingsfarm und anderen Attraktionen um Urlaubsgäste mit Familien. Es gibt Unterhaltung und Aktivitäten für jedes Alter. S. 201

Genießen & Atmosphäre

Galeriegarten-Café in Lütow: Auf dem Weg zur Südspitze des Gnitz sollte man in dem nettesten Biergarten der Insel einkehren. S. 200

Ehmke's Fischladen in Karlshagen: Den kulinarischen Genuss von fangfrischem Fisch kann man mit einem Spaziergang um den Hafen verbinden. S. 206

Fengshui-Garten und Galerie im Hühnerstall: Eine Oase in der winzigen Ortschaft Neeberg. S. 218

Abends & Nachts

Die Blechbüchse: Das Gelbe Theater in der ehemaligen Strandkorbhalle in Zinnowitz inszeniert Schauspiel, Kabarett, Revuen und Kinderstücke. S. 196

La Conga in Zinnowitz: Eine klasse Cocktailbar gegenüber dem Kunsthaus. Das Ambiente ist stilvoll mit dezenter Beleuchtung und guter Musik. S. 197

Der Inselnorden

Viele Urlauber wissen nicht, dass sich der feine breite Sandstrand, für den Usedom bekannt ist, bis an die Nordspitze der Insel zieht: vom noblen Zinnowitz, dem größten Seebad des Nordens, über die ruhigen Familienbäder Trassenheide und Karlshagen bis hinauf zur Kienheide östlich von Peene-

münde. Dem Peenestrom zugewandt sind die Häfen von Karlshagen und Peenemünde, hier liegen die Ausflugsschiffe zu den Vogelinseln Greifswalder Oie und Ruden, die nur von einer Handvoll Menschen bewohnt sind. Fast menschenleer sind auch große Teile der Nordspitze Usedoms, die viele Jahrzehnte nicht zugänglich war. In der 1936 in Peenemünde errichteten Heeresversuchsanstalt wurde während der NS-Diktatur Raketenforschung betrieben, hier wurden die V1- und V2-Raketen entwickelt, die im Zweiten Weltkrieg als Massenvernichtungswaffen eingesetzt wurden. Schon bei ihrer Produktion hatten Tausende von Zwangsarbeitern ihr Leben gelassen. Ein bemerkenswerter Museumskomplex sowie die Denkmallandschaft zwischen Karlshagen und Peenemünde erinnern an dieses dunkle Kapitel deutscher Geschichte.

Infobox

Information
Auch die drei nördlichen Bäder haben sich zusammengetan, wodurch nach den Kaiserbädern und den Bernsteinbädern als dritter Verbund die Inselbäder entstanden ist.
Im Internet: www.inselbaeder.usedom. de.
Kurverwaltungen und Touristen-Informationen: Zinnowitz (s. S. 197), Trassenheide (s. S. 204) und Karlshagen (s. S. 207).

Anreise und Weiterkommen
Bahn: In Zinnowitz verzweigt sich die Usedomer Bäderbahn. Auf der Hauptstrecke zwischen Wolgast und Swinemünde verkehrt die Bahn im Stundentakt, in der Sommersaison halbstündlich. Wer gen Norden will, muss in Zinnowitz Richtung Peenemünde umsteigen. Stationen an der Nordstrecke sind Zinnowitz, Trassenheide, Trassenmoor, Peenemünde. Fahrplaninfo: www.ubb-online.de.
Schiff: Von der Zinnowitzer Seebrücke verkehren die Seebäderschiffe in der Saison regelmäßig zu den Kaiserbädern, nach Swinemünde und Misdroy Info: www.adler-schiffe.de.

Zinnowitz ► C 3

Das größte, traditionsreichste und schönste Seebad im Norden der Insel präsentiert sich zum Meer hin mit feinsandigem Strand und einer Seebrücke, an deren seeseitigem Ende eine futuristisch anmutende Gondel einen Tauchgang in die Ostsee erlaubt. Die breite Strandpromenade schmücken prachtvolle Hotels aus der Gründerzeit, ein weißer Musikpavillon und gepflegte Grünanlagen. Nur ein paar Schritte sind es zur Freilichtbühne, dem Schauplatz der alljährlich stattfindenden Vineta Festspiele. Eine bildhübsche, kopfsteingepflasterte Baumallee führt zum Hafen am Achterwasser, wo ein Ausflugsdampfer zu Rundfahrten ablegt.

Ortsgeschichte

Die etwas südlich des heutigen Seebads gelegene Siedlung Tsyz (Slawisch
für Korn) wurde bereits 1309 in einer
Schenkungsurkunde des Wendenfürsten Bogislaw IV. erwähnt. Der zum Besitz des Klosters Krummin gehörende
Flecken fiel nach der Reformation und
der Auflösung des Klosters an die Pommernherzöge, später an Schweden
und 1721 schließlich an Preußen. Zu
dieser Zeit lebte hier eine Handvoll
Familien, die ihren Lebensunterhalt als
Bauern und Fischer bestritten. Auf
Befehl von Preußenkönig Friedrich II.
(1740–86) wurden die alteingesesse-
nen Bauern auf ›wüste‹ Höfe umge-
setzt und acht Kolonisten aus Schweden und Mecklenburg angesiedelt. Die
neue, preußische Domäne erhielt den
Namen Zinnowitz.

Nach der Niederlage im Siebenjäh-
rigen Krieg sah sich der verarmte preußische Staat gezwungen, Domänen zu
verkaufen: Das Gebiet von Zinnowitz
ging 1811 für 7000 Taler an den Swinemünder Reeder und Kaufmann
Friedrich Wilhelm Krause, dessen Erben das Land stückweise an ortsansäs-
sige Familien veräußerten. Vom Erfolg
der Badeorte Heringsdorf und Swinemünde ermutigt, beantragten die bis
dahin vorwiegend Milch- und Vieh-
wirtschaft betreibenden Bauern im
Jahre 1851 als dritter Usedomer Ort
den sogenannten Badekonsens.

Die ersten Badeeinrichtungen waren Umkleidekabinen in Form von Ba-
dehütten, später kamen Badekarren
hinzu, 1860 wurde ein Haus für warme
Bäder errichtet – es ist heute Teil des
Preußenhofes. Während die ersten Badegäste noch in den Stuben der Bauern unterkamen, entstanden nach und
nach einfache Pensionen – eingeschos-
sige Bauten mit Drempel und Satteldach.

Die Erweiterung der Bahnstrecke bis
Wolgast (1863) erleichterte die Anreise. In Wolgast ging es mit der Fähre
über den Peenestrom und weiter mit
der Pferdekutsche. Nach der Fertigstellung der Eisenbahnlinie Ducherow
– Swinemünde (1876) wurde eine
Dampferlinie von Karnin über Peene
und Achterwasser nach Zinnowitz eingerichtet. Das bis dahin vergleichsweise preiswerte Volksbad Zinnowitz
entwickelte sich zu einem vornehmen
Kurbad für finanzkräftige Gäste. 1880
wurde als erstes Hotel das Kurhaus
Strandhotel eröffnet, das heute den
östlichen Teil des Strandhotels Preußenhof einnimmt. Repräsentative Hotels und vornehme Logierhäuser entstanden entlang der Promenade, aber
auch in der Waldstraße, der Bergstraße, dem Glienbergweg und der
Wilhelmstraße. Ein finsteres Kapitel
der Ortsgeschichte war die Umwand-
lung des Seebads in ein deutsch-natio-
nales Volksbad. 1920 gründeten anti-
semitisch eingestellte Bürger den
Zweckverband zur Freihaltung des Ostseebades für deutschblütige Kurgäste.

Mit der Errichtung der Heeresversuchsanstalt in Peenemünde im Jahre
1936 wurde der Norden Usedoms zum
Sperrgebiet erklärt und der Badebe-
trieb in Zinnowitz eingestellt. Nach
dem Krieg kehrten die Urlauber zurück, und schon 1950 zählte das Seebad wieder 20 000 Badegäste. Wie
überall entlang der Ostseeküste wurden 1953 im Rahmen der Aktion Rose
Hotels und Pensionen sowie Gaststätten beschlagnahmt, ihre Besitzer enteignet. In Zinnowitz übernahm der Feriendienst der SAG Wismut (ab 1954
SDAG – Sowjetisch-Deutsche-Aktien-
gesellschaft) einen Großteil der Unter-
kunftsbetriebe. Der Ort war das »erste
Seebad der Werktätigen der DDR«.
Hier sollten sich die unter härtestesten
Bedingungen im Uranabbau in Sach-

Zinnowitz

Sehenswert

1 Vineta-Brücke/
   Tauchgondel
2 Preußenhof/
   Museumscafé
3 Zinnowitz Palace
4 Kormoran/
   Seeschlösschen
5 Ehemaliges Kulturhaus
6 Usedomer Kunsthaus
7 Kirche
8 Bade- und
   Heimatmuseum

Übernachten

1 Travel Charme
   Strandhotel Zinnowitz
2 Strand- und Wellness-
   hotel Asgard und
   Meereswarte/Restaurants
   Roter Hummer und
   Asgard/Sinatra-Bar
3 Vineta Hotels
4 Haus Schwalbennest
5 Haus am Meer
6 Casa Familia
7 Campingplatz
   Pommernland

Essen & Trinken

1 Zum Smutje
2 MS Libelle

Einkaufen

1 Fischkiste & Café
   Backbord
2 Nordische Lebensart/
   Strandbuchhandlung
3 Refugium Kunst am Meer
4 Atelier Monika Giessler-
   Schwank

Aktiv & Kreativ

1 Hauptstrand
2 FKK-Strand
3 Hunde-/Pferdestrand
4 Promenadenhalle
5 Blechbüchse

6 Ostseebühne
7 Club-Kino Zinnowitz
8 Bernsteintherme
9 Sportpark Barge/Disko-
   thek Hühnerstall
10 Ückeritzer Personen-
   schifffahrt

11 Segel- und Surfschule

Abends & Nachts

1 Pub Sealord
2 La Conga
3 Mäxx

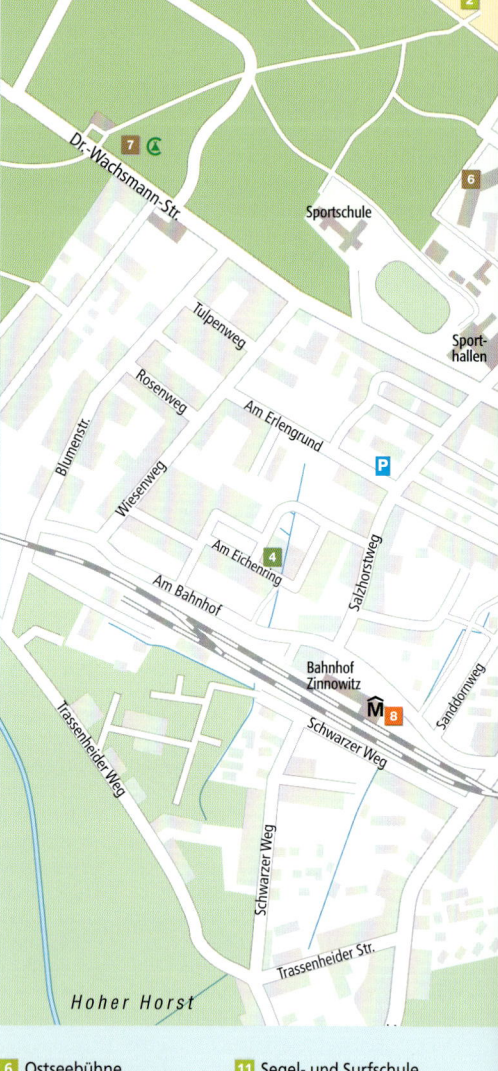

Ostsee

Strandpromenade

Dünenstr.

Dünenstr.

Vinetastr.
Gustav-
Adolf-Str.
Möwenstr.

Rathaus

Dannweg

Dr.-Wachsmann-Str.

Neue Strandstr.

Neue Strandstr.

Heringsdorfer Weg

Seestr.

Neue Strandstr.

Am Kirchberg

Kirchstr.

Kirchstr.

Kirchstr.

Wilhelm-Potenberg-Str.

Musikpavillon

Dünenstr.

Waldstr.

Glienbergweg

Glienbergweg

Schubertstr.

Oiestr.

Oiestr.

Karlstr.

Hohe Str.

Kastanien-
allee

Frankstr.

Usedomer Bäderbahn

Hinter den Tannen

Kneippstr.

Heimweg

Mösckenweg

Höfte-
weg

Peenestr.

Am Waldwinkel

Gnitzer Weg

Görmitzer Weg

Kneippstr.

Kneippstr.

Zempiner Weg

Zur Eisenbahnbrücke

Ahlbecker Str.

111

Swinemünde,

sen und Thüringen schuftenden Bergarbeiter erholen. Das traditionsreiche Strandhotel Preußenhof hieß fortan Glück Auf, 1975 erfolgte die Grundsteinlegung für das Ferienheim Roter Oktober – heute Baltic Hotel, das größte Hotel Usedoms.

Auch Kultureinrichtungen wurden gefördert – das von 1954 bis 1956 am Kurplatz entstandene monumentale Kulturhaus beherbergte ein Tanzcafé, einen Speisesaal mit 400 Plätzen, eine Bibliothek und einen 900 Personen fassenden Kino- und Theatersaal. Hier gastierten renommierte ausländische Künstler – darunter das Russische Staatsballett, die Mailänder Scala und das Indische Nationalballett. Die Ostseebühne bot rund 2000 Sitzplätze. 1982 öffnete die Meerwasserschwimmhalle – eine vergleichbare allgemein zugängliche Anlage dieser Art gab es sonst nur noch in Warnemünde. Heute ist sie grundrenoviert und heißt Bernsteintherme. Nach 1989 hat sich viel ge-

tan in Zinnowitz, es ist das schönste Seebad im Usedomer Norden, das einzige mit kaiserzeitlichem Bädercharme, aber auch einigen Wismut-Relikten.

An der Promenade

Von der **Vineta-Brücke** **1** erhält man den schönsten Blick auf die Zinnowitzer Flaniermeile: Die Dünenstraße säumen aufwendig sanierte Hotels und Villen im Stil der Bäderarchitektur. Den Vorplatz der Vineta-Brücke schmückt ein schlichter **Konzertpavillon,** den man angesichts der architektonischen Prachtbauten in seiner unmittelbaren Nachbarschaft kaum bemerkt, wenn nicht gerade Musik am Meer erklingt.

Unübersehbar ist dagegen das in den 1880er-Jahren erbaute bzw. erweiterte **Strandhotel Preußenhof** **2** (Dünenstr. 10), das seinen illustren, preußischen Namenzusatz einem Besuch des Kronprinzen Wilhelm im

Gediegen – Einkehr im Strandhotel Preußenhof

Jahre 1924 verdankt. Nach einer aufwändigen Renovierung wurde das traditionsreiche Haus 1998 neu eröffnet.

Auch das benachbarte **Zinnowitz Palace Hotel 3** (Dünenstr. 8) erstrahlt in neuem Glanz. Der 1900 als Schwabes Hotel eröffnete palastartige Prachtbau beherbergte zahlreiche berühmte Persönlichkeiten, darunter die Bestsellerautorin und Vielschreiberin Hedwig Courths-Mahler, die den Sommer 1905 im damals »vornehmsten Haus am Platze« verbrachte und auch in den Folgejahren wiederkehrte. Sieben ihrer 200 Romane entstanden hier. Weitere bekannte Gäste waren Hans Fallada, Walther Rathenau und Wernher von Braun, zuletzt Pierce Brosnan und Roman Polanski bei den Dreharbeiten zum Politthriller The Ghost.

Einen ländlich verspielten und vergleichsweise bescheidenen Eindruck macht das **Haus Schwalbennest 4** (Dünenstr. 6) mit seiner Fachwerkfassade, dem Erkerturm und den zum Meer ausgerichteten Wintergartenzimmern.

Das westliche Ende der Promenade dominiert das siebenstöckige **Hotel Baltic**. Der 1977 von der SDAG Wismut errichtete Bau beherbergte viel Prominenz, darunter Olympiasieger und Weltmeister. Das in den 1990er-Jahren rundum erneuerte Sport- und Wellnesshotel gehört heute mit der benachbarten **Bernsteintherme 8** zu den größten Ferienanlagen an der Ostseeküste Mecklenburg-Vorpommerns.

Die Dünenstraße östlich der Seebrücke prägt wiederum noble Bäderarchitektur. Das Flair der Jahrhundertwende umspielt die um 1900 entstandenen Häuser **Hotel garni Kormoran** (Dünenstr. 14) und das benachbarte **Seeschlösschen 4** (Dünenstr. 15). Die von einem Hamburger Industriellen als Sommerresidenz für seine Familie erbaute Villa orientiert sich am Stil der italienischen Spätrenaissance und ihres Meisters Palladio. Fachwerkgiebel, Erker und Türmchen schmücken das gründerzeitliche **Hotel Asgard 2** (Dünenstr. 20). Das bildhübsche **Haus am Meer 5** (Dünenstr. 22) bezaubert mit hölzernen Zierelementen und einem Aussichtsturm mit kupferner Spitze.

Abseits der Promenade

Verlässt man die Flaniermeile am Meer, dominieren angenehm ruhige Wohnstraßen mit kleineren Pensionen, Villen und hübschen Gärten. Die Richtung B 111 führende Strandstraße, die Haupteinkaufsmeile des Seebads, säumen Restaurants, Cafés und Läden.

Ein Relikt aus Wismut-Zeiten und Sorgenkind der Gemeinde ist die Ruine des monströsen **Kulturhauses 5** am Kurpark. Eine grundlegende Sanierung war 1987 begonnen, aber mit der Auflösung der Wismut und des FDGB-Feriendienstes 1990 abgebrochen worden. Anfang der 1990er-Jahre wurde das leer stehende und schlecht gesicherte Gebäude geplündert. Ein Zaun schützt heute den trostlosen Komplex, seine Zukunft ist ungewiss.

Für die Neugestaltung des Parks vor dem Kulturhaus erhielt Zinnowitz 2008 Städtebauförderungsmittel, die Aufwertungsmaßnahmen wurden im September 2009 abgeschlossen. Mit Beeten, Bänken und einigem alten Baumbestand lädt der kleine **Stadtpark** zum Spazierengehen ein.

Usedomer Kunsthaus 6

Wilhelm-Potenberg-Str. 1, Tel. 038377 422 34, Di–Fr 14–18, Sa 10–12 Uhr
Eine gute Adresse für Freunde der Schönen Künste ist das Usedomer Kunsthaus an der Ecke zur Waldstraße. Die Gründerzeitvilla des Künstlerehepaares Brigitte und Reinhard Meyer

bietet ganzjährig ein Forum für Ausstellungen aus den Bereichen Malerei, Grafik, Plastik und Skulptur – überwiegend von Künstlern aus Mecklenburg-Vorpommern und Polen. Im Kunsthaus werden auch drei Ferienwohnungen vermietet.

Zinnowitzer Kirche 7

Kirchstr., www.kirche-zinnowitz.de, Juni–Sept. Mo–Fr 10–12, 16–18 Uhr, Gottesdienst So 9.30 Uhr
Durch ruhige Wohnstraßen gelangt man zu dem 1895 geweihten, neogotischen Backsteinbau. Den schlanken, von zwei kleinen Treppentürmchen flankierten Kirchturm schmückt ein Spitzdach mit Wetterhahn. Die harmonische Innenausstattung mit Holzbalkendecke und umlaufenden Emporen stammt noch aus der Bauzeit. Das Gotteshaus bietet im Sommerhalbjahr einen schönen Rahmen für Konzerte und andere Veranstaltungen.

Bade- und Heimatmuseum 8

Im Bahnhofsgebäude, in der Saison tgl. 14–17 Uhr
Fern vom Trubel des Strandes findet man das Bade- und Heimatmuseum. Die Ausstellung der Historischen Gesellschaft dokumentiert die Zinnowitzer Geschichte vom Fischerdorf zum Ostseebad. In der Saison gibt es regelmäßig Vorträge zu verschiedenen Themen der Orts- und Inselgeschichte.

Übernachten

Moderne Bäderarchitektur – **Travel Charme Strandhotel Zinnowitz 1**: Dünenstr. 11, Tel. 038377 3800 00, www.travelcharme.com, DZ 148 €, Maisonette und Suiten ab 187 €. Das Vier-Sterne-Haus befindet sich in bester Strandlage. Am schönsten sind natürlich die Zimmer zum Meer hin, ein Zim-

mer nach hinten bedeutet Parkplatzblick, aber auch mehr Sonne (Südseite). Die Maisonette-Wohnungen verfügen über einen zusätzlichen Schlafraum im ausgebauten Dachstuhl, attraktiv sind die Turmsuiten mit jeweils zwei Balkonen.

Komfortabel, aber nicht abgehoben – **Strand- und Wellnesshotel Asgard und Meereswarte 2**: Dünenstr. 20, Tel. 038377 46 70, www.hotelasgard.de, DZ 100–140 €, FeWo 205 €. 34 Zimmer und 50 Apartments in einer Jugendstilvilla mit angeschlossenem Neubau und Schwimmbad. Frisches aus dem Meer wird im Restaurant **Roter Hummer** serviert, regionale und internationale Spezialitäten im **Asgard.** Empfehlenswert ist das Gourmetfrühstück im **Café Wien,** hoch über dem Meer liegt die **Sinatra-Bar.**

Vier Sterne – **Vineta Hotels 3**: Strandpromenade 1, Tel. 038377 350, www.hotel-vineta.de, DZ 92–145 €, Suiten 155–165 €. Die gepflegte Anlage besteht aus drei Gebäuden: dem **Hotel Vineta** mit Rezeption, Pool und Sauna, Restaurant, daneben die **Residenz Vineta,** ebenfalls mit Restaurant, und dahinter das **Chalet Vineta** mit dem gemütlichen **Pub Sealord.**

Historisches Kleinod – **Haus Schwalbennest 4**: Dünenstr. 6, Tel. 030 67 68 99 13, www.haus-schwalbennest.de, FeWo ab 75–95 €. Eingebettet zwischen großen Häusern direkt an der Strandpromenade sechs Ferienwohnungen für zwei Personen, teilweise mit Seeblick, Veranda oder Erker.

Traditionsreiches Ambiente – **Haus am Meer 5**: Dünenstr. 22, Tel. 038377 45 20, www.haus-am-meer-zinnowitz.de, FeWo 100–250 €. Acht großzügige Apartments in einer liebevoll restaurierten Gründerzeitvilla mit Turm. Die Wohnungen sind unterschiedlich ausgestattet, sie haben Sauna, Kamin oder Ofen, einige genießen Wintergarten mit Seeblick, direkten Zugang zum Garten und zum Strand.

Familienfreundlich – **Casa Familia** 6: Dünenstr. 45, Tel. 038377 770, www. casafamilia.de, DZ mit Halbpension 140 €. Ein barrierefreies Haus mit 184 praktisch eingerichteten Zimmern gegenüber der Bernsteintherme, 80 m von Strand und Promenade. Hier fühlt man sich auch mit quirligen Kleinkindern nicht fehl am Platz, es gibt einen Kinderclub, viele Kinderaktivitäten, Spielräume und Spielecken, für die Größeren Poolbillard. Dazu ein abwechslungsreiches Unterhaltungsprogramm: Radtouren, Wanderungen, Gymnastik, Vorträge.

Im Wald – **Campingplatz Pommernland** 7: Dr. Wachsmannstr. 40, Tel. 0383 77 403 48, www.camping-pommernland. m-vp.de. Am westlichen Ortsrand, etwa 200 m vom Strand entfernt, liegt das nicht parzellierte Gelände mitten im Küstenschutzwald, der viele Schattenplätze bietet. Saubere moderne Sanitäranlagen und freundlicher Service. Zu mieten sind auch Blockhäuser für zwei bis sechs Personen, Wohnwagen für drei bis vier Personen und Hütten für zwei bis drei Personen (25–120 €). Restauration, Abenteuerspielplätze und viele Aktivitäten.

Essen & Trinken

Empfehlenswert – **Zum Smutje** 1: Vinetastr. 5 b, Tel. 038377 415 48, mittags und abends geöffnet, ab 13 €. Eines der besten Fischrestaurants der Insel. Der Fisch ist frisch und lecker zubereitet. In der Saison ist abends Vorbestellung angeraten.

Hausmannskost – **Restaurant MS Libelle** 2: Strandpromenade: Tel. 0383 77 406 94, tgl. 12–22 Uhr. Wo einst Fahrgastkutter lagen, befindet sich heute ein schiffsähnlicher Neubau, das

Ambiente ist stimmig, es werden schmackhafte, bodenständige Gerichte serviert.

Ein bisschen gute alte Zeit – **Museumscafé**: Dünenstr. 10, Tel. 038377 394 50. In dem stilvollen Café im Hotel Preußenhof 2 kann man wunderbar eine kleine Auszeit vom sandigen Strand, von Sonne und Wind nehmen. Regionale Küche, günstige Mittagskarte.

Einkaufen

Fisch und Brötchen – **Fischkiste & Café Backbord** 1: Neue Strandstr. 22. Am zweiten Kreisel in Richtung Seebrücke liegt die offen, mit viel Glas eingerichtete Fischkiste. Verkauft wird frischer Fisch, Räucherfisch aus der Traditionsräucherei Thurow in Freest, aber auch Hummer, Austern und Langusten. Verzehr vor Ort möglich. Gleich nebenan bekommt man im Backbord Café neben Kaffee aus fair-trade-Handel auch Bio-Brot und Bio-Brötchen, eine Kinderspielecke erfreut die jüngsten Gäste.

Nicht nur für Skandinavienfans – **Nordische Lebensart** 2: Neue Strandstr. 29, Tel. 038377 365 20, www.nordische-lebensart.de, tgl. 10–18 Uhr. International bekannte Modemarken aus dem Norden, auch schöne Accessoires, Kunstgewerbe, Glaskunst, Holzschmuck und Trolle.

Bücher – **Strandbuchhandlung:** Neue Strandstr. 29 2: Tel. 038377 422 76, www.strandbuchhandlung.de. Usedom-Krimis, genauso wie aktuelle Bestseller und Hörbücher. Was nicht vorrätig ist, wird bestellt.

Galerie & Wein – **Refugium Kunst am Meer** 3: Dünenstr. 34, Tel. 038377 37 12 06, www.usedomrefugium.de, in der Saison Mo–Sa 13–20, So 13–18 Uhr, sonst eingeschränkte Öffnungszeiten. Malerei, Grafik, Plastik, Keramik,

Schmuck, Kunst- und Reisebücher, dazu ausgesuchte Weine aus Frankreich, Italien und Deutschland.
Bilder – **Atelier Monika Giessler-Schwank** **4**: Am Eichenring 30, Tel. 038377 361 78, April–Okt. tgl. 16–19, Nov.–März 14–17 Uhr. Fantasievolle, auf eine besondere Art naive Bilder in bunten Farben und heiteren Formen.

Aktiv & Kreativ

Strandvergnügen – **Baden:** 3 km langer weißer **Sandstrand** **1**. Die beiden **FKK-Abschnitte** **2** liegen etwas außerhalb in Richtung Zempin und in Richtung Trassenheide. Außerdem gibt es zwischen Zinnowitz und Zempin einen Strandabschnitt für **Hunde** und **Pferde** **3** (Pferdestrand von 18–9 Uhr).
Hinunter ins Meer – **Tauchgondel:** Vineta-Brücke **1**, www.tauchgondel.de, Juni–Aug. 10–21, April, Mai, Sept., Okt. 10–18, Nov.–März Mi–So 11–16 Uhr, 8 €, Familien 18–22 €. Während des 40-minütigen Tauchgangs in 3,50 m Tiefe werden 3D-Filme über faszinierende Unterwasserwelten und den Lebensraum Ostsee gezeigt, vor dem Fenster selbst ist eigentlich nichts zu sehen.
Für Regentage – **Promenadenhalle** **4**: Neue Strandstr. 30 a, Tel. 038377 373 36, www.promenadenhalle.de, in der Saison tgl. 11–18 Uhr. Dort, wo einst die Lesehalle stand, eröffnete Ende 2009 ein Haus für die ganze Familie mit Erlebnisangeboten auf zwei Etagen. Dazu zählen Aquarien, Kunstausstellungen, ein Kinderpiratenland mit Meereseisenbahn und Kletterschiff, Internetcafé, 5D-Kino im Kugelfisch, das Restaurant Hundertmeister, die Himmel&Meer Lounge, ein Café mit Aussichtsturm und eine Bühne für Karaokeveranstaltungen.
Ganzjährig – **Die Blechbüchse** **5**: Seestr. 8, Tel. 038377 409 36, www.

blechbuechse.de. Das Gelbe Theater in der ehemaligen Strandkorbhalle bietet Schauspiel, Kabarett, Revue, Jugend- und Kinderstücke, Lesungen und Konzerte.
Vineta-Festspiele – **Ostseebühne** **6**: s. S. 65
Aktuelle Filme – **Club-Kino Zinnowitz** **7**: Neue Strandstr. 20, Tel. 038377 420 36, www.insel-kinos.de, tgl. ab 15 Uhr. Premierenkino mit zwei Sälen, in der Saison tgl. Kinderfilme.
Meerwasser- und Thermalbad – **Bernsteintherme** **8**: Dünenstr. 1, Tel. 0383 77 355 00, www.bernsteintherme.de, tgl. 10–22 Uhr. Ein architektonisch wenig ansprechender Bau, aber ideal zum Entspannen bei Schmuddelwetter. Thermalbad, Meerwasserbad und Strandsauna (3 Std. Erwachsene. 13, Kinder bis 16 Jahre 9 €).
Fit for fun – **Sportpark Barge** **9**: Möskenweg 24. Große Sportanlage, neben Tennisplätzen und Badmintonfeldern gibt es Squash und Fitnessangebote, die Einrichtung eines Indoor-Spielplatzes ist im Gespräch.
Schiffstouren – **Ückeritzer Personenschifffahrt** **10**: Tel. 0171 651 47 69, www.ms-astor.de, zweistündige Rundfahrten auf dem Achterwasser mit MS Johannes, Ostern–Mitte Okt. Mo–Sa 2– 3 x tgl., Erwachsene 13 €, Kinder 7 €, Familienrabatt. Auch Fahrten nach Lassan und Rankwitz.
Sail Away – **Segel- und Surfschule** **11**: Am Achterwasser, neben dem Bootsanleger, Tel. 038377 360 18, www.sail-away-usedom.de, tgl. 9–18 Uhr. Vermietung von Wurfboards, Seekajaks, geführte Kajaktouren auf dem Achterwasser, Surf-, Cat- und Jollenkurse.

Abends & Nachts

Nette Kneipe – **Pub Sealord** **1**: Dünenstr., www.vineta-hotels.de, Mo–Sa

ab 19 Uhr. Der gemütliche Pub mit irischem Flair im Chalet Vineta hat Guiness vom Fass und über 100 Sorten Whisky, regelmäßig Livekonzerte.
Cocktailbar – **La Conga** `2`: Waldstr. 5. Eine sehr nette Location, das Ambiente ist stilvoll mit dezenter Beleuchtung und guter Musik. Leckere Drinks, Tapas gegen den kleinen Hunger, im Sommer stehen ein paar Tische draußen, ruhige Lage gegenüber dem Kunsthaus.
Beliebt – **Mäxx** `3`: Neue Strandstr. 24. In Strandnähe gelegene Cocktailbar, in der man im Sommer tagsüber in entspannt lockerem Ambiente auch Kaffee und Kuchen bekommt.
Tanzlokal – **Hühnerstall**: Möskenweg 24, www.diskothek-huehnerstall.de, Mi–So ab 21 Uhr. Die Nr.-1-Disco der Insel mit zwei Bars im Sportpark Barge `9`, viele Partys und Veranstaltungen.

Infos & Termine

Kurverwaltung Zinnowitz
Neue Strandstr. 30, 17454 Zinnowitz, Tel. 038377 49 20, www.zinnowitz.de, Kernöffnungszeit Mo–Fr 9–16, Sa 10–12, in der Hauptsaison Mo–Fr 9–20, Sa/So 10–18 Uhr. Im Haus befindet sich auch die Bibliothek inkl. Zimmervermittlung. Geführter Ortsrundgang jeden Dienstag um 10 Uhr.

Termine
Winterstrandkorbfest: An einem Wochenende im Januar wird angebadet und der Strandkorbsprintweltmeister gekürt. Weltmeister wird, wer mit dem immerhin 60 kg wiegenden Strandmöbelstück am schnellsten eine Strecke von 20 m zurücklegt.
Ostermarkt: Von Karfreitag bis Ostermontag. Osterfeuer am Strand, am Ostersonntag Vineta-Osterspektakel.
Pfingstfest: Drei Tage buntes Programm.

Internationales Holzbildhauersymposium: Eine Woche im Mai. Holzbildhauer und Holzgestalter arbeiten im Kurhauspark, aus einem einfachen Baumstamm entsteht ein Kunstwerk.
Vineta-Festspiele: Ende Juni–Ende Aug. (s. Reiseinfo S. 65).
Folktage: Ein Wochenende im Juli bieten verschiedene Bands handgemachte Musik. Viel irischer und schottischer Folk ist dabei. Bei der Session am Freitagabend improvisieren alle Musiker zusammen.
Jazz- und Bluestage: Ein Wochenende im Aug./Sept.mit Herbst Dixie, Boogie Woogie, Swing und Blues der 1920er- und 1930er-Jahre.
Seebrückenfest: Viertes Wochenende im Sept. Vielseitiges, familienfreundliches Programm, das mit einem Höhenfeuerwerk seinen krönenden Abschluss findet.
Eisbaden: 30. Dez. Los geht's um 14 Uhr an der Seebrücke.

Verkehr
Usedomer Bäderbahn und Adler-Schiffe: s. Infobox S. 188.

Halbinsel Gnitz!

▶ C/D 4/5

Zu den attraktivsten Ausflugszielen auf Usedom gehört der Gnitz südlich von Zinnowitz – drei Gewässer umgeben ihn: die Kumminer Wiek, der Peenestrom und das Achterwasser. Wiesen, von Korn- und Mohnblumen eingefasste Felder und schilfgesäumte Ufer zum Achterwasser kennzeichnen den östlichen Teil der Halbinsel, bewaldete Hügel und Steilküsten prägen ihren Westen und Süden. Besonders schön ist die Südspitze, eine zauberhafte Hügellandschaft an der Krumminer Wiek, die mit üppigen Beständen

Sonnenuntergang am Achterwasser

an Wacholder, höher gelegenem Magerrasen, Salzgrasland und Feuchtwiesen zahlreichen Seevögeln einen idealen Lebensraum bietet. Am äußersten Südwestende fällt der bewaldete Höhenzug als steiles Kliff zum Peenestrom ab.

Im Süden der Halbinsel liegt Lütow, Hauptort der gleichnamigen Gemeinde, die die Ortschaften Neuendorf, Netzelkow und die kleine im Osten vorgelagerte Insel Görmitz umfasst. Bis zur Bodenreform im Herbst 1945 gehörten die Dörfer auf dem Gnitz zum Grundbesitz der Familie von Lepel, deren Vorfahren hier bereits seit dem 13. Jh. ansässig waren. Sie wohnten in **Neuendorf**, dem größten Ort auf dem Gnitz. Das 1820 erbaute und 1850 erweiterte Gutshaus wurde von 2002 bis 2005 saniert und beherbergt heute Ferienwohnungen. Gegenüber dem Fachwerkbau befindet sich das ehemalige Vorsteherhaus, in dessen Scheune eine Galerie eingerichtet wurde.

Insel Görmitz ► C/D 4

www.jordsand.eu

Die Insel ist nur für Spaziergänger und Radfahrer zugänglich. Abgelegene Wirtschaftswege, zum Teil Betonplattenstreifen, führen zu der idyllisch im Achterwasser gelegenen Insel. Das etwa 100 ha große Eiland ist seit Ende der 1960er-Jahre mit Usedom verbunden. Der mit Gras zu beiden Seiten sowie ein paar Bäumen und Büschen bewachsene Damm ist ein wunderbarer Platz zum Angeln oder für ein Picknick. Bis zur Wende war die Insel Erholungsobjekt für den Betrieb Nachrichtenelektronik Greifswald mit Bungalows und einer Handvoll Wirtschaftsgebäuden, die auch heute noch stehen. Seit 2006 befindet sie sich im Besitz der Insel Görmitz GmbH, die den Bau einer Hotel- und Ferienanlage plant. Über die Größe wird noch diskutiert, denn ein Großteil der 140 ha großen Insel ist Naturschutzgebiet. Einstweilen können Naturliebhaber noch die stille Idylle genießen. Hier nisten Seeadler, Graureiher und Rohrweihen, es gibt Fischotter und seltene Pflanzen sowie einen kleinen Bootsanleger.

Netzelkow ▶ C 4

Die mittelalterliche, kleine **Dorfkirche** mit dem auffallend hohen Dach ist die einzige auf der Halbinsel Gnitz. Eine Feldsteinmauer umgibt den von Eichen gesäumten Friedhof. Die Glocken im freistehenden Glockenstuhl stammen aus dem 15. Jh. Das Innere des Gotteshauses ist schlicht gehalten. Ein besonderes Ausstattungsstück ist der mittelalterliche Taufstein, der im Langhaus unmittelbar vor dem Chor aufgestellt ist. Gestühl, Kanzel und Orgelempore stammen von 1860. Um einiges älter ist der bemalte, hölzerne Sarkophag des Barons Christian Carl von Lepel (1668–1747). Den Baron, der an 21 Kriegen teilgenommen haben soll, hat man als geharnischte, lebensgroße Figur liegend auf dem Sarkophag dargestellt.

Im Vorgängerbau des **Pfarrhauses** wurde übrigens Wilhelm Meinhold, der Verfasser des Romans »Die Bernsteinhexe« geboren. Im Fundament des heutigen 1911 entstandenen Backsteinbaus verbaute man Decksteine der jungsteinzeitlichen Grabanlage in Lütow. Bevor man sich auf den Weg dorthin macht, sollte man noch in der **Galerie Eigenart** in der Pfarrhausscheune vorbeischauen (siehe unten).

Lütow ▶ C 4

Am Ortseingang verweist ein Schild auf einen Wanderpfad, der zu dem jungsteinzeitlichen **Hügelgrab** führt. Die unter einer mächtigen alten Eiche

rekonstruierte, jungsteinzeitliche Anlage ist die letzte ihrer Art auf Usedom. Aus dem Grab geborgene Waffen, Gefäße sowie Schmuckgegenstände aus Bernstein befinden sich heute im Stettiner Museum für Stadtgeschichte.

Die Hauptstraße von Lütow führt direkt auf den kleinen **Hafen** zu. Vom Anleger schweift der Blick über Achterwasser und Peenestrom hinüber zum Lieper Winkel und zur Festlandsküste mit den Kirchtürmen von Lassan und Wehrland. In Lütow ist nicht viel los: Es gibt einige Wohnungen und Häuser für Feriengäste und ein zauberhaftes Café. Ein großer Zeltplatz erstreckt sich im Wald an der Krumminer Wiek westlich von Lütow. Auf dem Weg zur **Krumminer Wiek,** wo die Wiesen in Wald übergehen, entdeckt man mitten im Grünland altertümlich anmutende Ölpumpwerke von denen einige noch in Betrieb sind.

Die Südspitze des Gnitz
▶ C 4/5

Wanderweg, ca. 6 km
Ein Fußweg führt vom Parkplatz am **Naturcamping Lütow** über den Zeltplatz durch lichten Kiefernwald zum **Weißen Berg**. Von dem 32 m hohen, bewaldeten Kliff schweift der Blick über die Krumminer Wiek im Westen und das Achterwasser im Osten. Die äußerste Südspitze bildet der sogenannte **Mövenort** – mit sanft geschwungenen Buchten und grünen Wiesen ein zauberhafter Platz für ein ausgedehntes Picknick. Der Wanderweg folgt dem schilfreichen Verlauf des Achterwassers bis zum Parkplatz in Lütow, hier beginnt die asphaltierte Straße, die am Galeriegarten-Café (s. Mein Tipp S. 200) vorbeiführt. In einem weiten Bogen entlang der nicht sehr befahrenen Autostraße geht es dann

Mein Tipp

Urlaub vom Strand
Vor oder nach der Wanderung entlang der wildromantischen Steilküste kann man am Rande des Naturschutzgebietes im zauberhaften **Galeriegarten-Café** in **Lütow** (▶ C 4) einkehren. Draußen gibt's einfache Gartentische und Stühle, Vasen mit hübschen Wiesenblumensträußen, jede Menge Spatzen und Schwalben, drinnen Filzhüte, Keramik und Wollsocken, auf dem Tresen selbst gebackene Kuchen, dazu eine überschaubare Speisekarte mit kleinen Gerichten wie Bockwurst, Frikadellen, Soljanka, Rote Grütze oder Milchreis (Tel. 038377 40190, in der Saison tgl. 11–20 Uhr, im Winter nur am Wochenende geöffnet).

zurück zum Naturcamping Lütow. Dieser ist auch Ausgangspunkt für eine Wanderung durch den bewaldeten und mit Voßberg, Fliederberg, Kastenberg und Freitagsberg höhenreichen Westen der Insel.

Übernachten

Schönes Ambiente – **Gnitzer Höft in Lütow:** Info Tel. 030 823 52 81, Mobil Tel. 0173 614 40 03, www.gnitzerhoeft.de, FeWo 80–90 €. Liebevoll restaurierte Bauernhaushälfte und ein großer Garten mit lauschigen Ecken. Zwei Wohnungen für drei bzw. vier Gäste, geschmackvolle Einrichtung mit Antiquitäten und hübschem Kleinkram. Hunde sind auch willkommen.
Unter Denkmalschutz – **Gutshaus Neuendorf:** Dorfstr. 1, Neuendorf, Tel. 038 377 399 30, www.gutshaus-neuendorf-usedom.de, FeWo 80–160 €. Mitten im Dorf befindet sich das konsequent mit ökologischen Materialien sanierte Gutshaus, von den acht Wohnungen für zwei bis acht Personen sind fünf

barrierefrei. In der Gutsschänke gegenüber werden nur Bioprodukte verwendet, auf den Tisch kommen regionale Gutshausspezialitäten ohne Chemie und Gentechnik.

Traumhafte Umgebung – **Naturcamping Lütow:** Zeltplatzstr. 20, Tel. 038377 405 81, www.natur-camping-usedom.de, März–Okt. Ein großzügiger naturbelassener Platz in der bewaldeten Hügellandschaft an der Kumminer Wiek. Ein Minuspunkt sind die unmodernen Sanitäranlagen, ein Pluspunkt der freundliche Service. Im Laden gibt es alles Nötige zu kaufen. In den Sommerferien wird für Kinder viel Programm geboten. Zu mieten sind auch einfache Blockhütten für vier bis fünf Personen (48 €), Blockhäuser für vier Personen (63 €). UsedomRad hat vor Ort eine Niederlassung (s. S. 30).

Einkaufen

Hofladen – **Villa Kunterbunt:** Zinnowitzer Str. 6, Neuendorf, Tel. 038377 430 18. Ein vielfältiges Angebot, vieles davon vom eigenen Hof bzw. selbstgemacht: Brot, Holundergelee, Obst, Gemüse, Schinken, Leberwurst, Ziegenkäse, Honig, Wolle, Socken.

Kreatives in der Pfarrscheune – **Galerie Eigenart:** Netzelkow, Di–So 11–18 Uhr. Ausstellung und Verkauf von selbst hergestellten und außergewöhnlichen Textilien aus Stoff, Wolle, Filz und passenden Accessoires. Angeboten werden auch Workshops in Holzgestaltung, Malerei, Filzen und Spinnen.

Aktiv & Kreativ

Anfängerfreundlich – **Wassersport Usedom:** auf dem Naturcampingplatz Lütow, Zeltplatzstr. 20, Tel. 0160 96 22 48 30, www.wassersport-usedom.com.

Windsurf- und Segel-Camps für Kinder und Jugendliche, Kurse auch für fortgeschrittene Surfer. Kanu- und Kajakverleih. Der Strand am Zeltplatz ist vergleichsweise schmal, das ausgedehnte Stehrevier bietet aber ideale Bedingungen für angehende Wassersportler.

Trassenheide ▶ C 3

Sandstrand, Wald und Wiesen – das kleine Seebad präsentiert sich als ruhiger und familienfreundlicher Urlaubsort. Ein breiter Waldstreifen trennt den Ort von der Ostsee. Die verkehrsreiche Hauptstraße nach Peenemünde verläuft mitten durch Tassenheide, vorbei an unscheinbaren Einfamilienhäusern und kleineren Hotels. Eine Erdholländermühle aus der zweiten Hälfte des 19. Jh. entdeckt man am Ende des Mühlenwegs, sie befindet sich seit 1994 in Privatbesitz und ist nicht zugänglich. Die Strandstraße führt am Bahnhof (Haltepunkt Trassenmoor) vorbei durch den Wald ans Meer. Die 2004 neu gestaltete Promenade lädt mit einem kleinen Skulpturenpark und einem Spielplatz zum Flanieren und Verweilen ein. Der bis zu 50 m breite, sanft ins Meer abfallende Strand ist ideal für Familien mit kleineren Kindern. Im Hinterland locken Wander-, Rad- und Reitwege zu Ausflügen in die von Wiesen und Mooren geprägte Heidelandschaft.

Im Jahr 1823 wurden auf Initiative des pommerschen Oberpräsidenten die ersten Fischer in der »öden Strandgegend« angesiedelt. Weil die Domäne Mölschow hier Schafweiden besaß und für die Tiere einen Hammelstall gebaut hatte, hieß der kleine Flecken zunächst einfach nur Hammelstall. 1908 legte der Ort den nicht sonderlich schmeichelhaften Namen ab und nannte sich fortan Trassenheide, nach dem alten Förster Trassen, der im nahen Moor ertrunken war. Die ersten Sommerfrischler reisten an, am südlichen Ortsrand entstand das schmucke Bahnhofsgebäude: Am Haltepunkt Trassenheide steigt man heute aus, wenn man eine der zahlreichen Touristenattraktionen besuchen möchte, mit denen sich das Seebad seit der Wende einen Namen gemacht hat.

Sehenswert

Schmetterlingsfarm
Wiesenweg 5, Tel. 038371 282 18, www.schmetterlingsfarm.de, März–Okt. tgl. 10–19, Nov.–Feb. 10–17 Uhr, 8,50 €, Familien 18,50 €
Die 5000 m² umfassende ehemalige Sportstätte von Trassenheide ist heute laut Eigenwerbung die größte Schmetterlingsfarm Europas. In der Halle flattern frei rund 2000 exotische Schmetterlinge. Hier kann ihre Entwicklung vom Ei über Raupe und Konkon bis zum Schmetterling beobachtet werden. Tropische Pflanzen und schwültropische Luft – nicht zu warm anziehen! – versetzen die Besucher in eine andere Welt. In 15 Terrarien werden Vogelspinnen gezeigt, im Insektenkino kann man sich Filme anschauen.

Die Welt steht Kopf
Wiesenweg 2, Tel. 03837 126 34, www.weltstehtkopf.de, April–Okt. tgl. 10–18, Nov.–März tgl. 10–16 Uhr, Erwachsene 7 €, Kinder 6 €, Familien ab 16 €
Das Haus steht verkehrt herum, der Eingang liegt im Spitzbodenbereich, Couch, Tisch und Stühle schweben über dem Kopf, das Waschbecken hängt an der Decke – eine verkehrte Welt, in der nicht nur Kinder ihren Spaß am Herumalbern und Fotografie-

ren haben. Im Außengelände sind Miniaturmodelle von historischen Bauwerken aus Mecklenburg-Vorpommern zu besichtigen.

Wildlife Usedom
Wiesenweg 2, www.wildlife-usedom. de , Tel. 03836 23 39 37, Mai–Okt. tgl. 9.30–18.30 Uhr, 6,90 €, Kinder 4,50 €, Familien ab 15,60 €
Bei einem Rundgang durchstreift man die verschiedenen Klimazonen auf den fünf Kontinenten der Erde. Die Artenvielfalt in der Tierwelt dokumentieren beeindruckende Tierpräparate, etwa von Eisbären, Löwen und Bisons. Kleinere Tiere wie eine riesige Python und Waschbären kann man sogar lebend bewundern. In der Tropic-Lounge gibt es Snacks, weitere Attraktionen für Kinder sind der Indoor-Spielplatz sowie der Streichelzoo.

Usedompark Kinderland
Wiesenweg 1, Tel. 0160 830 54 08, www.kinderland-usedom.de, März–Okt. tgl. 10–18, Juli 10–19 Uhr, bei schlechtem Wetter nicht immer geöffnet, Erwachsene 4 €, Kinder 8 €, Familien 15–29 €
Attraktionen für die Lütten sind u. a. ein historisches Kindersportkarussell, ein Kletterleuchtturm und eine Schlittenrutsche. Fahrten mit der Wilden 13 lassen die Stunden schnell verstreichen, auch Go-Karts und Trampoline können frei genutzt werden. Für die Älteren gibt es Großflächen zum Schachspielen, Tischtennis und eine Minigolfanlage.

Übernachten, Essen

Nette Gastgeber – **Akzenthotel Kaliebe:** Zeltplatzstr. 5, Tel. 0800 525 43 23 (gebührenfrei), www.kaliebe.de, DZ und Suiten 95–130 €. Familiengeführte Hotelanlage am Weg zum Strand. Im ausgedehnten Waldstück zwischen Hotel und Strand stehen finnische Blockhäuser für bis zu vier Personen (130 €). Die Küche des Hauses wurde im Wettbewerb Essen & Trinken in Mecklenburg-Vorpommern mehrfach prämiert. Der Chef kocht hier selbst, verarbeitet werden Prdoukte aus der Region: Fisch, Fleisch und Wild je nach Saison. Das Preis-Leistungs-Verhältnis ist stimmig.

Modern und gepflegt – **Ferienanlage Strandidyll:** Strandstr. 13, Tel. 038371 26 80, www.strandidyll-trassenheide. de, DZ und FeWo 105 €. Neue Bäderarchitektur im Küstenwald, die Anlage mit eigenem Strandzugang ist auf mehrere Häuser verteilt. Die 24 freundlich eingerichteten Zimmer sowie 13 Ferienwohnungen haben entweder Balkon oder Terrasse. Das Restaurant – 70 m vom Hotel entfernt – bietet regional-typische Küche.

Ideal für Reiter – **Friesenhof:** Bahnhofstr. 48, Tel. 038371 26 10, www. friesenhof-trassenheide.de, DZ ab 79 €, FeWo 90–105€. Ein modernes, schilfgedecktes Reit- und Freizeithotel in Alleinlage (Richtung Karlshagen). 13 unterschiedlich große Doppelzimmer, acht Familienapartments und zwei Suiten, Schwimmbad, Sauna und Solarium. Zur Anlage gehören eine Reithalle und ein Restaurant mit großer Sonnenterrasse. Das Programm umfasst Reitstunden, Strand- und Geländeritte und Kutschfahrten.

Strandnah – **Naturcampinglatz Ostseeblick:** Zeltplatzstr. 20, April–Okt Tel. 038371 209 49, Nov.–März Kontakt über die Kurverwaltung. Ein kinderfreundlicher Vier-Sterne-Platz im Küstenwald unmittelbar hinter den Dünen, etwa 300 Stellflächen für Zelte, Caravans und Wohnmobile, Gastronomie und kleiner Laden sind ebenfalls vorhanden.

Ungewöhnliche Perspektive – die Welt steht Kopf in Trassenheide

Aktiv & Kreativ

Baden – **Strand:** Der bis zu 50 m breite, **Sandstrand** ist buhnenfrei und mit einem ausgedehntem Flachwasserbereich ideal für Kinder. Ein **FKK-Abschnitt** befindet sich in Richtung Karlshagen.

Infos

Kurverwaltung
Haus des Gastes: Strandstr. 36, 17449 Trassenheide, Tel. 038371 209 28, www.seebad-trassenheide.de, Mai–Sept. Mo–Fr 10–18 (Do bis 19), Sa, So 10–15, Okt.–April Mo–Mi, Fr 9–16.30, Do 9–19 Uhr. Untergebracht sind hier auch die Kurbibliothek, ein Spielzimmer und die Heimatstube.

Verkehr
Usedomer Bäderbahn: s. Infobox S. 188. Der UBB-Haltepunkt Trassenheide befindet sich südlich des Ortes an der Strecke nach Wolgast in unmittelbarer Nähe der oben beschriebenen Freizeiteinrichtungen. Der Haltepunkt Trassenmoor liegt im Norden des Seebads an der Bahnstrecke nach Peenemünde, von hier aus ist der Weg zum Strand am kürzesten.

Karlshagen ▶ B/C 2

Der Erholungsort, der sich seit 2002 mit dem Titel Seebad schmücken darf, weist eine ähnliche Struktur auf wie Trassenheide: Die Peenemünder Straße teilt das familienfreundliche Bad in zwei Hälften. Die Peene- und die Hafenstraße führen zum alten Fischerei- und Militärhafen am Achterwasser, auf der Strandstraße geht es in entgegengesetzter Richtung zum Meer.

Die kleine, 1828 gegründete Fischerkolonie avancierte bereits ab Mitte der 1880er-Jahre zu einem beliebten Ausflugsziel für Sommergäste aus dem nahen Zinnowitz und Wolgast. In Strandnähe entstanden einige Hotels und Pensionen. Cafés, Geschäfte und ein Warmbad wurden eröffnet, auf einer 100 m langen Seebrücke konnte man aufs Meer hinaus flanieren.

Dem florierenden Badeleben wurde ein jähes Ende bereitet, als der nördliche Teil der Insel Usedom 1936 gesperrt wurde, um unter größtmöglicher Geheimhaltung die Heeresversuchsanstalt in Peenemünde zu errichten. Viele der in der Raketenforschung tätigen Wissenschaftler und Facharbeiter ließen sich mit ihren Familien in Karlshagen nieder, wo eine Siedlung mit rund 2500 Wohnungen, einer Schule und Geschäften entstand. Ein Großteil der Bauten wurde im Zweiten Weltkrieg durch Bomben zerstört.

Nach dem Krieg zogen die Angehörigen der in Peenemünde stationierten Volksmarine und der Luftstreitkräfte nach Karlshagen. Auf dem Weg zum Strand passiert man die für sie errichteten mehrstöckigen Plattenbauten, die überhaupt nicht in das Bild eines traditionellen Seebads passen. Hier genießen ausnahmsweise einmal Miethausbewohner die unmittelbare Meeresnähe.

Im Seebad

Die Strandstraße führt von der Hauptstraße Richtung Strand. Der Autoverkehr endet am **Rondell,** von dem die Dünenstraße und die Zeltplatzstraße abzweigen. Von hier sind es nur wenige Schritte zum **Strandvorplatz.** Der mit einer »Dame unterm Schirm« ausgestattete Platz ist tagsüber wie abends ein beliebter Treffpunkt mit einem, an warmen Sommertagen fast mediterran anmutendem Trubel. Die Gastronomie ist auf Familien mit Kindern eingestellt, die seit 1992 entstandenen Neubauten – wie das **Hotel Dünenschloss** und das **Strand Palais** – repräsentieren den freundlich-romantisierenden Stil moderner Bäderarchitektur. Entlang der **Strandpromenade** findet man einen kleinen **Kurpark,** viele geschützte Sitzecken und einen Spielplatz für Kinder. Die obligatorische Seebrücke und historische Bäderarchitektur sucht man in Karlshagen vergeblich.

In den **Dünen** und dem parallel zum Meer verlaufenden **Waldstreifen** liegen einfache Ferien- und Siedlungshäuser aus den 1970er-Jahren, weiter Richtung Nordwesten erstreckt sich unmittelbar hinter den Dünen die neue **Ferienwohnanlage Dünenresidenz** mit individuellen und großzügigen Häusern, viele davon unter Reet.

Mahn- und Gedenkstätte

An der Hauptstraße zwischen Trassenheide und Karlshagen, etwa 200 m vor dem Ortseingang von Karlshagen rechter Hand
Die Friedhofsanlage erinnert an die Geschehnisse und die Opfer des Zweiten Weltkriegs im Norden Usedoms. Die etwa 3 m hohe, 1969 von Klaus Rösler geschaffene Mosaikwand stellt den Kampf gegen Raketenproduktion, den antifaschistischen Widerstand und die Flucht des sowjetischen Häftlings Dewjatajew mit einem deutschen Kriegsflugzeug dar. Ein paar Schritte weiter befindet sich ein Friedhof für die Menschen, die in den Jahren 1943/44 bei den Bombenangriffen der Alliierten auf Peenemünde und Karlshagen ums Leben kamen. Die Gedenkstätte ist eine Station der Denkmallandschaft Peenemünde (s. S. 210).

Naturschutzzentrum

Dünenstr., Tel. 038371 217 50, www. naturschutzzentrum-karlshagen.de, Mai–Sept. Di–So 10–17, Feb.–April, Okt. Di–So 10–16, Nov.–Jan. Di–Sa 10–16 Uhr, Eintritt frei
Das mitten in den Dünen in einem ehemaligen NVA-Ferienhaus an der Strandpromenade untergebrachte Informationszentrum stellt die Naturschutzgebiete der Insel vor. Ein Diorama vom Peenemünder Haken, eine umfangreiche Präsentation von Seevögeln, zahlreiche Tierpräparate sowie eine Ausstellung über Moore und das Ökosystem Wald machen mit der einheimischen Flora und Fauna vertraut.

Am Hafen

Kleine sogenannte **Zollhäuser** im typischen Stil der 1930er-Jahre und Einfamilienhäuser aus den 1970er-Jahren flankieren die Straßen zum Hafen. Die Fischerei bildete lange den wirtschaftlichen Schwerpunkt in Karlshagen. 1957 gründeten einzelne Fischer die erste Fischereiproduktionsgenossenschaft. 1975 umfasste die Kutterflotte über 70 Schiffe, das Bild des Hafens prägten große Fischhallen, umfangreiche Verarbeitungseinrichtungen, Materiallager, eine Eisfabrik und zweckmäßige Verwaltungsgebäude. Ein Teil der Gebäude wurde nach der Wende abgerissen, neue, schicke **Apartmentanlagen** entstanden – einige mit eigenem Anleger.

Heute fahren nur noch wenige Fischer aus. Sie beliefern den Fischhandel mit Imbiss am Hafen (s. Tipp). Im Sommerhalbjahr dominieren im Hafen private Segeljollen, Motoryachten und Ausflugsschiffe. Der Hafen ist Ausgangspunkt für Touren nach Wolgast, in den Greifswalder Bodden und zur Insel Ruden.

Mein Tipp

Frischer Fisch

In **Ehmke's Fischladen** gibt es eine große Auswahl an frischem und auch geräuchertem Fisch, den man vor Ort genießt oder sich zum Mitnehmen einpacken lässt. Da der Laden direkt am Hafen in Karlshagen liegt, kann man den kulinarischen Genuss mit einem Spaziergang an den Kais verbinden.

Pommersches Bettenmuseum

Am Hafen 4, www.pommersches-bettenmuseum.de, April–Okt. tgl. 10–18, Nov.–März Mo–Fr 10–15 Uhr, 6 € Hier dreht sich alles um das Thema Bett und Schlafen im Wandel der Zeiten. Neben einer Sammlung altertümlicher Schlaflager – darunter Strohsack, Schrankbett sowie Soldaten-, Bauern- und Bürgerbetten – zeigt die Ausstellung auch viele originelle Details, etwa Nachtgeschirr, Nachtgewänder und Schlafkräuter. Sie widmet sich neben Träumen und Erotik auch den Schlafgewohnheiten berühmter Persönlichkeiten wie Einstein und Goethe, die gerne mal zwölf Stunden am Stück schliefen, während Napoleon mit zwei bis vier Stunden Schlaf auskam.

Übernachten

Ein Zimmer am Meer – **Strandhotel**: Strandpromenade 1, Tel 038371 26 90, www.strandhotel-usedom.de, DZ und Studios 90–120 €. Komfortables neues Haus 50 m vom Strand entfernt, Studios und Maisonetten auf drei Etagen mit großen Fenstern, Naturholzdecken und Marmorfliesen im Bad. Weitere

Pluspunkte sind der Wellnessbereich und die exzellente Küche (s. u.).
Neue Bäderarchitektur – **Dünenschloss Karlshagen**: Strandstr. 11, Tel. 038371 26 20, www.duenenschloss-karlshagen.de, DZ 75–85 €, Suiten ab 90 €, FeWo 85–105 €. Neue Hotelresidenz mit zehn gepflegten Zimmern, drei Suiten und drei Apartments, einige mit Balkon. Die Zimmer zur Gartenanlage sind ruhiger als die nach vorne raus. 50 m sind es zum Strand. Restaurant im Haus.
Hinter den Dünen – **Dünenresidenz:** Info: Am Maiglöckchenberg 21, Tel. 038371 260 65, www.wob-karlshagen.de, 81–165 €. Eine große, neue Anlage mit unterschiedlichen Wohnungen und Ferienhäusern für zwei bis sechs Personen. Fast alle sind mit Balkon oder Terrasse ausgestattet, viele mit Sauna und Kamin. Attraktiv für Familien sind die hübschen reetgedeckten Einzelvillen mit zwei Schlafzimmern.
Radfahrerfreundlich – **Usedom Suites & Usedom-Bike**: Hugo-Elsner-Str. 5, Tel. 038371 251 66, www.usedom-bike.de, DZ ab 116 €. 2009 erbautes, 2011 erweitertes Rad-Hotel, 150 m vom Strand entfernt. Moderne, helle Zimmer und Suiten für zwei bis zehn Personen, mit Balkon oder mit Terrasse. Fahrradverleih und gute Unterstellmöglichkeiten. Kurzurlauber sind willkommen.
Familiär – **Ferienhaus am Strand**: Zeltplatzstr. 20, Tel. 038371 207 18, www.ferienhaus-wolters.de, FeWo für 2–4 Pers. 70–76 €. Reetgedeckte Reihenhäuser zwischen Kiefernwald und Strand, Einrichtung mit Kiefern- und Korbmöbeln, die Wohnungen im Obergeschoss haben Balkon und einen Schlafraum im ausgebauten Dachgeschoss, die unteren eine Terrasse.
Wald, Sonne und Meer – **Dünencamp:** Zeltplatzstr., Tel. 038371 202 91, www.karlshagen.de, ganzjährig geöffnet. Der Fünf-Sterne-Platz erstreckt sich etwa 1 km entlang der Ostseeküste im

Kiefernwald hinter den Dünen, die 340 Stellflächen sind aufgeteilt in die drei Bereiche: Wald, Sonne und Meer.

Essen & Trinken

Im Strandhotel – **Auster:** Strandpromenade 1, Tel. 038371 26 90, www.strandhotel-usedom.de, ab 10 €. Das Restaurant im Strandhotel erhielt im Rahmen der Heringswochen und Tüftentage mehrfach die höchsten kulinarischen Meriten für eine kreative, frische Küche. Kinder sind hier gern gesehene Gäste, Sie können sich ihr Essen aus Fisch oder Fleisch und verschiedenen Beilagen selber zusammenstellen.

Gastfreundlich – **VeerMaster:** Am Hafen 2, Tel. 038371 210 12, im Sommer tgl. ab mittags durchgängig geöffnet, ab 10 €. Bodenständige Küche am Hafen, die auch Einheimische schätzen, das Preis-Leistungs-Verhältnis stimmt.

Einkaufen

Kunst – **Atelier-Galerie Hans Seifert:** Niederstr. 12. In einer ruhigen Wohngegend finden Urlauber die Verkaufsausstellung des bekannten Usedomer Landschaftsmalers. Viele seiner Motive können sie auf ihren Streifzügen über die Insel wieder entdecken.

Aktiv & Kreativ

Familienfreundlich – **Baden und Strandleben:** Der 60 m breite **Sandstrand** fällt kinderfreundlich flach in die Ostsee ab. **FKK-Strandabschnitte** erstrecken sich zu beiden Seiten des Hauptstrandes – vor dem Dünencamp und links vom Aufgang Naturschutzzentrum. An der Straße Richtung Peenemünde liegen mehrere große Parkplätze, von denen man auf schmalem Waldpfad an den strandkorbfreien Strand gelangt, im Sommer gebührenpflichtig und mit Imbisswagen.

Action & Fun – **Sportstrand:** Zeltplatzstr. 3, beim Zeltplatz Dünencamp, Tel. 038371 557 70, www.sportstrand-usedom.de. Katamaransegeln, Surfen und Paddeln, Wasserski- und Wakeboardkurse, Banana-Riding und Tube. Schnupperkurse oder Lizenzführerschein, Segel- und Surfcamps.

Schiffsausflüge – **Ückeritzer Personenschifffahrt:** Tel. 0171 651 47 69, www.ms-astor.de. Peenestromrundfahrten, Ausflüge zur Insel Ruden und zur Wolgaster Brückenöffnung. Info am Schiffsanleger, Termine und Preise auch auf der Website.

Hecht, Zander & Barsch – **Angelfahrten:** Ab Hafen Karlshagen, Info/Anmeldung Tel. 038377 402 98, www.alb-maritim.de, Touren 9–16 Uhr, max. vier Teilnehmer, ab 50 € pro Pers. Spinnangeln und Vertikalfischen im Peenestrom und Greifswalder Bodden.

Infos & Termine

Touristen-Information
Hauptstr. 4, 17449 Ostseebad Karlshagen, Tel. 038371 554 90, www.karlshagen.de. Juni–Aug. Mo–Fr 9–18, Sa, So 10–15 Uhr, im Winter bis 17 Uhr, Sa, So geschl. Im Haus befinden sich auch die Bibliothek (Mo, Di, Fr 14–17, Do 14–18 Uhr) und die Heimatstube (Kernöffnungszeiten Mo–Mi, Fr 9–17, Do 9–18, Juni–Aug. zusätzlich Sa/So 10–15 Uhr).

Termine
Seebadfest: Ein Wochenende im Juni. Buntes Programm mit Konzerten, Vorführungen von Volkstänzen, Kinderzirkus, Disco und Strandfeuerwerk.
Hafenfest: Ein Wochenende im Juli/Aug. Maritimes Fest am Yacht- und

Vergangenheitsbewältigung – Historisch-Technisches Museum Peenemünde

Fischereihafen mit Livemusik und einem abwechslungsreichen Unterhaltungsprogramm.

Usedom Senior Open: Mitte Juli. Das Ranglisten-Tennisturnier wird in Karlshagen und Zinnowitz ausgetragen. Info: www.senior-open.de.

Usedom Beachcup: Ein Wochenende Ende Juli/Anfang Aug. Das Sportspektakel am Strand von Karlshagen hält als weltweit größtes Beachvolleyball-Turnier einen Platz im Guinnessbuch der Rekorde. Für gute Stimmung sorgen die Welcome Party am Freitag sowie die Beachparty am Samstag. Info: www.usedom-beachcup.de.

Usedomer Drachenfestival: Okt. Am Strand in Karlshagen flattern bunte Papierdrachen, ein buntes Progamm lädt zum Mitmachen ein.

Peenemünde! ▶ B 1/2

Ein richtiges Dorf ist Peenemünde nicht mehr, erst recht kein Badeort.

Das alte Fischerdorf wurde ab 1936 weggerissen, um hier eine Forschungsanstalt für Raketen und ferngelenkte Waffen zu errichten, nur drei, vier Wohnhäuser blieben stehen. Als Wiege der Raumfahrt wurde der abgelegene Ort weltbekannt.

Ortsgeschichte

Leiter der neu gegründeten Heeresversuchsanstalt, dem seinerzeit größten Forschungszentrum der Welt, war seit 1937 der junge Physiker Werner von Braun (1912–77). Spätestens mit dem Beginn des Zweiten Weltkriegs wurde die zivile Weltraumforschung zugunsten der Entwicklung von militärisch nutzbaren Raketen in den Hintergrund gedrängt.

Im Sommer 1943 entdeckte die britische Luftaufklärung das streng geheime Peenemünde: Ihre Bomben verfehlten die Versuchsanlagen, sie trafen stattdessen die Wohnhäuser der Wis-

Peenemünde

senschaftler und die Baracken der Zwangsarbeiter, die nach Peenemünde gebracht worden waren, um die Arbeit an der Raketenwaffe voranzutreiben. Die Produktion wurde in eine unterirdische Fabrik am Harzrand verlegt. Rund 20 000 Kriegsgefangene und KZ-Häftlinge ließen während der Produktion ihr Leben. Zum Einsatz kamen die als Wunderwaffen propagierten V1- und V2-Raketen erst im September 1944 bei Angriffen auf London, Antwerpen, Lüttich und Rotterdam.

Ein Großteil der hochrangigen Wissenschaftler ging später in die USA. Wernher von Braun und mehr als Hundert seiner Mitarbeiter entwickelten dort weitere Raketen, u. a. den ersten amerikanischen Erdsatelliten und die dreistufige Saturn V-Rakete, die 1969 als Trägerrakete an der ersten Mondlandungsmission beteiligt war.

Peenemünde blieb auch nach Ende des Krieges militärisches Sperrgebiet. Die beweglichen Objekte wurden von den Sowjets abtransportiert, die Gebäude gesprengt und abgetragen, nur die Ruinen des Sauerstoff- und des Kraftwerkes blieben stehen. Bis 1952 diente Peenemünde als sowjetischer Marine- und Luftwaffenstützpunkt, dann wurde das Gelände der Nationalen Volksarme (NVA) der DDR übergeben, die den Hafen zum Flottenstützpunkt machte. 1961 stationierte sie hier das Jagdfliegergeschwader 9. Nach der Wende übernahm die Bundeswehr den Standort, der 1996 aufgelöst wurde, damit war Peenemünde erstmals wieder für die Allgemeinheit frei zugänglich.

Sehenswert

Auch nach dem Abzug des Militärs wirkt der Ort trostlos. Ein Teil der Bebauung wurde an einen Investor ver-

kauft und vermittelt nach Jahren des Leerstands einen desolaten Zustand. Einige der ehemaligen Wohnblocks der Militärangestellten wurden seither verschönert, andere abgerissen. Viele Wohnungen stehen leer, die Häuser verfallen. Am Hafen sind einige neue Einfamilienhäuser entstanden. Wie sich Peenemünde weiter entwickeln wird, bleibt abzuwarten. Es gibt viele Pläne für eine touristische Aufwertung und Nutzung Peenemündes. Im Gespräch war zeitweise, die Aufnahme in die Liste des UNESCO-Weltkulturerbes zu beantragen: Das ehemalige nationalsozialistische Raketenforschungszentrum könnte zusammen mit Baikonur und dem US-amerikanischen Cape Canaveral ein transnationales Weltkulturerbe werden. An Tagesbesuchern mangelt es dem Ort – dank der bemerkenswerten Museen – auch schon heute nicht.

Historisch-Technisches Museum Peenemünde (HTM)
Im Kraftwerk, Tel. 038371 50 50, www.peenemuende.de, April–Sept. tgl. 10–18, Okt. tgl. 10–16, Nov.–März Di–So 10–16 Uhr, 8 €, Familien 18 €
Von dem riesigen Forschungszentrum der Heeresversuchsanstalt ist kaum etwas geblieben. Zu dem weitläufigen Komplex gehört das zwischen 1939 bis 1942 errichtete Kraftwerk, das bis 1990 als Energielieferant in Betrieb war und heute das HTM beherbergt. Der Eingangsbereich befindet sich in der Bunkerwarte, der einstigen Fernschaltwarte des Kraftwerkes.

Die in mehreren Etappen konzipierte Ausstellung dokumentiert sehr eindrücklich die ambivalente Entwicklung von den faszinierenden Anfängen der Raumfahrt bis zum Absturz in menschenverachtende Barbarei – der Produktion und dem Einsatz der Raketen als Massenvernichtungswaffen.

Von Zinnowitz bis Peenemünde

Zeitzeugen kommen zu Wort – Techniker und Wissenschaftler, ebenso wie Kriegsgefangene und Zwangsarbeiter, die an den Vergeltungswaffen gearbeitet haben. Man sieht Originalaufnahmen der ersten Raketenversuche und erlebt per Installation die Wirkung eines Raketeneinschlags.

Seit 2002 finden im Kraftwerk jährlich Konzerte im Rahmen des Musiklandes M-V und des Usedomer Musikfestivals mit namhaften internationalen Künstlern statt. Auf dem Freigelände sind zwei Prototypen der V1 und V2 zu besichtigen. Zu den Ausstellungsstücken gehören weiterhin verschiedene Flugzeuge und Hubschrauber aus den Beständen der Nationalen Volksarmee sowie zwei 1942 gebaute Wagen der Peenemünder Werkbahn, die bis Zinnowitz verkehrte.

Denkmallandschaft Peenemünde
Broschüre mit Karte im HTM und in vielen Touristen-Informationen
Der ca. 20 km lange Rundweg zu den Spuren der militärischen Vergangenheit zwischen Peenemünde und Karlshagen ist gut ausgeschildert. Am besten erkundet man das etwa 25 km² große Areal per Rad. Beginn und erste Station ist das **HTM,** das Museum im ehemaligen Kraftwerk. Die nächsten Etappen sind die gigantische Ruine des **Sauerstoffwerkes** und die 1876 erbaute **Kapelle,** die die Angriffe im Zweiten Weltkrieg überstand. Nach umfassender Restaurierung wurde sie 1993, zum 50. Jahrestag der ersten Bombardierung Peenemündes, als Kirche und Gedenkstätte wieder geöffnet. Berührend ist der **Friedhof** der Kapelle, er erinnert daran, dass Peenemünde einmal ein richtiges Dorf war. Ein zweisprachiger Gedenkstein vor der Kapelle erinnert seit 1930 an die historische Truppenanlandung des Schwedenkönigs Gustav Adolf II. im Jahre 1630 bei der Peenemünder Schanze. Über den **Flughafen** führt der markierte Weg zu den Resten der **KZ-Arbeitslager** und der ehemaligen **Wohnsiedlung** in Karlshagen. Die letzten Etappen der Denkmallandschaft liegen am Peenestrom, in den ufernahen Wiesen nördlich des Hafens erheben sich mächtige **Bunkerreste.**

Am Deich entlang geht es am Cämmersee vorbei zurück nach Peenemünde – wie lange noch, ist die Frage. Nach dem Willen der Umweltbehörden des Landes Mecklenburg-Vorpommern und der Energiewerke Nord (EWN) soll der Peenestromdeich zurückgebaut werden, um ein etwa 940 ha großes Areal zwischen Peenemünde und Karlshagen wieder der natürlichen Wasserdynamik des Peenestroms zu überlassen und somit Ausgleichflächen für den Energiestandort Lubmin zu schaffen. Eine Bürgerinitiative wehrt sich gegen dieses Projekt. Aktuelle Informationen und Argumente finden sich im Internet unter www.peenemuende-info.de.

Spielzeugmuseum
Museumsstr. 14, Tel. 038371 256 56, www.usedom-spielzeugmuseum.de, März–Okt. und Weihnachtsferien, tgl. 10–16, in der Saison 10–18 Uhr
Spielzeug(e), Kinder- und Märchenwelten aus drei Jahrhunderten, hier finden vor allem die älteren Besucher ein Stück vergessene Kindheit wieder. Einen breiten Raum nehmen die Spielzeuge der 40 DDR-Jahre ein, ein kleines Kino zeigt alte Kinderfilme.

Maritim Museum Peenemünde
Haupthafen, Tel. 038371 285 65, www.u-461.de, April–Juni tgl. 10–18, Anfang Juli–Mitte Sept. tgl. 9–21, Mitte Sept.–Okt. tgl. 10–18, Nov.– März tgl. 10–16 Uhr, 6 €, Familien ab 12 €, Broschüren und Informa-

Mein Tipp

Anfassen erwünscht

Experimentieren, lernen, staunen und Spaß haben, das ist das Motto der **Phänomenta**. Das Wissenschaftsmuseum ist in einem ehemaligen Turnhallenkomplex untergebracht. Man kann in eine Seifenblase steigen, mit der Pauke eine Kerze auspusten, klettern, einen Trabi anheben oder sich in einem echten Astronautentrainer durchwirbeln lassen (Museumsstr. 12, Tel. 038371 260 66, www.phaenomenta-peenemuende.de, tgl. 10–18 Uhr, im Winter mehrmals mehrere Wochen geschl., 8 €, Kinder/Schüler 3–6 €).

tionsmaterial im U-Boot-Shop auf der Pier

An der Pier des ehemaligen Marinestützpunktes von Peenemünde liegt das Anfang der 1960er-Jahre in Gorki gebaute Raketen-U-Boot U 461, das von 1965 bis Ende der 1980er-Jahre in der ehemaligen Baltischen Rotbannerflotte seinen Dienst versah. Im Rumpf des knapp 86 m langen und nur 9,70 m breiten U-Boots bekommt man einen Einblick in das beengte Leben der 82 Mann starken Besatzung an Bord inklusive echter Geräuschkulisse.

Übernachten

Familiär – **Café & Pension Am Deich:** Feldstr. 1 a, Tel. 038371 285 82, www.usedom-hotel.de, DZ 75 €. Freundlich geführtes Haus mit sechs Zimmern und unterschiedlich großen Ferienwohnungen (für 2 bis max. 9 Pers., erste Nacht 144–234 €, weitere Nächte 94–184 €). Im Café im Erdgeschoss wird das Frühstück serviert. Viele Kaffeespezialitäten stehen zur Auswahl. Ab und an findet ein Nostalgie-Kaffeenachmittag statt mit Grammophonmusik aus den 1950er- und 1970er-Jahren.

Aktiv & Kreativ

Zu den Vogelinseln – **Apollo Fahrgastreederei:** Tel. 038371 208 29, www.reederei-peenemuende.de. Schiffsfahrten ab Hafen Peenemünde zum Ruden (s. Entdeckungstour S. 212) und zur Greifswalder Oie (s. u.).

Nach Rügen – **Adler-Schiffe:** Tel. 01805 12 33 44 (0,14 €/Min.), www.adlerschiffe.de, April–Okt. Von Peenemünde geht es quer über den Greifswalder Bodden nach Göhren (Inselaufenthalt 5 Std.), Sellin (Inselaufenthalt 4 Std.), Binz (Inselaufenthalt 2,5 Std.) und wieder zurück. Abfahrt in Peenemünde tgl. gegen 9 Uhr, Rückkehr gegen 18 Uhr.

Infos

Peenemünde-Information

www.peenemuende-info.de: Außer den touristisch üblichen Informationen bietet die Webseite einen interessanten Einblick in das aktuelle Geschehen.

Alte Wache: Hafenstr. 4. In der am Ortseingang gelegenen Buchhandlung erhält man ausführliches Material über Peenemünde.

Verkehr

Bahn: Mit der UBB stündlich nach Zinnowitz, dort Anschluss in Richtung Kaiserbäder/Swinemünde oder in Richtung Züssow/Stralsund (s. S. 188).

Schiff: Fährbetrieb für Fußgänger und Radfahrer nach Freest und ▷ S. 215

Auf Entdeckungstour

An Bord der MS Seeadler – Ausflug zur Vogelinsel Ruden

Jahrzehntelang war die kleine Insel in der Mündung des Peenestroms militärisches Sperrgebiet und Besuchern nicht zugänglich. Erst nahmen die Peenemünder Raketenbauer die Insel ein, danach die Grenztruppen der DDR. Der Ruden verschwand aus dem Gedächtnis der Menschen und wurde erst nach der Einheit wiederentdeckt.

Reisekarte: ▶ B 1

Apollo Fahrgastreederei: Zum Hafen 1, Tel. 038371 208 29, www.schiff fahrt-usedom.de, MS Seeadler ab Hafen Peenemünde, (kurzes Anlegen in Freest), Mai–Okt. je nach Saison 2–3 x pro Woche, Erw. 12,50 €, Dauer des Ausflugs insgesamt 2,5 Std., davon Inselaufenthalt 1 Std.

Am Kai in Peenemünde liegt die MS Seeadler vor Anker, ein nettes kleines Ausflugsschiff, das früher einmal im nordfriesischen Wattenmeer unterwegs war. Höchstens 50 Passagiere passen an Bord, mehr dürften es ohnehin nicht sein. Bereits seit 1925 ist der Ruden Teil des Naturschutzgebietes Peenemünder Haken, Struck und Ruden, die Zahl der Besucher, die das Inselchen pro Tag besuchen dürfen, ist auf 50 beschränkt.

Willkommen an Bord

Die Fahrkarten für die MS Seeadler gibt es am Kiosk der Reederei am Hafen. Fahrgäste vom Festland genießen den kostenlosen Transfer mit der Fähre Apollo I von dem hübschen Fischerort Freest auf der anderen Seite des Peenestroms nach Peenemünde. Von hier geht es dann für alle los. Die Seeadler nimmt Kurs gen Norden. Eine knappe Stunde dauert die Fahrt zum Ruden. Im fischreichen Peenestrom liegen zahlreiche größere Motorschiffe, Yachten und offene Ruderboote. Schon bald kommt der Ruden in Sicht, ein flacher Waldstreifen am Horizont. Ein viereckiger Turm taucht auf, ein idyllisches Gehöft, Schafe und Schwärme von Seevögeln.

Ohne Strom und fließend Wasser

Die Größe des Hafens überrascht. Zu DDR-Zeiten erfolgte hier das Ein- und Ausklarieren der Fischkutter. Alle Schiffe wurden kontrolliert, auch wenn die Besatzung ihre Netze nur innerhalb der Hoheitsgewässer der DDR auswerfen wollte. Das Regime wollte verhindert, dass sich jemand an Bord befand, der Republikflucht plante. Heute wirkt der Hafen überdimensioniert und verwaist, nur noch ein Ehepaar bewohnt die Insel.

Ulla Todt und Conrad Marlow haben viele Aufgaben – sie sind Hafenmeister, Naturwart und Inselführer. In den vorrangegangenen kalten Wintern hat die Presse bundesweit über sie berichtet. Wenn der anhaltende Frost einen Eispanzer um die Insel legte, waren sie wochenlang, mitunter auch Monate von der Außenwelt abgeschnitten. Keine Kleinigkeit, zumal die beiden Idealisten ohne Stromanschluss und fließend Wasser auskommen müssen.

Strom erhalten die Inselbewohner von einem Dieselgenerator, den sie vor allem abends anschalten. Dann ist das Leben für einige Stunden fast normal. Fernseher, Computer und Lampen funktionieren – vorher wird eben bei Kerzenlicht gelesen.

Ulla Todt und Conrad Marlow warten am Anleger auf die Passagiere der MS Seeadler. Durch die Presseberichte sind die Besucher inzwischen fast ebenso neugierig auf die beiden Robinsone wie auf die Insel selbst.

Portus ruden

Der *portus ruden,* also der Hafen Ruden, wurde erstmals 1254 erwähnt, damals war die Insel noch mit Usedom verbunden. Die Landverbindung wurde in der sogenannten Allerheiligenflut im Jahre 1304 zerrissen. Wind und Wellen haben seither an dem Eiland genagt. Ohne massive Küstenschutzarbeiten wäre der Ruden, der vor 300 Jahren noch etwa dreimal so groß wie heute war, längst untergegangen.

Dank der günstigen Lage am Eingang zum Greifswalder Bodden diente die Insel jahrhundertelang als Zoll- und Lotsenstation. Im Kirchenregister von Kröslin werden für 1690 sieben Lotsen aufgeführt. Um 1900 lebten hier 34 Menschen, zwei Kühe, ein Schwein und 100 Hühner.

Beobachtungsposten in der See

Der Inselrundgang führt vom Hafen in Richtung Süden an einem alten Lotsengehöft vorbei, das der Hafenmeister und seine Frau als Wohnhaus hübsch hergerichtet haben. Grüne Fensterläden, eine Wiese und schattige Bäume, schön ist es hier. Über der Idylle vergisst man leicht den Inselalltag, der nie ganz leicht war. Zu keiner Zeit hat es auf dem Ruden fließend Wasser gegeben, das Grundwasser ist ungenießbar. Früher sammelten die Bewohner Regenwasser in Zisternen, Ulla Todt und Conny Marlow lassen sich das Wasser liefern, aber auch sie müssen mit dem kostbaren Nass haushalten.

Auf dem Weg zu dem viereckigen Turm am Südzipfel der Insel passiert man die grauen Kasernen, in denen die hier seit Anfang der 1970er-Jahre stationierten Soldaten der Volksmarine untergebracht waren. Ihre Aufgabe war es, den Übergang vom Greifswalder Bodden zur freien Ostsee zu überwachen. Dabei diente der Turm als Ausguck und vereitelte so manche Republikflucht.

Ursprünglich hatte man den Turm errichtet, um die Flugbahn der Raketen zu beobachten, die von der Heeresversuchsanstalt in Peenemünde abgeschossen wurden. Heute beherbergt er eine auf mehrere Etagen verteilte Ausstellung zur Geschichte der Inseln Ruden und Greifswalder Oie. Sie thematisiert das Lotsenwesen ebenso wie die militärische Nutzung der Inseln.

Rastplätze für Wasservögel

Von oben bietet sich ein eindrucksvoller Blick über die Insel und den Greifswalder Bodden. Auf dem Festland gegenüber befinden sich das stillgelegte Atomkraftwerk Lubmin, Windräder und die Mündung der russischen Gaspipeline.

Im Vordergrund ziehen Segelboote an vogelreichen Sandbänken vorbei. An der Südspitze des Ruden werden Sedimente angespült, die Sturmfluten anderswo abtragen. Ein 1200 m langes, ins Meer führendes Rippengebilde aus Beton soll die Ablagerung des herangetragenen Sandes unterstützen. Wenn die ausgedehnten Flachwassergebiete bei Niedrigwasser trocken fallen, rasten hier Hunderte von Kormoranen und warten auf den nächsten Fischzug.

Aufforstung gegen Erosion

Zurück geht es wieder auf dem Plattenweg. An der Kaserne zweigt ein sandiger Pfad Richtung Norden ab. Am Rande des buschigen Kiefernwäldchens erhebt sich der 1903 in Betrieb genommene Lotsenturm, der seit der Verlegung der Lotsenstation nach Freest im Jahre 1972 von den Grenzsoldaten als Beobachtungsturm genutzt wurde. Er liegt etwas abseits des Weges und ist nicht zugänglich.

Der Wanderweg führt in den schattigen Wald, der den Norden des Ruden bedeckt. Mitte des 19. Jh. wurden hier die ersten Kiefern als Windschutz und zur Sandbefestigung gepflanzt, später kamen Buchen, Eichen und andere Laubgehölze hinzu. Unvermittelt tritt man oberhalb des Hafens aus dem Wald heraus und erblickt im Hafen die MS Seeadler.

Vor der Rückfahrt empfiehlt es sich den Hafen auf der Mole zu umrunden. Vom Kopf der Mole ergibt sich ein schöner Blick auf das Inselgehöft und das Ausflugsschiff. Wenn sich die Fahrgäste sammeln, wird es Zeit an Bord zu gehen. Bleiben darf niemand, außer den beiden Inselbewohnern. Nachdem die MS Seeadler ablegt hat, kehrt wieder Ruhe ein – nur die Möwen schreien und die Schafe blöken.

Kröslin, in der Hauptsaison zwischen 10–18 Uhr stündlich. Info: Apollo Fahrgastreederei, Tel. 038371 208 29, www.reederei-peenemuende.de.

Greifswalder Oie

▶ Karte 2, M 3

Die etwa 12 km vor Usedom liegende Greifswalder Oie (gesprochen Oi) blickt auf eine bewegte Geschichte zurück. Mal gehörte sie zu Wolgast, dann zu Greifswald, daher ihr heutiger Name. Mitte des 19. Jh. war sie von drei Pächterfamilien besiedelt, die Fischfang und ein bisschen Landwirtschaft betrieben, später kam der Fremdenverkehr als weiteres wirtschaftliches Standbein hinzu, bis die Peenemünder Raketenbauer das Eiland zum militärischen Sperrgebiet erklärten. Nach dem Zweiten Weltkrieg waren auf der Insel zunächst die Rote Armee, danach Grenztruppen der DDR stationiert. Beim Abzug der letzten Militärs im Februar 1991 war die Insel vorübergehend herrenlos, die wenigen Gebäude auf der Oie wurden durch Vandalismus erheblich beschädigt.

Die Oie kann man im Rahmen eines halbtägigen Schiffsausflugs ab Peenemünde oder Freest besuchen. Die Überfahrt vom Festland aus dauert 90 Minuten, der Inselaufenthalt beträgt zwei Stunden. Auf der Insel gibt es keine gastronomische Einrichtung.

Inselhof und Leuchtturm

Seit 1993 wird die Greifswalder Oie vom **Verein Jordsand Zum Schutze der Seevögel** betreut: Etwa 50 verschiedene Vogelarten brüten auf der 1550 m langen und maximal 570 m breiten Insel, über 200 verschiedene Arten von Zugvögeln nutzen sie als Rastplatz. Im **Inselhof** stellt der Verein Jordsand

seine Arbeit vor. In Zusammenarbeit mit der Vogelwarte Hiddensee beringt er pro Jahr etwa 20 000 Vögel zur wissenschaftlichen Erforschung des Vogelzuges (www.jordsand.eu).

Nach dem einleitenden Vortrag ist den Besuchern freigestellt, die Insel auf den ausgewiesenen Wegen zu erkunden und den **Leuchtturm** zu besichtigen. Der achteckige, backsteinerne Turm, zu dessen Eröffnung 1853 Preußenkönig Friedrich Wilhelm IV. persönlich anreiste, besitzt als einziger an der Ostsee ein linksdrehendes Licht. Mit einer Leistung von 2000 Watt ist er bis heute das lichtstärkste Leuchtfeuer des Landes.

Infos

Verkehr

Reederei Apollo: Tel. 038371 208 29, www.schifffahrt-usedom.de, 1 x tgl. ab Peenemünde, 25 €, Kinder (5–11 Jahre) 10 €, Leuchtturm zusätzlich 3 €.

Halbinsel Wolgaster Ort ▶ B/C 3/4

Wer über die Wolgaster Brücke, das sogenannte Blaue Wunder, nach Usedom anreist, lernt den Wolgaster Ort zumindest auf der Durchfahrt zu den Seebädern kennen. Es ist keine spektakuläre Gegend, die höchste Erhebung der überwiegend flachen Landschaft sind die knapp 26 m hohen Gazberge. Am besten erkundet man diesen stillen Winkel zwischen Peenestrom und Krumminer Wiek mit dem Fahrrad auf ruhigen Wirtschaftswegen und Nebenstraßen. Die Dörfer nördlich der B 111 heißen Mahlzow, Zecherin und Mölschow, südlich der Bundesstraße liegen Sauzin, Ziemitz, Neeberg, Krummin und Bannemin. Sie bieten Ruhe, bezahlbare Unterkünfte und so manch hübschen Hafen, der mitunter kaum mehr als ein Anleger ist. In diesem abgelegenen Landstrich wird traditionelles Handwerk noch bzw. wieder gepflegt, im KUlturhof in Mölschow kann man verschiedenen (Kunst)-Handwerkern bei der Arbeit zuschauen.

Mölschow ► B 3

KUlturhof: Trassenheider Str. 7, Tel. 038377 399 25, Mai–Okt. Mo–Fr 9–18, Sa, So 10–18, Nov.–April Di–Fr 9–16, Sa 10–16 Uhr; Landwirtschaftlicher Erlebnisbereich: Nov.–April geschl.; Kombikarte KUlturhof und nahe gelegener Landwirtschaftlicher Erlebnisbereich 10 €

Fruchtbare Äcker und Wiesen umgeben das kleine Bauerndorf. 1994 wurde die um 1900, mitten im Dorf errichtete Gutsanlage zum KUlturhof umgebaut. Das Projekt besteht aus drei Teilen.

Im alten **Gutshaus** zeigen wechselnde Ausstellungen die Arbeiten von Künstlern und Kunsthandwerkern aus Mecklenburg-Vorpommern oder dem benachbarten Polen. Im oberen Stockwerk dokumentieren Ausstellungsstücke die maritime Geschichte der Region, Kinder haben viel Freude an einem Modell der Schlacht zwischen Dänen und Deutschen 1864, bei dem die Schiffskanonen ordentlich echten Dampf ablassen.

Der nebenan im ehemaligen Pferdestall untergebrachte **Jugendhandwerkerhof** beherbergt verschiedene Schauwerkstätten, in denen traditionelle Handwerkstechniken vorgeführt werden: Korbflechten, Filzen, Weben, Töpfern. Wer mag, kann gegen Entrichtung eines Extraobolus bei den Aktivitäten mitmachen.

Der **Landwirtschaftliche Erlebnisbereich** ist eine Art Freilichtmuseum, das einen interessanten Einblick in die Entwicklung des bäuerlichen Lebens gibt. Der Erlebnisbereich befindet sich etwa einen Kilometer entfernt am Ortsausgang. Es gibt keinen vorgeschriebenen Startpunkt oder Rundweg.

Am Peenestrom ► B 3/4

Von Mölschow führt eine wenig befahrene Straße nach **Zecherin** am Peenestrom. Der ehemalige Fährort hat einen kleinen Hafen – ab 1861 wurden hier mit einer 500 m langen Eisenkette Fähren zum Festland hinübergezogen. Parallel zum Peenestrom geht es Richtung Süden nach **Mahlzow,** hier kreuzt man die B 111, über **Sauzin** geht es weiter nach **Ziemitz** im Süden der Halbinsel. Am kleinen Hafen gibt es eine Badebucht und ein paar Spielgeräte. Ein schöner Radwanderweg führt in das idyllische Nachbardorf **Neeberg,** das mit dem Fengshui-Garten, einem kleinen Hafen und hübschen Rohrdachhäusern einen Abstecher lohnt (s. Lieblingsort S. 218).

Essen & Trinken

Rustikal – **Fischstübchen:** Dorfstr. 17, Neeberg, Tel. 03836 60 33 22, www. fischstuebchen.de, tgl. ab 12 Uhr. Gemütliche ältere Fischgaststätte und Pension, vorwiegend heimische Fischgerichte, schmackhaft und reichlich.

Krummin ► C 4

Eine prachtvolle, rund 300 Jahre alte Lindenallee zweigt von der B 111 zu dem ehemaligen Klosterdorf an der Krumminer Wiek ab. Das 1304 von

Wolliner Zisterzienserinnen gegründete Kloster wurde nach der Reformation säkularisiert. Der Klosterbetrieb endete 1563. Während des Dreißigjährigen Krieges wurden die Klostergebäude größtenteils zerstört, nur die Kirche blieb erhalten. Große Standtafeln südlich der Kirche informieren über die Geschichte des Klosters.

Klosterkirche St. Michael

Dorfstraße, www.kirchenkreis-greifswald.de, tgl. 8–20 Uhr
Die ältesten Teile des Gotteshauses datieren in die Zeit ihrer Gründung um 1278. Als das Nonnenkloster zu Beginn des 14. Jh. entstand, wurde die Kirche erweitert, der Chor angebaut, der Turm kam erst 1856/57 dazu. Das Innere ist schlicht gehalten, über dem Altar befindet sich ein Kruzifix aus der Zeit um 1500, es stammt von einem Stralsunder Meister. Im Kirchenschiff hängen vergrößerte Abbildungen des spätmittelalterlichen Krumminer Marienaltars, der heute im Nationalmuseum in Stettin zu besichtigen ist. Die von dem Stralsunder Hermann Lindner entworfenen Glasfenster entstanden 1993 im Rahmen der Sanierung der Kirche.

Im ehemaligen **Pfarrhaus** gleich nebenan wohnte der im benachbarten Netzelkow als Sohn des Pastors geborene Johann Wilhelm Meinhold, der von 1827 bis 1844 in Krummin amtierte. Hier entstand die Endfassung seiner berühmten »Bernsteinhexe«, die seither unzählige Neuauflagen erlebt hat.

Essen & Trinken

Mit Hofladen – **Zur Pferdetränke:** Dorfstr. 31, Tel. 03836 23 10 23, www.zur-pferdetraenke-krummin.de. Ein sympathisches Gartenlokal, das eine Rast lohnt. Das Brot wird im hauseigenen Steinofen gebacken, hausgemacht sind die Eintöpfe, für den größeren Hunger gibt's Käse- und Wildplatten mit Bio-Inselkäse, Hirschsalami und Wildschweinschinken. Viele regionale Spezialitäten erhält man im Hofladen. *Ein verträumtes Gartencafé* – **Naschkatze:** Dorfstr. 25, Tel. 03836 60 22 13, www.zur-naschkatze.de, in der Saison tgl. 11–20 Uhr. Sehr schön sitzt man zwischen Blumen und alten Obstbäumen gegenüber der Kirche und genießt Kuchen und Snacks. Vermietet werden auch zwei Ferienwohnungen für max. vier Personen, eine davon mit Seeblick (ab 40 bzw. 50 €).

Einkaufen

Kunsthandwerk – **Usedom-Keramik:** Zinnowitzer Str. 10, am Radwanderweg der B 111, Bannemin, Tel. 038377 420 72, www.usedom-keramik.de, in der Regel tgl. geöffnet. Viel Schönes gibt's hier zu schauen – Gebrauchskeramik, Garten- und Katzenkabinett, Windlichter, Leuchtobjekte. Im Garten der Malerin, Keramikerin und Grafikerin Anette Schröder können Besucher und Radwanderer pausieren.

Aktiv & Kreativ

Wassersport – **Naturhafen Krummin:** Moderne Versorgungsmöglichkeiten für Sportschiffer in einem ansprechenden Reetdachhaus am Wasser, nur für Anlieger zugänglich.
Reiten und Dressur – **Reiterhof Bannemin:** Trassenheider Str. 1, Tel. 038377 411 78. Reitunterricht, bei schlechtem Wetter in der Halle, und Strandausritte. Dazu faszinierende Dressurvorführungen mit Musik und Kostümen (Juli/Aug. Mo, Mi 19.30 Uhr).

Lieblingsort

Ein Garten der Stille ▶ B 4

In dem beschaulichen Dörfchen **Neeberg** hat die Künstlerin Margret Schreiber-Gorny mit ihrem Mann ein kleines Paradies geschaffen. Der zauberhaft angelegte **Fengshui-Garten** ist eine Oase. Kaum eingetreten, versinkt man in einer anderen Welt: Leiser Glockenklang, verschlungene Wege, bunte Blumen und Blüten, kleine Kunstwerke und viel Grün laden zum Träumen und Verweilen ein. In den winzigen Räumen der zugehörigen **Galerie im Hühnerstall** – die Hühner sind Vergangenheit – stellt die Künstlerin ihre Landschafts- und Blütenbilder und abstrakten Collagen aus (Dorfstr. 10, Neeberg, Tel. 03836 20 06 58, www.neeberg-galerie-fengshui.de, Mai–Okt. tgl. 10–18 Uhr, 1 € Spende erwünscht für den Eintritt in den Garten).

Peenestrom und Haffküste

Highlights !

Wolgast: Die alte Pommernresidenz am Peenestrom ist eine charmante Kleinstadt mit liebevoll sanierten Kaufmanns- und Kapitänshäusern, einem mittelalterlichen Markt, alten Getreidespeichern am Hafen und der trutzigen Kirche St. Petri. S. 222

Freest: Satt gelb gestrichene Bootshäuser säumen das Hafenbecken, in dem ganzjährig Fischkutter vor Anker liegen. Wunderbar, wenn hier Ostseedorsch und Hering fangfrisch verkauft werden. S. 236

Auf Entdeckungstour

Hafenrundfahrt in Wolgast: Wenn sich die Wolgaster Brücke öffnet, passiert ein Strom an hochmastigen Segelschiffen das Blaue Wunder. Wer mag, kann die Öffnung der Brücke auch auf dem Wasser erleben. Die einstündige Hafenrundfahrt vermittelt einen Einblick in den Lebensrhythmus und das Wirtschaftsleben der Stadt. S. 224

Auf dem Bildweg in Greifswald: Caspar David Friedrich ist in Greifswald geboren und aufgewachsen. Ein Bildweg führt zu Blickpunkten, die der große Maler der Romantik für seine Motive wählte, darunter die berühmte Klosterruine von Eldena – ein attraktives Ausflugsziel für Radwanderer. S. 232

Kultur & Sehenswertes

Otto-Lilienthal-Museum: Dem Flugpionier ist in seiner Geburtsstadt Anklam ein faszinierendes Museum gewidmet. S. 245

Bootsgräber in Menzlin: Am Nordufer der Peene befand sich im Mittelalter eine bedeutende skandinavische Handelsniederlassung. Ein Gräberfeld ist einziger stummer Zeuge. S. 248

Ukranenland in Torgelow: In dem rekonstruierten Slawendorf kann man in der Saison Handwerkern wie Bronzegießer, Töpfer und Schmied bei der Arbeit zuschauen, aber auch selbst töpfern, filzen, schnitzen. S. 252

Aktiv & Kreativ

Paddeln im Tal der Biber: Die Kanustation Anklam liegt im Stadthafen vor der Kulisse der alten Speicher. Mitten in der Natur dagegen befindet sich der Kanuverleih Menzlin. S. 246, 249

Genießen & Atmosphäre

Räucherei Thurow: Im Jahre 1891 gründete Robert Thurow in Freest eine Braterei, Räucherei und Marinieranstalt, das Unternehmen hat die Zeiten überdauert und ist mittlerweile Kult. Wenn der Schornstein raucht, kann man beim Räuchern zusehen. S. 238

Duft- und Tastgarten in Papendorf: Wie riecht die Kamille, wie der Salbei? Wie fühlt es sich an, barfuß über eine Wiese zu gehen? Inmitten einer idyllischen Hügellandschaft gedeihen Gewürz- und Heilpflanzen. Hier feiert man das Holunderfest und die Kräuterweih. S. 242

Abends & Nachts

Marina Kröslin: In der Taverne am Yachthafen kann man am Abend auf einen Absacker einkehren. S. 236

Auf dem Festland

Der Peenestrom trennt Usedom vom Festland, zwei Brücken führen hinüber. Die beiden alten Hansestädte Wolgast und Anklam markieren die Eingangstore zur Insel. Wolgast im Norden ist durch die wegen ihres auffälligen Anstrichs auch Blaues Wunder genannte Brücke direkt mit Usedom verbunden. Anklam im Süden liegt etwas landeinwärts. An den zwei Pommernstädten selber rauscht der Verkehr vorbei, die meisten Urlauber zieht es auf die Insel ans offene Meer. Dabei lohnen die beiden geschichtsträchtigen Hafenstädte einen Besuch. Anklam, der Geburtsort des Flugpioniers Otto Lilienthal, lebt den Traum vom Fliegen. In Wolgast erblickte der Romantiker Philipp Otto Runge das Licht der Welt. Ein hübsches Ackerbürgerstädtchen ist Lassan, genau in der Mitte zwischen Wolgast und Anklam. Den Lassaner Winkel prägen Wiesen und Äcker, Wälder, kleinere Seen und Dörfer, in denen das Leben einen beschaulichen Gang geht. Auch die ländliche, von kleinen Städten und ruhigen Dörfern geprägte Region an dem sich südlich anschließenden Stettiner Haff ist eine Oase für Naturliebhaber, Rad- und Wanderfreunde. Zentrum der Region ist Ueckermünde, eingebettet in die Ueckermünder Heide. Von Anklam führt die B 109 gen Süden, schöner ist es aber, den kleineren Landstraßen zu folgen.

Wolgast! ▶ B 3/4

Die alte Pommernresidenz am Peenestrom ist eine charmante Kleinstadt

---

Infobox

Information

Internet: www.wolgast.de, www.kroeslin.de, www.lassan.de, www.anklam.de, www.ueckermuende.de, www.urlaub-am-stettiner-haff.de.
Vor Ort: Die meisten Gemeinden haben eine Touristen-Information, die Adressen sind im Text genannt.

Anreise und Weiterkommen

Bahn: Anklam ist IC-Bahnhof an der Strecke Berlin – Stralsund. Info: www.bahn.de.
Usedomer Bäderbahn: Die UBB verkehrt zwischen Stralsund, Züssow, Wolgast und Swinemünde im Stundentakt, in der Sommersaison halbstündlich. Fahrplaninfo: www.ubb-online.de.
Bus: Mehrere Buslinien sind für die Region zuständig. Der **Ostseebus** verkehrt auf den Strecken Anklam – Heringsdorf, Wolgast – Greifswald und Wolgast – Zinnowitz (nur in der Schulzeit), Info: www.ostseebus.de . Die **Anklamer Verkehrsgesellschaft** bedient die Überlandlinien zwischen Friedland, Jarmen, Greifswald und Wolgast sowie den Anklamer Stadtverkehr, Info: www.avg-anklam.de. Der **Omnibusbetrieb Pasternak** ist für die Strecken Wolgast – Lassan und Lassan – Klotzow – Anklam zuständig, Info: www.lassaner-busse.de.

Gelungener Wiederaufbau – das historische Rathaus am Markt in Wolgast

mit liebevoll sanierten Kaufmanns- und Kapitänshäusern, einem mittelalterlichen Markt, alten Getreidespeichern am Hafen und der trutzigen Kirche St. Petri auf dem höchsten Punkt der Altstadt.

Ortsgeschichte

Das befestigte *Castrum Wolgast* wurde erstmals im frühen 10. Jh. im Zusammenhang mit einem Einfall der Dänen erwähnt. Bereits im 7. Jh. hatte der slawische Stamm der Liutizen von der Burg auf der heutigen Schlossinsel die Zufahrt ins Stettiner Haff kontrolliert. Anfang des 12. Jh. eroberte Pommernkönig Wartislaw I. die Burg und zerstörte den Tempel des slawischen Kriegsgottes Gerovit. Aufgrund der günstigen Lage am Peenestrom entwickelte sich mit Wolgast im Mittelalter zu einer wohlhabenden Handelsstadt, die in den 1250er-Jahren das Lübische Stadtrecht erhielt und für kurze Zeit

Mitglied der Hanse wurde, allerdings nie aus dem Schatten der mächtigen Hansestädte Greifswald und Stralsund heraustrat.

Der eigentliche Aufstieg der Stadt begann 1295 mit der Teilung Pommerns in die Herzogtümer Stettin und Wolgast, als sie Stammsitz der Greifen-Herzöge wurde. Das Anfang des 14. Jh. errichtete Schloss zählt zu den bedeutendsten Renaissancebauten Norddeutschlands. Mit dem Tode des Herzogs Philipp Julius im Jahre 1625 starb die Wolgaster Linie der Pommernherzöge aus, das Zentrum des Herzogtums verlagerte sich nach Stettin.

Kriege und Stadtbrände machten Wolgast zu schaffen, das immer mehr in Bedeutungslosigkeit versank. 1713 ließ der russische Zar Peter I. die Stadt im Großen Nordischen Krieg niederbrennen, der mittelalterliche Stadtkern wurde vernichtet. Das Schloss verfiel. Erst Mitte des 19. Jh. erlebte Wolgast durch die Segelschifffahrt und den Getreidehandel eine ▷ S. 226

Auf Entdeckungstour

Leben am Strom – Hafenrundfahrt in Wolgast

Wenn sich die Wolgaster Brücke öffnet, passiert ein Strom an hochmastigen Segelschiffen das Blaue Wunder. Wer mag, kann die Öffnung der Brücke auch auf dem Wasser erleben. Die einstündige Hafenrundfahrt vermittelt einen Einblick in den Lebensrhythmus und das Wirtschaftsleben der Stadt.

Reisekarte: ▶ B 3/4

Hafenrundfahrten: Ab Stadthafen Wolgast, Ende April–Ende Okt., in der Hochsaison mehrmals tgl., mit Durchfahrt der geöffneten Brücke 4 x pro Woche gegen 12.30 Uhr, Dauer 1 Std., Erwachsene 7 €, Kinder 3,50 €.

Wolgaster Personenschifffahrt: Tel. 0170 520 63 80, www.schiff-usedom.de; **Wolgaster Hafen:** www.wolgast-port.de.

Das Fahrgastschiff Stralsunder liegt am Stadthafen, an der Auffahrt zur Wolgaster Brücke, die hinüber nach Usedom führt. Sobald das Wetter einigermaßen schön ist, suchen sich die Passagiere voller Erwartung einen Platz oben auf dem Panoramadeck. Eine Stunde Nichtstun liegt vor ihnen, vielleicht mal in den Salon hinunterschauen und sich je nach Witterung eine heiße Schokolade oder ein kühles Bier holen, das eine oder andere Foto machen, von der Peene-Werft gegenüber und natürlich vom Blauen Wunder, dem Wahrzeichen der Stadt.

Um die Schlossinsel

Aus dem Lautsprecher fließt ein Strom von Informationen über die blaue Wolgaster Brücke, die 1996 die alte Brücke der Freundschaft ersetzte. Die vielen Zahlen lassen kein rechtes Bild im Kopf entstehen. 16500 m^3 Beton, 3000 t Stahl und 1100 t Bewährungsstahl wurden verbaut. Kaum verklungen, sind die Fakten auch schon vergessen. Was hängen bleibt: Mit einer Gesamtlänge von 256 m ist die neue Brücke die größte Waagebalken-Klappbrücke Deutschlands, und ganz nebenbei auch die schönste.

Der Stralsunder tuckert um die Südspitze der Schlossinsel, dreht gen Norden ab und passiert die geschlossene Brücke, die im Gegensatz zum Vorgängerbau mit einem Bahngleis ausgestattet ist. Viele Jahrzehnte mussten Usedomurlauber, die mit dem Zug anreisten, ihre Koffer in die Hand nehmen und zu Fuß über die Brücke laufen.

Backbord voraus liegt die Spitzenhörnbucht mit einem Segelclub und der beliebten Badestelle Dreilindengrund. Der Name geht zurück auf den Dreißigjährigen Krieg. Just an dieser Stelle legte das Schiff mit dem Leichnam des gefallenen schwedischen Königs Gustav II. Adolf am 16. Juli 1633 ab, im Gedenken an den Monarchen wurden drei Linden gepflanzt. Gegenüber auf der Insel befindet sich der kleine Ort Mahlzow, der erste Ort auf Usedom nach Passieren der Brücke.

Vom Blauen Wunder zur Peene-Werft

Die Wolgaster Brücke öffnet alle vier Stunden für jeweils 15–20 Minuten, das heißt dann Stau in der Stadt, aber freie Fahrt auf dem Wasser. Der Stralsunder macht kehrt und reiht sich in die lange Reihe der wartenden Schiffe. Perfektes Timing, denn es geht gleich weiter, der Schiffsstau löst sich zügig auf. Ein Schiff nach dem anderen – Segler mit hohen Masten, Frachter mit Aufbauten – fährt vorbei, lässt die Brücke hinter sich, ein langer Strom auf dem Weg nach Irgendwo.

Die Peene-Werft kommt wieder in Sicht. Die im Juni 1948 durch die damalige russische Militärverwaltung gegründete Werft ist mit rund 800 Mitarbeitern größter Arbeitgeber der Stadt. Durch die 2010 stattgefundene Verschmelzung mit der Volkswerft Stralsund ist die P+S Werften GmbH entstanden.

Am Schiffslift, an riesigen Schiffbauhallen, dem Trockendock und zahlreichen Kränen vorbei geht es zum Südhafen. Auf dem Gelände der alten Zementfabrik werden jetzt Düngemittel, Getreide, Holz und Baustoffe verladen. Neu ist die Ölmühle, die Raps verarbeitet. Dank der Eröffnung der neuen Wolgaster Brücke und der Vertiefung des Peenestroms in den vergangenen Jahren sind die Grundlagen für eine positive Stadtentwicklung gelegt. Für den Bau größerer Schiffe ist die Peene dennoch zu klein, die Zukunft der Peene-Werft ist daher ungewiss.

Wolgast

erneute Blütezeit. 1865 waren hier 43 Seeschiffe und 30 Küstenschiffe registriert, es entstanden riesige Speicher- und Lagerhäuser, mehrere Werften etablierten sich. Die Einwohnerzahl verdoppelte sich auf 8200 Personen.

Den Zweiten Weltkrieg überstand Wolgast weitgehend unbeschadet. Da sich die Stadt kampflos ergab, blieben Altstadt und Hafen in ihrem Kern erhalten. Der Schiffbau erfuhr neuen Aufschwung. Die 1948 gegründete und 1992 privatisierte Peene-Werft ist nach erheblichen Umstrukturierungen nach wie vor der wichtigste Wirtschaftsfaktor. Bei einer Hafenrundfahrt erfährt man Wissenswertes über das Wirtschaftsleben der Stadt (s. Entdeckungstour S. 224).

Auf der Schlossinsel

Wer über Wolgast nach Usedom reist, passiert die Schlossinsel meist ohne es richtig zu bemerken. Die B 111 und die Bahnstrecke von Züssow nach Swinemünde führen über die Insel direkt am **Hochhaus der ehemaligen Kreisverwaltung** vorbei, das zu DDR-Zeiten an Stelle des längst vergangenen Schlosses errichtet wurde – eine weithin sichtbare Bausünde, auf die viele Wolgaster heute gerne verzichten würden. Seit der Wende wurde viel für die touristische Aufwertung der Insel getan.

Am Nordzipfel der Schlossinsel

lohnt die traditionsreiche **Hornwerft** **1** einen Besuch, wo nach wie vor Schiffe repariert werden. Neueren Datums sind die hübsche **Marina** und ein kleines Bistro – eine angenehme Mischung aus Urlaub und Alltag.

Die **Hafenstraße** hat sich zu einer Bummelmeile mit mehreren Cafés und Restaurants entwickelt. 1997 wurde der **Museumshafen** **2** eröffnet. Hier liegen liebevoll gepflegte Traditionsschiffe, darunter das Eisenbahndampffährschiff Stralsund. Von der hölzernen **Amazonenbrücke**, die die Schlossinsel mit der Altstadt verbindet, bietet sich ein schöner Blick auf dieses technische Denkmal.

Eisenbahndampffährschiff Stralsund **2**

Museumshafen, www.museum. wolgast.de, Juni–Aug. Di–Fr 10–18, Sa, So 10–16 Uhr, 2 €

An der Mole von einem restaurierten, alten Kornspeicher liegt die Stralsund. Die weltweit älteste Fähre ihrer Art wurde auf der Ferdinand-Schichau-Werft in Elbing (heute Elblag, Polen) gebaut und am 20. Oktober 1890 in Dienst gestellt. Zunächst wurde sie auf der Strecke zwischen Stralsund und Altefähr/Rügen eingesetzt, ab 1901 zwischen den Inseln Usedom und Wollin, seit 1948 verrichtete sie bis zu ihrer Stilllegung im Jahr 1990 den Dienst zwischen Wolgast und Usedom. Auch für Kinder ist es spannend, das Schiff

zu erkunden, auf der Brücke zu stehen, einen Blick in den Maschinenraum und die Kajüte des Kapitäns zu werfen. Alte Ansichten des Schiffes findet man im Internet unter www.ddr-binnen schifffahrt.de.

Im Stadtzentrum

Historisches Rathaus 3

Vom Hafen führen verschiedene Wege in wenigen Minuten zum **Markt** mit dem **historischen Rathaus,** das wenige Jahre nach dem großen Stadtbrand (1713) auf dem Grundriss und unter Verwendung von Resten des zerstörten Vorgängerbaus wiederaufgebaut wurde. Der barocke Prachtbau beherbergt heute außer der **Stadtinformation,** dem **Standesamt** und dem **Kul-**

turamt auch eine interessante **Sammlung historischer Schiffsmodelle** in den Kellergewölben.

Der 1936 erbaute **Brunnen** vor dem Rathaus zeigt zentrale Ereignisse der Stadtgeschichte, eines der Reliefs ist dem 27. März 1713 gewidmet, dem Tag, an dem das damals schwedische Wolgast auf Befehl Peter des Großen niedergebrannt wurde. Detailliertere Informationen zur Stadtgeschichte erhält man ein paar Schritte weiter im ältesten Haus der Stadt.

Stadtgeschichtliches Museum Kaffeemühle 4

Rathausplatz 6, Tel. 03836 20 30 41, www.museum.wolgast.de, Mai–Okt. Di–Fr 11–18, Sa, So 11–16 Uhr, im Winter geschl., 3 €
Der alte Getreidespeicher aus der

Lieblingsort

Totentanz in St. Petri **5**

Es gibt viele Gründe für einen Besuch der Petrikirche in Wolgast, nicht zuletzt der fantastische Panoramablick vom Turm. Zu den besonderen Schätzen des Gotteshauses aber gehört der um 1700 entstandene Totentanz Seitenschiff. Der nach einem Vorbild von Hans Holbein gemalte Bilderzyklus zeigt, dass niemand vor dem Tod sicher ist – egal ob König oder Kind, Rechtsgelehrter, Ritter oder Greis. Vor dem Tod sind alle gleich, es gilt die Stunde, den Tag, das Leben zu genießen. Die holprig gereimten Sprüche kommentieren das Geschehen – nicht ganz ernst, aber doch wohl ernst gemeint.

zweiten Hälfte des 17. Jh. ist in den Dienst der Geschichte gestellt. Ein hölzernes Modell zeigt das ehemalige Herzogsschloss, weitere Abteilungen sind der Seefahrtsgeschichte und der Industrialisierung gewidmet. Oben auf dem Boden findet man eine rekonstruierte Handwerkerstraße mit Frisörzimmer, Schusterstube, Druckerei, Apotheke usw. Der um einiges ältere Tonnenkeller des Hauses beherbergt eine Ausstellung zur slawischen Besiedlung der Region.

Das oberste, aufgesetzte Bodenstockwerk gibt dem Haus sein Gepräge. Die eigenwillige Dachform erinnert an eine Kaffeemühle ohne Kurbel.

St. Petri 5

Kirchplatz, Mai–Okt. 10–17 Uhr, Turmbesteigung 2 €, im Winter Anmeldung zur Besichtigung im Gemeindebüro Kirchplatz 7

Im Zuge der Christianisierung weihte Bischof Otto von Bamberg um 1128 die erste Kirche auf dem alten Tempelberg, der höchsten Anhöhe der Stadt. Der zwischen 1280 und 1350 im gotischen Stil errichtete Nachfolgebau, wurde Anfang des 15. Jh. zu einer dreischiffigen Basilika umgebaut und nicht nur als Hofkirche sondern auch als Begräbnisstätte der pommerschen Herzöge genutzt. In der zwischen 1560 und 1587 unter dem Chor der Kirche eingerichteten **Krypta** sind einige der restaurierten **Sarkophage** zu sehen, darunter auch der von Herzog Philipp Julius. Mit seinem Tod endete 1625 die Linie Pommern-Wolgast. Eine Kostbarkeit ist das **Renaissance-Epitaph** von 1560, das für Herzog Philipp I. geschaffen wurde.

Ein Großteil der Innenausstattung ist jüngeren Datums. Im Seitenschiff fasziniert der Zyklus von 24 Bildern des **»Totentanzes«**, die um 1700 von dem Maler und Reeder Caspar Siegmund

Köppe angefertigt wurden (s. Lieblingsort S. 228). Eine Besonderheit ist der in die Südwand im Chor eingemauerte **Gerovitstein**. Er ist einer der wenigen erhaltenen slawischen Bildsteine und zeigt vermutlich den mit einer Lanze bewaffneten Kriegsgott Gerovit.

Man sollte nicht die Mühe scheuen, auf den **Kirchturm** zu steigen. Hier oben kann der Blick ungehindert über die Stadt, Hafen und den Peenestrom schweifen.

Rungehaus 6

Kronwiekstr. 45, Mai–Okt. Di–Fr 11–18, Sa, So 11–16 Uhr, im Winter geschl., 3 €

Einige schöne alte Kapitänshäuser liegen in der Kronwiekstraße, die direkt am Damm von der Schlossinsel zum Festland abzweigt. Im Haus Nr. 45, wurde Philipp Otto Runge (1777–1810) geboren, dem neben Caspar David Friedrich bedeutendsten Maler norddeutscher Romantik. Im Gegensatz zu dem schwierigen Lebensweg Friedrichs war Runge durch die Unterstützung seines Bruders finanziell abgesichert und konnte seine Fähigkeiten und Neigungen frei entfalten.

In Runges Geburtshaus werden Kopien seiner Bilder gezeigt, die Originale sind in der Hamburger Kunsthalle zu sehen. Faszinierend sind die Beispiele der Papierschneidekunst des vielseitig interessierten Romantikers. Weitgehend unbekannt ist, dass Runge das bekannte Märchen »Von dem Fischer un syner Frau« aufschrieb und den Gebrüdern Grimm für ihre Sammlung der Kinder- und Hausmärchen zur Verfügung stellte. Eine Computerinstallation vermittelt darüber hinaus einen Einblick in die Rungesche Farbenlehre, die seinerzeit auch Goethe beeindruckte.

Wer sich für die Malerei der Romantik begeistert, muss natürlich einen Abstecher in die Geburtsstadt von Caspar

David Friedrich machen. Aber auch weniger kunstinteressierte Urlauber werden einen Besuch in der alten Hansestadt Greifswald genießen (s. Entdeckungstour S. 232).

St. Gertrudenkapelle 7

Auf dem alten Friedhof an der Chausseestraße (B 111), Öffnungszeiten und Führungen nach Vereinbarung, Tel. 03836 20 30 41
Die Anfang des 15. Jh. vor der Stadtmauer errichtete Kapelle ist eines der wenigen Bauwerke, die den Brand 1713 überstanden. Eine Legende erzählt, dass Wartislaw VI. die Andachtsstätte als Dank für die glückliche Rückkehr von einer Pilgerreise ins Heilige Land errichten ließ.

Das zwölfeckige architektonische Kleinod ist eine Nachbildung des Heiligen Grabes in Jerusalem. Erbaut wurde es übrigens als Hospitalskapelle. Hospitäler wurden im Mittelalter jene Unterkünfte genannt, die Reisende nach Einbruch der Dunkelheit aufnahmen, wenn die Stadttore geschlossen waren und damit die Gasthäuser innerhalb der Mauern nicht mehr erreicht werden konnten. Eine Kapelle diente der geistlichen Erbauung der erschöpften Wanderer. Im Inneren beeindruckt ein prachtvolles, auf einem runden Mittelpfeiler ruhendes Sternengewölbe. Die Getrudenkapelle gehört wie auch die Wolgaster St. Petrikirche zur Europäischen Route der Backsteingotik.

Übernachten

Familiär und ruhig – **Pension Schilfhaus** 1: Am Fischmarkt 7, Tel. 03836 23 71 00, www.hotel-schilfhaus.de, DZ ab 84 €, FeWo ab 85 €. Schöne Lage an der Peene unweit des Zentrums, 12 behag-

liche Zimmer, 4 Wohnungen, wasserseitig etwa 10 € Aufpreis. Die Suite verfügt über eine eigene Dachterrasse (130 €).
Zentral – **Petri's Garten** 2: Burgstr. 9, Tel. 03836 23 77 35, www.hotel-petris-garten.de, DZ 50 €. Einzel- und Doppelzimmer in einem netten Hotel mit Fachwerk und Ziegeldach direkt hinter der St. Petrikirche, das gemütliche, in einem Speicher aus dem 18. Jh. untergebrachte Restaurant bietet deutsche und italienische Küche, im Sommer bei schönem Wetter im Biergarten.

Essen & Trinken

Schlemmermeile mit Blick auf den Museumshafen – Entlang der **Hafenstraße** auf der Schlossinsel findet man Cafés, Restaurants und Imbisse, die nachmittags und abends in der Sonne liegen. Gepflegt speist man beispielsweise im **Alten Speicher** 1 (Hafenstr. 4) oder nebenan im Fischrestaurant **Fischer Klaus** 2 (Hafenstr. 6).

Aktiv & Kreativ

Familienausflug – **Tierpark Wolgast** 1: Am Tierpark, Tannenkamp, Wolgast, Tel. 03836 60 24 31, www.tierpark-wolgast.de, Mai–Sept. 9–18, Okt.–April 10–16 Uhr, Erwachsene. 5, Kinder (bis 16 Jahre) 2 €. In dem sympathischen kleinen Zoo im waldreichen Stadtteil Tannenkamp nördlich des Zentrums leben rund 400 Tiere in 52 Arten. Den Schwerpunkt bildet die Fauna Nord- und Osteuropas, darunter Wildschweine und Waschbären, Otter, Wölfe und Braunbären. Es gibt aber auch übermütige Affen.
Ahoi auf dem Wasser – **Segelschule Rückenwind** 2: Hafenstr. 6 a, Tel. 03836 60 00 13, www.segelschule-ruecken wind.de. Kurse für Segler ▷ S. 235

Auf Entdeckungstour

Romantische Impressionen – auf dem Bildweg in Greifswald

Caspar David Friedrich, der große deutsche Maler der Romantik, ist in Greifswald geboren und aufgewachsen. Ein Bildweg führt zu Blickpunkten, die er für seine Motive erwählte. Darunter die berühmte Klosterruine von Eldena – ein wunderbares Ausflugsziel für Radwanderer.

Reisekarte: ▶ Karte 2, K/L 4/5

Bildweg: ca. 18 km, hervorragend ausgeschildert, kostenloses Faltblatt inkl. Übersichtskarte in der Tourist-Info am Markt und im CDF-Zentrum.

Caspar-David-Friedrich-Zentrum: Lange Str. 57, Tel. 03834 88 45 68, www.caspar-david-friedrich-gesell schaft.de, Di–So 11–17 Uhr, 2,50 €; **Pommersches Landesmuseum:** Rako-wer Str. 9, Tel. 03834 831 20, www. pommersches-landesmuseum.de, Mai–Okt. Di–So 10–18, Nov.–April Di–So 10–17 Uhr, Erwachsene 5 €, Familien 10 €.

Wer das erste Mal nach Greifswald kommt, sollte dem Schild »Parken Zentrum« folgen. Zwar hat man das Gefühl völlig fehlgeleitet zu werden, doch landet man auf einem Platz direkt am Fluss Ryck, der die Stadt durchfließt und die Verbindung zum Greifswalder Bodden herstellt. Eine kleine **Fußgängerbrücke** 1 quert den Fluss mit bestem Blick auf den **Museumshafen** 2. Am Ende der Brücke entdeckt man eine Station des Bildweges, der auf den Spuren von Caspar David Friedrich durch Greifswald führt. Sie zeigt die fein skizzierte Zeichnung eines Zweimasters mit hoch aufstrebenden Schiffsmasten – ein Motiv, das in vielen Werken des Malers zu finden ist. Der Bildweg beginnt aber – zehn Spazierminuten vom Hafen entfernt – in dem Quartier, in dem CDF 1774 geboren wurde. Dort informiert das **Caspar-David-Friedrich-Zentrum** 3 über sein Leben und Werk. Gezeigt werden Motive Friedrichs, die in und um Greifswald entstanden sind.

Zwischen Seifen und Kerzen
In dem Gebäudeensemble, das sich über fünf Generationen im Besitz der Familie Friedrich befand, richtete der Vater des Malers im Jahr 1765 eine Seifensiederei und Kerzenzieherei ein. Das 2004 zunächst in der Friedrichschen Seifensiederei eröffnete Museum wurde 2011 auf das ehemalige, zur Lange Straße hin gelegene Wohn- und Geschäftshaus der Familie Friedrich erweitert. Schwerpunkte der Präsentation sind nicht nur der Werdegang des Künstlers, sondern auch das Seifen- und Kerzenhandwerk.

Im Dom **St. Nikolai** 4 in unmittelbarer Nachbarschaft wurde der junge Friedrich getauft, von hier aus sind es nur ein paar Hundert Meter zum historischen Marktplatz. Auf dem Weg dorthin, in der stillen Lappstraße, passiert man das **Denkmal** 5 des berühmten Romantikers. Nicht allen gefällt die lebensgroße Figur – Friedrich wirkt schmächtig und etwas vergrämt.

Das Herz der alten Universitätsstadt bezaubert mit Giebelhäusern, netten Cafés und freundlichem Studentenflair. Seit der Zeit Caspar David Friedrichs hat sich hier wenig verändert. Das rot gestrichene, im frühen 18. Jh. auf einem Vorgängerbau errichtete **Rathaus** 6 beherbergt die gut ausgestattete **Touristen-Information**.

Eines der wenigen Aquarelle Friedrichs zeigt den Platz, wie er zu seinen Lebzeiten aussah. Auf dem Bild versammelt der Künstler Mitglieder seiner Familie, Freunde und Bekannte. Sein Standpunkt war das **Eckhaus am Markt Nr. 10** 7 – das damalige Wohn- und Geschäftshaus seines Bruders Heinrich, der wie sein Vater Seifensieder war.

Entlang dem Ryck nach Wieck
Die Knopfstraße führt hinunter zum Museumshafen. Etwa 8 km sind es in das hübsche Fischerdorf **Wieck.** Zur Zeit der Segelschifffahrt war es der Vorhafen von Greifswald. Ab Wieck musste getreidelt werden, Pferde zogen die Last durch die Wiesen in die Stadt. Der alte Treidelweg ist heute ein attraktiver Wander- und Radweg.

Wiecks bekanntestes Wahrzeichen ist die Ende des 19. Jh. nach holländischem Vorbild über den Ryck gebaute **Holzklappbrücke** 8. Der Bildweg führt über die Brücke und weiter am Hafenkai entlang an die Mündung des Ryck in den Greifswalder Bodden. Von der Landspitze **Utkiek** 9 bietet sich ein grandioser ›Caspar-David-Friedrich‹-Blick über den Bodden. Wer hungrig oder durstig ist, kann im **Hotel-Restaurant Utkiek** einkehren (www.greifswald-utkiek.de).

Flanieren in alten Gemäuern

Über die Klappbrücke geht es zurück ans rechte Flussufer. Man quert die Autostraße nach schräg rechts und gelangt über einen schmalen Pfad, den Studentensteig, in etwa zehn Minuten zur **Klosterruine Eldena** [10], der wohl berühmtesten Station des Bildweges.

Die wenigen, aber doch sehr eindrucksvollen Reste des 1199 von Zisterziensern aus dem dänischen Esrom gegründeten Klosters erheben sich in unmittelbarer Nähe der Wolgaster Landstraße. Das Kloster war ein religiöses und wirtschaftliches Zentrum der gesamten Region, bis es 1534 im Zuge der Reformation aufgelöst wurde. Nach schweren Beschädigungen im Dreißigjährigen Krieg verfielen die Gebäude und dienten als Steinbruch für öffentliche Bauvorhaben.

Berühmtheit erlangte die Ruine erst durch Caspar David Friedrich. In zahlreichen Gemälden und Zeichnungen variierte er das Motiv der Klosterruine mit Naturansichten anderer Gegenden, beispielsweise aus dem Erzge-birge. Einige dieser Ansichten sind im Original im Pommerschen Landesmuseum zu sehen.

Caspar David Friedrich im Original

Ein Radweg führt entlang der Wolgaster Landstraße zurück nach Greifswald, eindeutig schöner aber ist die Rückfahrt auf dem schon bekannten Treidelpfad am Fluss. Das **Pommersche Landesmuseum** [11] südöstlich des Marktplatzes ist in mehreren Gebäuden untergebracht. Sehr interessant gestaltet ist die Darstellung der pommerschen Landesgeschichte, beginnend bei den erdgeschichtlichen Anfängen. Einer der Höhepunkte ist der 4 x 7 m große Croy-Teppich aus dem 16. Jh. Im klassizistischen Quistorp-Bau, entworfen und benannt nach Johann Gottfried Quistorp, dem Zeichenlehrer Caspar David Friedrichs, ist die Gemäldegalerie untergebracht. Zur Sammlung gehören Friedrichs berühmte »Ruine Eldena im Riesengebirge« und das Aquarell »Der Greifswalder Marktplatz«.

1 Brücke	**4** St. Nikolai	**7** Eckhaus a. Markt	**10** Kloster Eldena
2 Museumshafen	**5** Denkmal	**8** Holzklappbrücke	**11** Pommersches
3 CDF-Zentrum	**6** Rathaus	**9** Utkiek	Landesmuseum

und Motorbootfahrer, Verleih von Segeljollen, Mitsegeln auf Yachten.

Ausflüge und Angeln – **Wolgaster Personenschifffahrt 3**: Tel. 03836 23 46 36, Mobil Tel. 0170 520 63 80, www.schiff-usedom.de und www.angeln-usedom.de. Verschiedene Ausflugs- und Angelfahrten. Etwa eine Stunde dauert die große Hafenrundfahrt (s. Entdeckungstour S. 224).

Für Kunstinteressierte – **Skulpturenpark Katzow:** Dorfstr. 45, Katzow, Tel. 038373 204 44, www.skulpturenpark-katzow.eu. Auf einem 18 ha großen Wiesenareal 7 km westlich von Wolgast stehen mehr als 100, bis zu 18 m hohe Skulpturen aus Stahl und Holz verschiedener namhafter regionaler wie auch internationaler Künstler. Das Wiesengelände ist jederzeit frei zugänglich. Es gibt vier Gästezimmer sowie ein Café. Besuchermagnete sind der jährliche Bildhauerworkshop sowie der Frühlings- und der Weihnachtsmarkt.

Infos & Termine

Touristen-Information

Rathausplatz 10, 17438 Wolgast, Tel. 03836 60 01 18, www.wolgast.de, Juni–Aug. Mo–Fr 10–18, Sa 10–14, Juli/Aug. auch So 10–14, Sept.–Mai Mo–Fr 9–17, Mai, Sept. auch Sa 10–14 Uhr.

Termine

Wolgaster Sommermusiken: Juni–Sept. Konzerte in der St. Petrikirche
Wolgaster Hafentage: Ein Wochenende Ende Juni oder Anfang Juli. Buntes Volksfest an der Blauen Brücke auf der Schlossinsel.
Internationaler Usedom-Marathon und Halbmarathon: Ein Sa im Sept. 42 km sind es von Świnoujście nach Wolgast. Der Halbmarathon führt von

Wolgast über die Usedomer Orte Neeberg und Sauzin wieder zurück zur Stadt (www.usedom-marathon.de).
Tierparkfest: Ein Wochenende im Aug. Buntes Familienprogramm, ein Höhepunkt ist die Taufe der Tierkinder.

Verkehr

Wolgaster Brücke: Die Brücke hinüber nach Usedom bleibt 5–6 x tgl. für etwa eine halbe Stunde gesperrt, Brückenöffnungszeiten s. S. 20 oder im Internet unter www.inselusedom.de.
Usedomer Bäderbahn: Die Station der UBB befindet sich auf der Schlossinsel am Hafen unmittelbar vor der Brücke (s. Infobox S. 222).
Parken: Man sollte nicht versuchen in der Altstadt zu parken, die zentrumsnahen Parkplätze Wilhelmstraße und Fischmarkt sind gut ausgeschildert.

Kröslin ▶ A/B 2

Die Festlandküste des Peenestroms ist eine ruhige Gegend. Abseits der befahrenen Bundesstraßen führt der Weg durch unscheinbare, verschlafene Dörfer, die eine oder andere Allee, Felder und sandige Heide. Doch auch hier findet man reizvolle touristische Angebote.

Es war ein mutiger Schritt, 1998 in dem ehemaligen Fischerdorf Kröslin eine **Marina** mit 250 Liegeplätzen zu errichten. Die Lage am Ausgang des Peenestroms, inmitten der Segelreviere um Rügen, Usedom, Greifswalder Bodden und Stettiner Haff erwies sich als ideal und wurde in der ersten Saison so gut angenommen, dass die Zahl der Liegeplätze schon im darauf folgenden Jahr verdoppelt werden konnte. Während der alte Ortskern um die Kirche weiter vor sich hinzuschlummern scheint, präsentiert sich die Marina fast wie eine Fata Morgana, im Sommer liegt hier eine Yacht neben der anderen, im Winter sind aber nicht nur die Steganlagen verwaist. Das soll sich ändern, Ende 2011 wurde der Grundstein für das Projekt **Seestraße** gelegt: auf 8000 m² entstehen ein Aparthotel mit ca. 90 Betten, ein Wellnessbereich mit Physiotherapie, verschiedene Dienstleistungseinrichtungen und viele Einkaufsmöglichkeiten. Diese sollen auch die Einheimischen anlocken und den Ort im segelfreien Winterhalbjahr beleben.

Dorfkirche Kröslin
Besichtigung jederzeit möglich, Schlüssel im Evangelischen Pfarramt, Platz der Einheit 6; Gottesdienst im Sommer So 9.30 Uhr (im Winter im Gemeinderaum im Pfarrhaus)
Abseits der Hauptstraße lohnt die hübsche Dorfkirche mit mittelalterlichem Feldsteinfundament und einer barocken Turmhaube aus dem 18. Jh. einen Abstecher. Bis 1945 diente das Gotteshaus auch den Peenemündern als Gemeindekirche, sie reisten zum Gottesdienst von Usedom über den Peenestrom per Boot an. In den Jahren zwischen 1720 und 1815 war mit dieser Fahrt ein Landesgrenzübertritt verbunden: Kröslin war schwedisch und Peenemünde preußisch. In der Krösliner Dorfkirche hängt einer der berühmten Freester Fischerteppiche. Das 4,1 x 2,8 m große Meisterwerk zeigt »Die Kreuzigung Jesu«. Vier Freester Frauen haben den Teppich 1948 in fast 2000 Stunden geknüpft. Das Knüpfen war lange Zeit ein wichtiger Nebenerwerb in der strukturschwachen Region (s. S. 58).

Übernachten

Auf dem Wasser – **Floating House:** Yachthafen Marina Kröslin, Hafenstr.

9, Tel. 038370 25 10, www.marina-kroeslin.de, 159 € für eine Belegung mit vier Personen. Näher kann man nicht am Wasser wohnen als in den 2012 eröffneten vier schwimmenden Ferienhäusern. Alle mit zwei Schlafzimmern und voll ausgestatteter Küche, zwei verfügen über einen Kamin.

Essen & Trinken

Hier muss niemand hungern – **Marina Kröslin:** Modernes, helles Ambiente und Blick auf die Yachten bieten die Taverne und ein Bistro. Vom Frühstücksbuffet über Mittags- und Abendtisch mit regionaltypischen Speisen und Spezialitäten aus aller Welt bis zum Absacker am Abend ist hier ganztägig Betrieb.

Termine

Kröslin Match-Race: Juni oder Juli. Hafenfest in der Marina mit Action auf dem Wasser sowie Spiel- und Bastelspaß an Land für die Kinder.

Freest! ▶ A 2

Ein Radweg führt von der Marina Kröslin entlang dem Peenestrom in den Fischerort Freest. Der traditionsreiche, bereits gegen Ende des 13. Jh. erwähnte Fischereihafen lohnt aber auch die Anfahrt mit dem Auto von weiter her. Satt gelb gestrichene Bootshäuser und Arbeitsschuppen säumen das Hafenbecken, in dem ganzjährig Fischkutter vor Anker liegen. Wunderbar, wenn hier Ostseedorsch und Hering fangfrisch verkauft werden. In der Saison fahren Ausflugsdampfer zu den Inseln Ruden und Greifswalder Oie (s. S. 212, 215). Gleich hinter dem Hafen er-

236

streckt sich ein feiner, weißer Sandstrand, an dem man gut einen sonnigen Tag verbringen kann. Für das leibliche Wohl ist gesorgt, nirgends an der
Küste sind die Chancen größer, wirklich fangfrischen Fisch zu speisen. Hervorragend bereitet ihn die Traditionsräucherei Thurow zu, die nur ein paar
Schritte vom Hafen entfernt liegt.

Heimatstube Freest
Dorfstr. 67, Tel. 038370 203 39,
Mai–Sept. tgl. 10–16.30, Okt.–April
Di–Sa 10–16 Uhr
Das regionale Heimatmuseum ist im
ehemaligen Zollhaus am nördlichen
Ortsausgang untergebracht, es zeigt
historische Gerätschaften von Fischern
und Bauern und Kostbarkeiten aus
Großmutters guter Stube. Eine Abtei-
lung dokumentiert die Geschichte der
Freester Fischerteppiche, die seit 1928
im Ort hergestellt werden. Es ist sogar
möglich, beim Knüpfen der Perser des
Nordens zuzuschauen.

Übernachten

Familiär – **Hotel und Fischrestaurant
Leuchtfeuer:** Dorfstr. 1, Tel. 038 370
207 10, www.hotel-leuchtfeuer.de, DZ
85 €, FeWo 100 €. 16 Zimmer mit Balkon oder Terrasse und eine Ferienwohnung im Dachgeschoss mit Balkon,
300 m sind es zum Wasser. Das Restaurant mit Blick auf den Freester Fischereihafen ist im oberen Stock untergebracht. Hier gibt's vor allem Fisch –
fangfrisch und selbstgeräuchert.

Essen & Trinken

Fisch und Hausmannskost – Am Freester
Hafen kommen Fischliebhaber auf ihre
Kosten. Vormittags wird geräuchert,
was gerade angelandet wurde. Ein
touristisches, aber dennoch angeneh-
mes Lokal ist die **Hafentaverne,** in der
gutbürgerliche Speisen auf den Tisch
kommen (Am Hafen, ab 9 €). Beliebt

Bei Thurow in Freest kommt der Fisch frisch aus dem Räucherofen

bei Einheimischen ist das Restaurant **An der Waterkant.** In der gemütlichen Gaststätte stehen frischer Fisch und regionale Hausmannskost auf der Karte (Dorfstr. 36, www.waterkantfreest.de, ab 9 €).

Einkaufen

Laden und Imbiss – **Räucherei Thurow:** Dorfstr. 49, Tel. 038370 202 08, www.thurow-freest.de, Räucherei Mo–Fr 10–16, Sa 10–14 Uhr, im Sommer auch So geöffnet. Im Jahre 1891 gründete Robert Thurow eine Braterei, Räucherei und Marinieranstalt, das Unternehmen hat die Zeiten überdauert und ist mittlerweile Kult. Wenn der Schornstein raucht, ist es möglich, beim Räuchern zuzusehen. Im Imbiss kann die frische Räucherware auch gleich verzehrt werden.

Aktiv & Kreativ

Segeln und viel Service – **Yachthafen Marina Kröslin:** Hafenstr. 9, Tel. 038370 25 10, www.marina-kroeslin.de. Segelschule, Bootscharter, WLAN, Sauna, Restauration. Die für 2013 geplante Eröffnung der Seestraße verspricht noch mehr Wellness, Dienstleistungen und Einkaufsmöglichkeiten.
Paddeln – **Kanuhof Spandowerhagen:** Dorfstr. 46, Spandowerhagen, Tel. 038 370 206 65, www.kanuhof-spandower hagen.de. Verleih, Verkauf und Transport von Kanus ermöglichen individuelle Paddelausflüge auf Peenestrom, Bodden und Ostsee. Es werden auch geführte Touren angeboten. Für Übernachtungsgäste stehen zwei Ferienwohnungen, (ab 40 €) und eine einfache Radlerunterkunft (DZ 30 €). Auf der Wiese des Hofes ist Platz für drei kleinere Zelte.

Termine

Freester Fischerfest: Erstes Wochenende Aug. Trubel und Rummel am Hafen. Fisch spielt die kulinarische Hauptrolle. Tagsüber Ausfahrten auf dem Fischkutter, abends wird getanzt.

Lassan ▶ C 5/6

Zwischen Wolgast im Norden und Anklam im Süden erstreckt sich der **Lassaner Winkel**, ein abgelegener, verträumter Landstrich mit weiten Feldern, schönen Mischwäldern und schilfreichen Badebuchten am Ufer des Peenestroms, idyllischen kleinen Seen im Hinterland und einem hübschen Hafenstädtchen. Lesane hießen die Landschaft wie auch der Ort im Mittelalter, damit waren die ›Bewohner aus dem Wald‹ gemeint. Die um das Jahr 1000 gegründete slawische Fischersiedlung gewann durch die strategisch günstige Lage am Peenestrom an Bedeutung. Um 1274 erhielt der 1136 erstmals urkundlich genannte Burgort Stadtrecht, um 1300 wurde die Kirche gebaut.

Zwischen Kirche und Hafen

Die Kirche St. Johannis erhebt sich am südlichen Ende des Städtchens Lassan, der Hafen bildet den nördlichen Eckpunkt. Dazwischen spielte und spielt sich das Leben ab. In heiteren, kräftigen Farben gehaltene, ein- und zweigeschossige Häuser der Ackerbürger, Fischer und Handwerker säumen die zwei parallel zueinander auf den Hafen zuführenden Straßen – die **Wendenstraße** und die **Lange Straße**.
   Zu Beginn des 20. Jh. waren etwa 200 Lassaner in der Holzverarbeitung tätig – als Tischler oder Holzbildschnit-

zer, als Stellmacher oder Drechsler. Noch heute erinnern die kunstvoll geschnitzten Haustüren an die Handwerkstraditionen der Stadt, kaum eine Tür gleicht der anderen. Seit 1991 wurde die kleinste Stadt Mecklenburg-Vorpommerns grundlegend saniert, die schmucken Häuser wirken wie aus dem Ei gepellt, nur gelegentlich entdeckt man noch verblichene Schriftzüge aus DDR-Zeiten an den Fassaden, die auf eine Tischlerei oder einen Milchladen verweisen.

Nach der Wende wurde auch der **Hafenplatz** ausgebaut, 1996 entstand ein Wasserwanderrastplatz. Ein **Denkmal** am Hafenkai erinnert an Bernt Notke, den berühmtesten Sohn der Stadt. Der Maler und Werkstattleiter wurde 1435 in Lassan geboren. Seine Werke findet man in Norwegen, Schweden, Dänemark, Norddeutschland und Estland. Er starb 1509 in Lübeck, wo er den größten Teil seines Lebens ansässig war.

St. Johannis
www.kirche-lassan.de, im Sommerhalbjahr tagsüber geöffnet, im Winter Besichtigung nur nach Anmeldung im Pfarrhaus, Tel. 038374 801 47, Gottesdienst So 9.30 Uhr
Über die Baugeschichte der Lassaner Kirche ist wenig bekannt. Die ältesten Teile der dreischiffigen, spätgotischen Hallenkirche sind im Mauerwerk des Altarraums und der Sakristei zu finden, sie datieren in die Mitte des 13. Jh. und weisen Stilelemente der Romanik auf. Den von einem barocken Turmhelm gekrönten Westturm schmücken im Obergeschoss hübsche zweiteilige Blendbögen.

Den Innenraum prägen Arbeiten des berühmten Stralsunder Meisters Elias Keßler, der Anfang der 1730er-Jahre den Schnitzaltar mit den vier Evangelisten und die mit Putten besetzte Kan-

zel schuf. Die jetzige Farbgebung, die nur wenig dem Stil des Barock entspricht, stammt wahrscheinlich von ca. 1880, als die Kirche umgebaut wurde. Im Sommerhalbjahr werden in der St. Johanniskirche Arbeiten von Künstlern aus der Region gezeigt.

Mühlenmuseum
Mühlenstr. 2 a, Lassan, Pfingsten–Sept. Mo–Fr 10–12, 13–16, Sa 10–12, 14–16, So 10–12 Uhr, 2 €
Bereits zu Beginn des 15. Jh. gab es eine Wassermühle in Lassan. Die heutige Mühle entstand 1907. Seit 1930 wurde das Mahlwerk der Mühle mit einem Dieselmotor angetrieben, in den 1950er-Jahren kamen Elektromotoren zum Antrieb dazu. Die Mühle beherbergt seit 1988 ein sehenswertes Museum für Mühlen- und Heimatgeschichte. Die umfangreiche Sammlung präsentiert Maschinen und Einrichtungsgegenstände der Mühle, weitere Exponate dokumentieren die Geschichte der umliegenden ehemaligen Gutsdörfer.

Übernachten, Essen

In Sichtweite des Hafens – **Ackerbürgerei:** Lange Straße 55 und 57, Tel. 038 374 51 11, www.ackerbuergerei.de, DZ 57 €, FeWo ab 50 € ab drei Übernachtungen, Restaurant April–Okt. Mo, Di, Do–Sa ab 15, So ab 12 Uhr geöffnet, ab 10 €. In drei rückwärtig durch einen Garten verbundenen Häusern sind acht unterschiedlich große Ferienwohnungen eingerichtet. In der Gaststätte werden Gerichte aus regionalem Bio-Anbau serviert. Donnerstag ist Brot-Backtag, danach kommt die Pizza in den Ofen. Veranstaltung von Wildkräuterkursen inkl. Kräutersammeln und Kochen. Verleih von Fahrrädern und Paddelbooten.

Ein ritterliches Refugium – **Landhotel Bömitz**: Dorfstr. 14, Bömitz, Tel. 039724 225 40, www.rittergut-boemitz.de, DZ ab 98–108 €, Gutsherren-Zimmer 120 €. Inmitten einer Parkanlage, 10 km nördlich von Anklam, befindet sich das dreiflügelige Rittergut. Zimmer mit rustikalen Holzdielen und WLAN. Feine regionale Küche. Hundert Prozent empfehlenswert!

Am Waldrand am kleinen See – **Jugendherberge Murchin**: Jugendherberge Nr. 1, Murchin, 8 km nordöstlich von Anklam, Tel. 03971 21 07 32, www.jh-murchin.de, Übernachtung 19,50–21,50 €. Bunte Holzhäuschen mit je vier Zimmern mit je vier Betten. Im Haupthaus, ein roter Klinkerbau, werden die Mahlzeiten eingenommen. 20 schattige Plätze für Caravans und zum Zelten. Im kleinen Murchiner See kann man baden, der Große See bei Pinnow ist nur ein paar Kilometer entfernt und ebenfalls schön zum Segeln, Surfen, Rudern, Paddeln und Baden. Hinter der Jugendherberge

Mein Tipp

Kräuter, Kunst und Himmelsaugen
Die Gegend um die Stadt Lassan mit zahlreichen verträumten Dörfern heißt **Lassaner Winkel** (▶ B/C 5/6). Hier haben sich viele Kunsthandwerker und Lebenskünstler niedergelassen, ein Paradies für Alternative, Kreative und Genießer. Der jährlich neu erscheinende Flyer »Kräuter, Kunst und Himmelsaugen« gibt Auskunft über Aktivitäten, Termine und Treffpunkte im Lassaner Winkel. Er liegt in den Touristen-Informationen und in vielen Werkstätten aus.

nimmt der Naturlehrpfad Seeholz seinen Anfang. Die Jugendherberge ist mit Buslinie 201 von Anklam aus zu erreichen (Haltestelle 100 m entfernt).

Einkaufen

Fisch – Am Dienstag und Donnerstag ist **Markt** in Lassan. Dienstags ist in der Regel ein Fischverkäufer anzutreffen. Frischen Fisch kann man gelegentlich auch im **Lassaner Hafen** direkt bei den Fischern bekommen.

Weben, Spinnen, Filzen – **Handweberei Schöne**: Bergstraße 2, Pulow, Tel. 038374 829 48, www.schoene-handweberei.de, offene Werkstatt in der Saison Mi, Sa 10–19 Uhr, Web- und Spinnkurse nach Absprache. In der Verkaufsgalerie gibt es schöne Webstücke – Kleidung und Schals, Wolldecken und Teppiche. In der Webwerkstatt können Interessierte lernen, wie ein Handwebstuhl funktioniert. Im Werkstatt-Café werden Kaffee, Tee, Säfte, Holunderblütensirup und frischer Kuchen angeboten. Einige Gartentische stehen draußen. Wem es hier gefällt, der kann in einigen einfachen, aber schönen Zimmern oder Ferienwohnungen übernachten. Öfters sind Pilger anzutreffen, der Jakobsweg (Via Baltica) führt am Haus vorbei.

Naturkost – **Höfeladen Esslust**: Libnow 7 a, Murchin, Tel. 03971 25 89 64, www.hoefeladen-esslust.de, April–Okt. Mo–Sa 9–18, Nov.–März Mo–Fr 10–17, Sa 10–14 Uhr, auch Lieferservice. Direkt an der B 110, 10 km westlich von Usedom Stadt, verkauft der Höfeladen regionale Spezialiäten und Naturkostprodukte. Das Öko-Vollsortiment mit Obst und Gemüse, über 30 verschiedene Käsesorten, Wurst, Joghurt, Quark und Kräutertees stammt von Biobetrieben aus der Umgebung. Im Ladencafé gibt's Kuchen und Suppen.

Aktiv & Kreativ

Baden – In der Umgebung von Lassan findet man einige schöne Möglichkeiten zum Baden, in Lassan selbst gibt es einen kleinen **Strand an der Peene** mit einer großen hölzernen Strandburg. Die Lassaner bevorzugen zum Baden allerdings den **Berliner See** (ca. 20 Minuten mit dem Fahrrad) oder den **Pulowsee,** ebenfalls etwa 20 Minuten über die wunderschöne Mirabellen-Allee Richtung Pulow, fünf Minuten sind es mit dem Auto. Zwischen Lentschow und Pinnow liegt der **Große See** mit einem größeren Strand (Eintritt!)

Wilde Kost – **Wildkräuterwanderungen und Seminare:** Info in der Ackerbürgerei (s. Übernachten).

Kreativ gärtnern – **Duft- und Tastgarten:** s. Lieblingsort S. 242

Malen, zeichnen, gestalten – **Kunst & Kemenaten:** Alte Dorfstr. 2, Klein Jasedow, Tel. 038374 805 84, www.k-valta. de. Im Alten Gutshaus in Klein Jasedow befindet sich das Atelier von Karl Valta. Hier kann man bei Puppenbauworkshops und in Enkaustikkursen (Malen mit Bienenwachs) kreativ werden. Die individuellen, nach baubiologischen Gesichtspunkten ausgebauten und eingerichteten Ferienwohnungen sind unabhängig von den Kursen zu buchen, das ganze Ambiente ist ausgesprochen ansprechend und persönlich (FeWo für 2–4 Pers. ab 55 €).

Infos

Verkehr

Bahn: Der nächste IC-Bahnhof an der Strecke Berlin – Stralsund ist Anklam. Info: www.bahn.de.

Usedomer Bäderbahn: Die UBB hält in Hohendorf und Wolgast. Info: www. ubb-online.de.

Bus: Im Lassaner Winkel zwischen Anklam, Hohendorf und Wolgast sind **Pasternacks Busse** unterwegs. Linie 2 verkehrt von Lassan nach Papendorf. Info: www.lassaner-busse.de.

Anklam ▸ A 7

Die einstmals bedeutende Hafenstadt verdankte ihren Aufstieg der günstigen Lage an der schiffbaren Peene nahe der Odermündung. Mit See- und Binnenhandel gelangte Anklam zu Reichtum, trat 1283 der Hanse bei und begann die Stadtbefestigung auszubauen. Mit dem Niedergang der Hanse verlor der Hafen seine Bedeutung.

Heute kann man sich kaum noch vorstellen, dass Anklam einst zu den prachtvollsten Städten Pommerns zählte. Historische Baudenkmäler aus der Blütezeit sind kaum erhalten – Anklams Innenstadt wurde 1945 zu über 70 % zerstört. Nüchterne Architektur der Nachkriegszeit, zwei stattliche Kirchtürme und der ruhige Strom der Peene prägen das Stadtbild.

1994 wurde Anklam zur Verwaltungshauptstadt von Ostvorpommern ernannt, was einige Arbeitsplätze für diese ansonsten strukturschwache Region brachte. Zudem ist das städtische Theater Stammsitz der bemerkenswert aktiven und erfolgreichen **Vorpommerschen Landesbühne,** die im Sommer mehrere Freilichtbühnen auf der Insel Usedom bespielt: die Vineta Festspiele Zinnowitz, das Theaterzelt Chapeau Rouge Heringsdorf, die Hafenfestspiele Usedom Stadt, und nicht zu vergessen das Anklamer Peenespektakel im September.

Sehenswert

Überregionale Bekanntheit erlangte Anklam als Geburtsort des Flugpio-

Lieblingsort

Der Duft der Kräuter ▶ B 5/6

Wie riecht Kamille, wie Salbei? Wie fühlt es sich an, barfuß über eine Wiese zu gehen? Wie findet man aus dem Pommerschen Labyrinth wieder heraus? Der in eine idyllische seenreiche Hügellandschaft eingebettete **Duft- und Tastgarten** in **Papendorf** ist ein Lern- und Genussort, der Spaß und Lust auf den eigenen Garten macht. Hier gedeihen Gewürz- und Heilpflanzen im Hildegard-von-Bingen-Beet, einer Kräuterspirale, hier entdeckt man alte Gemüsesorten und feiert das Holunderfest, die Kräuterweih, den Sommer-Garten und im Herbst die Kürbisernte (Info: Mirabell e.V., Am See 1, Klein Jasedow, 3,5 km westl. von Lassan, www.mirabellev.de).

Anklam

niers Otto Lilienthal. Das ihm gewidmete Museum ist die größte Attraktion der Stadt. Es befindet sich ein Stück außerhalb des Zentrums in der Nähe des Bahnhofs, der Weg dorthin verläuft vom Zentrum entlang der **Pasewalker Straße** (B 109). Wer zuvor durch die Altstadt bummeln möchte und mit dem Auto anreist, folgt am besten dem ausgeschilderten Weg zum Parkplatz am Hafen. Eine hölzerne Fußgängerbrücke führt über die Peene, von dort sind es nur ein paar Spazierminuten ins Zentrum. Der **Peenestraße** folgend, gelangt man direkt zum **Markt**. Im **Rathaus** ist die gut ausgestattete Touristen-Information untergebracht.

St. Marien 1
Baustr., www.kirche-anklam.de, Mai–Sept. tgl. 9–18 Uhr
Die 1296 erstmals urkundlich erwähnte Marienkirche gehört zu den schönsten gotischen Backsteinkirchen Norddeutschlands. Ihre Ursprünge reichen in die Mitte des 13. Jh. zurück, die heutige Gestalt erhielt sie im Wesentlichen nach der Erweiterung des Chors zu einer dreischiffigen Anlage, dem Bau der Sakristei und den Kapellanbauten Ende des 15. Jh.

Überregionale Bekanntheit erlangte der mächtige Backsteinbau durch die Wiederentdeckung der **Innenausmalung,** die 1936/37 an Pfeilern und Gurtbögen freigelegt wurde. Die außergewöhnlich gut erhaltenen Fresken zeigen Kreuzigungsszenen und Heiligendarstellungen und stammen wahrscheinlich aus der Mitte des 14. Jh. Ein Großteil der einstmals wertvol-

len Innenausstattung fiel den Wirren des Zweiten Weltkriegs zum Opfer. Vom **Hauptaltar** blieb nur die große Marienfigur aus dem späten 15. Jh. erhalten, der frühgotische **Taufstein** datiert in die Zeit um 1330. In den Sommermonaten finden in der Kirche die Konzerte der traditionsreichen **Anklamer Sommermusikreihe** statt.

St. Nikolai – Ikareum 2
Am Markt, www.nikolaikirche anklam.de, Mai–Sept. tgl. 10–18 Uhr
Die im Jahre 1280 dem Heiligen Nikolaus, dem Schutzpatron der Seefahrer, Fischer und Händler, geweihte Kirche mit ihrem weit über das Haff hin sichtbaren Turm war Lotsenzeichen und zugleich das Wahrzeichen der wohlhabenden, stolzen Hansestadt. Die dreischiffige Hallenkirche wurde im Zweiten Weltkrieg bis auf die Umfassungsmauern zerstört und verfiel. 1994 wurde ein Förderkreis zum Erhalt der Kirche gründet und mit dem Wiederaufbau der Ruine begonnen.

Die Stadt hat große Pläne mit der Taufkirche Otto Lilienthals, die Zukunftsvision trägt den Titel Ikareum. Geplant ist ein großzügiges modernes Ausstellungs- und Veranstaltungszentrum, das vielleicht auch einmal das Lilienthal-Museum aufnehmen könnte. Schon heute finden hier viele Veranstaltungen und Ausstellungen statt. Führungen und der Aufstieg auf den Turm sind möglich.

Museum im Steintor 3
Schulstr. 1, Tel. 03971 24 55 03, www.museum-im-steintor.de, Di–Fr

10–17, Sa, So 13–17, Okt.–April Mi–Fr 11–15.30, So 13–15.30 Uhr, 2,50 €, ermäßigt 1,50 €

Von den ehemals sechs Stadttoren blieb nur das 32 m hohe Steintor erhalten, ein von Staffelgiebeln gekröntes Werk der Backsteingotik. Das Tor blickt auf eine bewegte Geschichte zurück, zeitweise wurde es als Stadtgefängnis genutzt, auf dem angrenzenden Hof fand im Jahre 1853 die letzte Hinrichtung statt. Seit 1989 beherbergt es das **Heimatmuseum** und zeigt auf fünf Etagen, wie die Menschen der Region früher gelebt haben. Von oben bietet sich ein schöner Rundblick über die Dächer der Stadt und das Peenetal.

Von der einst mächtigen Anklamer Stadtbefestigung aus dem 14. Jh. zeugen außer dem Steintor nur der runde 20 m hohe **Pulverturm** südlich des Marktes sowie ein kleines Stück der Stadtmauer.

Otto-Lilienthal-Museum

Ellbogenstr. 1, Tel. 03971 24 55 00, www.lilienthal-museum.de, Juni–Sept. tgl. 10–17, Nov.–April Mi–Fr 11–15.30, So 13–15.30 Uhr, in der übrigen Zeit und während der Schulferien Di–Fr 10–16/17, Sa, So 13–17 Uhr, 3,50 €, ermäßigt 2,50 €

Das dem 1848 in Anklam geborenen Flugpionier gewidmete Museum lohnt unbedingt einen Besuch. Unter einer riesigen Glaskuppel kommen die Nachbauten von Lilienthals bemerkenswerten Fluggeräten beeindruckend zur

Geltung. Ein Film dokumentiert das Leben Otto Lilienthals – von den ersten Experimenten in der Kindheit im Peenetal bis zu seiner tödlichen Bruchlandung 1896 bei Stölln in Brandenburg (s. auch S. 75).

Mittels zahlreicher Experimente können Besucher des Museums die Physik und Technik rund ums Fliegen nachvollziehen. Zauberhafte Modelle des Berliner Künstlers Harald Serowski, der übrigens auch die Fahr- und Flugmobile des Sandmännchens im Fernsehen entworfen hat, zeigen Flugobjekte von Ikarus bis zum Heißluftballon und Fliegende Teppiche. Der Museumsladen verkaufr Flugmodelle zum Basteln, Bücher zum Thema Fliegen, Faltanweisungen für Papierflieger und den berühmten Ankersteinbaukasten, den die Gebrüder Lilienthal entwickelten.

Aeronauticon 6

Am Flugplatz 1, Tel. 03971 21 00 51, www.flugplatz-anklam.de und www.lilienthal-museum.de
Das Außengelände des Otto-Lilienthal-Museums befindet sich auf dem Anklamer Flugplatz an der B 197 Richtung Neubrandenburg. Der museumspädagogische Erlebnispark bietet Natur und Technik zum Anfassen und Ausprobieren. Was sich etwas trocken anhört, ist ein schönes Ausflugsziel für Familien mit Kindern. Der jederzeit frei zugängliche Spielplatz bietet vier ganz besondere Spielgeräte, darunter einen Vogel aus Stahl zum Erklettern und ein hölzernes Flugzeug mit zwei Piloten- und vier Passagiersitzen, das gerade zum Fliegen abhebt. Zum Aeronauticon gehört ein ebenfalls frei zugänglicher Lehrpfad, auf dem sich natürlich alles ums Fliegen dreht. Auf dem Flugplatzgelände sind einige historische Flugmaschinen und Hubschrauber zu bewundern.

Übernachten, Essen

Klein aber fein – **Vis à Vis** 1: Kleiner Wall 11–13, Tel. 03971 21 15 57, www.vis-a-vis-anklam.de, DZ ab 81 €. Empfehlenswertes Hotel mit Restaurant-Café im Herzen von Anklam. Die geräumigen, individuell eingerichteten Zimmer haben Aufbettungsmöglichkeit für bis zu vier Personen. Das Frühstück wird zur Wunschzeit serviert! Der Service ist zuvorkommend, auch wenn im Restaurant abends viel Betrieb herrscht. Gekocht wird recht kreativ und international, nachmittags gibt's Kaffee und Kuchen. Der Café-Biergarten an der Straße gewährt den Blick auf das historische Steintor, leidet aber auch unter Autolärm.

Aktiv & Kreativ

Unterwegs in der Stadt – **Stadtrundgänge:** Es gibt drei verschiedene ausgeschilderte Touren, die Sehenswürdigkeiten sind im Internet unter www.anklam.de beschrieben. Die grüne Route führt durch das Stadtzentrum, die orange Route durch zentrumsnahe Bereiche. Für die blaue Route, die Sehenswürdigkeiten am Stadtrand zum Ziel hat, empfiehlt sich die Nutzung eines Autos.
Paddeln im Tal der Biber – **Kanustation in Anklam** 1: Werftstr. 6, Tel. 03971 24 28 39, www.kanustation-anklam.de. Die Kanustation liegt direkt im Anklamer Stadthafen vor der interessanten Kulisse alter Speicherhäuser. Von April bis Oktober werden verschiedene Bootstypen verliehen und geführte Touren auf dem Amazonas des Nordens angeboten. Gepaddelt wird in Kanadiern und Kajaks, wer es bequemer mag, nimmt den Solarkatamaran. Die Kanustation, die zwischen den Wasserwanderrastplätzen Stolpe (12

km) und Kamp (15 km entfernt) liegt, bietet ein hübsches kleines Café sowie Sanitäranlagen mit Duschen. Sie ist also auch ein idealer Stopp für all diejenigen, die länger auf der Peene unterwegs sind.

Infos & Termine

Anklam Information
Am Markt 3, 17389 Anklam, Tel. 03971 83 51 54, www.anklam.de, Mitte Mai–Mitte Sept. Mo–Fr 9–18, Sa 9–12, Mitte Sept.–Mitte Mai Mo–Fr 9–16.30 Uhr.

Termine
Internationales Trabi-Treffen: Eine Woche im Mai. Fünf Tage dreht sich auf dem Anklamer Flugplatz alles um die ›Rennpappen‹. Am Samstag startet die Insel-Rallye, dann tuckert die Trabi-Karawane über die Insel Usedom. Info: www.pappenforum.de.
Die Peene brennt: Eine Woche im Sept., Mo–Sa 19.30, So 16 Uhr. Open-Air -Theaterspektakel am Peeneufer in Anklam. Ein abwechslungsreiches Programm mit jeder Menge Irrungen und Wirrungen, Erfindungen und Überraschungen – und natürlich auch Liebesgeschichten (Info und Kartenvorbestellung: Tel. 03971 20 89 25 oder www.peenespektakel.de).

Peenetal ▶ Karte 2, L/M 6

Auf ihrem Weg aus dem Landesinneren zur Mündung in die Ostsee hat die 100 km lange Peene nur 30 cm Gefälle. Der gemächliche Strom ist eine der letzten ursprünglichen Flusslandschaften in Deutschland. Der Amazonas des Nordens wird die Peene daher genannt. 156 Brutvogelarten wurden hier registriert, 40 davon stehen auf der Roten Liste.

Stolpe ▶ Karte 2, L 6

Eine kleine Landpartie lohnt das Dorf Stolpe 9 km westlich von Anklam. Hier wurde im Jahre 1136 der zum Christentum übergetretene pommersche Greifenherzog Wartislaw I. von einem heidnischen Wenden ermordet und dadurch zum Märtyrer. Seine Söhne errichteten an der Mordstätte eine Kirche zum Gedächtnis an ihren Vater, der hier auch beigesetzt wurde. Um die Christianisierung, für die Wartislaw sein Leben gelassen hatte, voranzubringen, stiftete sein Bruder Ratibor I. im Jahre 1153 ein Kloster. Es gehörte zum Benediktinerorden und war das erste Kloster in Vorpommern. Im Zuge der Reformation wurde das Kloster aufgegeben. Von der Anlage sind nur noch Reste der **Klosterkirche** aus dem späten 12. Jh. erhalten.

In unmittelbarer Nähe befindet sich der wunderbar sanierte **Stolper Gutshof** und der gemütliche **Stolper Fährkrug,** in dem schon Fritz Reuter gerne einkehrte. Eine **Handfähre** bringt Wanderer und Radfahrer über die Peene.

Übernachten, Essen

Feiner Landurlaub – **Gutshaus Stolpe:** Peenestr. 33, Tel. 039721 55 00, www. gutshaus-stolpe.de, DZ 118–218 €, Suiten 188–290 €. Mitte der 1990er-Jahre wurde der denkmalgeschützte Gutshof nordwestlich von Anklam nach dem Vorbild englischer und französischer Landhotels zu einer edlen Unterkunft mit Gourmetrestaurant umgebaut, auch Kochkurse.

Essen & Trinken

Ein schönes Ausflugsziel – **Stolper Fährkrug:** Peenestr. 38, Stolpe, Tel. 039

721 52225, www.gutshaus-stolpe.de, Mai–Sept. tgl. ab 11 Uhr, warme Küche 11.30–21.30 Uhr, im Winter Di–Do Ruhetag, ab 13.50 €. In dem über 300 Jahre alten, denkmalgeschützten Fährkrug stehen bodenständige, aber feine Speisen auf der Karte, die der Sternekoch des nahen Gutshauses Stolpe begleitet (s. o.). Im Sommer sitzt man bei schönem Wetter draußen im Biergarten mit Blick auf den Fluss.

Menzlin ▶ Karte 2, L 6

Etwa 9 km nordwestlich von Anklam, zu erreichen über die Straße nach Gützkow (B 109, L 263)
Außerhalb des unscheinbaren Dorfes Menzlin am Nordufer der Peene befinden sich die Reste einer **mittelalterlichen Handelsniederlassung.** Man folgt der Ausschilderung Altes Lager oder Kanucamp an die Peene. Die archäologisch nachgewiesene Bebauung ist oberirdisch verschwunden. Umso beeindruckender präsentieren sich die sichtbaren, in den Kiefernwald auf der Hügelkuppe gebetteten **Bootsgräber.**

Von den Gräbern, deren Zahl auf mehrere Hundert geschätzt wird, wurden 33 freigelegt und untersucht. Sowohl ihre Lage innerhalb schiffsförmiger Steinsetzungen als auch die Beigaben sprechen dafür, dass ein Teil der Bestatteten skandinavischer Herkunft gewesen sein muss. Daher gehen die Archäologen davon aus, dass es sich um eine skandinavische Siedlung in slawischem Gebiet handelte (s. auch Mein Tipp S. 249).

Naturschutzgebiet Peenetalmoor ▶ A/B 7

Start und Ende am Kanucamp am Hafen von Menzlin, ca. 5 km

Nördlich von Anklam lohnt das wunderschöne Naturschutzgebiet Peenetalmoor zu jeder Jahreszeit einen Besuch. Es ist das wohl größte zusammenhängende Niedermoorgebiet Mittel- und Westeuropas. Zahllose, zum Teil renaturierte Torfstiche und Bachläufe durchziehen das Tal. In den 1970er-Jahren wurden 23 Biber von der Elbe an der Peene bei Gützkow ausgesetzt. Seither haben sie sich stark vermehrt. Die Wanderung führt durch das verschilfte, vogelreiche Areal. Graureiher und Seeadler jagen hier, im Winter werden oft diverse Enten- und Gänsearten in großer Zahl, aber auch Rallen, Lappentaucher und Säger gesichtet. Zwei Beobachtungstürme und eine -plattform sind gute Aussichtspunkte, mit Glück entdeckt man auch Rehe, Füchse, Biber und Fischotter.

Am Peenestrom bei Kamp ▶ B/C 7/8

Start und Ende in Kamp, ca. 9 km
Von **Kamp,** einem hübschen kleinen Fährort am Peenestrom 12 km östlich von Anklam (zu erreichen über Bargischow B 109, OVP 48), führt eine etwa vierstündige Rundwanderung durch die wieder vernässten Peenewiesen am Anklamer Stadtbruch.

Vom **Kamper Hafen** – es gibt einen Imbiss und Picknicktische am Wasser – fällt der Blick hinüber nach **Karnin** auf Usedom. Im Peenestrom ragen die imposanten Reste der alten **Eisenbahnhubbrücke** auf, über die bis 1945 Züge direkt von Berlin zur Insel Usedom rollten (s. S. 156). Zunächst folgt der Weg der ehemaligen Bahnlinie Ducherow – Swinemünde. Rechts und links des Bahndammes tummeln sich in den Peenewiesen zahllose Wasservögel. Auch Bibern und Fischottern bieten die weiten, einsamen pommerschen ›Ever-

Mein Tipp

Im Land der Wikinger und Biber
Die Umgebung von Menzlin ist in jeder Hinsicht großartig. Da sind zum einen die skandinavischen Bootsgräber im lichten Kiefernwald, dann die ausgedehnten Wiesen an der Peene – ideal für ein Picknick – und nicht zuletzt der ruhige Fluss zum Paddeln. Im **Kanuverleih Menzlin** (▶ außerhalb A 7) informiert Rainer Vanauer unterhaltsam über die patenten Nordmänner, die hier im 9. Jh. lebten. Und er schwärmt von Adlern und Bibern, die sich in der ursprünglichen Natur des Peenetals wohlfühlen (Kanuverleih Menzlin, Tel. 03971 21 32 73, www.kanuverleih-menzlin.de, www.peenefloss.de, Bring- und Rückholservice, Floßfahrten, Tourenberatung, Führungen am Alten Lager, Imbiss).

glades‹ einen idealen Lebensraum. Wer ein Fernglas hat, sollte es mitbringen! In der nahen Ortschaft **Anklamer Fähre** lädt ein Biobauernhof mit leckeren Quark- und Käseprodukten zum Verweilen ein. Knapp 3 km sind es zurück nach Kamp.

Infos

Verkehr
Personenfähre mit Fahrradmitnahme:
Von Kamp über den Peenestrom nach Karnin, Mai–Sept. tgl. 11–17 Uhr, Okt.–April Fahrten nur nach vorheriger

Vereinbarung, Tel. 0177 283 45 04 (Christof Reimann), www.hafenverein-kamp.de/faehre.htm

Am Kleinen Haff

▶ D–G 9/10

Fast wie ein kleines Meer erstreckt sich das Stettiner Haff (Polnisch *Zalew Szczeciński*) zwischen Usedom und dem Festland. Mitten hindurch verläuft seit 1945 die Staatsgrenze zwischen Polen und Deutschland. Der westliche, deutsche Teil wird oft als Kleines Haff bezeichnet, der größere polnische Teil als Großes Haff. Sanft geschwungene Schilfbuchten und überraschend schöne Sandstrände säumen die wenig bekannte Küste, kleine Seebäder bieten erholsame Ruhe jenseits der Ströme des Massentourismus. Leicht kommt man hier mit Einheimischen und anderen Gästen ins Gespräch, ein beliebtes Thema ist die Abgeschiedenheit der strukturschwachen Gegend, die man um nichts in der Welt mit dem Trubel auf Usedom tauschen möchte.

Das Zentrum der Region ist **Ueckermünde**. Der hübsche Ort liegt etwa 3 km von der Haffküste entfernt. Auf der Landseite bieten Wälder und Wiesen der Ueckermünder Heide ein hervorragend ausgebautes Netz an Radwanderwegen. Ein empfehlenswertes Ausflugsziel ist der traditionsreiche Urlaubsort **Mönkebude** mit einem Yachthafen, Campingplatz und Badestrand am Haffufer.

In dem alten Fischerdorf **Altwarp** ist Deutschland zu Ende, am Hafen kann man Fisch essen und nach Polen hinüberblicken. Nur ca. 2 km sind es über das Wasser bis Nowe Warpno (Neu Warp). Bis zum Eintritt Polens in die EU im Jahre 2004 pendelten hier Fähren

und Ausflugsschiffe zum zollfreien Einkauf. Noch 1996 wurde der Altwarper Hafen neu ausgebaut und 1999 um einen Fähranleger erweitert. Jetzt ist es ergreifend still hier, der Schiffsverkehr wurde im Juni 2010 vorerst eingestellt.

Ueckermünde ▶ E 9/10

Das liebenswert überschaubare, nach dem Fluss Uecker benannte Städtchen blickt auf eine bedeutende Geschichte als Handels- und Residenzstadt zurück. Herzog Philipp I. ließ hier 1546 ein repräsentatives, vierflügeliges Renaissanceschloss errichten. Zu den erlauchten Gästen gehörten Zar Peter I., König Friedrich Wilhelm I. und August II. der Starke, Kurfürst von Sachsen. Nur der Südflügel des Prachtbaus mit dem Schlossturm stehen noch. Ueckermünde blieb im Zweiten Weltkrieg von Angriffen verschont, die Struktur der schmalen Straßen, die die Altstadt durchziehen, stammt noch fast unverändert aus dem Mittelalter. Fachwerkgeschmückte Traufenhäuser und die barocke Marienkirche prägen das Bild der Hafenstadt.

Markt

Das Ortszentrum bildet der 1999 mit altem Pflaster aus Ueckermünder Ziegeleien neu gestaltete Markt. Kinder lieben die Fischerfigur auf dem von hübschen Giebelhäusern umgebenen Platz. Auf dem nahen **Schweinemarkt** erinnern zwei Bronzeschweine an den Viehhandel in der Nachkriegszeit.

St. Marienkirche

Ueckerstr., in der Saison tgl. geöffnet, Gottesdienst So 10 Uhr
Die hübsche Renaissancekirche prägt mit ihrem zierlichen Kirchturm die Stadtsilhouette. Sie wurde 1766 an die-

ser Stelle geweiht, nachdem der Vorgängerbau »durch Alter zerfallen war und wegen des zahlreichen Besuches erweitert werden musste«, wie man der lateinischen Inschrift über dem südlichen Eingang entnehmen kann. Von dem Vorgängerbau ist ein Teil des Ratsgestühles erhalten geblieben, das aus dem Jahr 1593 stammt. Sehenswert im Innern der Kirche sind außerdem die bemalte Holzdecke, der zwischen 1752 und 1766 geschaffene Altar und die drei Kronleuchter aus den Jahren 1648 bis 1703. Mehrere große Ölgemälde zeigen Persönlichkeiten, u. a. die Reformatoren Luther und Calvin sowie Ueckermünder Pastoren. Das älteste Bild datiert ins Jahr 1684, auch das Taufbecken stammt aus dem 17. Jh.

Haffmuseum

Am Rathaus 3, Tel. 039771 284 42, www.ueckermünde.de/haffmuseum, März–Mai, Sept., Okt. Mi–Fr 10–12, 13–17, Sa 13–17, Juni–Aug. Di–So 10–17, Nov., Dez. Do, Fr 10–15.30 Uhr, 2,50 €

In den erhaltenen Teilen des Schlosses ist das Haffmuseum untergebracht. Über dem Portal des **Treppenturms,** der an den Bergfried grenzt und heute den Museumseingang bildet, befindet sich eine Steintafel mit dem Bildnis des Bauherrn und dem Datum 1546. Über die Spindeltreppe im ehemaligen Turm gelangt der Besucher ins Museum. Es beherbergt eine bunte Vielfalt an Exponaten zur Stadtgeschichte, zum Alltagsleben, zu Handwerk, Fischerei und Schifffahrt. Von der Aussichtsetage schweift der Blick über die Stadt, den Hafen und das Haff.

Stadthafen

Die Uecker, die in der Uckermark entspringt und wenige Kilometer östlich von Ueckermünde in das Stettiner Haff mündet, durchfließt die Altstadt und bildet den Stadthafen. Über die Uecker führt nur eine einzige Brücke, die das **Alte Bollwerk** mit dem **Neuen Bollwerk** verbindet. Diese beiden befestigten Straßen begrenzen den Hafen und verhindern, dass die Uecker bei Hochwasser über die Ufer tritt und in die Stadt fließt.

Die einstige Bedeutung des Handelshafens als Umschlagplatz für Fisch, Getreide und vor allem Ziegelsteine gehört der Vergangenheit an, heute überwiegt die touristische Nutzung, im Sommerhalbjahr liegen hier Segelboote und Ausflugsdampfer am Kai. Vom Alten Bollwerk aus kann man Fahrten auf das Stettiner Haff, zur Insel Usedom oder in das benachbarte Polen unternehmen. Der Parkplatz am gegenüberliegenden Neuen Bollwerk ist ein günstiger Ausgangspunkt für einen Stadtbummel bzw. einen Abstecher an den Haffstrand.

Haffstrand

Vom Neuen Bollwerk führt ein 2 km langer Wander- und Radweg über eine kleine Holländer-Holzbrücke aus dem Jahre 2004 an den fast 1000 m langen, flach abfallenden Sandstrand. Den Weg von der Altstadt Richtung Strand begleiten »Poetische Segel«. Auf den hohen, mit Stahlseilen verspannten Einzel- oder auch Doppelsegeln ist Kunst untergebracht Maritime Motive in Aquarelltechnik sind mit Versen von großen Dichtern wie Heine, Morgenstern, Neruda, Storm, Ringelnatz und Tucholsky kombiniert – außergewöhnlich und schön.

Tierpark Ueckermünde

Chausseestr. 76, Tel. 039771 54940, www.tierpark-ueckermuende.de, tgl. März–Okt. 10–18, Nov.–Feb. 10–15 Uhr, im Sommer 8 €, im Winter 5 €

Im Westen der Stadt liegt ein naturbelassener Zoo, in dem über 100 Tierar-

Mein Tipp

Lebendige Geschichte in Torgelow ▶ Karte 2, N 7

An der Uecker lebte vor rund 1000 Jahren der slawische Stamm der Ukranen. Das **Ukranenland** außerhalb von Torgelow zeigt die Rekonstruktion eines Slawendorfes mit Block-, Bohlen- und Flechtwandhäusern aus dem 9./10. Jh. Hier kann man in der Saison Handwerkern wie Bronzegießer, Töpfer und Schmied bei der Arbeit zuschauen, aber auch selbst töpfern, filzen, schnitzen. Ein Höhepunkt ist die Fahrt mit einem rekonstruierten Slawenschiff. Ein weiteres spannendes, historisches Projekt ist das **Castrum Turglowe**. Neben der mitten in Torgelow gelegenen Ruine einer mittelalterlichen Burganlage ist ein bemerkenswertes Freilichtmuseum entstanden, in dem man das Leben im 13. Jh. nachvollziehen kann (Ukranenland, Jatznicker Str. 31, Torgelow, 14 km südlich von Ueckermünde, Tel. 03976 20 23 97, www.ukranenland.de, Mai–Okt. tgl. 10–17 Uhr, 4 €, Familien 10 €, Kombiticket mit Castrum Turglowe 7 €, Familien 16 €).

ten leben, darunter heimische Haus- und Wildtiere, aber auch Exoten aus aller Welt wie Löwen, Papageien, Lamas und Kängurus. In den nach 1990 entstandenen Freigehegen für Ziegen, Kängurus, Mufflons und Damhirsche können sich die Besucher den Tieren ohne trennende Zäune nähern. Besonderes Vergnügen bieten die freilaufenden Weißbüschelaffen, der begehbare Affenwald und die Schaufütterungen der Löwen, Affen und Fischotter (Zeiten im Internet).

Übernachten

Am Wasser – **HaffHotel Pommern Yacht:** Altes Bollwerk 1b, Tel. 039771 21 50, www.pommernyacht.de, DZ 90–123 €. Das in Form eines Schiffes gebaute Hotel liegt direkt am Hafen. 18 gepflegte, geschmackvolle Zimmer, am besten eines mit Blick zum Stadthafen wählen. Radfahrer sind auch für eine Nacht willkommen, das Bett & Bike-zertifizierte Haus liegt am Radfernweg Berlin – Usedom, Im hauseigenen Restaurant **Roter Butt** wird bodenständige pommersche Küche serviert.

Zentral und freundlich – **Hotel Am Markt & Brauhaus Stadtkrug:** Markt 3–4, Tel. 039771 800, www.hotel-am-markt-ueckermuende.de, DZ ab 89 €. Wohnen und speisen in einem historischen Speicher am denkmalgeschützten Markt. Radfahrer sind willkommen. Selbstgebrautes Bier und gute Küche bietet das integrierte Brauereigasthaus (ab 10 €).

Familienfreundlich – **Lagunenstadt Ueckermünde:** Am Strand 2, Ueckermünde, 039771 530 29, www.lagunenstadt-ueckermuende.de, Ferienwohnungen für 2–6 Pers. ab 60–112 €. Große, dreistöckige Ferienanlage mit insgesamt rund 400 unterschiedlich eingerichteten Apartments, die meisten mit Blick auf den Hafen. Der Badestrand ist etwa 200 m entfernt. Essen kann man in der nahen Marina, Einkaufsmöglichkeit im 2 km entfernten Ueckermünde.

Außerhalb – **Jugendherberge Ueckermünde:** Herbergsstr. 1, Bellin, Tel. 03 97 71 224 11, www.ueckermuende.jugendherbergen-mv.de, März–Okt., Übernachtung mit Frühstück 19.50–28,60 €. Ein familienfreundliches Haus 6 km vom Bahnhof Ueckermünde. Die 93 Betten sind auf mehrere Gebäude verteilt. Ca. 20 Minuten Spazierweg zum Haffstrand. Fahrradverleih.

Am Haff – **Ostsee-Campingpark Oder-haff:** Dorfstr. 65, Grambin, Tel. 039774 204 20, www.campingpark-oderhaff. de, April–Mitte Okt. 3,6 km nördlich von Ueckermünde, von Kiefern und Birken beschatteter Platz mit schönem Haffstrand.

Essen & Trinken

Bodenständig speisen kann man im **Stadtkrug** am Markt und im **Roten Butt** im Hotel PommernYacht (s. o.), eher touristisch – das heißt aufgetaut – geht's am Hafen in der **Hafenschänke Backbord** zu.

Gründerzeit – **Café Krøhan & Bress:** Am Markt 8, Tel. 039771 597 85, Mo–Do 10–18, Fr, Sa 10–23 Uhr. Ein kleines Café für Genießer. In denkmalge-schützten Räumen werden feiner Es-presso und Selbstgebackenes serviert sowie edle Whiskymarken und Zigar-ren angeboten. Es finden auch Verkos-tungen statt.

Lohnt einen Ausflug – **Strandhalle:** Am Strand 1, Tel. 039771 596 10, www. strandhalle-ueckermuende.de, ab 10 €. Das Restaurant am Haffstrand über-zeugt mit traditionsreichem Am-biente, guter Küche, kreativer Spei-senzubereitung und freundlichem Ser-vice. Für viele die netteste Adresse in Ueckermünde.

Einkaufen

Viel Frisches aus der Region – Mittwoch ist **Markt** auf dem Marktplatz.
Regionales – **KulturSpeicher:** Bergstr. 2, Tel. 039771 542 62, www.speicher-ueckermuende.de, Mo–Fr 10–16 Uhr. Galerie mit wechselnden Ausstellun-gen und zugleich Regionalladen mit Kunsthandwerk, Honig, Likören und Seifen.

Aktiv & Kreativ

Strandleben – **Haffbad:** Ein schöner, fast 1000 m langer, flach abfallender Sandstrand mit FKK-Abschnitten. Es gibt eine Promenade, mehrere Kinder-spielplätze, Imbiss- und Eisbuden und die **Strandhalle,** ein sehr charmantes Strandrestaurant. Ein weiterer Bade-strand befindet sich im Ortsteil Bellin.

Radwandern – Ein sehr gut ausgebau-tes **Radwandernetz** führt durch Wald, Wiesen und Heide. Empfehlenswert ist das Radwanderheft »Radwandern in der Ueckermünder Heide«, das sieben Radtouren am Stettiner Haff und in der Ueckermünder Heide vorstellt. Er-hältlich in der Touristen-Information.

Schiffsausflüge – **Oderhaff Reederei Peters:** Am Alten Bollwerk 2, am Stadt-hafen, Tel. 039771 224 26, www.ree derei-peters.de, Mai–Sept. Haffrund-fahrten 2 x tgl., Tagesfahrten nach Stet-tin (via Kamminke) 1–2 x pro Woche, nach Swinemünde 1–3 x pro Woche. In der Saison bis zu 2 x tgl. Schiffsverbin-dung nach Kamminke auf Usedom, dort Anschluss an den öffentlichen Nahverkehr, u. a. in die Kaiserbäder.

Töpfern, tanzen – **KulturSpeicher:** Ein engagiert geführtes Zentrum für Kunst, Kultur, Handwerk und Touris-mus. Café und Laden (s. o.).

Infos & Termine

Touristen-Info Ueckermünde
Altes Bollwerk 9, 17373 Ueckermünde, Tel. 039771 284 84, www.ueckermu ende.de, Mo–Fr 9–16, Mai–Sept. Mo–Fr 9–18, Sa 9–12, So 10–12 Uhr. Gut aus-gestattete Information.

Termine
Haff Sail Ueckermünde: Wochenende im Juni. Maritimes Volksfest in der La-gunenstadt. Mit zahlreichen kulturell-

wassersportlichen Veranstaltungen wird auf die vielfältigen Freizeitmöglichkeiten an dem deutsch-polnischen Gewässer aufmerksam gemacht. Info: www.haff-sail.de

Altstadtspektakel Ueckermünde: Zweites Wochenende im Juli. Mittelalterfest auf dem Marktplatz und in den angrenzenden Straßen und Plätzen der Innenstadt.

Haff-Tage Ueckermünde: Viertes Wochenende im Juli. Bereits seit 1964 wird das Volksfest durchgeführt, mit buntem Programm, viel Rummel und Spaß, Bootscorso, Regatta und Feuerwerk.

Weihnachtsmarkt: Ein Wochenende im Dez. Im Wechsel mit den Städten Eggesin und Torgelow findet der Weihnachtsmarkt immer an einem anderen Wochenende statt.

Verkehr

Bahn: Alle 2 Std. RE von Berlin nach Pasewalk, dort umsteigen Richtung Ueckermünde. Hier gibt es zwei Stationen: Der Haltepunkt **Ueckermünde** befindet sich am zentralen Busbahnhof, die Endstation **Stadthafen Ueckermünde** liegt direkt an der Uecker.

Bus: Linienbusse u. a. nach Pasewalk, Torgelow. Info: www.vg-bus.de.

Schiff: Ueckermünde – Kamminke (s. o. Oderhaff Reederei Peters).

Mönkebude ▶ D 9

Ein angenehmer Urlaubsort ist das alte Fischerdorf am Rande der Ueckermünder Heide. Gegründet wurde der Ort im 12. Jh. von Mönchen, die von der Landwirtschaft, vom Fischfang und der Jagd lebten. Als 1777 die **Poststraße** entstand, gewann neben dem Handwerk auch der Handel an Bedeutung. Hübsche Katen und reetgedeckte Fischerhäuser prägen die Straßen, die zum Hafen führen. Die **Haffstraße** und

Ein Strandtag am Haff in Mönkebude ist angenehm unaufgeregt

die Straße **Am Kamp** passieren die Touristen-Information, die im gleichen Gebäude wie das **Heimatmuseum Fischerstube** untergebracht ist. Hier findet man liebevoll zusammengetragene Zeugnisse zur Geschichte des Fischerortes und Seebads (Am Kamp 13, Mai–Sept. Di, Do, Sa 14–16 Uhr).

Hafen und Strand
Ein Schmuckstück ist der moderne **Yachthafen** (mit WLAN für Dauerlieger). Die Mole bietet sich für einen Spaziergang am Wasser an, Bänke laden zum Verweilen ein. Von hier werden in der Saison täglich Segeltörns auf das Haff mit dem historischen Zeesenboot Ghost angeboten.

Neben dem Hafen erstreckt sich eine idyllische **Badebucht** mit 500 m feinsandigem Strand, einigen Strandkörben, sich im Wind wiegendem Schilf, Möwen und der **Strandhalle**, einer traditionsreichen Gaststätte mit Terrasse direkt am Wasser. Ein netter Wohnmobilstellplatz und ein angrenzender Abenteuerspielplatz runden diese freundliche Seebadidylle ab.

Aktiv & Kreativ

Segeltörns – **Zeesenboot Ghost:** Ansprechpartner Käpt'n Alwin Harder, Mitteldrift 1 d, Mönkebude, Tel. 0172 312 53 88, www.segeln-stettiner-haff. de. Mit dem 1925 in Stralsund gebauten Traditionssegler geht es aufs Haff hinaus Richtung Usedom. Kurzfahrten etwa 1,5 Std., aber auch längere Törns. Zeiten und Preise siehe Aushang.

Infos & Termine

Fremdenverkehrsverein Mönkebude am Stettiner Haff
Am Kamp 13, 17375 Mönkebude, Tel. 039774 203 23, www.moenkebude.de.

Termine
Haffseglertreffen: Aug. Am Yachthafen Mönkebude lädt der Seglerverein zu einem buntem Programm am und auf dem Wasser ein. Es gibt Knüppelkuchen am Lagerfeuer und Grillfleisch.

Verkehr
Bahn und Bus: Die nächsten Regionalbahnhöfe sind Ueckermünde und Ducherow, von dort geht es weiter mit dem Bus, Mo–Fr 3–4 x tgl. Info: Verkehrsgemeinschaft Uecker-Randow (VGU), Tel. 03976 240 20, www.vgu-bus.de.
Fährverkehr: Für Fußgänger und Radfahrer ab Mönkebude nach Usedom Hafen, Ostklüne/Wilhelmshof, Karnin, Kamp und Ueckermünde. Info: Käpt'n Alwin Harder, , Mitteldrift 1 d, Mönkebude, Tel. 0172 312 53 88, www.segeln-stettiner-haff.de.

Uznam, Wolin und Szczecin

Highlight !

Woliński Park Narodowy: An der Außenküste des Wolliner Nationalparks
fällt zum Teil Jahrhunderte alter Buchenwald in einer imposanten, fast
100 m hohen Steilküste zum Meer ab.
Im Parkinneren befinden sich stille, das
Grün der Bäume spiegelnde Seen. Die
wald- und seenreiche Moränenlandschaft bietet Lebensraum für 200 Vo-
gel- und 1300 Pflanzenarten, darunter
viele seltene Orchideenarten. Der hier
brütende Seeadler ist das Wappentier
des Nationalparks, Wanderwege führen zum Wisentgehege. S. 273

Auf Entdeckungstour

Mit dem Rad über Karsibór: Das kleine
Fischer- und Bauerndorf auf der gleichnamigen Insel ist die Ruhe selbst. Von
Świnoujście gelangt man auf einer kostenlosen Fähre über die Swine hinüber
zur Insel Wollin. Eine Brücke führt nach
Karsibór. Nicht nur die Dorfkirche und
ein schilfreiches Vogelschutzgebiet
lohnen den Inselbesuch, sondern auch
die köstliche Fischsuppe bei Marina.
S. 266

Kultur & Sehenswertes

Hafeneinfahrt in Świnoujście: Die Mühlenbake und der einst höchste Leuchtturm der Welt weisen den Weg in den Hafen von Swinemünde, zu dessen Schutz die Preußen mehrere Forts am Swineufer errichteten. S. 260, 262

Schloss in Szczecin: Die eindrucksvolle Burganlage prägt seit Jahrhunderten das Gesicht der Odermetropole. Sie gibt auch den Rahmen für kulturelle Aktivitäten. S. 278

Aktiv & Kreativ

Küstenwanderung: Von Międzyzdroje führt der Wanderweg E 9 zum Aussichtspunkt auf dem Góra Gosan, der einen grandiosen Blick über die Pommersche Bucht ermöglicht. S. 273

Zentrum der Slawen und Wikinger in Wolin: In der rekonstruierten mittelalterlichen Siedlung werden alte Handwerkskünste vorgeführt. Vieles kann man auch selber ausprobieren. S. 275

Genießen & Atmosphäre

Der Fischerstrand in Międzyzdroje: Am Fuße der Steilküste liegen die Boote der Fischer. Wenn sie vom Fang zurückkommen, wird hier häufig frisch gefangener Fisch direkt vom Boot aus verkauft. Die Hausspezialität zahlreicher Restaurants, Strandcafés und Imbissbuden ist geräucherter und frisch zubereiteter Fisch. S. 270

Aussichtspunkt Grodzisko in Lubin: Von einem kleinen Imbisscafé schweift der Blick über das Große Haff und das inselreiche Swinedelta. S. 275

Abends & Nachts

Hotel Amber Baltic in Międzyzdroje: Eine bekannte Adresse für Nachtschwärmer, die Beach Bar hat den ganzen Tag geöffnet, auf der Terrasse wird zum Sonnenuntergang ein stilvolles Dinner serviert, den Rest der Nacht kann man im Night Club Plaza verbringen. S. 269, 270

Abstecher nach Polen

Für die meisten Usedom-Urlauber gehört eine Stippvisite in Polen zum Ferienprogramm. Es wäre schade, wenn dieser Auslandsaufenthalt bereits am Grenzmarkt in Swinemünde enden würde, denn Sandstrand und Bäderfreuden setzen sich auf dem polnischen Teil der Insel fort. Seit 1945 ist die Insel zweigeteilt: Im östlichen, polnischen Teil liegt Świnoujście (Swinemünde), das traditionsreichste und größte Seebad von ganz Usedom. Die Świna (Swine), ein Mündungsarm der Oder, trennt Usedom von der östlich gelegenen Wyspa Wolin (Insel Wollin)

und teilt Swinemünde in zwei Hälften. Das eigentliche Seebad – mit einem traumhaften Sandstrand, einigen Villen im Stil der Bäderarchitektur und der markanten Mühlenbake – befindet sich auf der Usedomer Seite, die von Ahlbeck mit dem Rad, mit der Bahn und dem Auto bequem in zehn Minuten zu erreichen ist, zu Fuß und mit dem Ausflugsdampfer dauert es etwas länger. Wer weiter gen Osten reisen möchte, muss die Świna überqueren, es gibt keine Brücke und keinen Tunnel – eine Fähre bringt Autos und Passagiere über den Fluss nach Wolin. Mit

Infobox

Information

Internet: www.unterkuenfte-ostsee.de, www.ostsee-urlaub-polen.de. Die Website www.balticportal.pl bietet vor allem Infos über Swinemünde, auch Aktuelles wie den Wechselkurs und die Treibstoffpreise.
Ländervorwahl Polen: 0048

Anreise und Weiterkommen

Bahn: Die UBB fährt stündlich bzw. halbstündlich von Wolgast über die Kaiserbäder bis zur Endstation Świnoujście. Info: www.ubb-online.de. Von Świnoujście (Wolliner Seite) bzw. direkt von Berlin geht es nach Stettin.
Bus: Die **Europalinie** verkehrt in der Saison tagsüber alle 30, ab 18 Uhr alle 60 Min. von Bansin, Heringsdorf und Ahlbeck nach Świnoujście. Info: www.ostseebus.de. Vom Busterminal in Świnoujście (Wolliner Seite) starten Busse Richtung Międzyzdroje, Kamien Pomorskie, Kolbrzeg und Stettin.

Schiff: Ausflugsschiffe fahren in der Saison von den Usedomer Seebädern tgl. nach Świnoujście und Międzyzdroje. 3 x tgl. geht der **Bosman-Express,** ein Tragflügelboot, von Świnoujście nach Szczecin (Stettin). Info: www.adler-schiffe.de.
Fähren über die Swine: s. Tipp S. 265

Geld

Wer einen Tag in Polen verbringt, sollte Geld wechseln. Zwar nehmen viele Geschäfte Euro an, und auch auf dem grenznahen Polenmarkt kann man mit Euro bezahlen, aber es gibt doch Museen und kleine Läden, die nur Złoty akzeptieren. Für einen Euro erhält man etwa vier Złoty. Der aktuelle Wechselkurs steht auf der Website www.balticportal.pl. Geld tauschen Banken oder Wechselstuben (*Kantor*) an Bahnhöfen, Einkaufszentren und Hotels. EC-Automaten sind inzwischen weit verbreitet.

einer Fläche von 265 km² ist die 25 km lange und 20 km breite Insel nur etwa halb so groß wie Usedom. Im Norden grenzt sie an die Pommersche Bucht, im Süden an das Stettiner Haff. Der beliebteste Badeort ist Międzyzdroje (Misdroy) am Rande des Wolinski Park Nardowy (Wolliner Nationalpark), zu dessen grandiosen Attraktionen ein Wisentgehege und der Türkissee gehören. Auch Szscecin (Stettin) auf dem Festland ist schnell erreicht.

Świnoujście (Swinemünde) ▶ G 6/7

Swinemünde ist mit 45 000 Einwohnern die größte Stadt auf der Insel Usedom. Die Hafenstadt ist nicht wirklich schön und war es wohl auch nie: »Swinemünde war, als wir im Sommer 1827 dort einzogen, ein unschönes Nest, aber zugleich auch wieder ein Ort von ganz besonderem Reiz«, schrieb der Dichter Theodor Fontane über das Seebad, in dem er einige Jahre seiner Kindheit verbrachte. Die Tafel am Haus, an dessen Stelle einst die Apotheke seines Vaters stand, ist ein gesichtsloser Plattenbau an einer verkehrsreichen Kreuzung im Zentrum gegenüber der Christus-Kirche. Im Zweiten Weltkrieg wurde Swinemünde bombardiert, von den Zerstörungen hat sich die Stadt bis heute nicht erholt. Rasch hochgezogene Neubauten der Nachkriegszeit prägen trostlos anmutende Wohnviertel. Auch der Hafen bietet nicht nur Idylle. Zahlreiche Kräne und Industrieanlagen beherrschen hier das Bild, Autofähren pendeln hinüber nach Wollin, dort liegen die großen Fährschiffe nach Skandinavien, sommerlich heitere Akzente setzen die Ausflugsdampfer und Bäderschiffe.

Aber das traditionsreiche Seebad kann auch anders, quasi gleich um die Ecke erstreckt sich der breiteste Strand der Insel Usedom, hier wird der Sand angespült, der anderswo – beispielsweise in Ückeritz und Koserow – abgetragen wird. Mit dem Wachsen des Strandes entfernt sich die Promenade vom Meer, stellenweise schon 200 m. Im Kurviertel überraschen vorbildlich sanierte Hotels und Villen im Stil der Bäderarchitektur ebenso wie geschmackvolle neue Bäderbauten und ein stattlicher 60 ha umfassender Kurpark. Zu Swinemünde gehört auch die Insel Karsibór, wer hier mit dem Rad unterwegs ist, taucht in eine andere Welt (s. Entdeckungstour S. 266).

Ortsgeschichte

Swinemünde wurde 1740 auf Initiative Friedrich des Großen neben dem Fischerdorf Westswine neu angelegt. Preußen benötigte einen eigenen Seehafen, schon allein um die Zahlung von Zöllen im schwedischen Wolgast zu umgehen. Bereits 1765 erhielt Swinemünde das Stadtrecht, 1824 wurde die Genehmigung zur Gründung eines Seebads erteilt.

Viele Jahrzehnte fand sich hier die feine Berliner und Stettiner Gesellschaft zur Sommerfrische ein. Besuche Kaiser Wilhelms (regierte 1888–1918) waren – anders als in den benachbarten Kaiserbädern, wo er nur mal auf einen Tee vorbeischaute – keine Seltenheit, denn die Yacht Hohenzollern, die ihm für repräsentative Zwecke und viele Staatsreisen diente, hatte hier ihren Liegeplatz. Bereits unter Friedrich Wilhelm III. (1797–1840) war die Verbindung zur Ostsee ausgebaggert und die Einfahrt zum Seehafen durch Befestigungsanlagen zu beiden Seiten der Swine gesichert worden.

Die Nazis bauten die militärische Struktur des Marinestandortes weiter aus, auf Kaseburg (Karsibór) wurde ein U-Boot-Hafen angelegt, im Seehafen Torpedoschiffe stationiert. Die Militärpräsens wurde Swinemünde schließlich zum Verhängnis: Am 12. März 1945 wurde die von Flüchtlingen überfüllte Stadt bei einem Luftangriff stark zerstört. Tausende von Menschen – Frauen, Kinder und Soldaten – verloren im Bombenhagel ihr Leben. Viele der Opfer sind auf dem nahen Golm bei Kaminke begraben (s. S. 162).

Die Hafeneinfahrt

Viele Wege führen nach Swinemünde, am schönsten ist die Anreise mit dem Schiff. Schon bei der Einfahrt in die Swine, die das Stadtgebiet in zwei Hälften teilt, erschließen sich einige der historischen Sehenswürdigkeiten. Die insgesamt fast 2,5 km langen Molen – für deren Bau u. a. das vor Koserow abgetragene Vineta-Riff genutzt wurde – begleiten auf beiden Seiten schützend die Einfahrt. Auf der Westmole grüßt die bildhübsche **Stava Młyny (Mühlenbake) 1**, das Wahrzeichen der Stadt (s. Lieblingsort S. 262).

Wehranlagen und Leuchtturm
An beiden Ufern der Swine blieben Wehranlagen erhalten, die einst die Einfahrt in den preußischen Seehafen schützten. Auf der Usedomer Seite versteckt sich im Dünenwald das **Fort Zachodni (Westbatterie) 2** (April–Okt. 9–17, Juni–Aug. 9–20 Uhr), eine 1856 bis 1861 errichtete, mehrfach modernisierte preußische Festungsanlage, die heute eine Ausstellung zur Geschichte Swinemündes als Festung und als Marinestandort beherbergt.

Auf das Westfort folgt das markante **Fort Aniola (Engelsburg) 3** (ul. Jach-

towa, tgl. 9 Uhr bis zur Abenddämmerung). Die 1845 bis 1858 erbaute Festung gleicht dem Mausoleum Kaiser Hadrians in Rom, daher erhielt sie den Namen Engelsburg.

Auf dem gegenüberliegenden Ufer der Swine liegt die im 19. Jh. als Teil der Festung Swinemünde erbaute **Ostbatterie,** die heute **Fort Gerhard 4** (ul. Ku Morzu, tgl. ab 9 Uhr bis zur Abenddämmerung) heißt. Man passiert es auf dem Weg zum **Latarnia Morska (Leuchtturm) 5** (ul. Ku Morzu, tgl. 10–18 Uhr). Bei der Inbetriebnahme im Jahre 1857 galt das Seezeichen mit 68 m als höchster Leuchtturm der Welt, seine Leuchtweite betrug 24 Seemeilen. In den Jahren 1901 bis 1903 wurde das im Verlauf der Zeit verwitterte Mauerwerk erneuert, der ursprünglich achteckige Turm erhielt einen neuen Mantel aus Klinker und wurde rund. 300 Stufen führen nach oben, der Blick ist grandios. Im Turmgebäude finden sich ein Museum und ein kleines Café. Hier kann nur mit Złoty bezahlt werden.

Stadtzentrum

Ein paar Hundert Meter östlich der Anlegestelle der Usedomer Seebäderlinie gelangt man zum Terminal der Stadtfähre, die die Inseln Uznam und Wolin miteinander verbindet. Hier befindet sich die **Touristen-Information,** in der man einen übersichtlichen Stadtplan erhält, auf dem alle Sehenswürdigkeiten inkl. Öffnungszeiten und Preise vermerkt sind. Die Hauptverkehrsstraße, die am Hafen entlangführt, heißt **Wybrzeże Władysława (Unterbollwerk),** der Hauptverkehrsknotenplatz ist der **Plac Wolności (Kleiner Markt)** unweit des Hafens. Von hier gehen sternförmig Straßen in alle Himmelsrichtungen ab.

Świnoujście (Swinemünde)

Sehenswert

1 Stava Młyny
(Mühlenbake)

2 Fort Zachodni
(Westbatterie)

3 Fort Aniola
(Engelsburg)

4 Fort Gerhard
(Ostbatterie)

5 Latarnia Morska
(Leuchtturm)

6 Muzeum Rybołówstwa
Morskiego (Museum für
Meeresfischerei)

7 Kościół Chrystusa Króla
(Christkönigkirche)

8 Kościół Gwiazdy Morza
(Kirche Maria Meeres-
stern)

9 Park Zdrojowy (Kurpark)

Übernachten

1 Villa Delfin SPA

2 Willa 4 Pory Roku

3 Camping Relax

Einkaufen

1 Grenzmarkt

2 Supermarkt/Gemüse-
markt/Tankstellen

Swinemündes schönstes Fotomotiv

Von Ahlbeck führt die Europapromenade über die Grenze nach Polen. Knapp 5 km sind es bis zur berühmten Stava Młyny, der **Mühlenbake** 1, auf der Westmole von Swinemünde. Das blütenweiß gestrichene Navigationszeichen in Form eines Rundturms mit aufgesetzten Windmühlenflügeln markiert seit den 1870er-Jahren die Hafeneinfahrt des Seebads. Schiffe aus aller Welt ziehen am Horizont vorbei. Strandspaziergänger und Fotofreunde teilen die Freude am frischen Seewind und an der Aussicht. Nirgendwo an der Küste ist es schöner und internationaler.

Muzeum Rybolówstwa Morskiego (Museum für Meeresfischerei) 6

Pl. Rybaka 1, Di–Fr 9–16, Sa, So 11–16 Uhr, 3 zł

Seit 1836 krönt ein Turm mit einer Uhr das historische Rathaus (1805/06). Es beherbergt heute als Museum eine bunte Mischung an Exponaten zur Geschichte Swinemündes, u. a. Navigationsinstrumente, Fanggerätschaften und präparierte Fische. Eine Sammlung alter Ansichtskarten und Fotos dokumentiert die frühe Zeit des Seebads vor den Zerstörungen des Zweiten Weltkriegs.

Kościół Chrystusa Króla (Christkönigkirche) 7

Plac Kościelny (Kirchplatz)

Eingeweiht wurde der gradlinige Backsteinbau im Jahre 1792 – zunächst ohne Turm, der kam erst 1881 dazu. Anfang der 1980er Jahre wurde das Gotteshaus völlig umgestaltet, nur wenige der alten Ausstattungsstücke blieben erhalten, darunter ein 2 m langes, hölzernes Schiffsmodell, das ein Hamburger Schiffer der Kirche im Jahre 1814 vermacht hatte.

Schräg gegenüber der Kirche erinnert eine Gedenktafel an Theodor Fontane (1819–1898), der während seiner Kinderzeit in der *Ulica Marynarzy 7* wohnte. Hier befand sich einst die Stadtapotheke, die Fontanes Vater von 1827 bis 1832 führte. Seine Swinemünder Eindrücke und Erlebnisse beschrieb Fontane in dem 1884 erschienenen Werk »Meine Kinderjahre«.

Kurpark und Promenade

Die **Kościół Gwiazdy Morza (Maria Meeressternkirche)** 8, wurde 1896 als Andachtsstätte für polnische Saisonarbeiter errichtet und war damals das einzige katholische Gotteshaus der Stadt. Sie liegt auf dem Weg zum weitläufigen **Park Zdrojowy (Kurpark)** 9, der sich nordöstlich der Kirche bis zur Westmole erstreckt und das Bäderviertel von der Innenstadt trennt. Der von Peter Josef Lenné 1826/27 im Stil englischer Landschaftsgärten gestaltete Park lädt zu einem Spaziergang ein. Buchen, Eichen und Platanen säumen die Wege, kleine Wasserläufe durchziehen das rund 60 Hektar umfassende Areal.

Die **Ulica Chrobrego** führt mitten durch den Kurpark zur **Strandpromenade** (Promenada Stefana Żeromskiego), die zur Landseite von prachtvollen Jugendstilvillen gesäumt ist. Einige sind saniert, an anderen bröckelt noch der Putz. Im Westen geht die Promenada nahtlos in die grenzüberschreitende **Europapromenade** über, die das das Swinemünder Kurviertel mit den Kaiserbädern Ahlbeck, Heringsdorf und Bansin verbindet.

Hinter dem breiten Dünengürtel erstreckt sich der Ostseestrand. Von hier aus kann man zur Mühlenbake wandern und am **Fort Zachodni** und der **Engelsburg** vorbei zum Schiffsanleger zurückkehren. Eine Alternative ist der Rückweg auf der Europapromenade, den man mit einem Besuch des **Grenzmarktes** in der ul. Wojska Polskiego verbinden kann.

Übernachten

Komfortabel – **Villa Delfin SPA** 1: Ul. Słowckiego, Tel. 0048 91 321 2757, www.hotel-delfin.pl, DZ und Suiten 310–470 zł, Parkplatz 30 zł. Modernes Haus mit Restaurant in unmittelbarer Nähe der Promenade unweit des Kurparks. Es gibt einen Außenpool und begrünte Terrassen. Ganzjährig wird eine große Auswahl an SPA & Wellness geboten, Preise für Kurpakete nennt die Webseite.

Wellness & SPA – **Willa 4 Pory Roku** **2**: Ul. Ujejskiego 8, Tel. 0048 91 321 16 94 (poln. Festnetznummer) oder 038378 72 96 48 (dt. Festnetznummer), www.4poryroku.com.pl, Suiten 190–290 zł. Die Villa Vier-Jahreszeiten ist ein persönlich geführtes, neues Haus mit freundlich eingerichteten Zwei- und Vier-Bett-Zimmern, einem Garten und verlockenden Wellness-Paketen. Ruhige Lage 150 m von der Strandpromenade, nur 1 km nach Ahlbeck.

Im Kurviertel – **Camping Relax** **3**: ul. Słowackiego 1, Tel. 0048 91 321 39 12, www.camping-relax.com.pl. Ganzjährig geöffneter, 3,2 ha großer Grasplatz mit einigem Baumbestand, 200 m vom Strand. Plätze für Zelte, Caravans sowie Bungalows für zwei bis vier Personen (165–285 zł), außerdem ein Restaurant, Café, Lebensmittelgeschäft und kostenfreies Internet.

Einkaufen

Schnäppchen – Knapp 200 m hinter dem Grenzübergang bei Ahlbeck stößt man an der Ulica Wojska Polskiego auf die ersten Ausläufer des **Grenzmarktes** **1**. Je nach Saison werden an der Straße zwischen Ahlbeck und Swinemünde frische Blaubeeren oder Preiselbeeren und Pfifferlinge, Steinpilze oder Maronen oft recht preiswert angeboten. Mehrere Supermärkte und ein Markt, auf dem vor allem Obst und Gemüse aus der Region verkauft wird, befinden sich in der **Grunwaldzka (Große-Kirchen-Str.)** **2**. Von der Grumwaldzka zweigt die Straße Richtung Szczecin (Stettin) und zur Fähre in Karsibór ab, direkt an diesem Abzweig liegen mehrere **Tankstellen,** an denen Deutsche gerne und vergleichsweise preisgünstig (ohne Ökosteuer) tanken.

Mein Tipp

Kleine Pause vom Alltag
Wer mag, kann in Swinemünde mit der **Stadtfähre** über die Swine setzen – zu Fuß oder mit dem Rad. Da die Kapazität gering ist, dürfen werktags nur lokale Autofahrer die Fähre nutzen. Autos mit ortsfremden Kennzeichen müssen auf den Fährbetrieb im 7,5 km südlich gelegenen Karsibór (Kaseburg) ausweichen. Beide Fähren sind kostenfrei. Ein kleiner Ausflug auf dem Fluss lohnt immer, und sei es nur, dass man einfach hin und wieder zurück fährt. Den Bewohnern Swinemündes gewährt die Überfahrt zehn Minuten Pause im Alltag: Einkaufstüten abstellen, einen Kaffee aus dem Automaten ziehen, übers Wasser und die Stadt blicken. Oft kommt man hier miteinander ins Gespräch, das dichte Nebeneinander von polnischem Alltag und Urlaub macht neugierig.

Aktiv & Kreativ

Reif für die Insel – **Radtour auf Karsibór:** s. Entdeckungstour S. 266

Infos

Touristen-Information
Plac Słowiański 6/1 (bei der Stadtfähre), 72–600 Świnoujście, Tel. 0048 91 322 49 99, www.swinoujscie.pl, Mo–Fr 9–17, Sa 10–14, im Sommer auch So 10–14 Uhr. Übersichtlicher Stadtplan und andere Broschüren.

Verkehr
s. Infobox S. 258

Auf Entdeckungstour

Polnische Landpartie – mit dem Rad über Karsibór

Das kleine Fischer- und Bauerndorf auf der gleichnamigen Insel gehört zu Swinemünde, mit dem es außer einer spärlichen Busverbindung und polnisch sprechenden Bewohnern nichts gemein hat. Karsibór ist die Ruhe selbst. Zu erreichen ist die Insel über eine Brücke von der Insel Wollin aus.

Reisekarte: ► H 7/8

Radtour: etwa 40 km

Einkehr und Unterkunft: Marina Karsibór, ul. 1. Maja 5a, Tel. 0048 91 322 14 48, www.karsibor.com.pl, preiswerte polnische Küche, HG ab 6 €, Bungalow inkl. Frühstück ab 60 €.

1880 mussten sich die Bewohner der Gemeinde Karsibór, die damals noch Kaseburg hieß, mit dem Leben auf einem kleinen Inselchen arrangieren. Nach sechsjähriger Bauzeit war die Kaiserfahrt – ein Kanal zwischen der Swine und dem Stettiner Haff – fertiggestellt worden, die den östlichsten Zipfel von Usedom zu einer eigenständigen Insel machte. Der Durchbruch bedeutete freie Fahrt für die großen Schiffe von Swinemünde nach Stettin. In Karsibór aber ticken seither die Uhren langsamer. Erst seit 1966 verbindet eine Brücke Karsibór mit der nördlichen Nachbarinsel Wolin.

Entlang der Kaiserfahrt

Vom Zentrum von Świnoujście gelangt man auf der kostenlosen **Stadtfähre** 1 über die Swine hinüber zur Insel Wollin. Der ausgeschilderte Fahrradweg führt vorbei am internationalen Fährterminal. Auf dem Weg gen Süden werden die eher unattraktiven Gewerbegebiete abgelöst von einsamer Wiesenlandschaft.

In der Swine entdeckt man die **Wyspa Mielino (Insel Mellin)** 2 mit großen Kormorankolonien. Man passiert das Dörfchen **Ognica (Werder)** und trifft wieder auf die Swine. Wer mit dem Auto von Swinemünde anreist, überquert erst hier den Fluss mit der kostenlosen **Autofähre** 3 . Ein paar Hundert Meter hinter dem Fähranleger ist Karsibór ausgeschildert, das seit Kriegsende zu Polen gehört.

Auf einer **Brücke** 4 geht es über die Stara Świna (Alte Swine) nach Karsibór. Rechter Hand befindet sich das Becken des ehemaligen U-Boothafens, in dem im Zweiten Weltkrieg eine Schulungsflotte der deutschen Kriegsmarine stationiert war. Heute dienen die Stege nur noch Anglern als bequeme Plattform.

Von der Brücke zieht sich die asphaltierte, von alten Eichen gesäumte Inselhauptstraße gen Osten durch das langgestreckte Dorf Karsibór. Alle anderen Wege auf der Insel sind unbefestigt, so auch der Fahrradweg, der von der Hauptstraße nach rechts abzweigt und in südöstlicher Richtung immer an der Kaiserfahrt, Kanał Piastowski auf Polnisch, entlangführt. Etwa 5 km sind es bis zum südlichen Ende der Insel. 430 m weit ragt hier der Ostwellenbrecher in das Stettiner Haff.

Schilf soweit das Auge reicht

Vom Piastowski-Kanal geht es durch Weiden und Wiesen an wenigen Häusern vorbei zur **Zajecze Łegi (Hasenflagwiese)** 5 , einem riesigen Schilfgebiet, das den gesamten Osten der Insel einnimmt. Das war wohl nicht immer so, denn Karsibór heißt ursprünglich *Carisubour* und das bedeutet ›schöner Wald‹. Schilf wird hier wie Getreide angebaut, gemäht, getrocknet und dann zum Häuserdecken verkauft. Neben der Landwirtschaft stellt es den wichtigsten Erwerbszweig der Inselbewohner dar. Schnurgerade Wege durchqueren die Schilfgebiete, es ist leicht die Orientierung zu verlieren, doch der offizielle Fahrradweg führt sicher ins Dorf.

Lang ist's her

Am östlichen Dorfeingang erhebt sich die weiß getünchte **Marienkirche** 6 mit einem kleinen Friedhof davor. Sie stammt aus dem 15. oder 16. Jh. und wurde 1826 nach Plänen des berühmten preußischen Architekten Karl Friedrich Schinkel umgebaut.

Im ehemaligen Pfarrhaus übernachtete König Gustav Adolf zwischen dem 14. und 19. Juli 1630. Zu Mittsommer 1630 war er in der Nähe von Peenemünde gelandet und binnen weniger

Tage bis zur Swinemündung vorgestoßen. Vor dem Weitermarsch nach Wollin machte er in Kaseburg halt. Sein Frühstück soll er unter den alten Kastanien vor dem Pfarrhaus eingenommen haben.

Heute verirren sich selten Fremde nach Karsibór. Dennoch entstehen im Dorf neben den rohrgedeckten, mal mehr, mal weniger gut erhaltenen Katen immer mehr moderne Neubauten – meist Wochenendhäuser, in denen junge Familien aus der Stadt ihre Freizeit genießen. Tagsüber sieht man in der Regel nur ältere Menschen auf der Straße. Sie grüßen freundlich. Will man ins Gespräch kommen, benötigt man allerdings Polnischkenntnisse.

Im Reich der Vögel

Von der Dorfstraße zweigt ein schmaler Weg nach Norden in das Vogelschutzgebiet **Karsiborska Kepa (Kaseburger Huttung)** 7 ab. Das Reservat umfasst ein Gebiet von 180 ha Feuchtwiesen. Ein Beobachtungsturm bietet die beste Aussicht. Auf den mit Niederschilf bewachsenen Flächen brüten überwiegend Kiebitze, Uferschnepfen, Rotschenkel und der vom Aussterben bedrohte Seggenrohrsänger. Auch seltene Vogelarten wie Seeadler, Rotmilan, Wiesenweihe, Wachtelkönig und Kampfläufer leben hier. Nicht immer sind Vögel zu beobachten, und wenn es dann noch vor Mücken surrt, kehrt man am besten ins Dorf zurück und lässt sich bei Marina polnische Hausmannskost schmecken.

Zapraszamy! – Willkommen!

Man käme kaum von selbst auf die Idee, bei **Marina** 8 vorbeizuschauen – ein normales Wohnhaus an der Hauptstraße ohne Reklame. Die geschlossene Haustür wirkt nicht besonders einladend. Umrundet man aber das Haus, öffnet sich unvermutet eine andere Welt: eine kleine Ferienanlage mit einem winzigen Hafen, ein uriger Biergarten, eine gemütliche Gaststube. Der Blick schweift über die Heidefahrt, einen Nebenarm der Alten Swine, und weit hinaus über von Schilf gesäumte Inseln.

Bei Marina versteht man zum Glück auch ohne polnische Sprachkenntnisse, was die Chefin als Tagesgericht empfiehlt. Warten ist hier ein Vergnügen, polnische Schlager dudeln aus dem Radio, am Ufer nimmt ein Fischer gerade seinen Fang aus, über fernen Schilfufern kreisen zwei Adler. Wer mag, kann über Nacht bleiben. Marina vermietet auch Bungalows mit Veranda zum Wasser.

Międzyzdroje (Misdroy) ▶ J 6

12 km östlich von Swinemünde liegt Międzyzdroje, einer der beliebtesten und größten Ferienorte an der polnischen Ostseeküste. Bereits Mitte des 13. Jh. öffnete hier ein ›Krug‹, in dem die Durchreisenden des Handelsweges entlang der Ostsee Kost und Logis erhielten. 1835 wurden die ersten Badehäuschen am 4 km langen Sandstrand aufgestellt. 1860 entstand das beeindruckende Gebäude, das heute als **Dom Kultury (Kulturhaus)** 1 dient. Zahlreiche noble Villen, Pensionen und Hotels wurden gebaut, 1885 erhielt Misdroy als erstes der pommerschen Seebäder eine Seebrücke. An ihr legten die Dampfer an, die die Kurgäste aus Stettin an die Ostsee beförderten, 1913 wurden 20 000 Besucher gezählt.

Noch heute prägen Villen, Pensionen und Hotels im Stil der Bäderarchitektur das strandnahe Ortsbild. Manches architektonische Schmuckstück wartet noch auf die Sanierung. Den nüchternen Hotelburgen und Betriebsferienheimen aus den 1960- und 1970er-Jahren fehlt jedoch auch in saniertem Zustand jeglicher Liebreiz.

Das zentral am Strand gelegene **Nobelhotel Amber Baltic** 1 ist ein gigantischer Betonklotz mit Vier-Sterne-Luxus, hier steigt ein Großteil der prominenten Gäste des Seebads ab, das sich seit 1997 zur Filmhauptstadt Polens gemausert hat. Während des Filmfestivals im Sommer wimmelt es von (in Osteuropa) bekannten Schauspielern. Viele von ihnen verewigen sich seit 1996 mit einem Handdruck auf dem Gehweg, der zum Hotel Amber Baltic führt – es ist der polnische *Walk of Fame*, die Promenade der Stars (Promenada Gwiazd).

Strandpromenade

Das heute etwa 6000 Einwohner zählende Seebad hat viel von seinem Charme aus früheren Tagen erhalten. Die belebte Strandpromenade lädt heute wie vor 100 Jahren zum Flanieren ein. Sehr bunt, fast kirmesartig geht es hier in der Hochsaison zu, zahllose Restaurants, Cafés, Eisdielen, Verkaufsbuden und Kioske reihen sich aneinander. Zentraler Blickfang ist die 1988 neu erbaute **Molo (Seebrücke)** 2, die Mitte der 1990er-Jahre aus 395 m verlängert wurde, sodass jetzt wieder Fahrgastschiffe von Usedom festmachen können. Auf den Seesteg gelangt man durch eine überdachte Einkaufspassage mit Cafés und Andenkenläden. Vom Ende schweift der Blick über den weiten Sandstrand am Amber Baltic vorbei in Richtung Osten, wo die Fischerboote liegen. Dort beginnt die Steilküste mit dem 57 m hohen **Kawcza Góra (Kaffeeberg)**.

Park Zdrojowy (Kurpark) 3

Südlich der Promenade erstreckt sich der kleine, in der Gründerzeit angelegte und 1972 verschönerte Park. Im Schatten von prächtigen Ulmen, Weißbuchen und Platanen kann man sich hier vom lebhaften Treiben entlang der Promenade erholen. Das südöstlich des Kurparks, an der Grenze zum Nationalpark gelegene Kirche **Kościół Piotra Apostoła (Peterskirche)** 4 entstand 1860 bis 1862 nach einem Entwurf des preußischen Baumeisters Friedrich August Stüler. Seit 1965 werden in der Kirche jeden Sommer im Rahmen des Internationalen Festivals der Chormusik Konzerte aufgeführt.

Muzeum Przyrodniczym Wolińskiego Parku Narodowego (Nationalpark-Museum) 5

Ul. Niedpodlegosci 3, Tel. 0048 91 328 07 27, Di–So 9–17 Uhr

In dem 1962, an der Hauptstraße in Misdroy eingerichteten Museum werden die Schönheiten und Besonderheiten des Wolliner Nationalparks präsentiert Die Dauerausstellung informiert über die regionale Flora und Fauna, wechselnde Ausstellungen zeigen Gemälde und Naturfotografien. Nicht weit vom Museum beginnt der Nationalpark. An allen Eingängen informieren Tafeln über die einzigartigen Naturschönheiten, die Regeln des Nationalparks und die Wanderwege.

Übernachten

Vier-Sterne-Luxus – **Hotel Amber Baltic** **1**: Promenada Gwiazd 1, Tel. 0048 91 322 85 00, www.hotel-amber-baltic.pl, DZ ab 550 zł. Der große, direkt am Strand gelegene Kasten ist das erste Haus am Platz. 191 Zimmer und Suiten mit Balkon, (seitlichem) Meer- oder Nationalparkblick, dazu ein Schwimmbad (draußen und drinnen) und ein großzügiger SPA- und Wellnessbereich, zwei hervorragende Restaurants (Chopin und Brasserie), ein Wiener Café und verschiedene Einrichtungen für Nachtschwärmer (s. u.).

An der Promenade – **Villa Stella Maris** **2**: ul. Bohaterów Warszawy 13, Tel. 0048 91 328 04 81, www.villa-stella-maris.de, Zimmer und Suiten 360–780 zł, preiswerte Kurpakete in der Nebensaison. Eine schöne Bäderstilvilla mit stilvoll eingerichteten Zimmern und Suiten. Zimmer 102–104 können als Präsidentensuite auch zusammen gemietet werden (1180 zł), frühe Vorbestellung nötig, da die Zimmer auch einzeln vermietet werden. Hausrestaurant mit internationaler und guter polnischer Küche.

Einfach und günstig – **Willa 5** **3**: Bohaterów Warszawy 16, Tel. 0048 91 3282610, www.willa5.pl, Zimmer 220 zł. Eine traditionsreiche, preisgünstige Pension mit 70 Betten 50 m vom Strand entfernt, die Zimmer mit zwei bis sechs Betten sind einfach und sauber. Im Haus findet man eine Pizzeria und die Bar Ster. Es gibt zehn kostenlose, aber unbewachte Parkplätze.

Mein Tipp

Der Fischerstrand **6**

Am Strand östlich des Ortes, am Fuße der Steilküste, liegen die Boote der Fischer. Wenn sie vom Fang zurückkommen, wird hier häufig frisch gefangener Fisch direkt vom Boot aus verkauft. Zahlreiche Restaurants, Strandcafés und Imbissbuden bieten geräucherten und frisch zubereiteten Fisch an. Zwischen den Geräteschuppen der Fischer entdeckt man Kisten, Netze und Bojen, still ist es hier, nur ein paar Schritte vom Strandtrubel entfernt.

Essen & Trinken

Am Fischerstrand – **Smazalnia ryb Złota Wydma** : Promenada Gwiazd 38. Ein traditionsreicher Familienbetrieb, in dem nur Fisch auf den Tisch kommt, der mit dem eigenen Boot angelandet wird. Schöne Lage am Strand mit windgeschützter Terrasse. Auch nebenan wird frisch geräuchert und gebraten, der Fischerstrand ist einfach die beste Adresse für Fisch.

Aktiv & Kreativ

Vielseitig – **Dom Kultury (MDK)** **1**: Ul. Bohaterów Warszawy 20, Tel. 0048 91

Międzyzdroje (Misdroy)

Sehenswert

1. Dom Kultury (Kulturhaus)
2. Molo (Seebrücke)
3. Park Zdrojowy (Kurpark)
4. Kościół Piotra Apostoła (Peterskirche)
5. Muzeum Wolińskiego Parku Narodowego (Nationalpark-Museum)
6. Fischerstrand

Übernachten

1. Hotel Amber Baltic mit Beach Bar, Amber Bar, Bierkneipe und Night Club Plaza
2. Villa Stella Maris
3. Willa 5

Essen & Trinken

1. Smazalnia ryb Złota Wydma

271

3282600, www.mdkmiedzyzdroje.com (nur Polnisch). An der Strandpromenade liegt das im 19. Jh. erbaute Kulturhaus, es bietet den passenden Rahmen für Festivals, Konzerte, Vorträge und Ausstellungen.

Abends & Nachts

Nachtleben – **Hotel Amber Baltic 1**: (s. o.). Eine bekannte Adresse für Nachtschwärmer ist die Luxusherberge am Strand. Die **Beach Bar** hat den ganzen Tag geöffnet, auf der Terrasse kann man zum Sonnenuntergang ein stilvolles Dinner genießen. Die **Amber Bar** ist beliebter Treff (tgl. von 16–23 Uhr), die **Bierkneipe** lädt ein zum Bowlen und Dartsspielen (tgl. 17–23 Uhr). Den Rest der Nacht kann man im **Night Club Plaza** verbringen (Juli, Aug. Fr–So 22–4 Uhr).

Infos & Termine

Touristen-Information
Bohaterów Warszawy 20, an der Promenade in der Nähe der Seebrücke, in der Saison tgl. geöffnet.

Termine
Internationales Festival der Chormusik: Das Kulturevent bietet bereits seit 1965 im Sommerhalbjahr Konzerte renommierter Organisten in der Kirche St. Peter.
Filmfestival: Juli. Filmvorführungen, Kunstausstellungen und Theaterdarbietungen. Es lassen sich zahlreiche Stars aus dem polnischen Showgeschäft sehen.

Verkehr
Schiff: Ein Großteil der Urlauber, die von der Insel Usedom aus als Tagesgäste nach Misdroy reisen, kommen

Der 4 km lange Strand von Misdroy lädt ein zu ausgedehnten Spaziergängen

per Adler-Schiff, das in der Saison an fünf Tagen pro Woche von Zinnowitz, Bansin, Heringsdorf und Ahlbeck direkt nach Misdroy fährt. Info: www. adler-schiff.de. Wer mag, kann das Rad mit an Bord nehmen und von Misdroy aus zurückradeln.

Bus und Bahn: Von Swinemünde (Wolliner Seite) kann man mit Bahn oder Bus nach Misdroy fahren. Der Bus ins Zentrum von Misdroy verkehrt alle 40–60 Min., die Bahn 10 x tgl. Der Bahnhof in Misdroy liegt etwas außerhalb, südlich des Zentrums.

Woliński Park Narodowy ! ▶ J–L 5–7

Am Stadtrand von Misdroy beginnt der 1960 gegründete und 1996 erweiterte Nationalpark Wollin, der rund ein Fünftel der Insel einnimmt. Die Gesamtfläche des Parks beträgt 11 000 ha, davon sind 43 % Wasserflächen und 41 % Wälder. Zur Außenküste fällt das Gelände in einer imposanten, fast 100 m hohen Steilküste zum Meer ab. Im Inneren des Parks befinden sich zauberhafte, das Grün der Bäume spiegelnde Seen. Die wald- und seenreiche Moränenlandschaft bietet Lebensraum für 200 Vogel- und 1300 Pflanzenarten. In den küstennahen Buchenwäldern gedeihen seltene Orchideenarten. Der hier brütende Seeadler ist das Wappentier des Nationalparks. Markierte Wanderwege und Lehrpfade führen durch den zugänglichen Teil des Nationalparks. Informationen erhält man im Nationalparkmuseum in Misdroy (s. S. 269).

Rezerwat żubrów (Wisentreservat)

Etwa 2 km östl. von Misdroy nahe der 102 Rtg. Wiselka/Kolczewo, Mai–Sept. *Di–So 10–18, Okt.–April Di–Sa 8–16 Uhr*

Günstiger Ausgangspunkt für eine Wanderung zum Wisentreservat ist der übersichtlich ausgeschilderte Waldparkplatz. Von dort führt ein auch für Radfahrer geeigneter Weg durch schattigen Buchenwald zum Gehege. Nach dem Ersten Weltkrieg waren die urigen Rinder, die bis zu 1,5 t schwer werden können, bis auf drei Exemplare ausgerottet. Von diesen drei Tieren – zwei Kühe und ein Bulle – stammen alle heutigen Wisente ab, auch die im Wisentgehege auf der Insel Usedom (s. S. 158). Die Adler in der Großvoliere machen einen eher traurigen Eindruck.

Wer mit dem Fahrrad unterwegs ist, folgt von Misdroy dem Ostseeküstenradweg R 10 Richtung Wiselka, der direkt am Gehege vorbeiführt.

Góra Gosan (Gosanberg)

Lohnenswert ist der Aufstieg auf den mit 95 m zweithöchsten Gipfel der Insel Wolin. Von Misdroy folgt man der Hauptstraße 102 Richtung Wiselka und erreicht nach etwa 4 km einen Parkplatz (in der Saison kostenpflichtig). Von dort sind es noch etwa 600 m über einen Waldweg auf den Gosanberg, der einen grandiosen Blick über die Pommersche Bucht bietet. Der Aussichtspunkt schwebt förmlich über dem wildromantischen Steilufer. Im stürmischen Winter nagen Wind und Wasser an der Abbruchkante, die in Folge der Brandung jedes Jahr um 0,8 m zurückweicht.

Vom Fischereihafen am östlichen Ende der Promenade in Misdroy verläuft der **Wanderweg E 9** durch den Buchenwald an der Steilküste über den Kaffeeberg (s. o.) zum Gosanberg. Insgesamt 9 km sind es bis Wiselka (Neuendorf), von wo Busse zurück nach Misdroy fahren.

Lubin (Lebbin) ▶ J 7

Das idyllisch zwischen Nationalpark und Steilküste am Haff eingebettete Dorf war einst ein wohlhabender Ort, der den wichtigen Seehandelsweg nach Stettin, die sogenannte Kaiserfahrt, kontrollierte und Durchfahrtszölle erhob. Auch befand sich hier die größte Zementfabrik Europas von dieser ist kaum noch etwas zu sehen, die alten Betriebsgebäude verfallen. Wegen seiner schönen Lage an der Steilküste über dem Stettiner Haff gilt Lubin heute als beliebter Ort für private Ferienhäuser.

Jezioro Turkusowe (Türkissee)

Zu den attraktivsten Ausflugszielen der Insel gehört der bildhübsche See. Das Wasser in dem ehemaligen Kreidebruch funkelt besonders an hellen und sonnigen Tagen tatsächlich türkis. Abgebaut wurde hier Kalk für die Zementfabrik im nahen Lebbin, die die Sowjets nach Ende des Zweiten Weltkrieges demontierten und in die Sowjetunion schafften. Von 1948 bis 1954 wurde die Kalkförderung noch einmal aufgenommen, danach lief die Grube allmählich mit Grundwasser voll.

Zwei **Aussichtspunkte** geben freien Blick auf den 6 ha großem und bis zu 21 m tiefen See. Von einem kleinen Parkplatz am Ortsrand von Lebbin, ca 200 m nördlich der roten Backsteinkirche, gelangt man auf angenehmen Wegen durch den Buchenwald zum Aussichtspunkt hoch über dem See. Der zweite Aussichtspunkt befindet sich nahe der kleinen Ortschaft **Wapnica (Kalkofen)**. Hier gibt es einen großen Parkplatz mit Imbiss und jeder

An sonnigen Tagen macht der Türkissee seinem Namen alle Ehre

▶ L 7/8

Mein Tipp

Himmelhoch über dem Haff

In **Lubin (Lebbin)** im Süden der Insel Wolin fällt die Küste steil zum Stettiner Haff ab. Vom **Zielonka,** dem Grünen Hügel, bietet sich ein traumhafter Blick über das Große Haff, das inselreiche Swinedelta und den kurvigen Verlauf der alten Swine durch endlose Schilfareale. Unterhalb der roten Backsteinkirche in Lebbin führt ein Wegweiser zu dem spektakulären Aussichtspunkt **Grodzisko** – ein wunderbarer Ort! Von einem kleinen Imbisscafé kann man den Panoramablick genießen. Hier soll im 12. Jh. ein Tempel gestanden haben. Auf dem eingezäunten Areal wird gegraben. Die Informationen vor Ort sind dürftig, im Internet findet man zwar genauere Hinweise, allerdings nur auf Polnisch (www.grodziskolubin.pl, im Sommer tgl. 10–20 Uhr, ca. 2,5 zł).

Menge polnischem und deutschem Touristentrubel. Nur etwa 40 m Fußweg sind es bis zum See. Ein Wanderweg führt am See entlang, von Aussichtspunkt zu Aussichtspunkt benötigt man etwa eine halbe Stunde. Für Menschen mit Behinderungen, im Rollstuhl oder mit Kinderwagen ist der Spaziergang aber nicht zu empfehlen.

Wolin (Wollin Stadt) ▶ L 7/8

Die ruhige Kleinstadt an der **Dziwna (Dievenow)** ist mit ihren 3500 Bewohnern nicht nur der südlichste, sondern auch der größte Ort der Insel Wolin. Im Zentrum liegt der **Markt** mit dem **Rathaus,** das in einem Anbau das **Archäologische Museum** beherbergt. Es informiert über die bemerkenswerte Geschichte der Region: Weder Koserow auf Usedom noch die Stadt Barth vor der Halbinsel Fischland-Darß-Zingst, sondern das unscheinbare Wollin war mit größter Wahrscheinlichkeit der Standort des sagenhaften Vineta. Die im Meer versunkene Handelsstadt zählte mehr als doppelt so viele Einwohner wie Wollin heutzutage und galt als eine der größten Städte in Europa (s. S. 63).

Unweit des Marktplatzes erhebt sich die **Nikolaikirche.** Die Ruine des im 14. Jh. erbauten und 1945 fast völlig zerstörten Gotteshauses prägte viele Jahre lang das Stadtbild. In den vergangenen Jahren wurde die Kirche wieder vollständig aufgebaut. Hinter der Kirche liegt ein Parkplatz mit Kiosk und einem schönen Blick über den Fluss hinüber zum Freilichtmuseum.

Centrum Słowian i Wikingów (Siedlung der Slawen und Wikinger)

Wolin Jómsborg Vineta, Tel. 0048 91 326 07 41, deutsch Tel. 060 198 13 67, www.jomsborg-vineta.com.
April–Okt. tgl. 10–16, Juli/Aug. tgl 10–18 Uhr
Ob sich die Anreise lohnt? *Tak* (ja)! Beeindruckend und spannend ist ein Besuch in der Siedlung mit rekonstruierten Wohnbauten und Handwerkerhäusern aus der Zeit vom 9.–11. Jh. n. Chr. Alte Handwerkskünste wie das Töpfern, Körbeflechten, Weben und Brotbacken werden vorgeführt, Vieles kann man auch selber ausprobieren. Kinder lieben Bogenschießen und Trommeln sowie die Snacks nach Wikingerart am offenen Feuer. Jedes Jahr im August findet das **Festival der Slawen und Wikinger** statt, zu dem Tau-

sende von Fachleuten und Interessierten von weither anreisen.

Szczecin (Stettin)

▶ Karte 2, P 8/9

Ein Tagesausflug nach Stettin – sei es mit dem Bus oder dem Schiff – ist eine Reise in eine andere Welt. Die Metropole an der Odermündung ist mit gut 400 000 Einwohnern Polens siebtgrößte Stadt und der wichtigste Hafen des Landes. Die ebenso traditionsreiche wie moderne und vitale Hauptstadt der polnischen Wojwodschaft Westpommern blickt auf eine wechselhafte Geschichte zurück. Bereits seit der Steinzeit siedelten Menschen im Gebiet der Odermündung. Sie betreiben Handwerk, Handel und Fischerei. Die im 7./8. Jh. auf dem heutigen Schlossberg gegründete slawische Siedlung erhielt 1243 die Stadtrechte und trat 1272 der Hanse bei. In den folgenden Jahrhunderten wurde Stettin von Dänen, Schweden und Polen beherrscht, 1720 fiel es an Preußen und wurde zu einem wichtigen Militärzentrum ausgebaut. Durch das Potsdamer Abkommen fiel Stettin 1945 an Polen.

Große Teile der durch Bombenangriffe zu 60–90% zerstörten Altstadt wurden nach dem Ende des Krieges eingeebnet, noch heute prägen zahlreiche Brachflächen das Bild der lebensfrohen Universitäts- und Hafenstadt. Zwischen nüchternen Nachkriegsbauten und breiten Autostraßen überraschen sorgsam rekonstruierte historische Bauwerke ebenso wie erhaltene Abschnitte alter Kopfsteinpflasterstraßen.

Dort, wo alte Bauwerke und Anlagen von den Bomben verschont blieben bzw. neu aufgebaut wurden, schimmert die vergangene Pracht der alten Handelsmetropole durch, wie beispielsweise am **Plac Grunwaldski,** der mit seinen sternförmig abzweigenden Straßen und repräsentativen alten Stadthäusern ein wenig an Paris erinnert. Tatsächlich stammen die Entwürfe für die Anlage vom französischen Architekten und Stadtplaner Haussmann, der Mitte des 19. Jh. Paris umgestaltete. Einige der Hauptstraßenzüge werden noch von alten ›Berliner‹ Stadthäusern gesäumt und sind mit hübschen Grünanlagen geschmückt.

Sehenswert

Obwohl Stettin kein richtiges Zentrum hat und damit etwas unübersichtlich wirkt, finden sich Besucher auch ohne Führung vergleichsweise gut zurecht: Man folgt einfach der städtischen Touristenroute, die durch eine unterbrochene rote Linie auf dem Bürgersteig markiert ist. Der etwa 7 km lange Rundgang beginnt am Bahnhof, der ursprünglich Berliner Bahnhof hieß, und führt zu den interessantesten Orten der Stadt. Alle Stationen des Rundgangs sind mit einer in einen Kreis gezeichneten Nummer gekennzeichnet, Tafeln informieren in Polnisch und Deutsch über Historie und Bedeutung der Gebäude. Einen Überblick über die Route gibt das Faltblatt »Szczecin zu Fuß«, das die Touristen-Information für ein paar Złoty verkauft.

Wały Chrobrego (Chrobry Wälle) **1**

Am schönsten ist es, sich Stettin vom Wasser aus zu nähern. Die Ausflugsschiffe aus Swinemünde legen schräg unterhalb der berühmten **Hakenterrasse** an. Die Anfang des 20. Jh. entstandene, nach dem Oberbürgermeister Hermann Haken benannte Vor-

Szczecin (Stettin)

Sehenswert

1 Wały Chrobrego (Hakenterrasse)

2 Muzeum Morskie (Meeresmuseum)

3 Baszta Panieńska (Bastei der sieben Mäntel)

4 Zamek Książąt Pomorskich (Herzogsschloss)

5 Loitzenhof

6 Muzeum Historii Miasta (Stadtmuseum)

7 Rynek Sienny

8 Muzeum Naradowe (Nationalmuseum)

9 Brama Portowa (Hafentor)

10 Brama Hołdu Pruskiego (Tor der Preußischen Huldigung)

11 Kościół św. Jana Ewangelisty (Johanneskirche)

12 Katedra św. Jakuba (Jakobskathedrale)

13 Kościół św. Piotra i Pawła (Peter- und Paulkirche)

14 Anioł Wolności (Freiheitsengel)

Übernachten

1 Park Hotel

2 Hotel Focus

Essen & Trinken

1 Café 22

Einkaufen

1 Galaxy

2 Galeria Kaskada

277

zeigeanlage, die heute den Namen Wały Chrobrego trägt, präsentiert sich zum Fluss hin mit breiten Terrassen auf mehreren Etagen, einer großzügigen Freitreppe, einem Springbrunnen, der Skulptur des kraftstrotzenden mit Centaurus ringenden Herkules und monumentalen Bauwerken.

Das im frühen 20. Jh. errichtete **Regierungsgebäude** der preußischen Provinz Pommern dient heute als Sitz der Wojewodschaft Westpommern. Im 1913 eröffneten Stadtmuseum ist inzwischen das zum Nationalmuseum gehörende **Muzeum Morskie (Meeresmuseum)** 2 untergebracht. Es präsentiert die maritime Geschichte Pommerns (Wały Chrobrego 3, Di, Do–So 10–16, Mi 9–15 Uhr, 6 zł). Außerhalb des Msueums findet man Darstellungen der Cheopspyramide, der Akropolis, des Kölner Doms und des Petersdoms in Rom. Zwei Bauwerke am südlichen Ende der Anlage nimmt die **Seefahrtsakademie** ein: Das Haus in neobarockem Stil wurde 1902 bis1905 für die Sozialversicherungsanstalt gebaut, der benachbarte Bau entstand in den Jahren 1914 bis 1921 für die Zollhauptdirektion.

Der rot gestrichelten Touristenroute folgend passiert man auf dem Weg zum Schloss die **Baszta Panieńska (Bastei der sieben Mäntel)** 3 – der runde Turm mit 4 m dicken Mauern und markantem Kegelhelm ist eines der wenigen Relikte der mittelalterlichen Stadtbefestigung und diente vom 14. Jh. bis 1723 als Gefängnis.

Zamek Książąt Pomorskich (Schloss der Pommerschen Herzöge) 4

Ul. Korsarzy 34, www.zamek.szczecin. pl; Museum: Di–Fr 10–18, Sa,So 10–16 Uhr 10 zł
Die eindrucksvolle Burganlage prägt seit Jahrhunderten das Gesicht der Odermetropole. Die rechteckige, mit einem großen Hof in der Mitte angelegte Residenz wurde im 16. Jh. in Renaissanceform umgebaut und erweitert, weist aber auch noch gotische Bestandteile auf. In den Jahren 1616 bis 1619 entstand der Museumsflügel. Die astronomische Uhr am **Uhrturm** datiert ins Jahr 1693.

Das während der Bombenangriffe 1944 erheblich zerstörte, seit 1958 wieder aufgebaute Schloss beherbergt heute verschiedene städtische Einrichtungen und Ämter sowie das **Informationszentrum für Kultur und Touristik**. In einem der Flügel, dem **Bogislaw-Bau,** befindet sich ein Theater. Die **Schlosskirche** bildet den Rahmen für Konzerte, im Sommer finden auch im Haupthof des Schlosses Konzerte und Aufführungen statt. Im sehenswerten **Schlossmuseum** sind u. a. die Sarkophage der pommerschen Herzöge zu besichtigen.

Loitzenhof 5

Unweit des Schlosses trifft man auf eines der schönsten erhaltenen Beispiele für bürgerliche Profanbauten. Das Stadtpalais ließ sich die Stettiner Kaufmannsfamilie Loitz Mitte des 16. Jh. errichten. Die Fugger des Nordens, die ihren Reichtum zunächst dem Fischhandel verdankten, versuchten vergeblich das Salzmonopol in Mitteleuropa an sich zu reißen und zogen bei ihrem Bankrott gegen Ende des 16. Jh. viele wohlhabende Gläubiger, Fürsten und Gutsbesitzer mit in den finanziellen Abgrund. Die bildhübsche Renaissancevilla, in der die Schweizer Familie Dubendorf im 17. Jh. eine Zuckerbäckerei betrieb, wurde in den 1950er-Jahren originalgetreu wieder aufgebaut. Das Flachrelief an der Fassade des heute als **Hochschule für Bildende Kunst** genutzten Hauses zeigt die »Bekehrung des Saulus zum Paulus«.

Vorbildlich restaurierte Giebelhäuser schmücken den Alten Markt in Stettin

Muzeum Historii Miasta (Stadtmuseum) 6

Ul. Msciwoja 8, Tel. 0048 91 488 02 49, Di, Do–So 10–16, Mi 9–15 Uhr

Ein hochkarätiges architektonisches Schmuckstück ist das Alte Rathaus (Ratusz Staromiejski), dessen Anfänge in das 13. Jh. zurückreichen. Das in der Mitte des 15. Jh. in gotischen Formen errichtete und im 17. Jh. im Barockstil umgebaute Gebäude, wurde im Krieg zerstört. Der Wiederaufbau 1975 orientierte sich an der gotischen Formensprache in der ersten Hälfte des 15. Jh. Heute beherbergt es die stadtgeschichtliche Sammlung. Der Schwerpunkt der Ausstellung liegt auf der Geschichte Stettins seit 1945 .

Rynek Sienny (Neue Altstadt) 7

Hinter dem Alten Rathaus öffnet sich der Platz Rynek Sienny. Mit viel Liebe zum Detail werden hier bzw. an der von ihm abgehenden Ulica Sienna seit einigen Jahren Dutzende von Häusern auf ihren mittelalterlichen Fundamenten wieder errichtet. In diesem direkt an der Oder gelegenen, im Krieg völlig zerstörten Quartier, wo sich einst Handelshäuser, Speicher und Läden am Bollwerk drängelten, gab es bis vor einigen Jahren nur ungeordnete Rasen- und Parkflächen. Nach und nach erhält das Altstadtviertel ein lebendiges, ursprünglich wirkendes und doch modernes Gesicht, das auch wegen der vielen guten Kneipen und Restaurants Besucher anzieht.

Muzeum Naradowe (Nationalmuseum) 8

Ul. Staromłynska 27, www.muzeum. szczecin.pl, Di–Fr 10–18, Da, So 10–16 Uhr, 10 zł

Der prunkvolle ehemalige Sitz des pommerschen Landtags beherbergt alte und moderne Kunst Pommerns. Gezeigt werden Sammlungen mit sakraler Kunst aus pommerschen Kirchen sowie viele Exponate aus dem Goldenen Zeitalter Pommerns im 16. und 17. Jh. Durch die Dauerausstellung zur Kunst des Hofes der Herzöge von Pommern kann man sich mit einem kostenlosen Audioguide führen lassen.

Torbauten

Etwas verloren im Verkehr wirken die barocken Prunktore. Das zwischen 1724 und 1740 am westlichen Ende der breiten **Wyszyńskiego** erbaute Berliner Tor heißt heute schlicht **Brama Portowa (Hafentor)** **9** . Seinen Giebel schmücken die Wappen der Länder des preußischen Staates. In den Jahren 1725 bis 1727 entstand das barocke, reich mit Skulpturen ausgestattete **Brama Hołdu Pruskiego (Tor der Preußischen Huldigung)** **10** . Beide Bauwerke dienten niemals als Stadttore, sondern erfüllten immer nur eine dekorative Aufgabe.

Kirchen

Die drei erhaltenen mittelalterlichen Stettiner Kirchen sind – wie übrigens auch das Alte Rathaus – Teil der europäischen Route der Backsteingotik. Direkt an der Oder steht die **Kościół Świętego Jana Ewangelisty (Johanneskirche)** **11** aus dem 13. Jh. In der Straße Stefana Wyszyńskiego, umgeben von Neubauten, erhebt sich die mächtige gotische **Katedra Świętego Jakuba (Jakobskathedrale)** **12** , die zwischen 1250 und 1300 an Stelle der alten Kirche errichtet und 1945 nach der Zerstörung wieder aufgebaut wurde.

Der Turm der Kathedrale entstand 2008 nach alten Vorlagen wieder neu und ist mit einem Aussichtspunkt bekrönt. Mit einer Höhe von 110 m ist er der zweithöchste Kirchturm in Polen und zugleich das höchste Gebäude der Stadt. Die ursprünglich 1124 als Holzkirche errichtete, gotische **Kościół Świętego Piotra i Pawła (Peter- und Paulkirche)** **13** stammt aus der Mitte des 14. Jh. Das mit einer Darstellung der Johannesapokalypse geschmückte Holzgewölbe datiert ins Jahr 1702.

Schräg gegenüber (eine Ampel regelt die Überquerung der Autostraße) befindet sich ein bemerkenswertes Denkmal. Der 11 m große, in Bronze gegossene **Anioł Wolności** (Freiheitsengel) **14** wurde zur Erinnerung an die Ereignisse vom Dezember 1970 errichtet, als während der brutal niedergeschlagenen Arbeiterproteste 16 Menschen in den Straßen von Szczecin starben. Das von Czeslaw Dźwigaj geschaffene Kunstwerk wurde am 28. August 2005 zum 25-jährigen Jubiläum der Gewerkschaftsbewegung Solidarność enthüllt. Im Faltblatt »Szczecin zu Fuß« wird es übrigens nicht erwähnt.

Übernachten

First class – **Park Hotel** **1** : Ul. Plantowa 1, Tel. 0048 91 434 00 50, www.park hotel.szczecin.pl, DZ ab 520 zł. Ein sehr schönes, traditionsreiches Haus mitten in einem Park unweit der Hakenterrasse. Die Küche ist exquisit, ein weiteres Plus ist der großzügige SPA-Bereich mit Schwimmbad .

Zentrale Lage – **Hotel Focus** **2** : Ul. Małopolska 23, Tel. 0048 91 433 05 00, www.hotelfocus.com.pl, DZ ab 512 zł. Ordentliches, freundlich geführtes Hotel in der Nähe der Hakenterrasse. Ein Wasserkocher steht im Zimmer, es gibt freien Internetzugang, Sauna und Fitnessbereich. Bewachte Parkplätze befinden sich in der Nähe.

Essen & Trinken

Lohnt einen Bummel – **Neue Altstadt:**
Auf dem Rynek Sienny **7** und der Ulica Sienna herrscht eine fast mediterrane Stimmung, hier gibt es viele hübsche Cafés und Restaurants.
Grandiose Aussicht – **Café 22 1**: Plac Rodła, www.cafe22.pl, tgl. 11–23 Uhr. Das markante, wegen seiner Bauform auch Thermoskanne genannte Gebäude ist weithin sichtbar. Bei Kaffee und Kuchen kann man in der 22. Etage den wunderbaren Blick über die Stadt genießen. Es gibt auch Salate und einige kleinere Gerichte.

Einkaufen

Shoppen und Speisen – **Galaxy (Centrum Handlowe Galaxy) 1**: Ul. Wyzwolenia 18–20, Mo–Sa 9–21, So 10–20 Uhr. Geschäfte, Boutiquen, Restaurants, Bars, Coffeshops, Galerien, ein riesiger Supermarkt mit vielen polnischen Produkten.
Shoppingcenter – **Galeria Kaskada 2**: Al. Independence 36, www.galeria-kaskada.pl, Mo–Sa 9–21, So 10–20 Uhr. Ein im Herbst 2011 neu eröffneter Shoppingtempel mit rund 140 Läden. Hier findet man alles, was man sucht. Schnäppchen bilden allerdings die Ausnahme, die Preise liegen, wie auch im EZ Galaxy, nicht wesentlich unter den deutschen.

Aktiv & Kreativ

Kultur – Im **Schloss der Pommerschen Herzöge 4** finden das ganze Jahr über Theater, Konzerte, Ausstellungen und Kinoveranstaltungen statt. Die Internetseite des Schlosses bietet einen Überblick (www.zamek.szczecin.p).

Infos

Touristen- und Kulturinformation
Ul. Korsarzy 34, Tel. 0048 91 489 16 30, www.szczecin.pl und www.zamek.szczecin.pl, tgl. 10–18 Uhr. Gut ausgestattet ist das Infozentrum im Hof des Schlosses. Hier erhält man Stadtpläne, Prospekte und Kulturkalender, man kann Übernachtungen und Fremdenführer buchen. Das Team spricht deutsch.
Al. Niepodległości 1a, Tel. 0048 91 434 04 40, www.mosrir.szczecin.pl/cit/cit.php, Mo–Fr 9–17 Uhr, im Sommer auch Sa 10–14 Uhr. Eine weitere Informationsstelle befindet sich in der Nähe des Hafentors.
Info am Bahnhof, ul. Columbus 1, Mai–Sept. Mo–Sa 8–20, So 8–16, Okt.–April Mo–Fr 9–17, Sa, So 9–15 Uhr.

Verkehr
Bahn: Etwa alle 2 Std. geht es von Berlin (Ostbahnhof) nach Stettin. Info: www.bahn.de, www.berlin-stettin-ticket.de
Bus: Der Stettiner Busbahnhof (Dworcek PKS) liegt etwa 50 m vom Hauptbahnhof entfernt an der ul. Świętopełka. Von hier verkehren Busse ins Umland. Fahrplan und Info: www.pks.szczecin.pl.
Schiff: In der Saison verkehrt der Bosman-Express tgl. vom Swinemünder Stadthafen nach Stettin, Tagesrückfahrkarte mit Landgang 28 €. Der Aufenthalt beträgt 3–4 Stunden. Bei Interesse kann man gleich nach der Ankunft an einer etwa 1,5 stündigen Stadtführung teilnehmen, die Stadtführer erwarten die Gäste am Schiffsanleger.

Sprachführer für das polnische Usedom

Aussprache/Betonung

Zunächst gilt es, sich all jene Buchstabeneinzuprägen, die es im Deutschen nicht gibt:

- ę ähnlich dem ›in‹ im franz. ›fin‹
- ą ähnlich dem ›on‹ im franz. ›mon‹
- ł wird dem ›wh‹ im engl. ›where‹
- ś ist gleich ›sch‹
- ć ist gleich ›tsch‹
- ń ähnlich dem ›gn‹ in Champagner
- ó entspricht dem kurzen ›u‹ in ›Hund‹
- ź, ż, rz – wie ›j‹ im franz. ›journal‹
- z wie das stimmhafte s in ›Sonne‹, doch im Auslaut stimmlos
- sz entspricht ›sch‹
- cz entspricht ›tsch‹

Der Hauptakzent liegt meist auf der vorletzten Silbe. Alle Vokale sind kurz und offen, in Kombination mit anderen Vokalen getrennt auszusprechen (i-e, e-u). Gleiches gilt für Konsonantenkombinationen: So wird ck nicht zu k verkürzt (Aussprache: tsk).

Allgemeine Formeln

Guten Tag	dzień dobry
Guten Abend	dobry wieczór
Gute Nacht	dobranoc
Auf Wiedersehen	do widzenia
Hallo/Tschüss	cześć
Wie geht's?	Jak sié masz?
ja/nein	tak/nie
danke/bitte	dziękuję/proszę
Entschuldigen Sie!	przepraszam
Ich verstehe nicht.	Nie rozumiem.
Sprechen Sie Deutsch/Englisch?	Pan (m)/Pani (w) mówi po niemiecku/ po angielsku?
Ich spreche kein Polnisch.	Nie mówię po polsku.
Ich möchte…	Chciałbym (m)…/ Chciałabym (w)…
Hilfe!	Pomocy! Ratunku!

Zeitangaben

Wann?	Kiedy?
Wie lange?	Jak długo?
Wie spät ist es?	Która jest godzina?
heute/morgen	dziśaj/jutro
Tag	dzień
Woche	tydzień
Montag	poniedziałek
Dienstag	wtorek
Mittwoch	środa
Donnerstag	czwartek
Freitag	piątek
Samstag	sobota
Sonntag	niedziela
Feiertag	święto

Unterwegs

hier/dort	tu (tutaj)/tam
links/rechts	na lewo/na prawo
geradeaus	po prostu
gegenüber	na przeciw
nahe/weit	blisko/daleko
Wo ist/sind…?	Gdzie jest…?
Auskunft	informacja
Bus	autobus
Bahnhof	dworzec
Post	poczta
Tankstelle	stacja benzynowa
Toiletten	toaleta?
Straße/Stadt	ulica (ul.)
Wechselstube	kantor
Polizei	policja
Arzt/Zahnarzt?	lekarz/dentysta
Unterkunft	noclegi
Zimmer	pokój
Kann ich das Zimmer sehen?	Czy mogą zobaczyć pokój?
Wie viel kostet das?	Ile to kosztuje?
Das ist zu teuer.	To za drogo

Zahlen

0	zero	7	siedem
1	jeden	8	osiem
2	dwa	9	dziewięć
3	trzy	10	dziesięć
4	cztery	50	pięćdziesiąt
5	pięć	100	sto
6	sześć	1000	tysiąc

Kulinarisches Lexikon

Nur in den Restaurants großer Städte gibt es eine mehrsprachige Speisekarte, auf dem Land gilt es, die polnischen Bezeichnungen zu entziffern.

Wichtige Ausdrücke

Mittag-/Abendessen	obiad/kolacja
Bitte die Speisekarte!	Poproszę o jadłospis
Guten Appetit!	Smacznego!
Prost!	Na zdrowje!
Bezahlen, bitte!	Poproszę o rachunek!

Speisekarte

barszcz czerwony	Rote-Rüben-Suppe
– z krokotkiem	– mit Fleischkrokette
– z uszkami	– mit Teigtaschen
bigos	Krautgulasch mit Pilzen
chłodnik	Rote Bete-Kaltschale
dania bezmięsne	fleischlose Gerichte
dróbr	Geflügel
dziczyna	Wild
filet z kurczaka	Hähnchenfilet
frytki	Pommes frites
gołąbki	gefüllte Kohlrouladen
golonka	Eisbein
grzyby	Pilze
herbata	Tee
jagnięcina	Lammbraten
jagody	Blaubeeren
jajko	Ei
kaczka po starogdańsku	Ente auf Altdanziger Art (mit Orangen)
kapustą	Sauerkraut
kawa	Kaffee
– po staropolsku	– altpolnischer Art, (mit Sahne, Brandy)
– po turecku	– türkischer Art (ungefiltert, mit Zucker)
– z mlekiem	– mit Milch
kiełbasa/z rożna	Wurst/Grillwurst
knedle	Knödel
kopytka	Kartoffelklöße
kotlet szabowy	Schweineschnitzel
kurczak	Hähnchen
lody	Eis
mięsne	Fleischgerichte
mizeria	Gurkensalat mit saurer Sahne
mleko	Milch
naleśniki	Pfannekuchen
owoce	Früchte, Obst
pieczeń	Braten
– z dzika	Wildschweinbraten
– wieprzowa	Schweinebraten
pierogi	gefüllte Teigtaschen
– po ruskie	– auf Russisch (mit Kartoffel-Quarkbrei)
piwo	Bier
placki ziemniaczane	Kartoffelpuffer
pomodory	Tomaten
potrawka	Ragout
ryba	Fisch
– ryba smażona	gebratener Fisch
– wędzona	geräucherter Fisch
ryż	Reis
sałatka	grüner Salat
– jarzynowa	Gemüsesalat
sarnina	Rehbraten
sok	Saft
– jabłkowy	Apfelsaft
– pomarańczowy	Orangensaft
sos koperkowy	Dillsoße
sos kurkowy	Pfifferlingsoße
surówka	Rohkost, Salatbeilage
szarlotka	Apfelkuchen
szaszłyk	Fleischspieß
sznycel	Schnitzel
twaróg	Quark, Schichtkäse
warzywa	Gemüse
wino białe	Weißwein
wino czerwone	Rotwein
woda mineralna	Mineralwasser
wódka	Wodka
ziemniaki	Kartoffeln
zupa	Suppe
– z borowikami	Steinpilzsuppe
żurek	Sauerrahmsuppe
– w chlebie	– im ausgehöhlten Brotlaib

Register

Register

Abbildungsnachweis/Impressum

1. Auflage 2013
© DuMont Reiseverlag, Ostfildern
Alle Rechte vorbehalten
Redaktion/Lektorat: Marianne Bongartz
Grafisches Konzept: Groschwitz/Blachnierek, Hamburg
Printed in Germany